本书得到北京市教工委项目"国家治理现代化与民族复兴理论研究"(L18H200010)的支持

社会动力论

民生福利、经济发展与中国复兴

（修订本）

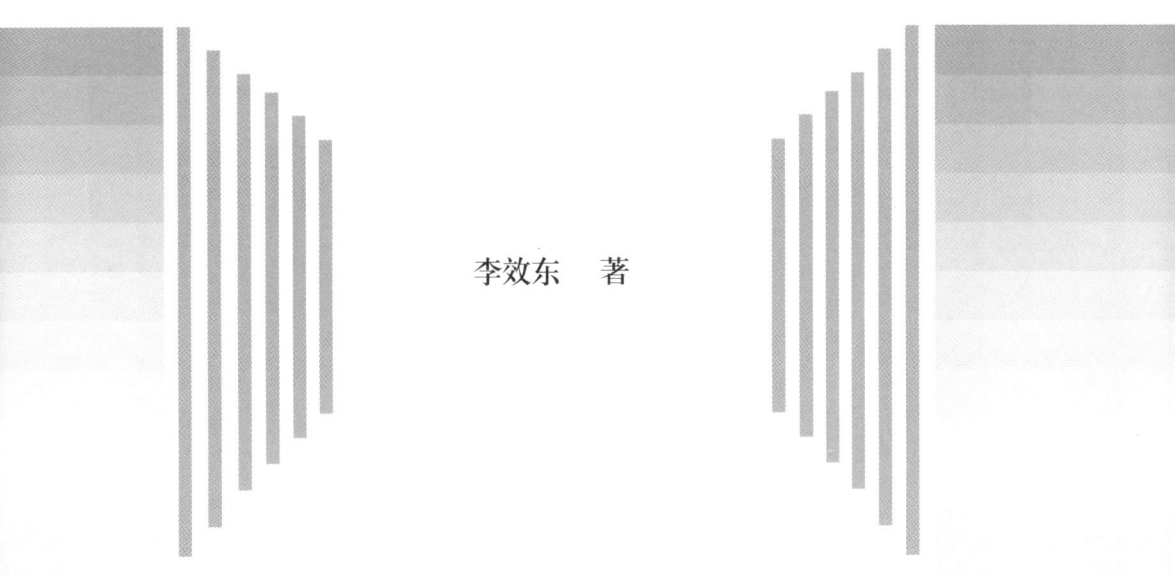

李效东　著

中国社会科学出版社

图书在版编目（CIP）数据

社会动力论：民生福利、经济发展与中国复兴/李效东著．—修订本．—北京：中国社会科学出版社，2021.12

ISBN 978-7-5203-9561-8

Ⅰ.①社… Ⅱ.①李… Ⅲ.①社会福利—研究—中国 Ⅳ.①D632.1

中国版本图书馆CIP数据核字（2022）第012486号

出 版 人	赵剑英
责任编辑	孔继萍
责任校对	王 龙
责任印制	郝美娜

出 版	中国社会外景出版社
社 址	北京鼓楼西大街甲158号
邮 编	100720
网 址	http://www.csspw.cn
发 行 部	010-84083685
门 市 部	010-84029450
经 销	新华书店及其他书店
印 刷	北京君升印刷有限公司
装 订	廊坊市广阳区广增装订厂
版 次	2021年12月第1版
印 次	2021年12月第1次印刷
开 本	710×1000 1/16
印 张	24.5
字 数	342千字
定 价	148.00元

凡购买中国社会科学出版社图书，如有质量问题请与本社营销中心联系调换
电话：010-84083683
版权所有 侵权必究

献给我的妻子张蒙女士,
以及我们的孩子李彰佳、李彰和,
你们是我生活的不竭动力

摘　　要

　　这是一本从理论上探讨中国复兴之路的书，书名已经表明了基本观点：以民生福利为本，注重经济发展和民生福利的统一，促使中国社会动力勃发，这就是中国能够衰而复兴的根本原因。今天世界主要国家其实都在追求复兴，历史上地跨欧亚帝国的继承国家，英、法、德等欧洲老牌帝国主义国家，如今呈现衰退迹象的美国、俄国、日本等后起国家，都希望重振曾经最辉煌的岁月。从传统到现代的历史观看，西欧是最早实现现代化的地区。但是，从衰落到复兴的历史观来看，中国是最早踏上复兴之路的国家。不仅如此，伴随中国复兴的是生产力快速发展和人民生活水平不断提高，完全没有历史上大国崛起不可避免的侵略战争。历史上的庞大帝国都靠战争才得以建立，它们在衰落之后就再也没有复兴，像罗马帝国就彻底消失在历史长河中。近代欧洲帝国主义依靠殖民主义战争才得以崛起，它们也被殖民地人民的反抗战争打回故地。欧洲人曾经给世界带来一个难题：为什么是欧洲而不是中国率先开创现代世界？今天的世界其实更需要回答的难题是：为什么是中国而不是欧洲率先实现伟大复兴？更让西方焦虑的或许是：欧洲各国甚至美国有可能实现复兴吗？如果想要解答"复兴"这个全新的难题，中国必定是最好的研究案例。本书就是在这方面的一个粗浅的尝试。

序

　　这是一本研究社会主义社会发展动力的书，书名的副标题标明了作者的基本观点，即以民生福利为根本，注重经济发展与民生福利的统一，促使中国社会动力勃发，这是中华民族走向复兴的重要内容和工作抓手。作者是北京交通大学马克思主义学院的李效东教授。这本书曾由中国社会科学出版社在2007年出版发行过，在学术界产生了重要影响，如今出版社要出修订本，这是一件可喜可贺的事情。考虑到作者对初版的著作进行了大力度的修改、补充和完善，鉴于形势的变化，我原先为本书写的序言也有必要修订一下。

　　关于社会主义社会发展动力的问题是一个很大的问题，从毛泽东在20世纪50年代创立的社会主义社会矛盾论，到邓小平在80年代提出的社会主义社会改革论，再到习近平在党的十八大之后倡导全面深化改革论，这是一个既一脉相承又与时俱进的发展过程。党的十九大把"坚持全面深化改革"确定为新时代中国特色社会主义思想的核心内容和基本方略之一。党的十九大报告强调指出，只有社会主义才能救中国，只有改革开放才能发展中国、发展社会主义、发展马克思主义。带领人民创造美好生活，是我们党始终不渝的奋斗目标。必须始终把人民利益摆在至高无上的地位，让改革发展成果更多更公平地惠及全体人民，朝着实现全体人民共同富裕的目标不断迈进。

　　经过长期努力，中国社会主义进入了新时代，我国社会的主要矛盾已经转变为人民日益增长的美好生活需要和不平衡不充分的发展之间的矛盾。而就人与人之间的矛盾来讲，这种矛盾又表现为不同的社会阶层、地区、行业、经济成分、部门、个体之间的人们的利益矛盾。

利益是社会发展到一定阶段所产生的需要，是人们进行社会实践的最初动机，也是推动社会发展的最终动力。所谓利益矛盾，就是人们之间在各种需要方面所能得到满足的差别，是这种差别形成了矛盾。在现实生活中，利益矛盾又从不同的角度有各种分类：从利益矛盾发生的主客体关系来说，它包括主观需求和客观条件之间的矛盾；从利益矛盾发生的空间来说，它包括人们在经济利益、政治利益、文化利益等各个方面得到满足程度不同的矛盾；从利益矛盾发生的时间来说，它包括近期利益和长远利益、生存利益与发展利益之间的矛盾；从利益矛盾发生的范围来说，它包括公共利益和个人利益之间的矛盾，以及区域之间、行业之间、单位之间、个人与个人之间的利益矛盾；等等。

现在，利益矛盾之所以会引起人们的极大关注，除了有人们对利益问题历来具有本源性要求的特点之外，还因为目前在一些地方不同程度地出现了"分配不公""两极分化"的问题，有的还相当严重。

我们的改革是社会主义的改革，是在坚持社会主义制度基础上的改革。之所以存在"分配不公""两极分化"现象并不是改革的必然产物，更不是我们的政策引导和支持的结果。我们改革的政策是反对"分配不公""两极分化"的，我们改革的最终目标是消除两极分化，实现共同富裕。我们党从来不回避社会上存在"两极分化""分配不公"方面的问题，并且利用各种手段、各种方法、各种方案来解决这个问题，其中特别在研究和解决民生福利上想了不少办法。

关注民生福利，首先要关注那些最困难的群众，认真解决群众切身利益的突出问题。我们清楚地看到，随着社会主义市场经济的发展和社会结构的变化，不同行业、地区和部门、不同群体和个人所享受到的经济社会发展成果有多有少，在物质文化生活的改善上也有不小的差异，就业、收入分配、社会保障、看病、上学、生态保护、生产安全、社会治安等问题，成为人民群众关注的热点问题。如果这些问题迟迟得不到有效的解决，势必会影响到人民群众的积极性，影响到经济社会的发展，影响到国家安定团结的大局。

这里讲到的民生福利，不仅是物质利益，还有政治的、文化的、社会的等各个方面的利益，其中最重要的还是人民当家作主，它是人民利益的集中表现，也是人民利益的根本保证。这一点是社会主义社会制度的优越性和本质所在。在这个问题上，我们需要正确认识世界上某些资本主义国家所实行的福利政策。应该承认，它们的某些福利政策对人民群众有好处，但是有一点必须认识清楚，它们可以给无产阶级和劳动人民一些"福利"，但是生产资料私有制是不能动摇的，资产阶级执政是不能变更的，资产阶级意识形态的主流地位是不能改变的。在那些国家，无产阶级和劳动人民的被统治地位并没有因为得到了某些"福利"而发生根本性的变化。我们所说的民生福利，是指惠及全体人民的经济的、政治的、文化的、社会的利益，是人民共建、人民共享的全方位的利益。这一点在抗击新冠肺炎疫情的过程中，西方资本主义国家的自私自利和不负责任的表现与我们国家坚持以人民为中心的做法之间有着天壤之别。

本书的突出特点是强调用发展的办法解决民生福利问题。作者指出，民生是社会的根本，追求福利是人的本能，但是这绝不意味着怂恿人们唯利是图。人民的福利水平来源于生产劳动，由社会的生产力水平决定。必须通过经济发展的办法，才能真正提高民生福利水平，才能实现国家的富强。实现共同富裕，并不是要消除贫富差别，也不能完全由政府来控制收入分配。平均主义会扼杀社会活力和动力，那样民生福利和国家复兴都无从谈起。不能因为贫富差距而否定改革的路子，必须用发展的办法解决前进中的问题。这就要求我们把工作的重心放在提高生产力水平和促进就业上，只有调动广大人民的主动性、积极性和创造性，只有依靠提高人民自己的劳动致富能力，才能大力提高生产力水平，才能提高人民的生活水平、增强综合国力以及构建和谐社会。

作者在书中强调关注民生，就业为本。关注民生福利，并非是把所有的人都养起来，而是关注那些涉及人民基本生活的方面，在条件可能的情况下最大限度地去帮助人民解决急需解决的问题。作者认为，要把关注的重点放在就业和创业而不是分配和平等上，人只有在自己创造幸福生活的过程中才能找到自我，才能实现幸福。

作者认为，关注民生，必须加强社会建设。本书用了主要的篇幅来讨论这个问题，涉及有关构建社会主义和谐社会方方面面的内容。其中涉及社会分工、社会分层、社会流动等。在此基础上，提出了进一步转变政府职能、建设公共服务型政府的主张。作者认为，只有这样做，才能形成持续发展的社会动力，才能构建生机勃勃的社会主义和谐社会。

中国共产党人始终以实现全体人民共同富裕为奋斗目标和历史责任，并为此做了不懈努力。新中国成立初期，毛泽东明确提出，在中国共产党领导实行社会主义制度下，中国"是可以一年一年走向更富更强的，一年一年可以看到更富更强些。而这个富，是共同的富，这个强，是共同的强，大家都有份"①。在改革开放初期，邓小平在制定允许一部分人、一部分地区先富裕起来政策的同时，也提醒人们注意我们的目的和方向是为了带动越来越多的人富裕起来，最终达到共同富裕。他明确把"解放生产力，发展生产力，消灭剥削，消除两极分化，最终达到共同富裕"②认定是社会主义社会的本质。

党的十九届五中全会把"全体人民共同富裕取得更为明显的实质性进展"写入2035年中国基本实现社会主义现代化的远景目标

---

① 《毛泽东文集》第6卷，人民出版社1999年版，第495页。
② 《邓小平文选》第3卷，人民出版社1993年版，第373页。

中,并把"扎实推进共同富裕"① 作为实现这一目标的工作要求。习近平总书记强调指出:"进入新发展阶段,完整、准确、全面贯彻新发展理念,必须更加注重共同富裕问题。"② 本书所阐述的思想,正是对我们党关于共同富裕思想的贯彻和具体化。

关于社会主义社会发展动力问题的研究本来是一个哲学课题,作者把哲学、经济学和社会学等学科结合起来进行探讨,这是一种尝试,读起来很有新意,能够给人们以多方面的启示。作者在修订版中有意加强了对中国传统文化中有关解决民生福利方面的论述,在参考文献中也增加了这方面的经典篇目。

李效东在北京大学马克思主义学院取得博士学位之后,到北京交通大学马克思主义学院任教,一直从事高校思想政治理论课教育教学工作。他坚持走科研与教学并重的路子,通过教学带动科研,又通过科研支撑教学,不断使自己在学术研究上取得新的成果。作为他读博期间的导师,我对于他的进步是很高兴的。我希望这本著作的修订版和其他几本著作的出版,能够成为他今后学术研究道路上的一个新的更高起点。

2021 年 8 月 22 日

序言作者陈占安为北京大学马克思主义学院教授、博士生导师,中央马克思主义理论研究和建设工程首席专家,教育部国家重点教材概论课教材研究基地学术委员会主任,北京市文科重点研究基地中国化马克思主义发展研究基地学术委员会主任。

---

① 习近平:《关于〈中共中央善于制定国民经济和社会发展第十四个五年规划和二〇三五年远景目标的建议〉》的说明,《人民日报》2020 年 11 月 4 日第 2 版。
② 《习近平主持中央政治局第二十七次集体学习并讲话》,中华人民共和国中央人民政府网,http://www.gov.cn/xinwen/2021-01/29/content_5583559.htm。

目 录

导　论 …………………………………………………… (1)
　一　先进生产力 ………………………………………… (2)
　二　文化软实力 ………………………………………… (12)
　三　国家竞争力 ………………………………………… (18)

第一章　人性、动机与仁义 ……………………………… (28)
　一　人性 ………………………………………………… (29)
　二　动机 ………………………………………………… (45)
　三　仁义 ………………………………………………… (57)

第二章　需要、利益和动力 ……………………………… (72)
　一　需要和利益 ………………………………………… (73)
　二　个人与社会 ………………………………………… (81)
　三　欲望和动力 ………………………………………… (92)

第三章　自己、他人与社会 ……………………………… (103)
　一　安分守己 …………………………………………… (104)
　二　利人利己 …………………………………………… (114)
　三　利国利民 …………………………………………… (121)

第四章　劳动、生产与发展 …… (133)
　一　劳动 …… (134)
　二　生产 …… (141)
　三　发展 …… (152)

第五章　阶级、国家与治理 …… (166)
　一　阶级与国家 …… (167)
　二　国家的发展与社会的发展 …… (176)
　三　政治统治与社会治理 …… (182)

第六章　教育、权力与权利 …… (189)
　一　修道之谓教 …… (190)
　二　教育现代化 …… (199)
　三　教育社会化 …… (208)

第七章　新文化、新力量与新国家 …… (220)
　一　新文化 …… (221)
　二　新力量 …… (232)
　三　新国家 …… (241)

第八章　新问题、新主义与新社会 …… (254)
　一　新中国的"问题"与"主义" …… (256)
　二　经济发展与人民幸福 …… (265)
　三　国家建设与社会建设 …… (275)

第九章　新思路、新实践与新模式 …… (287)
　一　社会主义新思路 …… (288)
　二　社会主义新实践 …… (297)
　三　社会主义新模式 …… (307)

第十章 新动能、新形态与新挑战 ……………………（327）
  一 经济发展新动能 ……………………………………（328）
  二 生产关系新形态 ……………………………………（338）
  三 社会发展新挑战 ……………………………………（349）

参考文献 ………………………………………………（363）

2007 年初版后记 ………………………………………（371）

2021 年修订版后记 ……………………………………（373）

导　论

　　各民族之间的相互关系取决于每一个民族的生产力、分工和内部交往的发展程度。

　　　　　　　　　　——马克思和恩格斯：《德意志意识形态》

　　最重要的，还是要集中精力办好自己的事情，不断壮大我们的综合国力，不断改善我们人民的生活，不断建设对资本主义具有优越性的社会主义，不断为我们赢得主动、赢得优势、赢得未来打下更加坚实的基础。

　　　　　　　　——习近平：《关于坚持和发展中国特色
　　　　　　　　　　　　　　社会主义的几个问题》

　　中国将取代美国成为世界霸权，这是西方最焦虑的问题。但是，其实中国根本无意称霸世界，它只想治理好自己的国家并实现世界和平，而且坚信唯有治理好自己的国家才能维护世界和平。《大学》有言："所谓平天下在治其国者，上老老而民兴孝，上长长而民兴弟，上恤孤而民不倍，是以君子有絜矩之道也。所恶于上，毋以使下；所恶于下，毋以事上；所恶于前，毋以先后；所恶于后，毋以从前；所恶于右，毋以交于左；所恶于左，毋以交于右；此之谓絜矩之道。《诗》云：'乐只君子，民之父母。'民之所好好之，民之所恶恶之，此之谓民之父母。《诗》云：'节彼南山，维石岩岩。赫赫师尹，民具尔瞻。'有国者不可以不慎，辟则为天下僇矣。《诗》云：'殷之未丧师，克配上帝。仪监于殷，峻命不易。'道得众则得国，失众则失国。"中国人从来不赞成称霸世界，而是希望维护世界和平。维护世界和平，最重要的，还是要集中精力办好自己的事情，把自己的国家治理好。治国要懂得上行下效的道理：领导者如果尊老爱幼，民众就会尊老爱幼。"己欲立而立人，己欲达而达人"（《论语·雍也》）；"己所不欲，勿施于人"（《论语·卫灵公》），这就是治国理政之道。执政者要像人民的父母，以人民忧乐为忧乐、以人民甘苦为甘苦，父母就应该这么关爱子女。要知道，民众都以领导者为榜样，所以，治国理政不可不慎重啊，如果一意孤行就一定会被天下人所抛弃。创业固难，守成不易。治国之道，得民心者得天下，失民心者失天下。"不违农时，谷不可胜食也。数罟不入洿池，鱼鳖不可胜食也。斧斤以时入山林，材木不可胜用也。谷与鱼鳖不可胜食，材木不可胜用，是使民养生丧死无憾也。养生丧死无憾，王道之始也。"（《孟子·梁惠王上》）发展生产，保障民生，这是中国人一贯赞赏的仁政和王道。仁者无敌，必王天下！仁政爱民的国家有最强大的"软实力"，必定受到天下各国由衷仰慕。

一　先进生产力

在谈到国家竞争力的时候，人们的思维往往是横向比较，即国家与国家在国际舞台上的较量。其实，国家本身是社会发展的产物，国家是社会经济的上层建筑。国家的竞争力，最重要的是战胜自我的能力，是突破旧的生产方式的创新能力。

1. 生产力是大国崛起的决定力量

历史上，杀伐征战、开疆拓土是大国崛起的根本标志，但其实并不是大国崛起的根本动力。马克思和恩格斯在《德意志意识形态》一书中指出，"各民族之间的相互关系取决于每一个民族的生产力、分工和内部交往的发展程度"①,"暴力、战争、掠夺、抢劫等等被看作是历史的动力",其实,只是因为"对进行征服的蛮族来说","战争本身还是一种通常的交往形式;在传统的、对该民族来说唯一可能的粗陋生产方式下,人口的增长越来越需要新的生产资料,因而这种交往形式越来越被加紧利用"②。也就是说,征服战争的发生本身就是因为生产力的发展,主要是人口的增长带来的劳动力增长,为此需要更多的生产资料比如土地、牧草和水源。在传统的、对该民族来说,唯一可能的粗陋生产方式如放牧,除了对外征服已经没有别的途径了。中国历史上,游牧部落不断入侵中原农业区,根本原因就是游牧部落人口增长后需要粮食、布帛等生活必需品,而农业区可以不需要他们的牛羊肉或皮毛,因此他们只能依靠暴力、战争、掠夺、抢劫获得这些必需品。尤其是在人口和马匹足够的情况下,他们就会发动大规模的征服战争。马其顿帝国的扩张、蒙古帝国的扩张,可以说是游牧部落征服农业地区的典型。

当然,国家扩张的目标是否真正能够达到,还依赖于这种扩张是否能够满足促进生产力、分工和内部交往的发展。马克思和恩格斯指出:"在蛮人的占领下,一切都取决于被占领国家此时是否已经像现代国家那样发展了工业生产力,或者被占领国家的生产力主要是否只是以它的联合和共同体为基础。其次,占领是受占领的对象所制约的。如果占领者不依从被占领国家的生产条件和交往条件,就完全无法占领银行家的体现于证券中的财产。对于每个现代工业国家的全部工业资本来说,情况也是这样。最后,无论在什么地方,占领都是很快会结束的,已经不再有东西可供占领时,必须开始进行生产。从这种很快出现的生产的必要性中可以得出如下结论:定居下来的征服者所采纳的共同体形式,应当适应于他们面临的生产力发展水平,如果起初情况不是这样,那么共同体形式就应当按照

---

① 《马克思恩格斯文集》第1卷,人民出版社2009年版,第520页。
② 《马克思恩格斯文集》第1卷,人民出版社2009年版,第577页。

生产力来改变。这也就说明了民族大迁徙后的时期到处可见的一件事实，即奴隶成了主人，征服者很快就接受了被征服民族的语言、教育和风俗。"① 这种情况，中国历史上元朝和清朝的建立是最好的例子。这两个朝代的建立者都是游牧部落，他们的生产力发展水平比已经创造了辉煌的农业文明的中原地区落后。其结果是他们只能学习汉人的文字、制度和风俗，否则他们根本不可能对汉人进行统治。在生产上，用适合游牧的"八旗制度"组织农业生产，显然根本行不通，更不要说促进农业生产的发展。在整个封建历史上，中国始终是强大的，说到底是因为中国生产力水平始终是世界最高的，中国文明是世界最进步的文明。

"小国寡民"并不符合历史规律，但"帝国扩张"也不符合历史规律，生产力、分工和交往的发展才是历史必然规律。没有任何力量可以抵挡生产力、分工和交往的发展，适合这一趋势的国家影响力扩张就具有历史的进步性。因为征服战争的方式而否定秦统一六国的历史进步性是毫无道理的，没有秦国的扩张就不会有今天的中国，中华文明也就无从谈起。秦统一六国其实是生产力、分工和交往发展的必然要求，战国七雄其实都在为创造促进生产力、分工和交往发展的统一而努力。秦之所以能统一六国，最主要的也是因为商鞅变法让它有了强大的农业经济基础，也就是兵强马壮、粮草充足。在农业文明时代，工商业和文化并不起决定作用，所以齐国、鲁国富裕和文明程度可能更高，但综合国力不足以与秦国抗衡。秦统一六国之所以是进步的，说到底是因为它通过制定统一的度量衡制度、统一的文字、统一的货币、统一的行政管理体制，促进了生产力、分工和交往发展，最终为汉朝盛世奠定了基础。今天的人们常常批判中国历史上长期实行"重农抑商"的政策，却不知在农业文明时代，这个政策正是国家长治久安和长期富强的根本原因。

因此，通常不是国家征服扩张促进了生产力、分工和交往发展，

---

① 《马克思恩格斯文集》第1卷，人民出版社2009年版，第578页。

而是生产力、分工和交往发展促进了国家扩张。正如历史学家布罗代尔指出的，并不是谁想剥削世界谁就能剥削世界。要剥削世界，事先必须拥有慢慢成熟起来的强大力量。肯定无疑的是，这个强大的力量是自身的慢工而形成的，又通过剥削他人而得到加强，在这两个并行的进程中，它便和其他国家的力量拉开了距离。① 马克思和恩格斯在《共产党宣言》中指出："资产阶级使农村屈服于城市的统治。它创立了巨大的城市，使城市人口比农村人口大大增加起来，因而使很大一部分居民脱离了农村生活的愚昧状态。正像它使农村从属于城市一样，它使未开化和半开化的国家从属于文明的国家，使农民的民族从属于资产阶级的民族，使东方从属于西方。"② 正是因为西方资本主义国家率先实现了工业化和城市化，古老的农业文明衰败了，古老的封建帝国被西方资本主义列强打败了。然而，也正因为帝国主义瓜分中国给中国生产力、分工和交往的发展造成了灾难性的破坏，资本主义在中国受到人民的普遍反对，中国最终选择了社会主义道路。

总之，在国家的生产力和取得收入的能力与军事力量之间，有一种非常重要的相互依存关系。如果一个国家把它的很大一部分资源不是用于创造财富，而是用于军事目的，那么，从长远来看，这很可能会导致该国国力的削弱。③ 生产力是国家强大的基础，也是国家扩张的基础。先进生产力总是需要向外扩张，但是，如果生产力的扩张不能促进其他地区经济的发展，它就会遭到抵制，扩张就不会成功。欧洲资本主义生产力、分工和交往的发展曾开创了全球化的时代，但是，欧洲资本主义推动的全球化只有欧洲资本主义的发展，却使其他地区成为殖民地半殖民地，所以在殖民地半殖民的人

---

① ［法］布罗代尔：《资本主义的动力》，杨起译，生活·读书·新知三联书店1997年版，第75页。
② 《马克思恩格斯文集》第2卷，人民出版社2009年版，第36页。
③ ［美］保罗·肯尼迪：《大国的兴衰》，陈景彪等译，国际文化出版公司2006年版，第36页。

民的独立战争后，欧洲缩回到它当年出发的边界。欧洲帝国主义给今天各国的教训是：保持国家强大的根本途径是保持生产力、分工和交往的持续发展，并且使本国经济的发展有利于其他国家和地区生产力、分工和交往的普遍发展。

2. 生产力发展带动政治和文化影响力

马克思和恩格斯指出："不断扩大产品销路的需要，驱使资产阶级奔走于全球各地。它必须到处落户，到处开发，到处建立联系。"[①] 这就是资本主义全球扩张的驱动力，任何人不要指望凭着道义原则就能把资本主义封杀在它最初兴起的范围内。特别是当初的西欧各国，由于国土狭小，产品销售市场、生产原料、能源、劳动力都很有限，海外市场是其生存和发展所不可缺少的。

对于生产力落后的国家来说，它们根本无力抵挡先进的工业文明创造的巨大和廉价的产品。马克思和恩格斯说："资产阶级，由于一切生产工具的迅速改进，由于交通的极其便利，把一切民族甚至最野蛮的民族都卷到文明中来了。它的商品的低廉价格，是它用来摧毁一切万里长城、征服野蛮人最顽强的仇外心理的重炮。它迫使一切民族——如果它们不想灭亡的话——采用资产阶级的生产方式；它迫使它们在自己那里推行所谓的文明，即变成资产者。一句话，它按照自己的面貌为自己创造出一个世界。"[②] 也就是说，真正的重炮并不是军事工业生产的用作战争的重炮，而是民用工业生产的用于生活的廉价商品。"资产阶级在它的不到一百年的阶级统治中所创造的生产力，比过去一切世代创造的全部生产力还要多，还要大。"[③] 这些能给人类带来更大的物质享受的生产力，它能够征服世界各地的所有人。正是因为这个原因，我们到处都看到，那些最顽固的统治者，其实最早被征服。他们早在普通百姓之前用上了西方

---

① 《马克思恩格斯文集》第2卷，人民出版社2009年版，第35页。
② 《马克思恩格斯文集》第2卷，人民出版社2009年版，第35—36页。
③ 《马克思恩格斯文集》第2卷，人民出版社2009年版，第36页。

最先进国家制造的最好的商品，要他们用国货他们是会因为质量差而不太乐意的——当然，在这些顽固而愚昧的统治者统治下的国家往往是根本没有国货的。其结果只能是，那些高唱民族主义的统治者在尽情地享受着西方的物质文明，而被统治者连向往这种物质文明的想法都不可以有。当然，这种情况不会长久。或者被战争的重炮轰开大门，或者为了求生存自己打开大门，顽固的仇外心理就将烟消云散。这就是说，资本主义不但有全球扩张的客观要求，而且还有全球扩张的现实条件。

　　资本主义全球扩张不仅将造成经济全球化，必然要进一步影响世界各国的制度和文化。马克思和恩格斯指出："资产阶级，由于开拓了世界市场，使一切国家的生产和消费都成为世界性的了。使反动派大为惋惜的是，资产阶级挖掉了工业脚下的民族基础。古老的民族工业被消灭了，并且每天都还在被消灭。它们被新的工业排挤掉了，新的工业的建立已经成为一切文明民族的生命攸关的问题；这些工业所加工的，已经不是本地的原料，而是来自极其遥远的地区的原料；它们的产品不仅供本国消费，而且同时供世界各地消费。旧的、靠本国产品来满足的需要，被新的、要靠极其遥远的国家和地带的产品来满足的需要所代替了。过去那种地方的和民族的自给自足和闭关自守状态，被各民族的各方面的互相往来和各方面的互相依赖所代替了。物质的生产是如此，精神的生产也是如此。各民族的精神产品成了公共的财产。民族的片面性和局限性日益成为不可能，于是由许多种民族的和地方的文学形成了一种世界的文学。"① 一定的文化是一定的经济、政治和社会生活的反映，当木兰的织布机被英国的珍妮纺织机代替的时候，就再也不会有《木兰辞》了，中国姑娘也要和英国姑娘一样自由恋爱了。一旦木兰走出家门进入工厂，家长的权威就要衰弱。一旦工厂普遍发展，生产关系就发生了根本的变化，封建统治也就难以为继了，新的国家就要出

---

　　① 《马克思恩格斯文集》第2卷，人民出版社2009年版，第35页。

现了。

由此可见，生产力不仅是国家军事扩张能力的前提，而且也是文化、意识形态和社会制度等所谓"软实力"的前提。英语之所以成为当今世界最通用的语言，最主要的原因还是英国的继承者——美国是世界生产力水平最高的国家，世界各国还需要学习美国的先进生产力。

3. 学习先进生产力是落后国家发展的唯一途径

生产力的扩张其实是人类改造自然满足自身需要的能力的扩张。尽管这种扩张不会满足所有人的需要，但是，不学习先进的生产力就永远不可能更好地满足人类生存的需要。人类不仅要反对生产力以贪婪自私的形式疯狂扩张，更要理智地利用先进生产力给全人类带来的机会，加快国家的发展。

先进生产力的扩张必然要破坏旧的生产方式和生活方式，进而破坏旧的政治生活和精神生活，从而使整个国家和社会处于痛苦的转型中。马克思在评论不列颠在印度的统治时说："从人的感情上来说，亲眼看到这无数辛勤经营的宗法制的祥和无害的社会组织一个个土崩瓦解，被投入苦海，亲眼看到它们的每个成员既丧失自己的古老形式的文明又丧失祖传的谋生手段，是会感到难过的；但是我们不应该忘记，这些田园风味的农村公社不管看起来怎样祥和无害，却始终是东方专制制度的牢固基础，它们使人的头脑局限在极小的范围内，成为迷信的驯服工具，成为传统规则的奴隶，表现不出任何伟大的作为和历史首创精神。我们不应该忘记那些不开化的人的利己主义，他们把全部注意力集中在一块小得可怜的土地上，静静地看着一个个帝国的崩溃、各种难以形容的残暴行为和大城市居民被屠杀，就像观看自然现象那样无动于衷；至于他们自己，只要哪个侵略者肯垂顾他们一下，他们就成为这个侵略者的驯顺的猎获物。我们不应该忘记，这种有损尊严的、停滞不前的、单调苟安的生活，这种消极被动的生存，在另一方面反而产生了野性的、盲目的、放纵的破坏力量，甚至使杀生害命在印度斯坦成为一种宗教仪式。我们不应该忘记，这些小小的公社带着种姓划分和奴隶制度的污痕；它们使人屈服于外界环境，而不是把人提高为环境的主宰；它们把自动发展的社会状态变成了一成不变的自然命运，因而造成了对自然的野蛮的崇拜，从身为自然主宰的人竟然向猴子哈努曼和母牛撒巴拉虔诚地叩拜这个事实，就可以看出这种崇拜是多么糟蹋人了。的确，英国在印度斯坦造成社会革命完全是受极卑鄙的利益所驱使，而且谋取这些利益的方式也很愚蠢。但是问题不在这里。问题在于，如果亚洲的社会状态没有一个根本的革命，人类能不能实现自己的使命？如果不能，那么，英国不管犯下多少罪行，它造成这个革命毕竟是充当了历史的不自觉的工具。"① 不是说资本主义的侵入和剥削不应该受到指责，而是说当封建主义阻碍国家发展的时候，它同样是应该受到谴责的。

人们都会慢慢地习惯甚至满足旧的生活方式，难以应对和适应新的生活方式。因此，人们倾向于正义的谴责，而不容易进行理性的变革。马克思显然也谴责英国资产阶级在印度的统治，但是他知道正义的谴责并不能解决印度面临的问题。批判的武器不能代替武器的批判，为了摆脱落后挨打只有学习，学习先进的资本主义，让自己的实力强大起来。当时的德国也尚处于封建主义阶段，远比最发达的资本主义国家英国落后。但是，马克思没有因为要批判资本主义而宁愿维护封建主义。马克思在1867年《资本论》第一版序言中说："在其他一切方面，我们也同西欧大陆所有其他国家一样，不仅苦于资本主义生产的发展，而且苦于资本主义生产的不发展。除了现代的灾难而外，压迫着我们的还有许多遗留下来的灾难，这些灾难的产生，是由于古老的、陈旧的生产方式以及伴随着它们的过时的社会关系和政治关系还在苟延残喘。不仅活人使我们受苦，而

---

① 《马克思恩格斯文集》第2卷，人民出版社2009年版，第682—683页。

且死人也使我们受苦。死人抓住活人！"① 作为一个资本主义最伟大的批判者，一个科学社会主义的创始人和旗帜，面对封建的、落后的德国，他没有像空想社会主义者一样希望人们按自己的理论体系去消灭资本主义，相反，他建议人们去学习资本主义。他说："问题本身并不在于资本主义生产的自然规律所引起的社会对抗的发展程度的高低。问题在于这些规律本身，在于这些以铁的必然性发生作用并且正在实现的趋势。工业较发达的国家向工业较不发达的国家所显示的，只是后者未来的景象。"② 工业化和现代化是社会发展的必然规律，所以，没有别的办法，只有学习。"一个国家应该而且可以向其他国家学习。一个社会即使探索到了本身运动的自然规律——本书的最终目的就是揭示现代社会的经济运动规律——它还是既不能跳过也不能用法令取消自然的发展阶段。但是它能缩短和减轻分娩的痛苦。"③ 社会主义国家固然是要批判和防止资本主义国家搞殖民主义、霸权主义、强权政治、和平演变，但是它并不因此而宁愿维护封建主义。商品经济是不能跳过也不能用法律取消的自然发展阶段，社会主义必须学习资本主义文明所创造的一切积极成果，首先在生产力方面超越资本主义，才能最终真正超越资本主义。

尽管正如马克思在《资本论》中考察资本"原始积累"历史时明确指出的，"在真正的历史上，征服、奴役、劫掠、杀戮，总之，暴力起着巨大的作用"④，其中，"美洲金银产地的发现，土著居民的被剿灭、被奴役和被埋葬于矿井，对东印度开始进行的征服和掠夺，非洲变成商业性地猎获黑人的场所——这一切标志着资本主义生产时代的曙光……接踵而来的是欧洲各国以地球为战场而进行的商业战争……所有这些方法都利用国家权力，也就是利用集中的、有组织的社会暴力，来大力促进从封建生产方式向资本主义生产方

---

① 《马克思恩格斯文集》第 4 卷，人民出版社 2009 年版，第 468 页。
② 《马克思恩格斯文集》第 5 卷，人民出版社 2009 年版，第 8 页。
③ 《马克思恩格斯文集》第 5 卷，人民出版社 2009 年版，第 9—10 页。
④ 《马克思恩格斯文集》第 5 卷，人民出版社 2009 年版，第 821 页。

式的转化过程，缩短过渡时间"①；因此，"资本来到世间，从头到脚，每个毛孔都滴着血和肮脏的东西"②。但是，马克思也说了："暴力是每一个孕育着新社会的旧社会的助产婆。暴力本身就是一种经济力。"③ 也就是说，暴力解放了生产力，创造新生产力，创造了新社会——资本主义社会，这是资本主义全球化的历史进步性。反过来，正是在生产力极低的原始部落，人们仅仅为了生存需要就直接杀死他人，甚至吃掉对方。部落战争之后，因为没有足够多的粮食，往往把俘虏全部杀掉。只有工农业生产发展起来之后，俘虏才能用作工农业生产的奴隶。事实上，也只有依靠不同提高生产力的发展水平，才能为世界和平与发展创造最大的可能性。工业生产与农业生产的本质区别是商品经济与自给自足的自然经济的区别，所以，农业文明时代的扩张必然是战争和征服，工业文明时代的扩张的主要目标是争夺市场，而不一定要占领土地和征服人民。争夺市场份额会发生倾销与反倾销之类的贸易战，这是由产品本身的质量和价格决定的，战争手段并不能根本改变经济竞争力。随着知识经济的到来，竞争将是科技和人才的竞争，那将是更明显的提供发展机会的竞争。

国家竞争力公认的第一权威，美国哈佛大学商学院教授迈克尔·波特说："在国家层面上，'竞争力'的唯一意义就是国家生产力。国民生活水平的提升，需要企业不断提升和创造符合时代需要的生产力。"④ 以提升民生福利为目标，为企业创新和发展营造良好的国内、国际环境，这就是世界各国政府提升国家竞争力的根本途径。

---

① 《马克思恩格斯文集》第5卷，人民出版社2009年版，第860—861页。
② 《马克思恩格斯文集》第5卷，人民出版社2009年版，第871页。
③ 《马克思恩格斯文集》第5卷，人民出版社2009年版，第861页。
④ [美]迈克尔·波特：《国家竞争优势》，李明轩、邱如美译，华夏出版社2002年版，第6页。

二 文化软实力

生产力对国家力量的决定性作用,并不否定文化、意识形态和制度对国家力量的影响。只不过,文化、意识形态和制度必须促进生产力的发展。离开生产力的发展这个衡量标准,推行大刀阔斧的制度变革、开展针锋相对的意识形态斗争和发动轰轰烈烈的文化革命,只会给国家造成灾难。

1. "硬道理"与"软实力"

邓小平说:"发展才是硬道理。"① 这句话最初是针对经济稳定和协调发展的观点来说的。强调稳定和协调并没有错,像"大跃进"的做法肯定是不对的。但是,稳定和协调是相对的,发展才是绝对的硬道理。这句话放在国家之间关系上说,就是落后就要挨打,发展才是硬道理。发展不是简单地追求经济指标的增长,是实实在在的生产力的发展、综合国力的增强和人民生活水平的提高。"硬道理"就是要强调用"三个有利于",作为衡量社会主义的标准。邓小平并不是不重视制度改革、民主建设、精神文化,但是他认为必须用"三个有利于"作为衡量一切工作的标准。"三个有利于"就是"硬道理",它是唯物主义的根本方法和原则。

"软实力"是哈佛大学肯尼迪政府学院前院长约瑟夫·奈教授最早提出的概念,它强调相对于经济和军事"硬实力"之外的国家实力。他认为,军事力量和经济力量都是有形的、能起到支配作用的力量,可以用来促使他人改变立场。硬实力以用来引诱(胡萝卜)或威胁(大棒)。然而,在国际政治中,一个国家达到的目的,可能是因为别的国家想追随它,崇尚它的价值观,学习它的榜样,可望达到它的繁荣和开放程度。"这种力量——能让其他人做你想让他们

---

① 《邓小平文选》第3卷,人民出版社1993年版,第377页。

做的事，我称之为软实力。它强调与人们合作而不是强迫人们服从你的意志。"① "软实力"的概念提出以后，逐步引起人们的重视，如今已经成为文化影响力的代名词，为世人所接受。"软实力"的概念是对美国军事霸权主义的否定，是对美国处理国际问题的单边主义的否定，也是对其他军国主义国家发展战略的否定，有重要的积极意义。但是，在约瑟夫·奈看来，"'软实力'不仅仅是文化力量。我们的政府在国内政策（例如民主）、国际机构（倾听别人的意见）以及对外政策（促进和平与人权）中所体现的价值观，也会影响其他国家的优先选择。我们能够通过我们的榜样作用把别人拉向我们或让他们离我们而去"②。所以，"软实力"的原意尽管包括了文化，但其实主要不是"文化"，尤其不是强调文化互相交流。

约瑟夫·奈原来用的是"同化权力"（co-optive power）这个词，不过他认为也可以称"软权力"（soft-power）或"软性的同化权力"。他强调的是，"如果一个国家可以使其权力被他国视为合法，则它将遭到更少对其所期望的目标的抵制。如果其文化与意识形态有吸引力，其他国家将更愿意追随其后。如果该国能够建立与其社会相一致的国际规范，则它无须被迫改变。如果该国支持使得他国按照主导国家的预期采取行动或限制自身行为的制度，它可能无须以高昂代价运用强制性或硬权力"③。显然，所谓"软权力"无非就是要把美国的文化、意识形态和制度推向世界，使国际规范符合美国的标准，以便更容易地达到美国的目的。因为"影响别人选择的能力经常与软实力，如有吸引力的文化、意识形态和制度相联系。如果我能让你做我想做的事情，那么，我就无须强迫你去做你不想

---

① [美]约瑟夫·奈：《美国霸权的困惑》，郑志国等译，世界知识出版社2002年版，第9页。
② [美]约瑟夫·奈：《美国霸权的困惑》，郑志国等译，世界知识出版社2002年版，第12页。
③ [美]约瑟夫·奈：《硬权力与软权力》，门洪华译，北京大学出版社2005年版，第107页。

做的事情了。如果美国代表了其他人愿意仿效的价值观，那么我们就可以不费气力地发挥领导作用"①。作者摆脱美国霸权的困惑的思路不是要否定美国霸权主义，而是要寻找新的霸权之路。

约瑟夫·奈认为，"力量就是有能力实现你所要的结果，并且如果有必要，令其他人改变态度以达到目的……这种能够实现你所要的结果的能力，经常与拥有某些资源联系在一起……力量就是在人口、领土、自然资源、经济实力、军事力量和政治稳定方面占有优势"②。因此，把"软权力"理解为"文化影响力"，甚至是"文化交流与合作"中表现出来的吸引力，实在是对约瑟夫·奈的美好误解。

"软权力"仍然是霸权主义的思维，只是从军事霸权主义转变为文化霸权主义而已。"软权力"其实是意识形态和社会制度斗争的缩写，是美国"不战而胜"的和平演变战略的扩大化和理论化。它不可能给世界带来和平与发展，只会让其他国家更加警惕美国的"文化侵略"，进而引起"文明的冲突"。哈佛大学另一位著名国际政治学教授亨廷顿认为，后冷战时代"全球政治是文明的政治。文明的冲突取代了超级大国的竞争"③。其实，所谓文明的冲突，最主要的就是各民族国家反对美国文化的影响。狭隘的民族主义、排外主义和原教旨主义等极端主义的根源基本上都在美国。只要是霸权主义，不论是文化霸权主义还是军事霸权主义，都不会给世界带来和平与发展。

自由放任的资本主义以及霸权主义和强权政治给世界和平与发展带来了无尽的灾难，以公有制、计划管理和平均主义为特征的传

---

① [美]约瑟夫·奈：《美国霸权的困惑》，郑志国等译，世界知识出版社2002年版，第10页。

② [美]约瑟夫·奈：《美国霸权的困惑》，郑志国等译，世界知识出版社2002年版，第5页。

③ [美]塞缪尔·亨廷顿：《文明的冲突与世界秩序的重建》，周琪、刘绯、张立平、王圆译，新华出版社2002年版，第7页。

统社会主义已经失败，苏联、东欧推行大刀阔斧的改革也没有产生预料的结果，"文化大革命"给中国造成了十年浩劫。经历了这些，中国不应再相信凭借军事、制度、意识形态和文化就能创造人类福祉，中国应该坚决反对实力主义、霸权主义和强权政治，中国自己永远不追求霸权，不追求"硬权力"也不追求"软权力"。中国应该坚信邓小平说的"发展才是硬道理"，中国应该始终追求"生产力"。

2. 生产力发展推动文化发展

中国自鸦片战争以来，从肯定西方技术但蔑视西方文化的"师夷长技以制夷"，历经肯定西方经济但对西方文化半推半就的"中学为体，西学为用"，到肯定西方经济和政治但不太肯定西方文化的"维新变法"和"民主革命"，最终是"打倒孔家店"，提倡"民主和科学"，接受了西方文化。虽然经过"西学东渐"的漫长过程，但是，民主和科学的文化在我国却远还没有确立。孙中山为其奋斗终生的民主共和制，先是被袁世凯复辟帝制所破坏，后来又被封建军阀割据所代替，蒋介石也同样没有建立民主政府。马克思主义在中国传播并最终成为指导思想，深刻地改造了中国文化，使民族科学大众的文化观念广为人知。但是，到了今天，带有封建主义糟粕的文化传统，比如封建家长制作风和迷信思想，还是根深蒂固，老百姓的民主和科学意识还很淡薄，民主制度还很不完善。

究其原因，是中国工业化还没有完成，市场经济水平还比较低。只要中国还是一个农民的国度，只要还有大批人过着自给自足的自然经济生活，就很难消灭封建观念和迷信思想。正如马克思谈到法国农民时说的，"小农人数众多，他们的生活条件相同，但是彼此间并没有发生多种多样的关系。他们的生产方式不是使他们互相交往，而是使他们互相隔离。这种隔离状态由于法国的交通不便和农民的贫困而更为加强了。他们进行生产的地盘，即小块土地，不容许在耕作时进行分工，应用科学，因而也就没有多种多样的发展，没有发挥不同的才能，没有丰富的社会关系。每一个农户差不多都是自给自足的，都是直接生产大部分自己的消费品，因而他们取得生活资料多半是靠与自然交换，而不是靠与社会交往。一小块土地，一个农民和一个家庭；旁边是另一小块土地，另一个农民和另一个家庭。一批这样的单位就形成了一个村子；一批这样的村子就形成了一个省。这样，法国国民的广大群众，便是由一些同名数简单相加而形成的，就像一袋马铃薯是由袋中的一个个马铃薯汇集而成的那样。数百万家庭的经济生活条件使他们的生活方式、利益和教育程度与其他阶级的生活方式、利益和教育程度各不相同并互相敌对，就这一点而言，他们是一个阶级。而各个小农彼此间只存在地域的联系，他们利益的同一性并不使他们彼此间形成共同关系，形成全国性的联系，形成政治组织，就这一点而言，他们又不是一个阶级。因此，他们不能以自己的名义来保护自己的阶级利益，无论是通过议会或通过国民公会。他们不能代表自己，一定要别人来代表他们。他们的代表一定要同时是他们的主宰，是高高站在他们上面的权威，是不受限制的政府权力，这种权力保护他们不受其他阶级侵犯，并从上面赐给他们雨水和阳光。所以，归根到底，小农的政治影响表现为行政权支配社会"[1]。民主和科学的文化当然是可以传播的，但是，工业化和市场经济土壤没有的话，民主和科学之花终将难以长成。

  仅仅就着旧文化而改造新文化、就着旧制度而改造新制度、就着旧道德而改造新道德，永远不会成功。因此，真正关心或者说真正懂得如何关心中国文化、制度和道德发展的人们，应该从当前中国工业化、信息化和市场经济体制改革的需要出发，营造和创造适合中国生产力发展、综合国力增强和人民生活水平提高所需要的价值观、伦理道德和文学艺术。

---

[1] 《马克思恩格斯文集》第2卷，人民出版社2009年版，第566—567页。

3. "软实力"是先进生产力的吸引力

"软实力"绝对不应该是"同化力",它应该是吸引力,是可能给其他国家和地区带来经济发展、政治稳定和人民幸福的文化传播能力,而不是让其他国家和地区受操控受同化的文化侵略能力。

先进文化是先进经济和政治的反映,文明程度较高必然表现为国家的富强、民主和文明。经济发达,人民生活水平高,足以令其他国家的人民羡慕。政治稳定,社会自由、开放、民主、和谐,足以令其他国家的人民向往。文化繁荣,成为思想、科学、技术、文艺、教育、管理制度创新中心和传播的发源地,足以吸引其他国家的人民来学习取经——集中体现为留学的集中地和书籍翻译的起源地。经济、政治和文化上的这些特征,表现了一个时代的先进文化的中心。毫无疑问,中国在汉唐盛世就具有这些特点,所以是当时先进文化的代表。目前,美国、西欧、日本等资本主义发达国家和地区在某些方面具有这些特征,资本主义文化是当代先进文化的重要组成部分。中国共产党要代表先进文化的前进方向,不能不学习继承我国传统文化的精华,更不能不吸收当代西方资本主义文明的积极成果。

先进文化的"软实力"意味着它为世界各国所向往、接受和学习,也就是说在本质上能够促进世界各国生产力发展、政治民主和人的自由解放。如果只是为了促进一国的经济进步,甚至是通过损害他国利益来促进一国经济进步,那么这是一种狭隘的民族主义和霸权主义侵略文化,是反动的文化。并不是所有扩张性的文化都是反动的文化,事实上,先进文化必然具有世界扩张性,纯粹地域性的、永远不能向世界传播的文化绝对不是先进文化。在人类历史上,先进的文化主要通过战争向外扩张,而战争建立起来的庞大的帝国往往促进了文化的交流与融合。但是,即使在古代,也不是说穷兵黩武向外扩张就是先进文化的扩张,只有能促进经济发展、政治稳定和文明传播的军事扩张才是对人类文化进步有益的。不能促进世界经济发展、政治稳定和文化传播的军事扩张，是对世界和平与发展的破坏。

先进文化的标准说到底只能是世界生产方式的最高水平的反映，世界最先进的生产力的反映。从这种意义上说游牧文化不可能向农业文化扩张，农业文化也不可能向工业文化扩张。中国历史上融合了入侵的游牧文化，但却只能学习西方资本主义工业文化，就是一个最好的例证。资本主义的殖民侵略当然是应该谴责的，但是更重要的是世界各国都要认识世界文化发展的潮流，主动吸收人类创造的先进文明的一切积极成果。不管以和平的形式还是以战争的形式，先进文化始终是要扩张的，而且因为它符合社会发展的需要必然也会被人民接受。及时把握先进生产力的发展要求和先进文化的前进方向，才是高瞻远瞩的领导者，也只有这样才能真正代表本国和世界人民的利益。

中国必将实现中华文化的伟大复兴，但中华文化已经不是过去的儒家文化，也不是新民主主义或社会主义初级阶段的文化。真正能够复兴的中华文化，必然是继承了中国传统儒家文化的精华，吸收了资本主义当代文明的积极成果，包含了社会主义前瞻性的先进文化。虽然叫作中华文化，但其实是中国人开创的世界文化。

三　国家竞争力

改革开放以来，中国走的是发展生产力和改善民生福利相结合的道路。这条道路给中国带来富强的趋势，给人民带来了福利。必须坚持不断地提高生产力水平、不断地提升民生福利。在这个过程中，中国也必将创造中国文化的新魅力。

1. 发展超越意识形态和社会制度差别的平等互利外交

冷战时期，苏联与美国等西方发达国家进行激烈的意识形态斗争，以社会制度和发展模式的差别处理国际关系，干涉别国内政，要求发展中国家按他们的模式发展，是世界的和平与发展的巨大危害。在冷战背景下，改革开放前我国和苏联及美国等西方发达国家之间也进行过类似的意识形态斗争，"反帝反修"的思想正是这种斗争的反映。其实，什么是修正主义本身并不清楚，反帝则把资本主义国家创造的属于人类文明的积极成果的东西也抛弃了。意识形态和社会制度的斗争使国际交往脱离了各国人民的现实利益，使世界充满了矛盾，严重阻碍了世界经济的发展，尤其是对经济落后的国家更为不利。改革开放前我们国家也进行过意识形态的宣传和斗争，这在当时的国际形势下是迫不得已的。

改革开放以来，我们国家改变了过去的做法，根据中国人民的现实需要和利益，选择了改革开放的社会主义建设道路。邓小平明确提出："只要历史证明中国社会主义制度的优越性就够了，别国的社会制度如何我们管不了。"① 所以，"要坚持同所有国家都来往……不搞意识形态的争论"②。1986年，邓小平在回答美国记者迈克·华莱士为什么中国同资本主义国家美国的关系比同社会主义国家苏联的关系反而更好一些时，明确回答："中国观察国家关系问题不是看社会制度。中美关系是看中国和美国关系的具体情况来决定。中苏关系是看中国和苏联关系的具体情况来决定。"③ 所谓具体情况，当然是符合中国人民利益和中国发展的原则。中国共产党从中国人民的需要和利益出发，选择适合中国国情的发展道路。1987年，邓小平在会见喀麦隆总统时说："不要光喊社会主义的空洞口号，社会主义不能建立在贫困的基础上。"④ 选择社会主义就是选择一条比资本主义更快更好的发展本国经济的道路。邓小平说："就我们国家来讲，首先是要摆脱贫穷。要摆脱贫穷，就要找出一条比较快的发展道路。贫穷不是社会主义，发展太慢也不是社会主义……在对社

---

① 《邓小平文选》第3卷，人民出版社1993年版，第360页。
② 《邓小平文选》第3卷，人民出版社1993年版，第353页。
③ 《邓小平文选》第3卷，人民出版社1993年版，第168页。
④ 《邓小平文选》第3卷，人民出版社1993年版，第213页。

主义作这样的理解下面,我们寻找自己应该走的道路。这涉及政治领域、经济领域、文化领域等所有方面的问题。"① 同时,中国尊重他国人民的需要和利益,不把制度和意识形态的差别当作国家交往的障碍,更不把本国的经济政治模式强加给别国。对来到中国"取经"的莫桑比克总统,邓小平诚恳地说:"有一个问题,你们根据自己的条件,可否考虑现在不要急于搞社会主义。……要讲社会主义,也只能讲符合莫桑比克实际情况的社会主义。"② 这种态度是和霸权主义、强权政治绝然不同的,是实实在在地为中国人民的利益和中国的发展着想的务实态度,没有丝毫的感情用事。同时,也特别尊重别国人民的利益,真诚地希望世界各国繁荣和发展。

正如英国帕默斯顿勋爵说的,我们没有永久的盟友,也没有永久的敌人,我们的利益才是永久的。世界各国"考虑国与国之间的关系主要应该从国家自身的战略利益出发。着眼于自身长远的战略利益,同时也尊重对方的利益,而不去计较历史的恩怨,不去计较社会制度和意识形态的差别,并且国家不分大小强弱都相互尊重,平等相待"③。邓小平说:"我们都是以自己的国家利益为最高准则来谈问题和处理问题的。"④ 时任外交部部长李肇星在十届全国人大二次会议举行的记者招待会上就中国外交和国际问题答中外记者问时说:"我们的外交是全中国人民的外交。外交工作就是服务,首先是服务于全国人民全面建设小康社会的崇高目标,为国内经济建设创造一个好的国际和周边环境。此外,外交就是交朋友,我们的朋友越多越好。中国外交为中国人民服务、为世界人民服务。"⑤ 这就是说,一方面中国共产党和中国政府在国际上代表中国人民的利益,为中国人民谋利益;另一方面,把中国人民的利益建立在广交世界

---

① 《邓小平文选》第 3 卷,人民出版社 1993 年版,第 255 页。
② 《邓小平文选》第 3 卷,人民出版社 1993 年版,第 261 页。
③ 《邓小平文选》第 3 卷,人民出版社 1993 年版,第 330 页。
④ 《邓小平文选》第 3 卷,人民出版社 1993 年版,第 330 页。
⑤ 《人民日报》,2004 年 3 月 7 日第三版。

朋友的基础上，以各国人民的根本利益为重，不计较社会制度和意识形态的差别，在和平共处五项原则的基础上，扩大共同利益的汇合点。以利益为原则的外交，是在总结我国和世界外交实践的基础上提出的务实外交和理性外交，是促进中国人民和世界各国人民互惠互利的和平外交和友好外交，是实现世界和平与发展目标的根本途径。

不搞意识形态和社会制度的争论，与所有国家都要来往，为中国的发展创造了良好的国际环境，也为世界的和平与发展做出了巨大贡献。改革开放以来，中国经济高速发展、综合国力迅速增强，人民生活水平显著提高，吸引了世界各国的关注。尽管那些带着冷战思维的人不断抛出"中国威胁论"，但是，众多亚非拉发展中国家却为中国的发展模式深深地吸引，来中国考察和学习。在西方内部，也有人提出了"北京共识"，认为它是对"华盛顿共识"的超越。美国千方百计要推销自己的发展模式、社会制度和价值观，却遭到其他国家的强烈抵制。临近美国的古巴，经过美国几十年的软硬兼施，也没有被同化。如今拉美地区仿佛还在与美国渐行渐远，出现了众多激进的反美力量。貌似强大的苏联，虽然几十年如一日地进行意识形态和社会制度的斗争，却最终因为经济基础衰败而轰然倒塌。遗憾的是，仍然还有众多像羽毛一样飘在半空的冷战人士，觉得自己比在地上从事经济发展工作的人高明。

中国发展的伟大成就是历经无数政治斗争和思想斗争的磨难，痛定思痛，卧薪尝胆才取得的。一定不能忘记自我消耗的历史，一定要发扬改革开放的精神。任由西方学者炒作，中国政府不提"北京共识"。中国的社会主义市场经济体制、民主法制体制、科技教育文化体制等都还很不完善，而且永远没有可以推向世界的单一发展模式。发达资本主义国家适应现代经济发展的管理、科技等一切积极成果，中国必须继续学习。与其他发展中国家要加强交流与合作，在平等互利的基础上共同进步。今天，世界多极化和经济全球化给世界的和平与发展带来了新的机遇和挑战。经济全球化使世界各国人民的利益互相依存、不可分割，但与此同时，各国也面临着更加剧烈的多极化的竞争和挑战，一些经济落后的国家甚至有被边缘化的危险。这种趋势要求各国政府必须更加关注本国经济的发展，更加关注本国人民的切身利益，同时也必须更加关注全人类共同的利益。

2. 通过提升生产力不断提高人民生活水平

有些人认为把以世界导向为利益取向的价值观，不是务实而是短视，是倒向资本主义文化。世界各国如果都像发达国家一样生产和生活，地球根本承受不起如此的资源重荷。世界资源也根本不可能支持各国像发达国家一样的经济增长和物质需要的满足，社会主义应该倡导新文化，应该超越资本主义欲望无穷的奢侈消费文化，弘扬提倡勤俭节约和注重精神生活。这个想法从长远方向来说基本上没有错，但是忽视了人的现实的需要。

有这种思想的人的共同特点是没有充分考虑到世界还有很多地区的温饱问题没有解决，也没有充分尊重发达地区人民自己的意愿。他们因为自己衣食无忧，因为自己喜爱田园牧歌般的浪漫生活就认为世界应该把关注的重点从物质转移到精神。他们没有看到，现在的问题不是生产的普遍生产过剩和过度消费，而是在世界上的众多人口中温饱还没有很好解决，贫困还困扰着大多数的人口。过度开发造成的环境恶化当然破坏了人类的生存质量，但是，连基本的生存都没有解决的人们根本不可能讲究生存质量。如果在后工业社会这种思想还具有前瞻性的话，把后工业社会的工业化反思简单地搬到前工业社会来则是时代的错误。

其实，"在发达国家中，绝大多数人在经济上有保障了，至少从传统意义上讲是如此。但是，并没有迹象表明：绝大多数人对经济报酬（无论是物质的或是非物质的）丧失了胃口——也许只有少数中的最少数，才是例外。相反，对绝大多数人来讲，既然他们现在已经尝到了生产力果实的某些甜头，显然就更渴望能够得到更多——

如果没有比我们这个星球的有限资源所能生产的更多的话，那也是比迄今为止经济所能提供的要多得多"①。后工业社会真的是物质福利不再重要的时代吗？约瑟夫·奈的看法完全相反，他说："后工业化社会强调福利而不是荣誉。"② 换一句话说，福利不仅不会因为富裕而不重要，相反整个社会都认为自己应该得到更多。事实确实如此，只有在古代好像存在大批视钱财如粪土的贵族，因为钱财对他们来说来得实在太容易了，而且世代继承永不失去。自从资本主义兴起后，人们好像越来越重视财富，这主要是大多数人都需要自己挣得财富，而且已经挣得的财富还很容易失去。

邓小平说："'四人帮'叫嚷要搞'穷社会主义'、'穷共产主义'，胡说共产主义主要是精神方面的，简直是荒谬之极！"③ 把社会主义等同于公有制，好像这样就消除了贫富差别，好像人们就不再有财富欲望了，就不再要求致富了。其实，这不过是让人们共同忍受贫穷的痛苦。今天，中国人的生活已经基本有保障了，一部分人还富起来了。是不是该知足常乐了呢？这必须尊重人民的意愿，而不是道德家的意愿。真正美好的社会不是文化先知和政治精英规划的理想状态，那种理想社会不过是空想社会主义的乌托邦。

3. 弘扬反映先进生产力发展要求的先进文化

历史唯物主义持"历史进步观"，认为从整个人类社会发展的大趋势来说，社会越发展就越进步，生产力越发达，政治就越民主，文化就越先进。然而，先进的文化、意识形态和制度又由人类社会一定历史发展阶段的先进生产力决定，从根本上反映了先进生产力的发展要求，满足社会最大多数人的需要和利益。

---

① ［美］彼得·德鲁克：《管理：使命、责任、实务》（使命篇），王永贵译，机械工业出版社2006年版，第186页。

② ［美］约瑟夫·奈：《美国霸权的困惑》，郑志国等译，世界知识出版社2002年版，第5页。

③ 《邓小平文选》第3卷，人民出版社1993年版，第10页。

人类由于生产力水平的提高，有了剩余产品。从此，也有了阶级和阶级斗争，开始进入了奴隶制社会。尽管奴隶制是野蛮残忍的，但是毕竟人类只有通过奴隶制才能巩固和发展经济，建立国家。人类的小部分人开始有了富足的"文明"生活，奴隶也总算能活下来了而不是被杀掉——活着就有希望，好死不如赖活嘛。人与人之间不再是像动物一样，全凭赤裸裸的搏杀来决定食物的分配。尽管分配很不公平，但是毕竟人们不再在无尽的冲突和斗争中毁灭。再糟糕的政府也比没有政府好，有了国家的社会总比动物世界文明进步。另外，也只是从奴隶社会开始，人类才有了教育、礼仪、制度等文化的具体内容。

人类生产方式从采摘狩猎、农牧业到工商业发展，这是人类生产力水平不断提高的历史轨迹。与之相对应，也就有了原始图腾文化、田园牧歌文化和城市商业文化的变迁。如果我们不抓住生产力推动社会发展的这种必然趋势，我们就不能判断先进文化的前进方向，也不能在文化上选择应该学习的内容。清朝末年，张之洞提出"中学为体，西学为用"。1935年，国民党政府授意提出"中国本位的文化建设"。毛泽东提出"古为今用，洋为中用"；"取其精华，去其糟粕"。冯友兰先生认为，"选择必定有个标准，不然的话，那就只能说'存其所当存，弃其所当弃'，'吸收其应该吸收的'，不吸收其所不应该吸收的。话是不错，可是说了等于没有说。怎样确定这个标准呢？最好的办法是认识共相。看看世界上强盛的国家，看看它们是怎样强盛起来的，看看它们的特点。这些特点就是它们的殊相之中所寓的共相的内容或其表现。这些国家是殊相，它们的社会性质是共相。共相是必要学的，也是可能学的；殊相是不可能学的，也是不必要学的"[①]。冯友兰先生所说的共相就是共同性，就是社会发展的一般规律；殊相就是特殊性，就是各国的具体情况。"在农业生产中，无论地主或佃户，都依附于土地上，他们都是聚族

---

① 冯友兰：《中国现代哲学史》，广东人民出版社1999年版，第134—135页。

而居，所以有宗法制度、宗法观念。操纵机器的工人脱离了土地的束缚，在不能聚族而居，宗法制度自然就破坏了。"① 东西方原来都是建立在自然经济基础上的以家为本位的农业社会，后来西方进入建立在商品经济基础上的以社会为本位的工业社会。

从农业社会进入工业社会是西方国家强大的根本原因，从农业社会进入工业社会是社会发展的必然趋势，因此，文化的所谓精华以及应当吸取的东西，就是促进工业化和商品经济发展的部分，而所谓糟粕或应当抛弃的东西，就是妨碍工业化和商品经济的部分。脱离了社会发展方向，就不存在文化的进步和落后，也就不存在精华和糟粕。在此基础上，"中国文化应有自己的形式，这就是民族形式"②。换一句话说，推动我国从自给自足的农业经济向现代工商业转变进而向知识经济转变的制度和意识形态，这是文化的内容，是世界各国普遍都要遵循的科学规律。各国所不同的是，如何使生产力的转变提升本国民生福利，使这个更容易地为本国人民所接受。当这个使命完成的时候，也就实现了文化的创新。

就当前最发达的美国、西欧和日本来看，人类生产方式还将进一步向知识经济转变，人类将进入知识社会。毫无疑问，人类生产方式的变革并不是被完全的替代，在工业化国家仍旧还有农牧业，在农业国家也有工业。但是，我们应该懂得抓住重点，人类发展的历史确切无疑地表明了主体产业从采摘狩猎、游牧农业、工业商业向知识经济发展的趋势。因此，由于看到工业化造成了环境破坏，市场化和商业化造成了道德败坏，就否定工业化和市场化，就是没有抓住先进文化的前进方向。今天，我们从世界范围内都找不到一个发达的以农业为主导和靠计划管理的国家，我们的思想文化就不应该否定工商业文明。正是因为生产力水平的提高，使人民生活水平也得到提高，我们从原始图腾文化、田园牧歌文化向城市商业文

---

① 冯友兰：《中国现代哲学史》，广东人民出版社1999年版，第136页。
② 《毛泽东选集》第2卷，人民出版社1971年版，第707页。

化转变是历史的进步。确实,在这个过程中,人类不断摆脱自然的束缚,不断实现更高水平的平等,不断获得精神的自由。反过来,那些生产力水平还没有达到工业化的国家和地区,无不处于物质匮乏、专制独裁和精神压迫之中。然而,工业化、市场化和城市化,确实造成了很多负面效应,确实需要反思。社会主义从本质上说就是对资本主义工业化、市场化和城市化的反思。然而,反思不是否定和抛弃,而是积极的扬弃。我国面临的主要任务仍然是工业化、城市化和完善社会主义市场经济体制。我们对工业化的反思是提出新型工业化道路而不是反对工业化。我们要在工业化的过程中,尽量减少大量能源耗费和环境破坏,提倡节约型社会。我们要通过信息化引导工业化,通过工业化促进信息化,为整个经济形态从工业经济向知识经济过渡创造更加有利、便捷的条件。

世界潮流,浩浩荡荡,顺之者昌,逆之者亡。先进文化就是顺应历史发展趋势的文化。中国辉煌灿烂的封建社会农业文化的先进性为资本主义工商业文化的"现代性"所代替,以工商业为基础的现代文化当然也不是人类文化的终极,它必然要被"后现代"所代替。"后现代文化"是当代西方学者对未来文化的称谓,马克思主义的称谓是"社会主义文化"。从历史发展的长远趋势看,我们可以肯定那种带有浓烈封建色彩的文化,比如政教合一、男尊女卑、专制、独裁等必然为历史所淘汰。这是因为农业生产,甚至于最美好的田园牧歌式的农耕游牧生活,也必然会被现代工商业文明所取代,将不再是生产方式和生活方式的主流。以工商业文明为核心的"现代性"必然要取代以农业文明为核心的"封建性",民主、平等、法治不会因为在资本主义社会不够真实的就不会成为历史的必然。只不过,随着工业生产的进一步发展,"管理上的民主,社会中的博爱,权利的平等,教育的普及,将揭开社会的下一个更高的阶段,经验、理智和科学正在不断向这个阶段努力"[①]。这个阶段正是社会

---

① 《马克思恩格斯文集》第4卷,人民出版社2009年版,第198页。

主义和共产主义阶段，共产主义将真正实现每个人的自由发展。

　　总之，国家之间的竞争最直接地表现为军事力量的较量，但构成国家竞争力的根本因素其实是生产力，是一个国家民众的生活满意度。第二次世界大战结束后，意识形态和社会制度的斗争，在人类历史上第一次成为国家竞争的焦点。不过，这种斗争还是以军事威胁为后盾的，因此，人们称之为"冷战"。苏联解体、东欧剧变后，人们认识到军事力量不再是国家竞争力的核心，经济和科技才是竞争力的核心。美国哈佛大学教授约瑟夫·奈把军事和经济竞争力称作"硬实力"，把文化、意识形态和制度称作"软实力"。他向世界提出以军事为后盾的单边主义的危害，憧憬了人类依靠吸引力共同生存的国际社会。不过，本章内容就是要指出，"软实力"之说其实正是第二次世界大战以来意识形态和社会制度斗争的集中概括。"硬实力"和"软实力"，其实都是斗争的思维，不过是手段的软硬不同而已。只有生产力和民生福利的竞争，才是世界各国人民和平共处与平等互利的最可靠保证。

第一章

人性、动机与仁义

> 富与贵,是人之所欲也;不以其道得之,不处也。贫与贱,是人之所恶也;不以其道得之,不去也。
>
> ——《论语·里仁》
>
> 人性之善也,犹水之就下也。人无有不善,水无有不下。
>
> ——《孟子·告子上》

一个社会对人自身的基本看法,决定了这个社会治理的基本理念,也决定了这个社会的动力和活力。《中庸》讲"天命之谓性,率性之谓道,修道之谓教",就是说自然规律就是"性",遵循自然规律就是"道",学会遵道而行就是"教"。《中庸》说的"性"包括万事万物生存和发展的内在规律,当然也包括了人类行为的共同规律,也就是人性。《中庸》就是教人认识和运用包括人类发展规律在内的客观规律。儒家推崇尊重人天赋秉性的仁爱之政,由此也决定了古代中国是一个以民为本的国家。后世常说中国人相信"天命"是迷信,其实它也可以理解为诸如四时变化、生老病死等"自然规律",也就是说可以生发出"科学"。西方文明传播到中国,最早被学者接受的就是天文、历法等自然科学,朝廷和民众也从未抵制过现代科学,更没有出现过类似西方宗教迫害布鲁诺的事件,足以证明中国优秀传统文化中的科学基因。"率性之谓道"则反驳了儒家压制人性的谬论，事实上，它表明儒家是最尊重人性的学说，只不过现在有些人把"任性"当作了"人性"，这种散失"理性"的自由放任确实是儒家所绝对不赞同的。"修道之谓教"，其实就是教人始终"率性"而不要"任性"，教人学会"理性"而不要只懂得"感性"。中华五千辉煌灿烂的文明，绝对不是"专制"两个字可以概括的，把中国传统文化定性为"专制"文化，那是对"专制"的过分赞美。今天西方的所谓"自由"已经由"人性"的"解放"发展为"人性"的"堕落"，这种趋势继续发展的必然结果只能是世风日下、国家衰亡。重新认识人类自身的本性是重新认识人类追求的价值的开始，也是重建风清气正、国泰民安的社会的开始。中国五千年文明正可为世界贡献历久弥新的中国智慧！

一　人性

我们希望自己是怎样的一群人，归根结底由我们认为人天生是怎样的来决定。在实现中华民族伟大复兴的新时代，有必要明确中国特色社会主义的人性论。它既是世界各国认识中国的简明标识，也是中国人形成民族认同的心理基础。中国特色社会主义的人性论，也是以确立经济、政治、文化、社会、生态思想的理论基础。中国特色社会主义道路、理论、制度和文化自信，最终必须确立在相信中国特色社会主义道路、理论、制度和文化符合"人性"的基础上。同时人类必定有共同的人性，同是中国人也必定有共同的民族特性。让我们从认识我们自己的民族特性开始，进而认识人类的普遍共性。

1. "人之初，性本善"

中国人有信神的和不信神的，有信这种神和那种神的。如果一定要找到一个共同的"信仰"，笔者感觉应该是相信"善有善报，恶有恶报；不是不报，时候未到；时候一到，一切皆报"。"多行不义必自毙"，"报应啊"，"现世报"；"好人必有好报"，"祖上积德"，"福报"，这些耳熟能详的用语正表明了中国人的真正信仰：善。

当中国人指责人"毫无人性""灭绝人性"的时候，他表达的意思就是"人之初，性本善"。"毫无人性"就是完全不符合人天生的"善"，"灭绝人性"就是泯灭人"天生"的"善"良本性。按照"人之初，性本善"的观点，人的天赋秉性得到充分尊重和发挥，国家和社会就会繁荣兴盛；人的天赋秉性受到抑制和扭曲，国家和社会就会衰落败亡；人的天赋秉性得到恢复和振兴，国家就能实现复兴和富强。在中国历史上，暴君都不相信民众，防民甚于防川；明君都相信民众的善良本性，并依靠民众力量打败暴君；革命就是革除违背"天命之谓性"的变态，恢复"率性之谓道"的常态。相信人民和依靠人民，这是中国共产党人的一贯理念。这种理念背后贯穿的就是"人之初，性本善"的人性论观点，也就是不仅相信人民总体上说都是好的，甚至连反动派也是可以改造的，至少他们的才能可以用来造福人民。

孟子是"性善论"的代表，他认为："恻隐之心，人皆有之；羞恶之心，人皆有之；恭敬之心，人皆有之；是非之心，人皆有之。恻隐之心，仁也；羞恶之心，义也；恭敬之心，礼也；是非之心，智也。仁义礼智，非由外铄我也，我固有之也，弗思耳矣。"（《孟子·告子上》）又说："所以谓'人皆有不忍人之心'者，今人乍见孺子将入于井，皆有怵惕恻隐之心，非所以内交于孺子之父母也，非所以要誉于乡党朋友也，非恶其声而然也。由是观之，无恻隐之心，非人也；无羞恶之心，非人也；无辞让之心，非人也；无是非之心，非人也。恻隐之心，仁之端也；羞恶之心，义之端也；辞让之心，礼之端也；是非之心，智之端也。人之有是四端也，犹其有四体也。"（《孟子·公孙丑上》）孟子讲得比较抽象，但他举例说孩子掉到井里了，人人都会产生恐惧和恻隐之心，这不是为了和孩子的父母交好，也不是为了得到同乡朋友的称赞，还是很容易理解的。诚如孟子所言，只要略加思考就能相信，这些高尚的品德确实是人人天生都有的善性。

"性善论"是一种非常先进的思想观念，西方直到近代资产阶级启蒙思想运动时期才确立了类似的思想观念，进而否定了中世纪以"性恶论"来论证"神本位"。笛卡尔在《谈谈方法》开篇即说："良知，是人间分配的最均匀的东西。因为人人都认为自己具有非常充分的良知，就连那些在其他一切方面全都极难满足的人，也从来不会觉得自己的良知不够，要想再多得一点。这一方面，大概不是人人都弄错了，倒正好证明，那种正确判断、辨别真假的能力，也就是我们称为良知或理性的那种东西，本来就是人人均等的。"① 尽管笛卡尔说的"良知"偏向于"知识"，但孟子也同样用过"良知"来说明仁义礼智之"端"。"人性"本来就不只是从"道德"来讲的，它就是包括是非善恶的理性和感性。"性善论"者认为不仅人天生就有道德上的善良本性，而且天生具有区分是非的知识理性。与此相反，"性恶论"不仅否定了人天生具有道德善性，而且也不认可人的知识理性。

　　荀子则是"性恶论"的代表，他认为："凡人有所一同：饥而欲食，寒而欲暖，劳而欲息，好利而恶害，是人之所生而有也，是无待而然者也，是禹、桀之所同也。"（《荀子·荣辱》）商鞅表达了类似的看法："民之性：饥而求食，劳而求佚，苦则索乐，辱则求荣，此民之情也。"（《商君书·算地》）韩非子也说："夫民之性，喜其乱而不亲其法"；"夫民之性，恶劳而乐佚。"（《韩非子·心度》）很显然，"性恶论"所说的"恶"，其实首先是人的"理性"。西方文化通常持"性恶论"，比如亚里士多德就认为，"一般人显然是奴性的，他们宁愿过动物式的生活。不过他们也不是全无道理，因为许多上流社会的人也有撒旦那帕罗那样的口味"，推崇的墓志铭是"吃吧，喝吧，玩吧，其余不必记挂"；"我吃的和我享受的快事仍为我有，而所有财富则离我而去"②。"性恶论"通常被认为是

---

　　① ［法］笛卡尔：《谈谈方法》，王太庆译，商务印书馆 2000 年版，第 3 页。
　　② ［古希腊］亚里士多德：《尼各马可伦理学》，廖申白译注，商务印书馆 2017 年版，第 10 页。

"神"为"人"立德立法的逻辑起点,所以,在神权统治的地方通常不认为人性本是善良。但是,这个观点很容易被人们所接受,因为大多数人都能感觉到自己也倾向于安逸享乐,甚至感觉这就是自己渴望的幸福。

"性善论"和"性恶论"双方都能找到论证自身观点的证据,因此就有了"兼而有之"的观点。公都子曰:"告子曰:'性无善无不善也。'或曰:'性可以为善,可以为不善。是故文、武兴,则民好善;幽、厉兴,则民好暴。'或曰:'有性善,有性不善。是故以尧为君而有象,以瞽瞍为父而有舜,以纣为兄之子且以为君,而有微子启、王子比干。'今曰'性善',然则彼皆非与?"(《孟子·告子上》)告子认为人性无所谓善或不善,或者说人性既可以从善也可以从恶,比如周文王、周武王的时候民风好善,大概是人民善良的本性受到感染;周幽王、周厉王的时候民风暴戾,大概是人民邪恶的本性得到激发。又或者说人性有善和不善两面,因此以尧这样的圣人为君也有象这样的刁民,以瞽瞍这样的恶人为父亲却有舜这样的孝子;以商纣王这样的暴君为兄长和侄子,却有微子启和王子比干这样的贤人。既然"性善"和"性恶"都能找到事例来证明,它自然只能证明"性无善无不善""性可以为善,可以为不善""有性善,有性不善"。普通人在日常生活中也很容易发现善恶两种现象,因此,所以很容易得出类似告子的观点:"人,一半是天使,一半是魔鬼。"

"人之初,性本善",归根到底是要总结人类行为的规律性,进而为对待人提供正确思路。"故凡同类者,举相似也,何独至于人而疑之?圣人与我同类者。"(《孟子·告子上》)因此,凡是同类的事物,大体总是相似,怎么到了人就怀疑了呢?圣人和我们也是同类的人。告子认为:"性犹湍水也,决诸东方则东流,决诸西方则西流。人性之无分于善不善也,犹水之无分于东西也。"孟子反驳说:"水信无分于东西,无分于上下乎?人性之善也,犹水之就下也。人无有不善,水无有不下。今夫水,搏而跃之,可使过颡;激而行之,可使在山。是岂水之性哉？其势则然也。"（《孟子·告子上》）孟子的意思是"欲贵者，人之心同也"（《孟子·告子上》），这种高贵包括精神上的高贵和物质上的富贵。用俗话说，就是"人往高处攀，水往低处流"，这是人类行为的一般倾向，没有人天生追求低贱堕落的生活。告子的问题正是否定了一般规律性而肯定具体特殊性，否定了客观规律性而夸大了主观能动力。按照告子的观点，统治者可以对人民为所欲为，教育者可以任意塑造人。告子曰："性，犹杞柳也；义，犹桮棬也。以人性为仁义，犹以杞柳为桮棬。"本性就像天然生长的杞柳，仁义就像做成的桮棬用器；认为人性本身就具有仁义，就像说杞柳本身就是桮棬。告子的意思是仁义完全是后天人为的结果，就像器用是人为制造的，而非先天长成，这就把先天和后天、天性和习性完全分开了。孟子曰："子能顺杞柳之性而以为桮棬乎？将戕贼杞柳而后以为桮棬也？如将戕贼杞柳而以为桮棬，则亦将戕贼人以为仁义与？率天下之人而祸仁义者，必子之言夫！"孟子的反驳是我们只能顺着遵从杞柳天生属性制成桮棬器用，而不能违背破坏杞柳天生属性制成桮棬器用；违背破坏杞柳天生属性制成桮棬器用就像违背人类本性而另造仁义要求人。按照告子的观点，那些执掌天下的必将祸害仁义的本意。也就是说，正因为杞柳本身具有特别的柔韧性才能制造桮棬用器，用朽木或石块就不能制造同样的桮棬用器。仁义也不是统治者任意强加给人的道德标准，它其实是人类天生就有的普遍愿望。

表面上看起来，告子"兼容并包"的观点最为高明。但是，"性无善无不善也""性可以为善，可以为不善"或"有性善，有性不善"，没有总结出任何人的规律性，实际上说了等于没有说。"性恶论"对人"一视同恶"看待，从逻辑上将产生"法律面前人人平等"的法治原则；"性善论"对人"一视同仁"看待，从逻辑上将形成子曰"无为而治者其舜也与？夫何为哉？恭己正南面而已矣"（《论语·卫灵公》）的德治原则。告子其实否定了抽象的"人性论"，是抽象思维能力不足的表现，使人在治国理政的理论问题上无所适从，在治国理政的实践中也不曾发生过影响。我们今天经常批判"抽象的人性论"，其实抽象就是对"一般性""规律性""普遍性""共同性"的概括，抽象是比具体更高级的人类思维。世间万事万物纷繁复杂，唯有抽象思维才能让我们认识规律。具体的人当然因所处时代、地域和阶级不同彼此不同，因此具有完全不同的时代性、地域性、阶级性。但是，不同时代、地域和阶级的人并非老死不相往来，相反，正是不同时代、地域和阶级的人可以彼此交往沟通才推进了人类的发展进步。

"人之初，性本善"，意思就是"天命之谓性"即是"善"，不能把任何人看作天生就是"恶"，实际上肯定了"众生平等"。"人之初，性本善"，也是把自身看作是人类的一员所得出的必然观点。如果人的本性是恶的，那么谁来确定善的标准呢？那些说人的本性是恶的人，完全不把自己当人看！他们觉得自己是高高在上的神，可以裁判人类天生为恶，必定是凶神恶煞般的压迫者！即便可以通过立法来控制人性的恶，天性本恶的人确立的法律必定也是恶法！"代代忠良"和"天生逆种"不能说完全没有道理，但这不是"天性"决定的，很可能是"封荫子孙"或"灭门九族"塑造的结果。孔孟之道成为"独尊"的儒术，法家改革导致国破人亡的惨剧，使中国文化的主流认同性善论，中国民众的多数认同"善有善报，恶有恶报"。"人之初，性本善"是"相信人民，依靠人民"的理论基础，如果认为人的本性是恶的，必然就不能相信人民和依靠人民了。

今天的中国人在"人性"问题的讨论上，应该警惕用"阶级性"完全否定抽象的"人性"，更应该警惕曾经出现过的简单片面的"老子英雄儿好汉，老子反动儿混蛋"那样的"善恶两分论"。从国家政策层面来说，即便在革命年代，毛泽东强调把"地主富农，看作是国家的劳动力，而加以保存和改造"[①]；"土地改革的对象，只是和必须是地主阶级和旧式富农的封建剥削制度，不能侵犯民族

---

① 《毛泽东选集》第4卷，人民出版社1991年版，第1271页。

资产阶级，也不要侵犯地主富农所经营的工商业，特别注意不要侵犯没有剥削或者只有轻微剥削的中农、独立劳动者、自由职业者和新式富农。土地改革的目的是消灭封建剥削制度，即消灭封建地主之为阶级，而不是消灭地主个人。因此，对地主必须分给和农民同样的土地财产，并使他们学会劳动生产，参加国民经济生活的行列。除了可以和应当惩办那些为广大人民群众所痛恨的查有实据的罪大恶极的反革命分子和恶霸分子以外，必须实行对一切人的宽大政策，禁止任何的乱打乱杀"①。今天当然更不应该将社会主义市场经济条件下的民营企业和民营企业家看作是带有"原罪"的资本主义和资本家，而应该肯定"民营企业和民营企业家是我们自己人"，"民营经济从小到大、由弱变强，在稳定增长、促进创新、增加就业、改善民生等方面发挥了重要作用，成为推动经济社会发展的重要力量"；"是我们党长期执政、团结带领全国人民实现'两个一百年'奋斗目标和中华民族伟大复兴中国梦的重要力量"②。

"人之初，性本善"的判断，简明扼要地体现了中国人"与人为善"的"善良天性"。我们坚持马克思主义阶级分析法当然是对的，但是马克思主义绝不至于用"特殊性"否定"一般性"。就像同一个"阶级"的人有共同的"阶级性"，同是"人类"就必然有共同的"人性"。如果人类没有一定的共性，当然也就不可能构建人类命运共同体。中国应该向世界阐释作为中国文化独特价值追求和道德判断的"性善论"，为构建人类命运共同体的中国方案提供坚实的思想理论基础。

2. "性相近，习相远"

英国哲学家在《人性论》中说："在试图说明人性的原理的时候，我们实际上就是在提出一个建立在几乎是全新的基础上的完整

---

① 《毛泽东选集》第 4 卷，人民出版社 1991 年版，第 1314—1315 页。
② 习近平：《在民营企业座谈会上的讲话》，https://baijiahao.baidu.com/s? id = 1615942190474762197&wfr = spider&for = pc。

的科学体系，而这个基础也正是一切科学唯一稳固的基础。"① 近代资产阶级关于人性的观点，打破了中世纪神权压制人权的"蒙昧"和君权压制民权的"专制"，开创了西方认识自然规律的"科学"和弘扬以人为本的"民主"，由此也开创了西方资本主义国家称霸世界的人类历史新纪元。

"性相近"是"性本善"的重要补充和完善，"性本善"强调人的共同性和一般性，"性相近"突出人的具体性和特殊性。没有任何人会否定具体的人天生就有不同，比如有些婴儿身体、智力发育不良，而有些婴儿天生身体健壮、智力超群。但是，绝不能说有人天生"绝非善类"，而且无论如何绝不可能变好。"阿甘"智商不高，但有执着的优点；"英国病人"是自闭症，但善于记数；纳什患有遗传病，却是数学天才。瞽者可以当乐师，石猴可以成大圣。尽管具体的一个个人非常不同，但每个人都有为善的潜力，也就是孟子说的"乃若其情，则可以为善矣，乃所谓善也。若夫为不善，非才之罪也"（《孟子·告子上》）。从天生的才情来说，人人都可以是好人；如果后来有些人成了恶人，这并不是说有些人天生就不是好人，这就是所谓的"人之初，性本善"。

所谓人"本性"自私、贪财、好色、追求安逸享乐、回避辛苦劳动等，其实都是把"后天"的不良"习性"看作是"先天"的邪恶"本性"。人天生其实并没有自私、贪财、好色、追求幸福、回避痛苦等欲望。婴儿并不会喜好笑而厌恶哭，谁要生了一个孩子总是呵呵笑而不哭，那大概人们都会担心这是个傻子。幼儿不嫌贫爱富，也不知道喜怒哀乐，大人看小孩穿得破破烂烂很可怜，但他自己却欢蹦乱跳很快乐。哀乐喜怒敬爱并非人的本性，它是人的本性受到外界刺激而产生的情感。同样地，自私、贪财、好色、追求享乐、回避痛苦也不是人的本性，而是因为物质和精神条件匮乏造成的，到了生产力高度发达和物质文化需要得到更好满足的时候会改变。

---

① ［英］休谟：《人性论》，关文运译，商务印书馆2016年版，第4页。

最终，美丑善恶也是后天习得的，是社会对个人的道德规范。

"人之初，性本善"肯定人天生都是好的，意味着"一视同仁""众生平等"；"性相近，习相远"强调成长环境和人息息相关，"从其大体为大人，从其小体为小人"。就像一棵小树本来可以成长为参天大树栋梁之材，但也可以被雷电劈断或被人砍伐而夭折。孟子曰："富岁，子弟多赖；凶岁，子弟多暴，非天之降才尔殊也，其所以陷溺其心者然也。今夫麰麦，播种而耰之，其地同，树之时又同，浡然而生，至于日至之时，皆熟矣。虽有不同，则地有肥硗、雨露之养、人事之不齐也。"（《孟子·告子上》）年丰物阜，年轻子弟乐善好施；遭遇饥馑，年轻子弟仇富施暴，这并非人天生有善恶不同，实在是恶劣的生存条件湮灭人心固有之善良本性。这就像地里的麦子，播种下去并勤于耕耘，如果土地肥瘦相同，播种时间也一样，就都会蓬勃生长，到了夏至之时，就都会成熟。如果有不同，那必定是因为土地肥瘦不同，雨露滋养有异，农人事耕有别。当然，人不只是被动地受环境影响，人自身的主观努力同样重要。"耳目之官不思，而蔽于物，物交物，则引之而已矣。心之官则思，思则得之，不思则不得也。此天之所与我者，先立乎其大者，则其小者弗能夺也。此为大人而已矣。"（《孟子·告子上》）那些纵情声色犬马的人其实是沉湎于感官刺激的"任性"，但心智健全的人完全可以超越感官刺激达到"理性"。其他动物只懂得满足感官刺激，人类所"习得"的正是超越动物"兽性"的"理性"，只有"理性"才是人类区别于其他动物的"人性"。

当然，正如休谟所指出的，首先"人是一个有理性的动物，并以这个身份由科学接受到它的适当的食品和营养。但是人类理解的范围是过于狭窄的，所以在这方面，我们并不能从成功的把握或已有的成就来希望得到满意。其次，人不仅是一个理性动物，还是一个社会动物；但是他又不能老是享受可意的有趣的交游，而且他也不能对它们常保持相当的爱好。最后，人又是一个活动的动物；因为这种趋向以及人生中其他的许多必然，他又不得不从事职业或事物；但是人心也需要松宽些，不能尽管继续来操心、来勤劳。由此看来，自然似乎指示给我们说，混合的生活才是最适宜人类的，它并且秘密地警告我们不要让这些偏向中任何一种所迷惑，免得使他们不能适合于别的业务和享乐"①。所谓的理性绝不是和感性完全对立的，离开了感性就没有理性，离开了物性就没有人性。就像没有类似动物肉体性欲的爱可能是更加卑贱的财富和权力的算计，完全否定七情六欲的理性其实是灭绝人性！

《中庸》说："唯天下至诚，为能尽其性。能尽其性，则能尽人之性；能尽人之性，则能尽物之性；能尽物之性，则可以赞天地之化育；可以赞天地之化育，则可以与天地参矣。"这段话概括了儒家对于"物性"和"人性"的"理性"。那就是首先需要"诚"，也就是从方法上说，讨论"物性""人性""理性"要正心诚意。"食色，性也"，人类需要吃饭才能生存，需要性爱才能繁殖后代，如果这样的"天命之谓性"只说明身体或心理有问题。只有从"天命"出发才能真正认识"性"，这就是"唯天下至诚，为能尽其性"。很显然，只要从"天命之谓性"出发，自然也就能认识"食色，性也"，这就是"能尽其性，则能尽人之性"。但既然"食色"是人类普遍的"性"，而不只是我自己的"性"，那就意味着每个人都面临着为"食色"而竞争。人类是否愿意为了"食"像动物一样"弱肉强食"？为了获得交配而互相厮杀？如果人人都想多吃多占"食色"，天下可以足够的"食色"？这种从普遍的"人性"出发来思考"物性"，就是"能尽人之性，则能尽物之性"。很显然，最好的办法是"物尽其用，人尽其才"，也就是认识到"大道之行也，天下为公。选贤与能，讲信修睦，故人不独亲其亲，不独子其子，使老有所终，壮有所用，幼有所长，矜寡孤独废疾者皆有所养。男有分，女有归。货恶其弃于地也，不必藏于己；力恶其不出于身也，不必为己。是故谋闭而不兴，盗窃乱贼而不作，故外户而不闭"（《礼记·礼运》）

---

① ［英］休谟：《人类理解研究》，关文运译，商务印书馆1957年版，第13页。

这样的"大同"社会最理想。"大同"追求的其实就是"致中和，天地位焉，万物育焉"，天下万物各尽其能、各得其所而又和谐相处的"太平"境界，这就是"能尽物之性，则可以赞天地之化育"。一个人如果顺应天地和合百物化生的天地大道，就是参与了天地和合百物化生的伟大功业，这就是"可以赞天地之化育，则可以与天地参矣"。由此可见，最伟大的"人性"并不是完全脱离了"物性"，恰恰相反，是完全融合于"物性"。这就是所谓的"诚者，非自成己而已也，所以成物也。成己，仁也；成物，知也。性之德也，合外内之道也"。真正忠诚于"天命之谓性"的人，绝不仅仅是成就自己的"食色，性也"而已，也不仅仅是成就自己"人尽其才"，一定同时还要成就"物尽其用"。实现"人尽其才"，这是仁爱；实现"物尽其用"，这是智慧。人性真正的光辉美德，是要把人内在的主观能动性和世界外在的客观规律统一起来，实现"人尽其才，物尽其用"。

"人之初，性本善；性相近，习相远"，人未受外界影响之初始本"性"是"善"的；但是人由于生活在不同的环境下，因此受外界影响后的"习"得会体现得"远"不相同。这"远"并不意味着远离了"原初"的"善"，很可能只是"善"的"远"不相同的表现形式。人类起初就具有的"善"的本"性"是一样的，但具体"习"得的"善"的表现形式"远"不相同。"善"其实是原"初"的"性"和后天的"习"的统一，是共性和个性、抽象和具体、知和行的统一；因此，"善"的内容和形式是发展变化的，因时、因地、因人而有不同的具体要求。"人之初，性本善"就是相信人的本性是善良的，进而充分发挥人本身的创造性。"性相近，习相远"就是强调人和人之间先天本性并没有太大的不同，人类发展结果的巨大不同主要是后天习性造成的，其中最主要的是人的主观性能动性和创造性有没有得到充分发展。主动性、积极性和创造性长期受到压制，最后当然就完全没有了主动性、积极性和创造性；主观性、能动性和创造性不断被激发，最后当然就会有超强的主动性、积极性和创造性。这是国家和社会的动力之源,动力枯竭国家和社会必然衰败。实现中华民族伟大复兴,不仅要相信"人之初,性本善",相信人民;更重要的是相信"性相近,习相远",中国人并不是天生没有创造力,而是主动性、积极性和创造性还没有得到充分发挥。发挥好14亿多人的主动性、积极性和创造性,中华民族伟大复兴必然有源源不断的社会动力。

3. "苟不教,性乃迁"

朱熹在《大学章句序》中则说:"盖自天降生民,则既莫不与之以仁义礼智之性矣,然其气质之禀或不能齐,是以不能皆有以知其性之所有而全之也。一有聪明睿智能尽其性者出于其间,则天必命之以为亿兆之君师,使之治而教之,以复其性。"① 人人天生具有仁义礼智的善良本性,只不过因境遇不同而发展不一样而已,所以不是人人都能认识到自身秉性并各尽所能地全面发展。人们当中那些能尽其所能全面发展的聪明睿智之人出现,上天就会让他们成为亿兆民众的君王和人师,由他们来治理国家和教导百姓,以恢复人人生而有之的善良本性。"天性""君师""治教""复性",这四个关键词概括了中国古人的"政教"思想,它也正是我们今天思想政治教育的历史渊源。

中国古代"君师"合一,君主是德才兼备的谦谦君子,因此也堪当教化众人的老师。由此也可以看出老师最初的意思是"人师",也就是教人"做人"的人,而不只是传授知识的人。"其所以为教,则又皆本之人君躬行心得之余,不待求之民生日用彝伦之外,是以当世之人无不学。其学焉者,无不有以知其性分之所固有,职分之所当为,而各勉焉以尽其力。"② 君主用以教育百姓的,都是从君主本人亲力亲为所获心得中提炼的思想观念,并不需要到人民日常生

---

① (宋)朱熹撰:《四书章句集注》,中华书局2016年版标点本,第1页。
② (宋)朱熹撰:《四书章句集注》,中华书局2016年版标点本,第1—2页。

活、道德伦理之外去另行探求，所以当时的人没有不热爱学习的。百姓的学习，也无非是发现自身天性所固有的禀赋，为人处世所应担当的职责，然后各自主动做到各尽其能而已。很显然，这里强调的是国家教育民众应该遵循人的天赋秉性，也就是尊重人民的历史主体性。当然，后世"君师"分离，因此"政教"也分离了。大概是"及周之衰，贤圣之君不作，学校之政不修，教化陵夷，风俗颓败，时则有若孔子之圣，而不得君师之位以行其政教，于是独取先王之法，诵而传之以诏后世"①。周朝衰败之后，社会上没有圣贤的君主出现，学校的政教也千疮百孔，因此政治教化不行、社会风气堕落。当时有孔子这样的圣人，却得不到君师合一的大位以施行他的政治教化，于是只能精选历代先王教化民众的成功之法，向弟子们口述传授以昭告后世君民。毫无疑问，孔子作为最早思想政治教育思想家、政治家和教育家，他的"述而不作"的"为学为师"理念内容必定遵循"本之人君躬行心得之余，不待求之民生日用彝伦之外"，要求学生必定也是"其学焉者，无不有以知其性分之所固有，职分之所当为，而各勉焉以尽其力"。概而言之，"治而教之，以复其性"，应该是思想政治教育的根本遵循。

"人之初，性本善"，肯定人的共性都是善的，因此可以而且应该尊重人的个性。"性相近，习相远"，指明了善良的本性会因为后天习得而变化，因此需要注意尊重和遵循天赋善性。"苟不教，性乃迁"，提出通过教育引导个性正常发展，不要使个性的发展偏离了善良本性。很显然，中国古人因为相信"人之初，性本善"，所以尊重人的个性。但是，古人并不认为放任自由就是尊重个性，尊重个性意味着提供适合个性发展的环境，意味着以教育引导人民而不是依靠政令法律统治人民。《三字经》中简单易懂的"人之初，性本善；性相近，习相远；苟不教，性乃迁"，大致对应《中庸》开篇"天命之谓性，率性之谓道，修道之谓教"。"性"被认为是"天命"，

---

① （宋）朱熹撰：《四书章句集注》，中华书局2016年版标点本，第1—2页。

意味着它不可违背，"违背人性"就是"逆天行事"。"率性"就是尊重和遵循人的天性，或尊重和顺应人民的心愿，这是"替天行道"。"修道"就是修正"违背人性"的"逆天行事"，对于个人来说就是"修身"，对于国家和天下来说就是"治国、平天下"，也就是"拨乱反正""返璞归真"。笛卡尔说："我们称为良知或理性的那种东西，本来就是人人均等的；我们的意见之所以分歧，并不是由于有些人的理性多些，有些人的理性少些，而只是由于我们运用思想的途径不同，所考察的对象不是一回事。因为单有聪明才智是不够的，主要在于正确地运用才智。杰出的人才固然能够做出最大的好事，也同样可以做出最大的坏事；行动十分缓慢的人只要始终循着正道前进，就可以比离开正道飞奔的人走在前面很多。"① "修道之谓教"所要表明的也就是这个意思。

儒家试图使天命与人性统一起来，实现既始终保持天赋的善良本性，又充分发挥后天习得的个性。既要尊重"天命之谓性"，又要遵循"率性之谓道"，关键是"修道之谓教"。也就是教育引导人正确认识"性"与"命"，不要因"性"害"命"，也不要"听天由命"。孟子说："口之于味也，目之于色也，耳之于声也，鼻之于臭也，四肢之于安佚也，性也。有命焉，君子不谓性也。仁之于父子也，义之于君臣也，礼之于宾主也，知之于贤者也，圣人之于天道也，命也。有性焉，君子不谓命也。"（《孟子·尽心下》）孟子也承认追求声色犬马安逸享乐是人的普遍规律性，但他认为人这些欲望的满足不能不受天命限制，所以他认为道德高尚的君子不会简单地把那些欲望看作是人的本性。反过来，父子、君臣、宾主、贤愚、圣凡之间必须遵守的仁、义、礼、智、信是不可违背的天命，但他认为其中也有人人生而有之的本性，因此君子也不把遵循这些天道仅仅看作是不可违背的天命。确实，如果人可以不受天命限制地纵欲享乐，那还叫"天性"或"天赋人权"吗？反过来，对于人们必

---

① ［法］笛卡尔：《谈谈方法》，王太庆译，商务印书馆2000年版，第3页。

须遵守的美好品德，为什么不能通过发掘人的善良"天性"来让他们自觉遵守呢？

孟子关于"性"和"命"的阐述对理解"苟不教，性乃迁"或"修道之谓教"很关键，朱熹在《孟子集注》中做了非常详尽的注解。大致是说，饮食、声色、安逸等欲望确实属于人的天"性"，但这些欲望不能如愿以偿得到满足或者即便富贵也必定要受限制就是"命"。比如，有些人吃海鲜过敏，吃得起也想吃但不能吃，这就是命。这时候，当然应该遵循"天命"不吃海鲜，而不应该以"天性"的名义"任性"地吃海鲜让自己生病。同样地，仁、义、礼、智、信属于做人必须遵循的"天命"，但是人其实本来也具有仁、义、礼、智、信的"天性"——也就是孟子说的"良知"，所以，真正理解"天命"的人其实就是自觉地把仁、义、礼、智、信的"天性"和"良知"发扬光大，而不是以饮食、声色、安逸等"天性"为借口否定"天命"。朱熹总结说愚闻之师曰："此二条者，皆性之所有而命于天者也。然世之人以前五者为性，虽有不得，而必欲求之；以后五者为命，一有不至，则不复致力，故孟子各就其重处言之，以伸此而抑彼也。张子所谓养则付命于天，道则责成于己，其言约而尽矣。"

"食色，性也"，但"不知命，无以为君子"，君子绝不纵欲任性。常人讲的"率性"其实是"任性"或"乱性"，常人讲"命"其实也不是"知天命"而"玩命"或"认命"。这是把自己看得比天还高，为任性妄为、放任自流找借口，是无视天命、逆天行事。据说东晋竹林七贤之一的刘伶最喜欢做的事是，坐着一辆装满了美酒马车，走到哪儿就喝到哪儿。他还让一个侍从扛着锄头跟在后面，交代他说："死便埋我"。他老婆劝他说："你喝的酒实在太多了，这样下去身体迟早会垮掉！"刘伶却说："我一时实在戒不了。只好先向上天祷告，发誓要把酒戒掉。你去给我取瓶酒来，我好向老天爷敬酒。"他老婆欣然答应了，很快就拿来了一坛美酒和几斤牛肉，放在刘伶桌前，他跪着祷告道："老天爷生下来我刘伶，酒就是我的命!""江山易改,本性难移",很多人和刘伶一样,把好酒、好色、贪财等不良嗜好说成是天性,宣称离开了自己就会没命或生不如死。那么任性地曲解"率性之谓道",正应验"天作孽,犹可违;自作孽,不可活",唯一的结果就是死亡。当然,刘伶处于乱世,可能是装疯卖傻来保护自己,如果是这样的话,他的放纵也还算是知"天命之谓性",也符合"率性之谓道",也是值得赞扬的"修道之谓教"。

　　人想要实现自己的愿望确实是由"天命"决定的"本性",但人的愿望能否得到满足也是由"天命"决定的"本性",所以人总是会有遗憾。人的"本性"既然是由"天命"决定的,就终究不可能违背"天命"。人的"天性"中有非理智的"任性"成分,符合理智的"理性"部分。"人之初,性本善","任性"本身也不是坏事,有点任性可能还让人感觉挺可爱,甚至发展成为"韧性"。但是,人如果违背和丧失了"理性",放任和放纵自己"任性"行事,只能加速走向死亡的"天命"。人如果能按照和发扬"理性"行事,控制或利用"人性",就会延长自己生存和发展的"天命"。

　　"天命之谓性,率性之谓道,修道之谓教",意味着人性永远不能违背天命,也就是人不能违背世界客观规律,只有遵循事物生存发展的客观规律才是促进事物生存发展的生道,遵循事物衰败灭亡的客观规律或违背事物生存发展的客观规律就是促使事物衰败灭亡的死道。对于理性的人来说,"率性"不是"任性",而是顺应事物发展变化的内在客观规律,是让事物获得更好的生存发展的"理性"。孟子曰:"天下之言性也,则故而已矣,故者以利为本。所恶于智者为其凿也,如智者若禹之行水也,则无恶于智矣。禹之行水也,行其所无事也,如智者亦行其所无事,则智亦大矣。天之高也,星辰之远也,苟求其故,千岁之日至可坐而致也。"(《孟子·离娄下》)天下人讲"天性",都是想要弄清楚事物产生发展的缘故罢了。弄清楚事物产生发展的缘故,以有利事物发展为本。爱耍小聪明的人之所以可恶就是总喜欢穿凿附会,如果这些所谓的聪明人能像大禹治水一样，就不会遭人厌恶了。大禹治水，就是因势利导而不穿凿附会，耍小聪明的人如果能这样，就可以说是大智若"禹"了。天空如此高，星辰这么远，如果能总结天地星辰运行规律，千年之后的日至也是可以坐而推知。大禹遵循水运行的自然规律，就能实现水作为生命源泉的善良本性，千年之后的今天也一样。

总之，"天命之谓性"，就是"性自命出，命自天降"，如"牛生而长，雁生而伸，其性使然"①。所以，"天命之谓性"，对树木来说就是树木生长的客观规律，对人来说就是人生长的客观规律；"率性之谓道"，对树木来说就是尊重树木生长规律，对人来说尊重人的成长规律；"修道之谓教"，就是教人对于树木要遵循树木生长的规律，对于人要遵循其自身成长的规律。

二 动机

探讨"人性"的目的是认识人类思想行为的规律性，就像人类探究世界的本源是为了认识世界的发展规律。世界的"本体"和人类的"本性"其实就像新冠"溯源"，果真能找到新冠最终的源头也就能找到世界的起源。"溯源"其实就是通过尽可能地追溯病毒发展过程，已发现病毒发展变化的规律。探讨"人性"也不是真能发现人类"最初"的秉性，而是通过人类从"初生"开始探究人类思想行为的变化规律，或说行动机理。

1. "感于物而动"

如果是认识"人性"属于"本体论"，认识人类"动机"就是属于"方法论"。但是，它们其实就像人体和运动或活动，是彼此分不开的。人体必然是能够运动或活动的，否则就是尸体了。只不过，

---

① 荆门市博物馆编：《郭店楚墓竹简·性自命出》，文物出版社2002年版，第68页。

我们永远不会完全认识"人体",我们认识"人体"是为了掌握运动或活动规律,从而掌握健康生活的方法。也就是说,认识人类自身最重要的是掌握有正确的思想方法。

"盖自天降生民,则既莫不与之以仁义礼智之性矣",一个"盖"字已经表明这是善良的愿望;"人是生而自由的","人人生而平等",虽然说得斩钉截铁,但其实仍不过是资产阶级思想家的臆想。马克思和恩格斯在《德意志意识形态》中说:"我们开始要谈的前提不是任意提出的,不是教条,而是一些只有在臆想中才能撇开的现实前提。这是一些现实的个人,是他们的活动和他们的物质生活条件,包括他们已有的和由他们自己的活动创造出来的物质生活条件。因此,这些前提可以用纯粹经验的方法来确认。"① 马克思主义提出从客观的、现实的人出发,用纯粹经验的方法认识人类自身。这是认识人类自身时,唯心主义和唯物主义在思想方法上的根本区别。

唯物主义认识人不是从抽象的、臆想的人出发,而是从客观的、现实的人出发。马克思和恩格斯指出:"全部人类历史的第一个前提无疑是有生命的个人的存在。因此,第一个需要确认的事实就是这些个人的肉体组织以及由此产生的个人对其他自然的关系。"② 中国古人正是从人与自然的关系中开始认识人类自身的,只不过古人把"自然"称作"天地"而已。《周易》说:"天地絪缊,万物化醇,男女构精,万物化生"③;"有天地然后万物生焉。"④ 也就是说,天地之间本来渺渺茫茫,但阴阳之气缠绵交织渐渐化虚为实。男女身心交媾相通生育子女,天地也是如此阴阳和合化生万物。中国人对世界本源的认识很可能是从人类的生育倒推而来的,因此,中国文化也具有人本主义主导而缺乏宗教神学的特点。中国人对于上帝创

---

① 《马克思恩格斯文集》第 1 卷,人民出版社 2009 年版,第 516—519 页。
② 《马克思恩格斯文集》第 1 卷,人民出版社 2009 年版,第 519 页。
③ (明)来知德集注,胡真校点:《周易》,上海古籍出版社 2013 年版,第 339 页。
④ (明)来知德集注,胡真校点:《周易》,上海古籍出版社 2013 年版,第 366 页。

造世界的神学理论，总是忍不住要问上帝的创造者。从人类自身的生育出发，中国人把阴阳两种性质的物质相互作用作为世界发展的动力，从而构建了自然主义的世界观，由此也与其他宗教世界观相区别。

人不仅是自然进化的物种，也是最为聪明灵秀的物种。《礼记·礼运》说："故人者，其天地之德，阴阳之交，鬼神之会，五行之秀气也。"陈澔注说："天地、鬼神、五行，皆阴阳也。德，指实理而言；交，指变合而言。会者，妙合而凝也。形生神发，皆其秀而最灵者，故曰五行之秀气也。"① 中国人说的天地、鬼神、刚柔、男女等，归根到底说的是阴阳两种属性，正是这两种属性的事物交会融合产生了天地万物，而人则是天地造化最优秀的精华。"人者，天地之心也，五行之端也，食味、别声、被色而生者也。"陈澔注说："天地之心，以理言；五行之端，以气言。食五味，别五声，被五色，其间皆有五行之配，而性情所不能无者。"这是说人代表着天地之初心，也是区分四时五行的开端，其天生带有饮食声色性情。用今天的话说，人区别于其他万物的特性，就是有最发达的感知能力。其中"人者天地之心"最难懂，所以引用朱熹回答说："谓如天道福善祸淫，乃人所欲也。善者人皆欲福之，淫者人皆欲祸之。"又说："教化皆是人做，此谓人者天地之心也。"② 显然，并不是说天地像人一样有初心本心，而是如《尚书·泰誓》说的"天视自我民视，天听自我民听"，上天所看到的来自于我们老百姓所看到的，上天所听到的来自于我们老百姓所听到的。"天地之心"或"天道"就是人普遍的愿望，"人者，天地之心也"就是说人不仅自己有欲望而且理解人的普遍要求。因此，也就是理解考虑他人欲望的善者，人人都希望他获得福报；骄奢淫逸的恶人，人人都希望他受到恶报。人类有善恶之心，祈盼善恶报应，这就是所谓天地有心。

---

① （元）陈澔注，金晓东校点：《礼记》，上海古籍出版社2016年版，第259页。
② （元）陈澔注，金晓东校点：《礼记》，上海古籍出版社2016年版，第261页。

人心因自然物质刺激而动，又懂得超越自然界的刺激。《礼记·乐记》有言："人生而静，天之性也。感于物而动，性之欲也。物至知知，然后好恶形焉。好恶无节于内，知诱于外，不能反躬，天理灭矣。夫物之感人无穷，而人之好恶无节，则是物至而人化物也。人化物也者，灭天理而穷人欲者也。于是有悖逆诈伪之心，有淫泆作乱之事。是故强者胁弱，众者暴寡，知者诈愚，勇者苦怯，疾病不养，老幼孤独不得其所，此大乱之道也。"人都是呱呱坠地，怎么会说"人生而静"呢？陈澔引用刘氏曰："人生而静者，喜、怒、哀、乐未发之中，天命之性也。感于物而动，则性发而为情也。人心虚灵知觉事至物来，则必知之而好恶形焉。好善恶恶，则道心之知觉，原于义理也。好妍恶丑，则人心之知觉，发于形气者也。好恶无节于内，而知诱于外，则是道心昧而不能为主宰，人心危而物交物，则引之矣。不能反躬以思其理之是非，则人欲炽而天理灭矣。况以无节之好恶，而接乎无穷之物感，则必为物役，而违禽兽不远矣。违禽兽不远，则爪刚者决，力强者夺。此所以为大乱之道也。"① 这段话基本上既表达了马克思主义关于物质决定意识、意识是客观世界在人脑中的反映的观点，又提出了类似人受制于外物的"物化"和"异化"的观点。

"人生而静"强调人的意识来源于物质刺激，也就是"凡人虽有性，心无定志，待物而后作"，如"金石之有声，弗扣不鸣。人之虽有性心，弗取不出"②；或如张载所言"感亦须待有物，有物则有感，无物则何所感"③；或如康德说的"吾人并无先于经验之知识，凡吾人之一切知识，皆以经验为始"④。人的喜怒哀乐都是物质刺激的结果，在此之前人没有喜怒哀乐，这就是"人生而静"，也就是

---

① （元）陈澔注，金晓东校点：《礼记》，上海古籍出版社2016年版，第428页。
② 荆门市博物馆编：《郭店楚墓竹简·性自命出》，文物出版社2002年版，第68页。
③ （宋）张载：《张载集》，中华书局1978年版，第313页。
④ ［德］康德：《纯粹理性批判》，蓝公武译，商务印书馆1960年版，第31页。

"喜怒哀乐之未发,谓之中"(《中庸》)。很显然,这"静"或"中"类似于佛家的"空",固然是不受喜怒哀乐影响的至诚至真状态,但也是还没有产生意识的物质状态。"诚者,不勉而中,不思而得,从容中道,圣人也。"(《中庸》)能够不受喜怒哀乐影响,无须克制就能做到"中",不用思虑也能理解,从从容容中道而行,那是圣人。普通人若非出于喜怒哀乐而心动继而行动,就永远不会获得意识、认识和知识。还必须加上圣人的教导,才能获得正确的认识和形成中道美德。"民可使道之,不可使知之。民可道也,不可强也"①,可以引导人民学习圣人"中道而行",但不可能使凡人有圣人"不勉而中,不思而得,从容中道"的智慧。可以引导人民学习圣人"中道而行",但不可强求凡人都像圣人一样"不勉而中,不思而得,从容中道"。以治国平天下为理想的儒家不会教人"心如止水""无欲无求""禁欲忘情",而是强调"动民必顺民心,民心有恒,求其永"②,也是顺应民心以号召民众,让民众确立坚持不懈的恒心,追求永垂不朽的事业。

《尚书·泰誓》说:"惟天地万物父母,惟人万物之灵。"人不仅是天地造化的结果,而且是万物之灵长,因为人有其他万物所不及的意识和知识。康德:"吾人之一切知识虽以经验始,但并不因之即以为一切知识皆自经验发生。盖即吾人之经验知识,亦殆由吾人所受之于印象者及吾人之知识能力(感性印象仅为其机缘)自身所赋与者二者所成。设吾人之知识能力对于经验的知识有所增益,则非勤加注意,使吾人善于离析此所增益者以后,吾人殆不能辨别知识之质料与知识能力之所增益者。"③ 康德的意思是说人不是被动地接受物质刺激,知识实际上是物质质料和思考能力共同创造的结果,所以人应该懂得把注意放在"使吾人善于离析"的理性上。张载说:"若以闻见为心,则止是感得所闻见。亦有不闻不见自然静生感者,

---

① 荆门市博物馆编:《郭店楚墓竹简·尊德义》,文物出版社2002年版,第41页。
② 荆门市博物馆编:《郭店楚墓竹简·尊德义》,文物出版社2002年版,第42页。
③ [德]康德:《纯粹理性批判》,蓝公武译,商务印书馆1960年版,第31页。

亦缘自昔闻见，勿有无事空感者。闻见不足以尽物，然又须要他。耳目不得则是木石，要他便合得内外之道，若不闻不见又何验？"①这里既指出了感觉来源于物质，又指出了光靠感觉不足以正确认识物质，还需要靠过去的经验来分析感觉，在分析的基础上再次通过感觉的检验，才能实现内在的主观感觉和外在的客观存在的统一。这其实就是《中庸》说的"发而皆中节，谓之和"，也就是不完全跟着感觉走，让自己任由外物牵着鼻子走，那样就是人的"物化"了。既难免受外物刺激，又不能被外物刺激牵着鼻子跑，靠的就是"节"；"节"就是以"喜怒哀乐之未发，谓之中"为标准，以闻见"自然静生感者"，所以叫"中节"。宋朝理学家进一步把"中节"解释为"存天理，灭人欲"，就是用"天理"来消灭不合"天理"的"人欲"。

总之，一方面要肯定"感于物而动，性之欲也"，不允许人"感于物而动"就是"灭绝人性"固有欲望，人也就不会有"动力"了；另一方面，"夫物之感人无穷，而人之好恶无节，则是物至而人化物也"，物质刺激没有穷尽，人如果不知道自己节制，就会使自己降低为"动物"。人没有了"动力"就成了"植物人"，人要沦为"动物"，当然就要面对动物界弱肉强食的"丛林法则"。人类文明进步的历史因此也表现为两个方面：一方面是发挥人的积极性、主动性和创造性，另一方面是人类的互相关爱、共同进步、共享成果。

2. "君子喻于义，小人喻于利"

子曰："君子喻于义，小人喻于利。"（《论语·里仁》）朱熹认为，"喻，犹晓也。义者，天理之所宜。利者，人情之所欲"；他又引用程子曰："君子之于义，犹小人之于利也。唯其深喻，是以笃好"；又引杨氏曰："君子有舍生取义者。以利言之，则人之所欲无甚于生，所恶无甚于死，孰肯舍生取义哉？其所喻者义而已，不知

---

① （宋）张载：《张载集》，中华书局1978年标点本，第313页。

利之为利故也。小人反是"①。毫无疑问，这里的君子和小人也包含道德品行的高低，但并不意味着对道德品行"一刀切"的要求。恰恰相反，这里首先强调的就是"君子以人治人，改而止"，也就是君子应该懂得大义并遵循道义，但小人通常只懂得私利并追求利益。

很多人喜欢把"人"分为"喻于义"和"喻于利"两类，但程子明确说"君子之于义，犹小人之于利也"。子曰："道不远人。人之为道而远人，不可以为道。《诗》云：'伐柯伐柯，其则不远。'执柯以伐柯，睨而视之，犹以为远。故君子以人治人，改而止。忠恕违道不远，施诸己而不愿，亦勿施于人。"为人处世之道绝不能离开具体的人来讲，离开一个一个活生生的人就讲不清为人处世之道。《诗经》说："砍斧柄啊砍斧柄，砍伐准则并不远。"但是，拿着斧子去砍伐斧柄，睨眼目测还是差得远。就像不能一个标准砍斧柄，君子也按照人自身情况要求人，只要痛改前非就算是好。人人忠于自己良心，并且将心比心待人，这样违背做人的道理就不远了。也就是说，施加到自己身上不能接受的准则，就不要把它施加到别人身上。"道"就是为人处世的道德准则，朱熹认为，"道者，率性而已，固众人之所能知能行者也，故常不远于人。若为为道者，厌其卑近以为不足为，而反务为高远难行之事，则非所以为道矣"；"为人之道，各在当人之身"，"君子之治人也，即以其人之道，还治其人之身"，"责之以其所能知能行，非欲其远人以为道"，如张子所谓'以众人望人则易从'是也；"尽己之心为忠，推己及人为恕"，"以己之心度人之心，未尝不同"，"张子所谓'以爱己之心爱人则尽仁'是也"②。"夫子之道，忠恕而已矣"（《论语·里仁》），孔子的为人处世之道就是"忠恕"而已。孔子并不否定人的欲望，"他的礼教，就是从情欲的基础上建设出来"③。子曰："富与贵，是人之所欲也；不以其道得之，不处也。贫与贱，是人之所恶也；不以其

---

① （宋）朱熹集注：《论语大学中庸》，上海古籍出版社2013年版，第53—54页。
② （宋）朱熹集注：《论语大学中庸》，上海古籍出版社2013年版，第276页。
③ 梁启超：《孔子与儒家哲学》，中华书局2016年版，第25页。

道得之，不去也。"(《论语·里仁》)人的本性自然是都想要富贵而厌恶贫贱，这本身并没有错；但是，不走正道求得富贵也不能安处，不走正道也不能真正摆脱贫贱。孔子和孟子大概不会赞同"存天理，灭人欲"的说法，当然，从上文可知，以朱熹为代表的理学家的"存天理，灭人欲"也常为人们所误解，他们的个人生活也绝不是不懂得享乐的"苦行僧"。

"义"和"利"彼此相通，对人类"不利"或"无益"的"义"并不值得提倡；"义"就是君子的"利"，"利"也可以是小人的"义"。治国理政的人追求"小利"当然是"不义"，普通民众不能"独善其身"而空谈治国理政也是"不义"。"在其位，谋其政"，处在领导岗位当然应该谋划治国理政；"在商言商"，商人不能让企业营利，无疑也是失职。"君子喻于义，小人喻于利"，正是"以人治人"的为人处世之道，也是至今仍然值得提倡的为人处世之道。资本主义社会强调"人人平等"，倒是容易产生官商勾结。托克维尔曾指出："在贵族制社会，为荣誉而劳动的人，也往往同时趋利，唯他们不向外表露，只把这两种愿望藏在内心而已。"① "利"其实是人类普遍追求的，马克斯·韦伯就曾指出，"金钱欲"并不是资本主义的本性，它是人类有史以来的共性，中国封建显宦、古罗马贵族以及现代农民、马车夫、船夫、手艺人，他们比同样境遇中的英国人甚至更为贪婪。② 一切试图否定人的牟利倾向的努力从未成功过，只不过形成了道德虚伪——这本身就是道德最严重的败坏。托克维尔认为，"个人利益"即使不是人的行为的唯一动力，至少也是现有的主要动力③；在欧洲，人们仍然每天装出一副非常具有献身精神的

---

① [法]托克维尔：《论美国的民主》（下卷），董果良译，商务印书馆1988年版，第687页。

② [德]马克斯·韦伯：《新教伦理与资本主义精神》，于晓、陈维纲等译，陕西师范大学出版社2005年版，第29页。

③ [法]托克维尔：《论美国的民主》（下卷），董果良译，商务印书馆1988年版，第654页。

样子，其实他们心中早已没有这个念头。美国人与此相反，他们喜欢利用"正确理解的利益"的原则去解释他们的几乎一切行动。①"正确理解的利益"，大概也就是资本主义社会理解的"义"。罗尔斯写了《正义论》，资本主义社会也要讲"义"。

《诗》曰："天生蒸民，有物有则。民之秉彝，好是懿德。"孔子曰："为此诗者，其知道乎！故有物必有则，民之秉彝也，故好是懿德。"(《孟子·告子上》)正如《诗经》说的，"上天生育了人类，同类事物必有法则，人民天生禀赋善良，热爱人类美好品德"。孔子说："写这首诗的人，真懂得天地大道啊！万事万物必有一定法则，人民天生的秉性是善良的，他们崇尚美好的品德。"人类共有的品德是什么呢？那就是一方面自身"感于物而动"，也就是有寻求自身利益满足的欲望；另一方面，也懂得"发而皆中节"，而不愿意让自己"物化"。

3. "大德必得其位，必得其禄，必得其名，必得其寿"

子曰："舜其大孝也与！德为圣人，尊为天子，富有四海之内，宗庙飨之，子孙保之。故大德必得其位，必得其禄，必得其名，必得其寿。故天之生物，必因其材而笃焉。故栽者培之，倾者覆之。《诗》曰：'嘉乐君子，宪宪令德。宜民宜人，受禄于天。保佑命之，自天申之。'故大德者必受命。"(《中庸》)舜真是一个大孝子啊！他的品德堪称圣人，地位尊贵为天子，财富广达四海之内，死后在宗庙中享受供奉，子孙后代保着他的江山社稷。所以说，有高尚品德的人一定会获得高位，一定会获得厚禄，一定会获得盛名，一定会获得长寿。上天既然生养了世间万物，必定按照材质促其发展。值得栽培的就好好栽培，已经要倾覆的就倾覆成为肥料。品行美好的君子，具有高尚的美德。行事利国利民，因此得到上天的俸

---

① [法]托克维尔：《论美国的民主》(下卷)，董果良译，商务印书馆1988年版，第652页。

禄。上天护佑他并命令他治理天下，这是上天表达的意愿。所以说，品德高尚的人一定会获得天命治理天下。

舜的"大德"主要体现为"孝"，《二十四孝》故事第一人就是舜。《孝经》则从理论上阐释了"孝"道，并把它运用于论证对君主的"忠"。后世认为这是宣扬"愚忠愚孝"，维护封建家长制和君主专制。愚忠愚孝、封建家长制和君主专制，都是无可否认的历史事实。但其实这种"封建糟粕"主要是"孝"极端化的结果，《孝经》和《二十四孝》这两本"后世"编撰的书是主要代表。《孝经》就存在片面要求子女孝敬父母、臣民忠诚君主的问题，《二十四孝》则进一步把单方面的孝极端化。在《二十四孝》的故事中，舜好像对父亲、继母和兄弟的迫害完全无动于衷，其他故事主人公也普遍给人"愚孝"的感觉，甚至一些人达到荒谬绝伦的程度。这种讲故事的方式，只能让人觉得舜不是一个正常的人，完全没有正常人的情感！最终也只能让人感到学不了，或者没有必要学。所以，《二十四孝》并非今天"讲好中国故事"的范例，反倒成了一些人批评中国古代"愚民政策"的罪证。其实，在"举孝廉"的制度下，这些"典型"正是激励人行孝的"标杆"，因此这些故事曾经发挥过重要的历史作用。我们今天要用历史的眼光来学习《孝敬》和《二十四孝》，尤其是把"孝"和"忠"联系起来的"家国情怀"和逻辑方法仍然值得深入研究。

"大德"其实并非单向、片面的，而是双向、互动的，比如子女的"孝敬"就必须和父母的"慈爱"相辅相成。舜并非不想要获得父母的爱，万章问曰："舜往于田，号泣于旻天，何为其号泣也？"孟子曰："怨慕也。"《孟子·万章上》这里的舜就和常人一样有感情，父母不爱自己也会哀怨哭泣。孟子所异于常人者不是他不会伤心流泪，而是他比常人更加深爱父母并渴望父母的爱，所以呼天而泣。就孟子对舜的理解来看，"为不顺于父母，如穷人无所归。天下之士悦之，人之所欲也，而不足以解忧；好色，人之所欲，妻帝之二女，而不足以解忧；富，人之所欲，富有天下，而不足以解忧；

贵，人之所欲，贵为天子，而不足以解忧。人悦之、好色、富贵，无足以解忧者，惟顺于父母，可以解忧。人少，则慕父母；知好色，则慕少艾；有妻子，则慕妻子；仕则慕君，不得于君则热中。大孝终身慕父母。五十而慕者，予于大舜见之矣"。舜虽然拥有了常人所渴望的名望、财富、美色和权力，但他最渴望的是父母的爱，不得父母的爱就像穷人无家可归！如果舜不在乎父母对自己的爱，他只需要给父母赏赐就可以表达自己的"仁爱"和"孝顺"了，但这样的"爱"是真爱吗？对于舜这样的君王来说赏赐父母算是爱吗？从舜身上人们很容易就能体会到：渴望获得感情上回报的爱才是真爱！也正因为舜"慕父母"真心实意的"爱"，才能说舜是真心实意的"大孝"。爱的"奉献"和爱的"欲求"是彼此相通和不可分离的，"爱的奉献"必定渴望得到"爱的回报"，"心的呼唤"必定渴望得到"心的回应"。当"爱的奉献"不需要"爱的回报""心的呼唤"，不需要"心的回应"的时候，再多"爱"的付出既不会有伤害也不会有幸福，爱不是升华了而是完全不存在了。

今天的人们已经对"孝"不再有太多的指望了，转而宣传父母对子女完全不计回报的大爱。其实，过去要求子女孝敬父母和今天宣传父母对子女无私奉献，都没有正确对待父母和子女之间的"相互"关系。美国芝加哥大学经济学教授、诺贝尔经济学奖得主加里·S.贝克尔在其《家庭经济分析》一书中，考察了父母对孩子的需要。认为父母是在养孩子的成本和收益之间权衡，决定需要孩子的数量。农民家庭有较多的孩子，是因为农村农民比城市居民更把孩子看成是一种相当大的生产力；给抚养孩子的母亲提供补贴降低了孩子的成本，生育孩子的数量会增长；妇女挣钱能力的提高是生育率降低的主要原因。[①] 赞扬父母之爱，感谢父母之爱，是人类的美德。但是如果认为父母就应该为子女无私奉献，那真是人类的丑陋。

[①] ［美］加里·S.贝克尔：《家庭经济分析》，彭松建译，华夏出版社1987年版，第104页。

理解父母亲的困难，理解父母对子女的期待，子女才会更懂得生活的艰难，更懂得为美好的生活而努力，这样才更有利于人类繁衍和社会进步。

当然，今天有些人已经选择完全回避父母和子女关系了，只想要男女之间或者同性朋友之间"纯洁的爱"。据说"纯洁的爱"完全不含功利目的，也许还不求任何回报，完全是精神和心灵的沟通。但是，因为爱情的双方都要求对爱绝对忠诚，所以最纯洁的爱很可能也是最自私的爱。尼采认为，"倘若每个人都不像现在这样，只为一个情人所崇拜、纠缠和需要，而是同时为千百个，实际上也就是每一个其他人所崇拜、纠缠和需要；这样一个世界的诗人——若他们那时还有时间可以写诗的话——唯一的梦想就是那幸福的没有爱的过去，就是那神圣的自私，就是世界上的人们曾经如何可以不被理睬，不受打扰，不被人爱，被人憎恨，被人唾弃以及所有其他可以用来描述我们现在生活于其中的这个充满了低级趣味的动物世界的东西"①。我们都愿意让世界充满爱，但是我们都不愿意与人共有一份爱情，都不愿自己的情人为别人纠缠或纠缠别人。爱情中也很少出现"礼让"，礼让其实是贬低了恋爱对象的人格。其实最美好的爱情，正因为它对彼此都是唯一的，所以才是珍贵的。只是奉献不要回报的爱情，与使唤奴才或机器并没有区别。爱情的本质不在于索取或奉献本身，而在于自愿，即得到对方的心，得到其发自内心的对自己的爱。因此，两情相悦才是爱的最美，它是互相的奉献和得到，因此双方都比自己一个人时得到了更多幸福。爱的真谛不只是奉献，而是"两情相悦"。

总之，即便是舜这样的圣人也不是没有欲求，他和常人一样也渴望富贵、利禄、名望、长寿。舜所异于常人的地方是他面对父亲、继母迫害时的"大德"，那就是用"孝敬"打动他们的"慈爱"。"大德"无疑是双向互动的美德，而不是单向片面的苛求。但是，

---

① ［德］尼采：《朝霞》，田立年译，华东师范大学出版社2007年版，第195页。

"大德"要不成为互相指责，必须从自我做起。正是舜从自身该做的"子孝"做起，才有"父慈子孝"的双向互动美德。

三 仁义

孔子及其创立的儒家思想经常被指责为封建专制的罪魁祸首，但这是封建君主利用儒家思想的结果，而不是孔子和儒家理论的本意。孔子的学说围绕"仁"而展开，孟子加上了"义"。"讲道德，说仁义"（《三字经》），中国人讲道德，历来是把"仁"和"义"合起来。而且，通常是从"仁"说到"义"。西方文化中找不到"仁"这个词，或者"人道"或"博爱"这两个词最接近。西方伦理道德也通常强调"义"，罗尔斯的《正义论》就是典型。"仁者，人也，亲亲为大；义者，宜也，尊贤为大。"（《中庸》）"仁"就是"率性之谓道"，它顺从人的自然感情，以亲爱自己的亲人为本；但这样可能会"任人唯亲"，所以还要讲"义"。"义"就是"修道之谓教"，让爱适得其宜，这样才能"任人唯贤"。"仁"和"义"是情感和理智、感性和理性的统一，既让社会充满爱心又让社会充满活力。

1. "四海困穷，天禄永终"

据西汉刘向的《说苑·政理》记载："武王问于太公曰：'治国之道若何？'太公对曰：'治国之道，爱民而已。'曰：'爱民若何？'曰：'利之而勿害，成之勿败，生之勿杀，与之勿夺，乐之勿苦，喜之勿怒，此治国之道，使民之谊也，爱之而已矣。民失其所务，则害之也；农失其时，则败之也；有罪者重其罚，则杀之也；重赋敛者，则夺之也；多徭役以罢民力，则苦之也；劳而扰之，则怒之也。故善为国者遇民，如父母之爱子，兄之爱弟，闻其饥寒为之哀，见其劳苦为之悲"，周武王向姜太公询问治国之道，姜太公回他说"爱民"而已。所谓爱民，就是要让人民获利益而不是受损害，要让他们有收成而不是遭失败，要让他们活得好而不是被杀害，要多给予他们机会而不是剥夺，要让他们快乐而不是愁苦，要让他们喜悦而不是愤怒，这就是治理国家的根本之道，管理百姓的合适方法，说到底就是关爱百姓。人民失去职业就必定受损害，农耕错失时节就必然要歉收，犯小错就受重罚无异于杀害，赋税繁重就是掠夺民财，徭役众多以致耗尽民力让人民深受其苦，如此扰乱人民生产生活必定让人民怒火中烧。所以善于治国的君主，对待人民就像父母爱子女，像兄长爱弟弟，听说他们饥寒为他们哀伤，见他们劳苦为他们悲痛。当然，君主并不能包办百姓的生活，就像父母也不能代替子女。但是，重要的是爱心，君主要有像父母对待子女的心，想方设法为人民创造机会，让他们过上美好生活。这就是仁政。

樊迟问仁。孔子曰："爱人。"（《论语·颜渊》），"仁"，基本含义就是"爱人"；"孝弟也者，其为仁之本与！"（《论语·学而》），"爱人"首先爱自己的父母兄弟姐妹，这是做到"仁"的根本。"仁，亲也。从人，从二。"（《说文解字》）"仁"这个字由"人"和"二"组成，泛指人与人之间的相亲相爱。"仁"体现的是"道不远人"（《中庸》），也就是以人性为本的伦理道德思想。一个人如果连自己的亲人都不爱，怎么可能会爱别人呢？"故为政在人，取人以身，修身以道，修道以仁。"（《中庸》）中国政治一贯强调"德其所亲爱而辟焉"，人对自己的亲人往往会有所"偏爱"，以至"人莫知其子之恶"（《大学》）。"仁者，人也，亲亲为大；义者，宜也，尊贤为大。亲亲之杀，尊贤之等，礼所生也。（在下位不获乎上，民不可得而治矣）故君子不可以不修身；思修身，不可以不事亲；思事亲，不可以不知人；思知人，不可以不知天。天下之达道五，所以行之者三。曰：君臣也，父子也，夫妇也，昆弟也，朋友之交也，五者天下之达道也。知、仁、勇，三者，天下之达德也。"（《中庸》）把"亲亲"之"仁"扩大到包括处理"君臣""父子""夫妇""昆弟""朋友"关系的五方面才是真正的"率性之谓道"，"仁"德也就扩大为"知""仁""勇"三种"达德"才是真正的

"修道之谓教"，如此也达到了认识"天命之谓性"的境界。

孟子说："老吾老，以及人之老；幼吾幼，以及人之幼，天下可运于掌。诗云：'刑于寡妻，至于兄弟，以御于家邦。'言举斯心加诸彼而已。故推恩足以保四海，不推恩无以保妻子。古之人所以大过人者无他焉，善推其所为而已矣。"（《孟子·梁惠王上》）从"孝悌"或"亲亲"之心出发，通过"举斯心加诸彼"或"推恩"，从而使"人"和"己"统一起来，这就是常人说的"人同此心，心同此理"，也就是"礼"。"君子所以异于人者，以其存心也。君子以仁存心，以礼存心。仁者爱人，有礼者敬人。爱人者，人恒爱之；敬人者，人恒敬之。"（《孟子·离娄下》）孟子教人"修心"不仅要有"仁"还要有"礼"，不仅要学会"爱人"还要学会"敬人"，这样也就会受人"敬爱"。"故圣人耐以天下为一家，以中国为一人者，非意之也，必知其情，辟于其义，明于其利，达于其患，然后能为之。"（《礼记·礼运》）这里的"情"即是始于"亲亲"的"仁"爱之情；"义"则是以"尊贤"为标准的正"义"原则；"利"和"患"其实属于"智"和"勇"的范畴。把这些方面统一起来，就能做到"以天下为一家，以中国为一人"。

中国古人把"仁"和"义"，扩大为"仁、义、礼"三位一体的系统（《中庸》），"知、仁、勇"三种"达德"（《中庸》），"仁义礼智信五常之道"（董仲舒《贤良对策》）。但是最基本伦理道德其实还是"仁"和"义"，其他的都是对待这两者关系的方法、效果、行为等问题。比如"礼"其实就是把"仁"和"义"统一起来，"智"则是让两者共同发挥作用，"勇"是要求勇敢地去实践，"信"则是通过勇敢实践取信于人。孔子曾说"仁者必有勇，勇者不必有仁"（《论语·宪问》），其实也完全可以说"义者必有勇，勇者不必有义"。子路曰："君子尚勇乎？"子曰："君子义以为上，君子有勇而无义为乱，小人有勇而无义为盗。"（《论语·阳货》）"义勇军"就是因为"义"而"勇"。伦理道德的核心问题就是处理人际关系，儒家伦理道德核心要义就是"仁"和"义"。定公问："君使臣、臣事君如之何？"孔子对曰："君使臣以礼，臣事君以忠。"（《论语·八佾》）很明显，这里不存在君主专制，而是君臣互相承担责任。"为人君，止于仁；为人臣，止于敬；为人子，止于孝；为人父，止于慈；与国人交，止于信"（《大学》）；"父不父则子不子，君不君则臣不臣耳"（《春秋繁露·玉杯》），"全然是相互的关系"，"是平等的人格主义"①。"君为臣纲、父为子纲、夫为妻纲"，单方面地要求臣子服从君主、子女服从父母、妻子服从丈夫，可以说完全背离了儒家的"讲仁义"的本来面目。

当然，"仁义"并不只是用来"讲"的，更重要的是实行"仁爱"和"正义"。尧曰："咨！尔舜！天之历数在尔躬，允执其中。四海困穷，天禄永终。"舜亦以命禹。（《论语·尧曰》）尧在把帝位禅让给舜的时候嘱咐舜说：舜啊！天数到了由你来接替我，你一定要公允地执行天地之"中道"。如果天下民众陷入困穷，你享受的天禄也就永远终结了。舜也是这样嘱咐禹。子张问于孔子曰："何如斯可以从政矣？"子曰："尊五美，屏四恶，斯可以从政矣。"子张曰："何谓五美？"子曰："君子惠而不费，劳而不怨，欲而不贪，泰而不骄，威而不猛。"子张曰："何谓惠而不费？"子曰："因民之所利而利之，斯不亦惠而不费乎？择可劳而劳之，又谁怨？欲仁而得仁，又焉贪？君子无众寡，无小大，无敢慢，斯不亦泰而不骄乎？君子正其衣冠，尊其瞻视，俨然人望而畏之，斯不亦威而不猛乎？"子张曰："何谓四恶？"子曰："不教而杀谓之虐；不戒视成谓之暴；慢令致期谓之贼；犹之与人也，出纳之吝谓之有司。"孔子认为从政需要满足遵守五种美德和摒弃四种恶德，五种美德政府让百姓受惠却不使国家耗费，让百姓劳动却没有怨言，让百姓有欲望却不贪婪，国民安泰却不骄奢，执政者有权威但不凶猛。顺着百姓求利之心而让他们获利，自然就能让民众受惠而国家没有耗费。只在农闲时期抽调劳动力，百姓自然服了劳役而没有怨言。百姓都懂得追求仁爱，

---

① 梁启超：《孔子与儒家哲学》，中华书局2016年版，第21页。

自然有欲求却不会贪婪。国家对多数人和少数人、庶民小人和权势大人"中和"相待，不把任何一方过分抬高，也不把任何一方随意贬低，这样当然就能国泰民安而又没有骄奢淫逸。执政者穿着正装佩戴礼帽，看起来庄重有尊严，塑造正义形象望而生畏，自然就自带威严而不凶猛。与此相反，不曾教化民众却在犯罪后用严刑峻法杀害他们，这就是虐杀；无视进展条件严厉要求按期完成目标，这就是暴政；提要求时宽松散漫但要结果却很急迫，这就是陷害；要人做事却不舍得给予经济支持，这就是算计。

一个充满活力的社会，民众都能充分发挥自身的主动性、积极性和创造性，国家也为民众干事创业提供良好的环境。相反，一个缺乏活力的社会，必定民众普遍不能充分发挥自身的主动性、积极性和创造性，国家还在想方设法与民争利。"王，何必曰利？亦有仁义而已矣。"（《孟子·梁惠王上》），就是强调国君自身不要求利，而要为国人主持正义。

司马迁在《史记·货殖列传序》中总结说："天下熙熙，皆为利来；天下攘攘，皆为利往。"他并不是提倡"唯利是图"，而是指出人类有谋利的共同倾向。人类谋利的共同倾向意味着人类行为在面临选择的时候，具有"权衡利弊，趋利避害"的可预见性。这并不否定不谋私利的"义举"，它只是总结一般人在一般情况下的一般规律。它认为，一般来说，面对环境的变化或面对不同的社会激励，人会做出反应，这种反应将是有利于自己的反应，而不是做出不利于自己的反应，这种反应不过表明人类具有理性。这里关注的重点是人类行为的规律，而不是人本性善恶的问题。正因为绝大多数人都会做出对自己"有利"的选择，而不是做出对自己"不利"的选择，因此社会才向"好"的方向发展，而不是向"坏"的方向发展。这是我们相信人类社会的发展尽管会有很多波折和反复，总的来说是向着更美好的方向发展的根本原因。如果物质财富叫"利"或经济利益，那么精神方面的好处就叫"益"或精神利益。这种对人有利的结果，从物质的角度讲也叫"功利"，从精神的角度讲叫

"幸福"。也就是说，人通常都会追求"功利"目标和"幸福"，而不是让自己利益受损或遭受痛苦。

"利"通常指的是物质利益，但它也包括了物质利益以外的其他利益。因此，不追求物质利益并不等于不追求利益，追求权力和名望也是追求利益。如果国家和社会不认可、不鼓励甚至反对富裕，以至于致富对自己在这个国家和社会的生活有害，它就不会去致富。德鲁克指出："如果一个社会确认经济进步与经济目标对社会而言是有效的、有益的，那么在这样一个社会里，盈利动机就将是最有效的社会工具；而在其他任何社会里，盈利动机都不可能成为一种有效的机制。例如在中世纪，各种政令、教令都认为经济目标脱离社会，有违伦理道德，那么以这种观点来看，盈利动机显然是无效的。而在一个就像近200年来我们所处的社会那样信奉经济进步是值得追求的社会里，盈利动机便是一个有效的融合机制，因为它把个人动机和行为与工人的社会宗旨直接挂起钩来了。"[①] 他所谓的无效只是在经济上无效，但在道德上是有效的。如果因为富裕被认为是罪过，人们为了有更好的生活不再贪财和追求享乐，转而去追求贫穷和受苦，这其实仍然是"谋利"的行为。只不过，这时候人的"谋利"动机没有发挥经济效果，而是发挥了道德效果而已。同样，如果因为国家政策反对个人致富，富裕将带来阶级仇恨并受到政府镇压，人们就会转而为国家奉献，争取得到国家的认可。努力获得政府的认可、奖励、地位和荣誉，仍然是"谋利"的表现，只不过此时"谋利"的动机没有发挥经济效果，而发挥了政治效果而已。在我国改革开放前，致富确实不是人们追求的目标。但是，任何人都非常在乎自己的政治身份。改革开放后，党和国家提出"劳动致富光荣"，全国人民的工作重心也就转移到经济建设上来。显然，苦行僧为了自己来世幸福而苦修道行，并不见得比追求今生幸福更值得

[①] ［美］彼得·德鲁克：《公司的概念》，慕凤丽译，机械工业出版社2006年版，第198页。

称道；为了权力而进行政治斗争，也不比为了利润而在市场上竞争更高尚。

人类行为具有权衡利弊、趋利避害这一可预见性，是经济、政治、文化决策的基础。如果人在经济上不追求物质利益，那么物质奖励将不再起作用。如果人在政治地位上不求政治权力，有关升迁提拔的制度将完全失效。如果人们不在乎自己的名望，荣誉将不再能激励任何人。经济学家詹姆斯·斯图尔特认为，"如果每个人都先人后己，政治家将会不知所措……如果人们变都得完全不顾私利，那将不可能受到统治。每个人都可能会以不同的眼光来看待自己国家的利益，而许多人力图提高国家的利益却可能会加入毁灭这个国家的行列"①。确实，如果一个人人都自以为是地要为他人、国家和社会服务，而且他们根本不在乎自己的利益，不接受他人的回报和服务，也不在乎他人剥夺他的物质利益和政治权利，这个国家和社会也就只会陷入无尽的"正义"的斗争之中。当然，这一切都是永远不会发生的。假如，实际的情况是管理者利用人类"权衡利弊，趋利避害"的行为规律，进行国家、社会和其他组织的管理。比如，贪污、欺诈都能够获利，因此对贪污欺诈的惩罚行为给人造成的损害一定要大于获利所得。这个"大"应该大到什么程度呢？大到行为者自己合计，得出结论是贪污、欺诈不如遵纪守法好。像交通拥堵问题，政府如果仅仅号召市民乘公交出行并不能达到目的。只要改善公交出行的便利，以至于与开私家车相比更有利，人们自然会选择乘坐公交出行。反过来，国家政策如果只从美好愿望出发，就会产生"上有政策，下有对策"的不良效果。比如，政府因为市场有欺诈行为就彻底禁止公开的市场交易，其结果就是出现黑市交易盛行；政府认为工人工资低强制提高最低工资，企业就会遵守政府最低工资但解雇一些工人；上级要求提高产出数量下级就降低产出

---

① 转自［美］艾尔特·赫希曼《欲望与利益：资本主义走向胜利前的政治争论》，李新华、朱进东译，上海文艺出版社2003年版，第44页。

质量，等等。这些问题，在现实生活中一再发生。新的应对政策出台，遭遇的是"道高一尺，魔高一丈"。管理者少数人的智慧要与众多被管理者的智慧搏斗，当然注定失败。科学的管理决策应该是因势利导，顺乎人心，合乎民意。人们总会想方设法达到自己的目的，如果政策不是因势利导，不好的手段就必然蔓延。社会道德方面的很多问题，并不是人的道德本身的问题，而更多的是决策者和制度没有因势利导造成的恶果。

科学研究的目的就是找出规律性，否定人类行为的共同规律性，就会使社会毫无规律可言，也就否定了社会科学，否认了科学管理和决策的可能性。讨论人类行为的规律性，首要的目的不是就人而讨论人，而是为了经济、政治决策和社会道德规范而讨论人的行为规律。很多争论之所以不能达成共识，就是因为对人的本性的争论停留在抽象的"人"身上，而不是从现实的人的行为规律出发，不是着眼于国家、社会和集体的科学管理和科学决策。一旦从"人学"转向经济、政治和社会科学，关于人的争论就会少得多。

2. "财聚则民散，财散则民聚"

人类行为具有谋利的共同规律性，这是一般人在一般情况下的行为规律。所谓"君子喻于义，小人喻于利"，这意味着人可以超越普通"小人"，成为"以义为利"的"君子"。《大学》说："君子先慎乎德。有德此有人，有人此有土，有土此有财，有财此有用。德者，本也；财者，末也。外本内末，争民施夺。是故财聚则民散，财散则民聚。是故言悖而出者，亦悖而入；货悖而入者，亦悖而出。"就像"君子喻于义，小人喻于利"，作为以治国理政为职责的君子，首先要注意道德和仁义，也就是对庶民百姓的关爱。得到民心就能得到领土，得到领土就会有财富，有财富才能有支出。所以，对于治国理政的君子来说，道德就是根本，财富是末节。把内在根本和外在末节搞反了，就表现为政府和人民争权夺利。因此说，财富聚集到了政府手中民心就会散失殆尽，财富分散到民众手中民心就会聚集起来。最终，政府言论违背民众心愿发出来，必然会有违背政府的言论返回来；财货背离人民利益被收敛，必然要被愤怒的民众所抢夺。

君子并不是完全不想谋利，而是懂得长远利益和公共利益。"君子喻于义""君子先慎乎德"，其实就是追求"长远利益"。君子还会对长远利益和短期利益、私人利益和公共利益进行权衡，最终选择"利益最大化"的行动方案。其实不仅君子如此，普通人面对暂时的利和长远的利，也会选择"长远利益"。虽然因为远见所限或眼前利益影响，很多人的选择可能正好偏离自己的长远利益，也可能损害公共利益。但是，追求"利益最大化"其实是所有人的本意，人们不仅想要实现自我"利益最大化"，也乐意同时实现他人利益最大化和公共利益最大化。所谓"不积跬步，无以至千里，不积小流，无以成江海"，长远利益和公共利益总是要靠短期利益和私人利益来积累成就。普通百姓如果不关心自身的利益，即便有道德高尚的君子关心公共利益，公共利益很可能也要受损。君子如果不是以普通大众的一员来关心公共利益，公共利益很可能成为背离人民利益的虚构。

有人认为，以个人福利为目标和原则必然使人忘掉社会正义、民族大义和公共利益。确实，我们不应该过分迷信亚当·斯密，认为"看不见的手"自然会引导追求私人福利的人们，最终实现社会利益最大化。但是，把社会正义、公共利益、国家利益和民族利益摆在个人福利之前作为目标和原则，也未必更加有利于社会进步。希特勒、墨索里尼、东条英机这些恶魔，都觉得自己是大公无私为国家和民族利益而奋斗的英雄，而且他们确实也不太关注自身的财富。希特勒提出的"要大炮不要黄油"，日本军国主义宣扬武士道精神，无非是提倡把国家利益摆在第一位。像人类有史以来的所有战争狂徒、独裁者一样，他们也号称代表正义，甚至代表东亚和世界人民的共同利益。在私人福利驱动下，确实容易出现坑蒙拐骗、贪污腐败等违法乱纪现象，甚至出现大规模的走私、贩毒、卖淫等黑社会组织,但是,就是这些危害,与根本不顾百姓福利的法西斯主义和军国主义狂热分子带来的危害相比,也小多了。这其中关键的问题是,离开了老百姓的个人福利,社会正义和公共利益就成为任由统治者去煽动和宣扬的政治口号。同样,封建时代的宗教人士也总是教导人们牺牲奉献,并且把报偿放在来世,而不是放在现世而已。① 当然,如果人民生活没有着落,也只能把幸福寄托在来世。马克思指出,这是用虚幻的幸福来代替现实的幸福,因此,宗教是人民的鸦片。② 马克思并不是要完全否定宗教,他只是要否定虚幻的幸福,只是要为人民追求现实的幸福。如果需要用鸦片来止痛,马克思是会同意的,因为它符合人民的现实幸福需要。用长远利益把人民的幸福推到遥遥无期的未来,推到来世、后代人身上、共产主义社会,都是不符合马克思主义的本意。真正的为人民谋福利,不能不关注人民当前的个人的物质生活和精神幸福。

  托克维尔认为,正确理解的利益原则一旦完全支配道德世界,无疑不会出现太多惊天动地的德行。但是,怙恶不悛的歹行也将极其稀少。这个原则可使大批公民循规蹈矩、自我克制、温和稳健、深谋远虑和严于律己。它虽然不是直接让人依靠意志去修德,但能让人比较容易地依靠习惯走上修德的道路。正确理解的利益原则是一切哲学中最符合当代人的需要的理论。而且,也是当代人尚可用来约束自己的最有力保证。当代道德家应当注意的,主要就是这个理论。③ 如果管理者能因势利导地引导追求私人福利的行为,公共利益和社会正义都能得到保证。如果当权者抛开老百姓的福利,专心致志于国家利益和人间正义,那么本国老百姓甚至世界人民就要遭殃。说老百姓就是目光短浅、蝇营狗苟,这是统治者的污蔑。老百

---

  ① [法]托克维尔:《论美国的民主》(下卷),董果良译,商务印书馆1988年版,第656页。
  ② 《马克思恩格斯文集》第1卷,人民出版社2009年版,第4页。
  ③ [法]托克维尔:《论美国的民主》(下卷),董果良译,商务印书馆1988年版,第653—654页。

姓绝对不会不关注自己的长远利益，也不会不知道危害社会、国家和他人利益需要付出代价。如果他们不知道关心国家和社会事务，那多半是因为统治者不让他关心，更不让他参与管理。况且，如果老百姓能对所有国家和社会利益负责，那么还需要国家和社会管理者干什么呢？要求私人对公共利益和长远利益负责，本身就是管理者失职和不负责任的表现。作为国家和社会管理者确实应该"高瞻远瞩"，对国家和社会长远利益和公共利益负责。因此，他也理所当然应该超越自我利益，并随时告诫自己要对公共利益负责。然而，管理者更应该随时告诫自己，公共利益不是由自己界定的，公共就是公众，就是很多个人的共同体，公共利益就是他们的利益。因此，只有聚合"短浅目光"才能"高瞻远瞩"，只有聚合"短期利益"才能确定"长期利益"，只有关心个人利益才能真正代表公共利益，只有立足现实才能真正高瞻远瞩。

把谋求"个人利益最大化"称作是"理性"并不准确，"个人利益最大化"的努力很可能出现相互抵消的结果。但是，否认"趋利避害"和追求"利益最大化"的理性，要求个人为了社会公共利益和长远利益做牺牲，很可能是统治者以公共利益和长远利益为幌子剥削人民。美国肯尼迪总统要求"不要问国家能为你做什么，要问你能为国家做什么"，显然失之片面。推动社会持续进步的力量源泉，不断满足人类生存和发展需要的力量源泉，归根到底要靠无数个人为自己的利益而努力。

3. "国不以利为利，以义为利也"

子曰："放于利而行，多怨。"（《论语·里仁》）孔子认为，以利为原则去做事，就会有很多怨恨。以利益为原则就是"唯利是图"，这样的人必定锱铢必较，也必定牢骚满腹，因此永远不会幸福。子夏为莒父宰，问政。子曰："无欲速，无见小利。欲速则不达，见小利则大事不成。"（《论语·子路》）对于治国理政的学生子夏，孔子告诫他："不要急于求成，不要贪求小利。急于求成反而达不到目的，贪求小利就做不成大事。"孔子这个警告，其实适合所有人。对个人利益孜孜以求的人，通常也只能谋得一些蝇头小利，甚至因为贪小便宜最终吃大亏。

《大学》说："生财有大道：生之者众，食之者寡；为之者疾，用之者舒，则财恒足矣。仁者以财发身，不仁者以身发财。未有上好仁，而下不好义者也；未有好义，其事不终者也；未有府库财，非其财者也。孟献子曰：'畜马乘，不察于鸡豚；伐冰之家，不畜牛羊；百乘之家，不畜聚敛之臣，与其有聚敛之臣，宁有盗臣。'此谓国不以利为利，以义为利也。长国家而务财用者，必自小人矣。彼为善之，小人之使为国家，灾害并至。虽有善者，亦无如之何矣！此谓国不以利为利，以义为利也。"想要获得大财就得遵循大道：创造财富的人多，消耗财富的人少；挣钱的人勤快，花钱的人节俭，财富就会始终充足。仁人用财富来修养身心，不仁的人却损害身心健康去敛财。从来没有处于高位的人喜好仁德，而下属不忠义的；也没有下属忠义，而不成就事业的；这样，没有任何府库中的财富，不是可供他使用的财富。所以，孟献子说："养得起马拉车的大夫，就不要考虑养鸡养猪的利益了；丧葬祭祀用得起冰保鲜的公卿之家，就不要考虑养牛养羊的利益了；有一百辆兵车的大家族，就不应该畜养聚敛财富的家臣。与其有聚敛财富的家臣，宁愿有盗窃主人财富的家臣。"这就是所谓的国家不以谋求国君私利为利，而以伸张正义为利。执掌国家政权却又对财物孜孜以求，那一定因为有小人在起作用。国君本人或许也有心治理好国家，但因为使用了小人做管理工作，必定天灾人祸一并降临。这时即便有善良君子，也无可奈何！这就是国家不以谋求国君私利为利，而以伸张正义为利。

国君不能以谋取私利为利，国民其实也不能仅仅以谋取私利为利，也应该有"以义为利"的时候。孟子说："鱼，我所欲也，熊掌亦我所欲也；二者不可得兼，舍鱼而取熊掌者也。"这就是说，同样是物质利益，会选择更珍贵的熊掌。他接着说："生亦我所欲也，义亦我所欲也；二者不可得兼，舍生而取义者也。"也就是说，在生和死或物质利益和精神利益之间选择,会选择更宝贵的精神利益。当然,需要强调的是,这都是有社会前提的。就鱼和熊掌而言,当时的社会人们一般人都认为熊掌比鱼更珍贵,因此可以预见一般的人都会选择熊掌,孟子也是如此。但是,如果在一个社会普遍认为吃熊掌是不道德的、反环境保护的,吃熊掌的人所到之处成老鼠过街人人喊打,那么,就不会选择熊掌而会选择鱼了。同样,生和死之间,"生"其实符合我的利益,但是"义"却是我想要的"甚于生"的利益,因此不选择苟且偷生之利。选择"义",其实是两利相权取其重。"死"其实是我要避免的害处,但是,"不义"是我需要避免的"有甚于"死的害处,因此"死"这个祸害我也就不回避了。选择"死",其实是两害相权取其轻。孟子原话为:"生亦我所欲,所欲有甚于生者,故不为苟得也;死亦我所恶,所恶有甚于死者,故患有所不辟也。如使人之所欲莫甚于生,则凡可以得生者,何不用也?使人之所恶莫甚于死者,则凡可以辟患者,何不为也?由是则生而有不用也,由是则可以辟患而有不为也。是故所欲有甚于生者,所恶有甚于死者,非独贤者有是心也,人皆有之,贤者能勿丧耳。"(《孟子·告子上》)这里需要特别注意"所欲""有甚于""非独贤者有"等字眼。"所欲"意味着"义"和"利"并不是决然分开的,"义"也是人所追求的利益,而且是更大的利益。如果"义"不能给人们带来任何好处,而且根本不是人们所想要的东西,那也就不用艰难抉择了。正因为名誉也是人的重要利益,我们今天有"名誉损失"之说并可能要求损害者做出赔偿。失去了人格、名誉实在是"生不如死",因此不能一味地苟且偷生。"无以小害大,无以贱害贵",这一点不是圣贤才能理解、人人都能理解的。

显然,人们之所以重"义",从根本上说是"修道之谓教"的结果,是教育使人主动选择了"义"。孔子说:"我未见好仁者,恶不仁者。好仁者,无以尚之;恶不仁者,其为仁矣,不使不仁者加乎其身。"(《论语·里仁》)很少有人天生爱仁义道德的,更不要说"好的如好色"(《论语·卫灵公》),遵守仁义道德"得一善,则拳拳服膺，而弗失之"（《中庸》）的理性和坚韧。"以义为利"，说明"义"其实也是"利"，只不过是更大更长久的"利"。这意味着如果没有外在压力，多数人很难约束自己，很容易"见利忘义"。决策者如果能充分利用人类行为普遍具有"两利相权取其重，两害相权取其轻"的规律，就可能形成"重义轻利"的社会效果，同时也不会造成无谓的牺牲。对于职责之内的不可推卸的义务，必须在制度上保证当人们进行生死义利权衡的时候，得出的结论只能是"利不如义""生不如死"。比如，临阵脱逃的战士被枪毙，就是这个原因。社会舆论和国家政策要让每个人知道，战士必须准备上战场、警察必须准备与歹徒搏斗、医生护士必须准备面对传染病人、公众人物必须准备对公众负责、商人必须对自己的商品负责、教师必须为人师表，等等。任何人违背自己的职业道德，就将在这个职业上"必死无疑"或"生不如死"。只有在这种强大的道德压力下，人们才可能主动约束自己的欲望。反过来，对于履行职责而做出了牺牲和奉献的人，同样应该给以物质奖励和补偿。比如，对抗洪战士、抗击疫情的白衣天使和与歹徒搏斗的警察。恪尽职守本身也是值得赞扬的，它是维护公共利益的最可靠保证。

当然，对于非职责内的事情，为了鼓励人们出于社会正义的牺牲奉献精神，更需要给予合理的利益补偿。所谓"合理"的补偿，就是要让见义勇为者能够进行"两利相权取其重"的权衡，鼓励其避免的损害大于付出的见义勇为。比如，当发生火灾、洪灾、地震、暴雨、传染病等自然和社会灾难的时候，所有人应该按照把整个灾难的损失减到最小的"利益最大化"原则，根据自己的能力和知识选择报警、疏散、逃生、远离或其他积极行动。没有知识和能力却一味地"逞英雄"，其实是不负责的态度，只会造成更大的损失。孔子说："暴虎冯河，死而无悔者，吾不与也。必也临事而惧，好谋而成者也。"（《论语·述而》）这就是说，如果为了救人，徒手与老虎搏斗、不会游泳而往河里跳，这样死了还无怨无悔的人，孔子并不赞赏。他赞赏的人，一定是面临危险会有所恐惧，但能够想办法达到目的的人。不能说"奋不顾身"就值得赞扬,"临事而怯"就是可耻,关键是要真正减少损失。个人的牺牲也是社会的一种损失,为此家人没有了生活来源就更是如此。因此,不论是社会还是个人,都不能不以"两利相权取其重,两害相权取其轻"为标准算算账。当然,社会需要防止的一般来说并不是太多"奋不顾身"的人,而是甚至有能力也不愿意奉献的人。这就意味着,社会没有给予英雄行为足够的物质补偿,使人们常有"后顾之忧"。

"国不以利为利,以义为利也",意味着"义"其实也是"利",是国家利益。"义"和"利"并不是彼此对立的,而是相辅相成的。一个正义的国家必定也是对每个人都有利的国家,一个代表最大多数人的最大利益的国家就是正义的国家。

第二章

需要、利益和动力

> 王者以民人为天,而民人以食为天。
> ——司马迁:《史记·郦生陆贾列传》

> 人们奋斗所争取的一切,都同他们的利益有关。
> ——马克思:《关于新闻出版自由和
> 公布等级会议辩论情况的辩论》

每个人都有基本的生活需要,这些需要得不到满足就会死亡,所以满足生存需要就是他的"天命"。子曰:"大哉尧之为君也!巍巍乎,唯天为大,唯尧则之。荡荡乎!民无能名焉。巍巍乎其有成功也,焕乎其有文章!"(《论语·泰伯》)尧作为君主之所以伟大,就在于他把天看作是最大的,并且以天作为最高准则。所以,他恩泽浩荡,百姓却说不出他的恩泽。他建立的丰功伟绩彪炳史册,他创建的思想理论光耀千古!"仲尼祖述尧舜"(《中庸》),"述"就是"顺乎天而应乎人"(《易传·象传下》),好像天一样什么都没有做却满足了人的需要。尧是第一个"仲尼祖述"的君主,对尧的功绩的论述表明了中国古人的政治和社会理想。《尚书》开篇赞扬唐尧:"钦明文思安安,允恭克让,光被四表,格于上下。克明俊德,以亲九族。九族既睦,平章百姓。百姓昭明,协和万邦。黎民于变时雍。"(《尚书·尧典》) 也就是做到敬畏天命，关爱百姓，笃恭礼让，泽被四海，天地作则。因为能明晓天地大德，所以能让家族相亲相爱。家族相亲相爱之后，又推而广之至国中百姓。国中百姓也都明晓大道美德，又进而能运用它使各国百姓和睦相处。这样，天下黎民百姓就都能意识到要明德，从而能够使各国和平相处，天下百姓共享太平。所谓"天聪明，自我民聪明。天明畏，自我民明威"(《尚书·皋陶谟》)；"德惟善政，政在养民"，"好生之德，洽于民心"(《尚书·大禹谟》)；"上天孚佑下民"(《尚书·汤诰》)；"天佑下民，作之君，作之师，惟其克相上帝，宠绥四方"；"天矜于民，民之所欲，天必从之"；"天视自我民视，天听自我民听"(《尚书·泰誓》)，所有这些告诫共同表达的一个意思，那就是"乐只君子，民之父母。民之所好，好之；民之所恶，恶之。此之谓民之父母。"(《大学》) 中国人自古以来就相信天命，但它其实就是相信民心而已。从人民的需要出发，代表最广大人民的根本利益，实现好、维护好、发展好最广大人民的根本利益，这就是天下最大的学问。

一 需要和利益

张载说的"为天地立志，为生民立道，为往圣继绝学，为万世开太平"，本意是"学者当须立人之性，仁者人也，当辨其人之所谓人。学者学所以为人。为学大益在自求变化气质，不尔皆为人之弊，卒无所发明，不得见圣人之奥"。[①] 也就是说，认识人类行为的共同规律性，就是为天地立志；了解仁道就是人道，也就是辨明了人之所以为人；学习就是学习做人的道理，这就是继承古代圣人断绝的学问；学习最重要的价值是自我修养，唯有如此才能实现圣人平天下的理想。这句话后来被冯友兰概括为"横渠四句"，即"为天地

---

① （宋）张载：《张载集》，中华书局1978年标点版，第320—321页。

立心，为生民立命，为往圣继绝学，为万世开太平"，并且成为中国知识分子的志向和使命。但需要注意其本意是尊重人民的志愿而不是向人民发号施令，相反，它体现了中国以人为本的历史文化传统，与高高在上地为天地万物确立发展志向、为天下万民确立伦理道德、为神圣的教主传播福音、为拯救世界而改变世界的宗教热情完全不同。倒是类似于《共产党宣言》说的"共产党人的理论原理，决不是以这个或那个世界改革家所发明或发现的思想、原则为根据的。这些原理不过是现存的阶级斗争、我们眼前的历史运动的真实关系的一般表述"①。

1. 现实的人的现实需要

马克思和恩格斯在《德意志意识形态》一书中指出："这种考察方法不是没有前提的。它从现实的前提出发，它一刻也不离开这种前提。它的前提是人，但不是处在某种虚幻的离群索居和固定不变状态中的人，而是处在现实的、可以通过经验观察到的、在一定条件下进行的发展过程中的人。只要描绘出这个能动的生活过程，历史就不再像那些本身还是抽象的经验主义者所认为的那样，是一些僵死的事实的汇集，也不再像唯心主义者所认为的那样，是想象的主体的想象活动。"② 把人抽象化和"神化"，仿佛人不是为生活活着的活生生的人，而是来到世间拯救人类的不食人间烟火的神仙，这是唯心主义者的问题。把社会抽象化和"神化"，仿佛社会不是一个个为生活活着的活生生的人的联合体，仿佛社会是没有人烟的仙境，这是机械唯物主义的问题。人首先是追求自己和家庭生活需要的凡人，而不是追求万事太平和人类解放的圣人或神。虽然他也本能地努力超越物质需要，追求更高级的政治生活和精神生活。但是，绝大多数人永远都不能完全超越为满足自我生存需要而努力

---

① 《马克思恩格斯文集》第 2 卷，人民出版社 2009 年版，第 44—45 页。
② 《马克思恩格斯文集》第 1 卷，人民出版社 2009 年版，第 525—526 页。

的凡人——只要他还在凡间,他就不能成为不食人间烟火而只为人间烟火旺盛而奉献自己生命的神。况且,和尚也要化缘,要多化一点,要当方丈,甚至神也要求向他祈祷的人奉献贡品。现实的个人是为自己的生存而奋斗又试图超越自我的个人,这就是关于社会发展的科学研究的出发点,也是历史唯物主义的出发点。

值得强调的是,"我们开始要谈的前提不是任意提出的,不是教条,而是一些只有在臆想中才能撇开的现实前提。这是一些现实的个人,是他们的活动和他们的物质生活条件,包括他们已有的和由他们自己的活动创造出来的物质生活条件。因此,这些前提可以用纯粹经验的方法来确认"①。社会研究因此也就成了对客观事物的研究,成了科学研究。绝大多数人承认现实的人是有需要的,但是很多注重精神生活的人认为,满足生存需要是动物的本性,人的本性是精神需要而不是物质需要。他们认为强调个人物质需要的满足太低微卑贱,最起码不符合共产主义的崇高理想。理想主义者的理想一般来说确实符合人类对自己的道德反思和企盼,但是因为他们对现实的个人的认识和要求太过理想化,美好的理想只能成为空想。为了确立社会研究的科学方法,必须从个人的物质需要出发,这就是历史唯物主义的方法。这是因为"我们首先应当确定一切人类生存的第一个前提,也就是一切历史的第一个前提,这个前提是:人们为了能够'创造历史',必须能够生活。但是为了生活,首先就需要吃喝住穿以及其他一些东西。因此第一个历史活动就是生产满足这些需要的资料,即生产物质生活本身,而且,这是人们从几千年前直到今天单是为了维持生活就必须每日每时从事的历史活动,是一切历史的基本条件"②。如果我们能够把抽象思维和理论构想的努力转向现实生活,就会发现世界上的绝大多数人都只是在为物质生活而努力,即便如此还有太多人连最基本的物质需要还没有得到满

---

① 《马克思恩格斯文集》第1卷,人民出版社2009年版,第516—519页。
② 《马克思恩格斯文集》第1卷,人民出版社2009年版,第531页。

足。看看那些发达国家的人们怎样为生活奔波劳碌吧，看看那里尽管奔波劳碌而仍然无法致富的贫民吧，更要看看发展中国家那些尽管奔波劳碌却仍然不能解决温饱的人民，还要看看最落后的国家每年因为饥饿和营养不良而死去或正在死去的人们，认为人类为生存而奋斗是微不足道的人们就应该警醒了。当然，他们会说这都是因为贫富不均造成的，如果合理分配全世界的财富，人类历史早已达到能够满足全世界人民的生存需要的发展程度。遗憾的是，这种超越国家界限的"世界主义"，这种只关心现有食物分享而不关心以后有没有人再去创造财富的"动物主义"（绝对不是唯物主义），并没有让我们看出任何可以使这些理想成为现实的可能。也就是说，这种想法不过是与时俱进的空想。

现实的个人不会指望财富在世界范围内分配，他知道必须为生存而奋斗，首先就是为物质需要而奋斗，这就是人们的现实生活。"在思辨终止的地方，在现实生活面前，正是描述人们实践活动和实际发展过程的真正的实证科学开始的地方。"① 从现实的个人的物质需要出发，就找到了人类行为的动因，就找到了关于社会研究的科学前提。

2. 利益是社会化的需要

现实的个人生存的客观要求是人类进行社会实践的基本动力，"历史不过是追求着自己目的的人的活动而已"②。只不过，这是众多的人在相互关系中追求自己的物质需要的满足。这种"社会化的需要，人们通过一定的社会关系表现出来的需要"③，就是利益。

利益是一个使用很广泛的概念，因此也成为一个很难下定义的概念。赢得了"功利主义之父"称号的英国哲学家边沁就认为：

---

① 《马克思恩格斯文集》第 1 卷，人民出版社 2009 年版，第 526 页。
② 《马克思恩格斯全集》第 2 卷，人民出版社 1957 年版，第 118—119 页。
③ 转自张玉堂《利益论：关于利益冲突与协调问题的研究》，武汉大学出版社 2001 年版，第 42 页。

"利益是不属于任何更广泛的逻辑种类的词汇之一,无法以通常的方式来定义。"也就是说,利益是一个过于宽泛的逻辑范畴,以至于无法定义。所以,他只提出"当一个事物倾向于增大一个人的快乐总和时,或同义地说倾向于减小其痛苦总和时,它就被说成促进了这个人的利益,或为了这个人的利益"①。这完全是因为功利主义考察社会的出发点是个人的主观感受,即"自然把人类置于两位主公——快乐和痛苦——的主宰之下。只有它们才指示我们应当干什么,决定我们将要干什么"②。马克思考察社会的理论是历史唯物主义,他认为社会科学要考察的人只能是现实的个人,人的快乐和痛苦不只是自身的主观感受,更重要的是受制于社会产品的占有和享用的客观条件。

马克思指出:"社会主体维持自身生存和发展,只有通过对社会产品的占有和享有才能实现,社会主体与社会劳动产品的这种对立统一关系就是利益。"③不存在没有主体的利益,也不存在没有客体的利益,谈论利益问题始终要把作为社会主体的人与作为客体的社会劳动产品统一起来。马克思主义反对脱离个人幸福或痛苦谈论社会利益,也反对脱离社会劳动产品谈论个人幸福或痛苦。在现实的国家经济、政治、文化和社会中,一方面,不存在没有主体的利益,不能离开个人利益或私人利益谈论国家利益、社会利益、人民利益,利益的主体最终必定能够归结为某些个人。必须防止统治阶级以国家利益、社会利益和人民利益为名,损害广大群众的利益,为自己谋利益。另一方面,也不存在没有客体的利益。国家利益、社会利益和人民利益必定有所指,必须能增进人民的幸福。本意是为人民

---

① [英]边沁:《道德与立法原理导论》,时殷弘译,商务印书馆2000年版,第58页。

② [英]边沁:《道德与立法原理导论》,时殷弘译,商务印书馆2000年版,第57页。

③ 转自张玉堂《利益论:关于利益冲突与协调问题的研究》,武汉大学出版社2001年版,第42页。

谋利益，事实上给人民造成了灾难和痛苦，这就是损害了人民利益。必须防止用貌似美好的制度、理想、信念代替人民的切身利益，利益如果不是物质财富，也必须是实实在在的好处。

利益是社会化的需要，不仅意味着它是社会关系中或者说是众多人博弈过程中的需要，而且是足以推动人们进行社会行动的需要。就人本身来说，需要还只是人对于环境的心理过程，它还不是促成行动的动力；就环境来说，需要还只是环境对人的客观刺激，它还不是促成行动的压力。只有当欲望达到一定程度，当环境的刺激达到一定的程度，才会产生人们争取满足需要的社会实践。"利益是以特别强烈地和比较持久地满足一定需要为目的的。"① 所以，利益是人们进行社会实践的最初动机，它是推动社会发展的最终动力。利益的本质是争取需要的满足。"利益是需要的现实化、对象化，它是需要主体的倾向性在对需要对象的占有、同化过程中展现出来，使其从一种倾向性的存在转化为现实的存在。"② 一方面，利益主体对需要对象十分在意，他们将为获得需要的满足采取行动；另一方面，需要对象对利益主体意义重大，足以促使利益主体为获得需要的对象采取行动。

认识到人类行为受利益驱动，并且把人们追求利益当作社会运行的正常机制来研究，这是一切社会科学的前提。在古代，即使人们看到了"天下熙熙皆为利来，天下攘攘皆为利往"，还是要求以"君子不言利"为信条维护社会。所以，古代没有社会科学，只有道德治术或法律治术。正如赫希曼所言，利益这个概念，使治国之术摆脱道德之羁绊而得以形成；这个概念，有助于经济学在亚当·斯密和其他学者的著作中成为一门学科；这个概念，在关于自我与社会的关系方面，促成了一场认识革命。这种新的认识，是法国大革

---

① ［捷克］奥塔·锡克：《经济—利益—政治》，王福民、王成稼、沙吉才译，中国社会科学出版社1984年版，第262—263页。
② 赵家祥等编：《历史唯物主义教程》，北京大学出版社1997年版，第313页。

命的思想基础。① 利益这个概念的广泛应用也是社会革命的基础，它标志着尊重个人自主和平等交换的契约社会兴起，标志着以集权和分封为特征的人身依附关系的社会覆灭，即标志着英国法律史学家梅因在《古代法》中所说的，"所有进步社会的运动，到此处为止，是一个'从身份到契约'的运动"②。恩格斯也肯定了这一点，并说："这一点，就其正确之处而言，在《共产主义宣言》中早已说过了。"③ 马克思认为社会发展"最后归结为人是人的最高本质这样一个学说，从而也归结为这样的绝对命令：必须推翻使人成为被侮辱、被奴役、被遗弃和被蔑视的东西的一切关系"④。否定个人权利，否定个人利益，绝不是道德高尚的表现，而恰恰是封建思想的毒瘤。

3. 满足人民生活的需要和为人民谋利益

子贡问政，子曰："足食，足兵，民信之矣。"子贡曰："必不得已而去，于斯三者何先？"曰："去兵。"子贡曰："必不得已而去，于斯二者何先？"曰："去食。自古皆有死，民无信不立。"（《论语·颜渊》）。子贡问为政之道，孔子回答说要让人民温饱有余、兵力充足和人民有信仰，这是三个必要条件，其实是缺一不可的。所以子贡问如果不得已而必须去除，这三项中哪个可以先去除。孔子认为是兵力，大致相当于中立小国也能生存。子贡问如果剩下两项不得不再去除，哪个可以先去除。孔子认为是温饱，因为自古人都难免一死，人民如果没有信仰就不能立国。这也就是说在通常情况下，应该把民生问题放在第一位。但是，在特殊时期，人民需要忍饥挨饿，共克时艰。而兵力必须建立在民生和信仰的基础上，

---

① ［美］詹姆斯·S. 科尔曼：《社会理论的基础》（上），邓方译，社会科学文献出版社1999年版，第34页。
② ［英］梅因：《古代法》，沈景一译，商务印书馆1959年版，第97页。
③ 《马克思恩格斯文集》第4卷，人民出版社2009年版，第93页。
④ 《马克思恩格斯文集》第1卷，人民出版社2009年版，第11页。

如果人民没有信仰、生活没有保障，那么兵力归根到底是靠不住的。"是故明君制民之产，必使仰足以事父母，俯足以畜妻子，乐岁终身饱，凶年免于死亡。然后驱而之善，故民之从之也轻。"（《孟子·梁惠王上》）因此贤明的君主协助百姓发展生产，一定要使他对上足够奉养父母，对下足够养活妻儿，好年成终年能吃饱，坏年成也能免于饿死。这样之后督促他们向善，百姓也就乐于听从了。

"教非改道也，教之也。学非改伦也，学己也。禹以人道治其民，桀以人道乱其民。桀不易民而后乱之，汤不易桀民而后治之。圣人之治民，民之道也。禹之行水，水之道也。造父之御马，马之道也。后稷之艺地，地之道也。莫不有道焉，人道为近。是以君子，人道之取先。"[①] 教育并不是看着"天下熙熙皆为利来，天下攘攘皆为利往"，就要"反其道而行之"，教人不能求利；只不过是"校正"人，使之"中道而行"，也就是教人"君子爱财，取之有道"。学也不是看着庶民小人"鸡鸣而起，孳孳为利"，就要让他们都得像舜一样"鸡鸣而起，孳孳为善"；不过是在尊重"人伦"的基础上"素其位而行"，也就是教人"君子素其位而行，不愿乎其外。素富贵，行乎富贵；素贫贱，行乎贫贱；素夷狄，行乎夷狄；素患难，行乎患难。君子无入而不自得焉"（《中庸》）。大禹按照各人的当行之道来治理民众，夏桀违背各人的当行之道使人民作乱。夏桀并不是因为人民不同而发生动乱，商汤也不是因为替换掉夏桀时代的人民才获得治理。人的本性其实并不会发生根本变化，圣人治理人民遵循的就是顺乎人性的人道。就像大禹治水遵循的是顺乎水性的水道，造父驾驭烈马遵循的是顺乎马性的马道，后稷耕种土地遵循的是顺乎土地性质的地道。天地万物各有其性也就各有其道，治国理政最不能偏离的就是人道。因此，道德品行高尚的君子，首先遵循的就是人道。

"草木有本心，何求美人折？"（张九龄《感遇》）人民大众当然

[①] 荆门市博物馆编：《郭店楚墓竹简·尊德义》，文物出版社2002年版，第40页。

也有"本心",绝不是少数英雄人物就可以随便改变的。英雄之所以是英雄,归根到底是顺乎民心。从现实的个人的生存需要出发,这是历史唯物主义成为考察社会的科学的前提。

二　个人与社会

社会发展并不是社会本身的演变过程,如果不是人类改造了世界,社会不会发展变化。社会就是由有众多需要和利益的众多的人组成的,认可需要和私人利益是建立现代经济学、社会学的理论前提,是开启现代社会大门的"钥匙"。

1. 个体性和社会性

一旦我们把关注的重点放在社会生活中的现实的个人,而不是停留在哲学思维中的抽象的个人,我们就会发现,需要"不仅是作为人本身的一定状态而产生,而且总是在他同其周围的环境,特别是社会产品和这种环境对他的影响的关系的联系中产生的",所以,"只能理解为他同环境的关系"[①]。比如,"饥饿是自然的需要;因而为了使自己得到满足、得到温饱,他需要在他之外的自然界、在他之外的对象"[②]。而自然界的酸梅之类的果子又会使人流口水,产生吃的欲望。也就是说,需要的产生始终是人的主观愿望和社会客观环境的刺激共同作用的结果。

人维持和改善肉体生存的物质需要的产生,一方面固然可以说是因为物质是生命有机体的客观需要,没有它生命就会灭亡;另一方面也可以说是因为人作为关系的一方对另一方——环境产生了主观反应,产生了享受的欲望。社会关系的需要的产生也一样,既可以说是因为人无论如何摆脱不了一定的群体,人们在社会组织中的

---

① [捷克]奥塔·锡克:《经济—利益—政治》,王福民、王成稼、沙吉才译,中国社会科学出版社1984年版,第251页。

② 《马克思恩格斯全集》第42卷,人民出版社1979年版,第168页。

地位随时影响着他的生存状态；也可以说是因为过去的经历和认识使人们无论如何都会寻找机会改善自己的社会地位。精神活动也一样，你既可以说它是由人的生存环境决定的客观反应过程，又可以说是由个人主观意识决定的反应能力。需要，说到底只是物质世界的普遍联系的一种，这种人与环境的联系不过是相对于物与物之间的联系来说更高级而已。

生存需要和发展需要大致也对应着生存利益和发展利益，前者强调利益的客观方面，后者强调利益的主观方面。按照德国法学家耶林（Jhering，1818—1892）的主张，"权利之本质为法律所保护的利益"①。又可以把生存利益和发展利益理解为生存权和发展权。生存权就是人们为了维持作为人的存在而必须满足的需要，包括了基本的物质保障、基本政治权利和基本的人身自由，统称为基本人权。发展并不是与生存不同的东西，发展不过是更高级的生存，就是人民日益增长的物质文化需要（其实还有政治需要），发展权就是追求幸福的权利。

由于需要的产生和发展是由人的主观欲望和客观环境的刺激共同决定的，作为社会化的需要的利益，也包括了主观意志和客观条件两个方面。锡克说："一定的需要或爱好形成人们的利益。"② 他这里的需要指的是客观需要，爱好指的是主观意志。美国系统论政治学家伊斯顿认为："从主观上来看，如果某人想实现其较为广泛的目的，那么，他自认的必要之物中就包含着他的利益……客观的利益可以说就是那些手段性的需求。"③ 美国社会学家科尔曼认为有"两种利益（表明客体自我满意程度的利益和作为行动自我行为动机

---

① 梁慧星：《民法总论》，法律出版社 2001 年版，第 76 页。
② [捷克] 奥塔·锡克：《经济—利益—政治》，王福民、王成稼、沙吉才译，中国社会科学出版社 1984 年版，第 262 页。
③ [美] 戴维·伊斯顿：《政治生活的系统分析》，王浦劬译，华夏出版社 1999 年版，第 51—52 页。

的利益）"①。综合起来说，利益包括了主观欲望或动机和客观手段或物质条件两个方面。其实，仅从字面意思解释，利益就包括了"利"和"益"，即物质财富和其他好处。因此，本书使用了"福利"这个词，以强调精神"幸福"和物质"利益"，强调人民的主观意愿和客观需要。

需要和私人利益都包含个人的主观欲望和社会的客观条件两个方面。因此，马克思认为："把人和社会连接起来的唯一纽带是天然必然性，是需要和私人利益。"② 而且，人的需要是与生俱来的人的"内在规定性"，"他们的需要即他们的本性"③，所以，从人的需要和私人利益出发，不仅找到了人类行为的一般规律性，而且把人和社会统一起来了。这样就避免了抽象的经验论者把社会科学研究变成"僵死事实的汇集"，也避免了唯心主义者把社会看作是"想象的主体的想象活动"造成的空想，使社会研究成为人类积极把握经济、政治和社会发展规律的科学活动。

从最广泛的意义上说，考察社会的一切科学，都必然涉及人和社会的关系。历史唯物主义的原则是始终把人和社会统一起来。历史唯物主义作为考察社会发展历史的科学，是在批判唯心主义和旧唯物主义的基础上确立起来的。马克思在《关于费尔巴哈的提纲》中指出：从前的一切唯物主义——包括费尔巴哈的唯物主义——的主要缺点是：对对象、现实、感性，只是从客体的或直观的形式去理解，而不是把它们当作人的感性活动，不是从主体方面去理解。唯心主义发展了能动的方面，但只是抽象地发展了，因为唯心主义当然是不知道真正现实的、感性的活动本身的。说到底，直观的唯物主义，并不是把感性理解为实践活动的唯物主义，至多也只能做

---

① ［美］詹姆斯·S. 科尔曼：《社会理论的基础》（上），邓方译，社会科学文献出版社 1999 年版，第 593 页。
② 《马克思恩格斯全集》第 1 卷，人民出版社 1956 年版，第 439 页。
③ 《马克思恩格斯全集》第 3 卷，人民出版社 1960 年版，第 514 页。

到对"市民社会"中的单个人的直观。① 所谓"人类社会或社会化了的人类"其实就是"首先应当避免重新把'社会'当作抽象的东西同个人对立起来"②。既不把社会看作仿佛是具有自主性的神秘的怪物，也不把社会看作完全是人的神秘的主观意志的产物；既不把人看作是可以不顾社会完全以个人的"快乐或痛苦"为标准的自由自在物，也不把人看作是只能听任社会摆布的自然存在物。

唯物主义和唯心主义的共同特点是把个人和社会分离开来，它们的不同点是各执一方。唯心主义强调了人的主观能动性，认为当前世界的一切主要都是人造成的，这都是合理的。但是，当它强调人的主观能动性的时候，往往强调的是抽象的单一的个人，忽视了个人不仅受客观条件制约，而且还受他人意志的制约。只要个人有足够的智慧、毅力、品德等优秀的素质，他就能改变整个历史的方向。这样，历史完全是人类选择的历史，社会充满了英雄人物造成的偶然性。反过来，唯物主义强调社会现存的经济条件、政治现实、文化传统等因素，认为任何人都不能不受制于这些状况，这是合理的。但是，当他们强调客观现实的时候，客观现实好像是自然界一样，人不仅是而且仅仅是其中无知的动物。这样，社会就像自然界一样演化，人就像动物一样缓慢地进化。辩证唯物主义吸取了双方的合理成分，摒弃了错误的部分。辩证唯物主义的历史观认为：正像社会本身生产作为人的人一样，人也生产社会③；人创造环境，同样环境也创造人。④ 个人是社会存在物；⑤ 社会，不过是处于相互关系中的个人，社会本身，即处于社会关系中的人本身。⑥ 因此，辩证唯物主义像唯心主义一样，把个人凸显出来了。不过，个人不是抽

---

① 《马克思恩格斯文集》第 1 卷，人民出版社 2009 年版，第 506 页。
② 《马克思恩格斯全集》第 42 卷，人民出版社 1979 年版，第 122 页。
③ 《马克思恩格斯全集》第 42 卷，人民出版社 1979 年版，第 121 页。
④ 《马克思恩格斯全集》第 3 卷，人民出版社 1960 年版，第 43 页。
⑤ 《马克思恩格斯全集》第 42 卷，人民出版社 1979 年版，第 122 页。
⑥ 《马克思恩格斯全集》第 46 卷（下册），人民出版社 1980 年版，第 226 页。

象的个人，而是处于相互关系中、社会关系中的个人，因此，他的努力受制于其他众多个人的努力。英雄人物也不能靠自己的意志成就历史，而只能依据众多的个人的需要，引导历史的方向。这样，众多个人的需要和利益，就成为英雄人物也不能违背的客观存在。另外，众多个人过去造就社会的经济条件当然也是一时不能改变的客观存在，这就是唯物主义强调的客观现实。但是，不只是英雄人物有主观能动性，普通个人也有主观能动性，他们一直在追求自己需要和利益的满足，当然也会赞同符合他们需要和利益的社会变革。因此，从众多的个人的需要和利益出发，探讨能切实满足众多的个人的需要和利益的社会决策，就成为关于社会发展规律的科学。

社会历史就是人类历史，自始至终都是人和社会共同作用的产物。社会主义不是要强调一个与个人不同的叫作"社会"的东西，社会不过是由众多需要和利益的众多个人组成的联合体。离开了个人的需要和利益的社会主义不是真正的社会主义，真正的社会主义必然是"以人为本"而且是以"民生为本"的社会主义。

2. 多方面的需要和利益要求

需要不仅仅是人自身的欲望，社会发展也会对人提出新的需要。正如马克思说的，第二个事实是，已经得到满足的第一个需要本身、满足需要的活动和已经获得的为满足需要而用的工具又引起新的需要。① 因此，人的需要是广泛的和无穷的，人类行为具有追求自身广泛和无限需要满足的共同倾向。这种倾向是人类类似于动物的生存本能，而不是真正的经济理性。要说人类的需要与动物有什么不同，那就是人类欲望无穷。人类绝对不满足于一时的饱暖淫欲，人类普遍对财富、权力、知识、荣誉和美貌等等都有欲望，而且绝大多数人终其一生也常常还不满足。正因为人有生存的需要，所以人的本能一般来说都倾向于追求自我利益。很多人认为这是自私自利的罪

---

① 《马克思恩格斯文集》第 1 卷，人民出版社 2009 年版，第 531 页。

恶，也有人认为这是趋利避害的理性。关于人性，有史以来一直是争论不休的问题，这主要是因为人们总把认知和价值等同起来。人究竟是怎么样的，这是对人的认知问题。人应该怎么样，这是价值问题。我们姑且不讨论谋求福利是善还是恶。

人与环境之间的联系是多样的，它决定了人的需要是无限广泛的。人和自然界之间的联系产生了人的物质需要，人和人之间的联系形成了人的社会关系的需要，人和他的生存环境之间的联系就产生了精神需要。物质需要、社会关系（地位）需要和精神需要共同构成了需要的广泛性。需要的广泛性是普遍的，原始人的劳动已经不仅是（尽管首先是）满足物质需要，而且还满足对运动、活动、与别人的联合、知识等的需要。① 尽管不同的人对需要有不同的侧重，但是没有人的需要是单一的，而这些多样化的需要都是无限的。同样，这个广泛性和无限性也不是个人能完全自主选择的。

人之所以有物质需要，是因为对于自然界来说，人本身就是自然界的一部分，他和自然界万物的关系就像自然界其他万物之间的普遍联系一样；对于人来说，如果没有自然界提供的物质材料，他就无法维持自己作为生命有机体的存在形式。人对物质的主观欲望和物质对象本身共同构成了人的物质需要。人之所以有社会关系的需要是因为，对于社会关系来说，它起源于家庭关系，随着人口的增长和人们交往的发展而发展。所以，人一出生最起码存在他和母亲的关系，马克思和恩格斯把社会关系称作一开始就进入历史发展过程的第三种关系，② 只要有人就会有社会关系；对于个人来说，谁也不能脱离一定的社会关系而生存，人的社会性被马克思主义认为是人的本质属性。人对于社会地位的欲望和他所希望获得的社会地位本身共同构成了人的社会关系的需要。人之所以有精神需要是因为，对于环境来说，它是人类生存的客观环境，人的意识和观念本

---

① ［捷克］奥塔·锡克:《经济—利益—政治》，王福民、王成稼、沙吉才译，中国社会科学出版社1984年版，第255页。

② 《马克思恩格斯文集》第1卷，人民出版社2009年版，第532页。

身也是一种客观存在的形式；对于人本身来说，他没有办法不在一定的环境中生活，他也不能无视环境的存在。人们探索环境的欲望和希望得到的结果共同构成了人的精神需要。

人的需要的广泛性意味着人的利益的广泛性。人们首先需要衣、食、住以及其他东西；同时，过去饥饿或者享受的经历也使人从主观上产生追求这些东西的欲望。这些关于获得维持人们生存的物质产品的主观欲望和客观条件就构成了人们的经济利益。其次，任何人从出生开始就面临一定的群体或组织，即社会关系，只要他没有失去生命的存在，他就无法摆脱社会关系；同时，过去的经历也使他意识到在社会关系中的地位将影响到他的其他需要的满足，这使他产生了追求更高的社会地位的欲望。这种关于改善人们在社会关系中的地位的客观条件和主观欲望就构成了人们的社会地位利益或组织利益。其中，社会组织通过社会公共权力来确定和保障的社会地位是政治利益。另外，人们总是生存在一定的环境中，对这个生存环境人总会产生某种独特和切身的反应，形成某种精神活动和意识；而且，过去经历给人们带来的或好或坏的体验，也进一步刺激了人们探求"关于他们同自然界的关系的观念，或者是关于他们之间的关系的观念，或者是关于他们自身的状况的观念"[①]。这种关于人们认识自己和环境之间的关系的观念活动的客观条件和主观欲望就成为人的精神利益。

物质利益、社会地位利益和精神利益共同构成了人们维持生存的普遍需要和利益。从人的现实需要的角度看，精神需要和社会关系需要同物质需要一样也是人们单是为了能够生存就必须每日每时去完成的，现在和以前都是这样。就像我们不能想象一个人没有任何物质条件和社会关系可以生存一样，我们也不能想象一个人可以没有意识或精神而生存。人一旦没有了食物，生命就会灭亡；人一旦没有社会关系中基本权利的保障，没有精神安全的保障，生命同

[①] 《马克思恩格斯选集》第1卷，人民出版社1995年版，第72页之"编者注"。

样会灭亡——历史上政治迫害和精神迫害致人死亡的数量可能与饥饿致人死亡的数量相比一点也不少。事实上，人类历史上大量的死亡基本上不是由于社会生产力不能为人类提供维持生命的食物造成的，饥饿和生产荒废本身倒多半是由于战争、政治动乱、宗教矛盾、文化冲突等因素引起的。人们要维持生命的存在反倒不那么难，只要有短暂的"休养生息"，生产就会快速增长，人口也随之增长。物质利益，也可以称为财产利益，属于人们的利益的客观内容、物质内容或手段性内容；社会地位利益和精神利益可以合称为人身利益，属于人们的利益的主观内容、动机内容或目标性内容。社会活动是主体和客体、物质和意识、手段和目标的统一，所以，从一开始人身利益和财产利益，即物质利益、社会地位利益（政治利益）和精神利益，都是人们一刻也不能缺少的利益。当然，历史唯物主义认为生产力的发展以及物质需要的满足具有最终决定性作用，政治斗争和精神斗争的背后都有经济因素和物质利益在起作用。

3. 日益增长的需要和利益要求

既然需要是个人与环境之间的联系，人的需要就不能不随着社会的无限发展而不断增长。人们习惯于把需要分为客观需要（needs）和主观欲望（wants）两个方面，前者是在任何情况下都会感到必不可少的绝对需要，后者是满足人的优越感的需要，凯恩斯认为它很可能是无止境的。① 但是，又有谁会满足于必不可少的绝对需要呢？人不仅为生存而斗争，而且为享受，为增加自己的享受……而斗争，准备为取得高级的享受而放弃低级的享受。② 马克思把需要分为自然需要和社会需要、生存需要和发展需要，但认为社会需要是随着一定的文化水平而发生变化的自然需要，而且，自然需要也是"随着

---

① 转自［美］丹尼尔·贝尔《资本主义文化矛盾》，赵一凡、蒲隆、任晓晋译，生活·读书·新知三联书店1989年版，第22页。
② 《马克思恩格斯全集》第34卷，人民出版社1972年版，第163页。

一定的文化水平而发生变化的自然需要"①。其实发展不是别的什么，它只不过是改善生存状况，发展需要就是不断改善生存的需要。换一句话说，不论如何划分需要，需要总的来说就是无限的。

　　需要之所以是无限的，并不仅仅因为人类追求享受的主观欲望是无穷的，更重要的是，需要是经济社会发展的客观要求。比如说，一个农民变成了企业家，他可能就会购买轿车。这其中当然有他追求享受的目的在里边，但是他为了维持其企业家的生存状态也要求他拥有这种现代交通工具。生活在村落里的农民可能不需要交通费、水电费、燃气费；但是，移居城市之后或城市化之后，单是为了维持生存他们也必须付出这一笔花销。同样，古代的人可以在"鸡犬之声相闻而民至老死不相往来"的状态下生存，社会化大生产下的普通工人却必须在工会和不同的工厂中求生存。古代的文化人进行创作完全可以不需要外语、计算机和数学之类的知识积累，今天的人们进行科学研究、精神创造却往往不能缺少这些知识。法国社会学家涂尔干说："人类之所以要不断进步，只是因为他们必须进步……它之所以要发展，是因为它除了发展以外，别无选择。"② 也就是说，人的生存需要、社会需要和发展需要是一个由社会推动的不断扩大化的过程。

　　人和环境都是发展变化的，所以人的需要也是无限地发展变化的。正如马克思指出的，"人以其需要的无限性和广泛性区别于其他一切动物"③。动物普遍都是吃饱上餐不顾下餐，很少知道积累生存所需的食物。需要的无限性和广泛性是人的本质属性，人类对财富、权力、荣誉、知识的追求都是没有止境的。反过来，如果人类普遍不再追求财富、权力、荣誉和知识了，如果人类知足了，人类也就再也不能前进了。如果一个人的人生到了对财富、权力、荣誉和知

---

① 《马克思恩格斯全集》第47卷，人民出版社1979年版，第52页。
② ［法］涂尔干：《社会分工论》，渠东译，生活·读书·新知三联书店2000年版，第296页。
③ 《马克思恩格斯全集》第49卷，人民出版社1982年版，第130页。

识都没有欲望的时候，他就算看破红尘了或就要死了。其实，很多教诲是让人们不要对财富和权力欲望无穷，而应该终生不懈追求荣誉和知识。这种教导基本上是统治者对人民的欺骗，为了巩固自身财富和权力的愚民政策。今天，我们要问：追求财富和权力难道与追求知识和荣誉有本质的区别吗？与财富创造和人民民主无关的荣誉和知识有什么用呢？只有能够促进社会富强、民主和文明的知识才是有价值的，也只有促进社会富强、民主和文明的人才配称荣誉。

需要和利益的无限性，并不意味着所有人都对财富、权力和荣誉一律欲望无穷。我们当然可以看到某些人对某些东西没有多大兴趣。比如，有些知识分子和政治家对金钱不感兴趣，也有些商人对政治不感兴趣。这是需要和利益的偏好性，在不同的历史时期和地域的人们或在同一个历史时期和地域的不同的人们，对经济利益、政治利益和文化利益确实有不同的要求。商人偏爱经济利益，政客热衷政治权力，学者追求文化权益，这是普遍现象。人类历史上军事、政治上的利益仿佛决定其他方面的利益，因而成为人们之间利益矛盾的主要方面。斯宾塞认为，社会经历了从军事化社会到工业社会的发展过程[①]；拉斯韦尔也指出："在封建时期的欧洲，使用暴力的技能曾是通向权势的主要道路。"[②] 在我国漫长的封建历史中，经济利益也不直接决定政治利益；相反，国家政治权力却随时都可能剥夺人民通过自己努力获得的经济利益。可见，在民主制度确立起来以前，政治利益是首要的，是利益矛盾和斗争的主要内容。只有在政治利益得到保障之后，经济利益才有所保障。所以，到目前为止，革命者的首要目标总是夺取国家政权。随着知识经济的来临，知识对社会的生产和生活的主导作用将逐渐增大，人们在精神文化

---

① ［英］赫伯特·斯宾塞：《国家权力与个人自由》，谭小勤译，华夏出版社2000年版，第118页。

② ［美］哈罗德·D. 拉斯韦尔：《政治学》，杨昌裕译，商务印书馆1992年版，第140页。

方面的利益将决定其他方面的利益,精神文化方面的利益矛盾也将会越来越突出,甚至成为最主要的利益。过去,我国社会的主要矛盾是人们日益增长的物质文化需要和社会生产不能满足这种需要的矛盾,所以,人们之间的利益矛盾主要是物质利益矛盾,需要解决的主要问题是经济发展问题。今天,我国社会的主要矛盾已经转变为人民日益增长的美好生活需要和不平衡不充分的发展之间的矛盾,政治、文化、精神权益就会成为更加突出的问题。大体来说,落后国家的人们之间的利益矛盾主要是物质上的生存权和发展权,当然也包括基本的政治、文化和精神权益,但前者相对更加紧迫一些。物质需要基本得到保障的工业发达国家的人们,在精神文化方面有相对更高的要求,这方面的利益矛盾也相对突出。此外,城市的人们在农业生产方面没有利益要求,农村的人们一般没有知识产权的利益。可以预见,需要和利益一直都会有偏好性,但是,正因为是偏好,他们对自己所偏好东西欲望更强烈,更没有止境。绝不要指望贪恋权力的独裁者会对权力满足,绝不要指望守财奴会对金钱满足,当然,但愿科学家和学者们不要没有了求知欲望。

总之,需要是生命活动的表现,具有众多人的需要的人,同时就是需要有完整的人的生命表现的人。① 因此,"人们之间一开始就有一种物质的联系。这种联系是由需要和生产方式决定的,它和人本身有同样长久的历史;这种联系不断采取新的形式,因而就表现为'历史'"②。所以,人类广泛和无限的需要是社会永恒发展的源泉。指责人类"欲望无穷",渴望世人皆能"知足常乐",是不了解人的本性,或者试图扼杀人的本性。人的欲望可以适当地引导和转移,比如从"物欲"转移到"求知欲";也可以节制,比如适度的理性消费,这都是对人自身的发展和社会发展有益的。但是,绝对不能以禁欲主义扼杀人的欲望,没有了欲望就像江河湖海源头之水

---

① 《马克思恩格斯全集》第42卷,人民出版社1979年版,第129页。
② 《马克思恩格斯文集》第1卷,人民出版社2009年版,第533页。

枯竭了。坚持历史唯物主义就要从人的无限和广泛的需要出发，满足广大人民日益增长的物质和文化需要。

马克思主义的出发点是现实的个人，而不是理想的个人。共产主义社会理想的个人，当然应该是超越了个人利益甚至达到了大公无私境界的人。但是，绝大多数人并不是理想的个人。所以，作为科学研究和科学决策的出发点的个人，只能是现实的个人，即具有生存需要和追求幸福的个人，是在需要和利益驱动下从事社会实践的个人。

三　欲望和动力

有些道德家尤其是空想社会主义者，希望人们不要为个人需要和私人利益而只为社会公共利益工作，但是马克思却说：任何人如果不同时为了自己的某种需要和为了这种需要的器官而做事，他就什么也不能做；① 人们奋斗所争取的一切，都同他们的利益有关。② 恩格斯转述黑格尔的话说，自从阶级对立产生以来，正是人的恶劣的情欲——贪欲和权势欲成了历史发展的杠杆。③ 这些论断当然会伤害人们的道德理想，但这些都是确切无疑的现实。

1. 财富欲望与经济发展

子曰："富而可求也，虽执鞭之士，吾亦为之。如不可求，从吾所好。"（《论语·述而》）孔圣人也并非不想求富，要是能致富，即便执鞭开路的工作，他也愿意干。只是，孔子深知致富实非自己所长，所以还是遵从自己好学的秉性。子曰："学如不及，犹恐失之。"（《论语·泰伯》）孟子曰："鸡鸣而起，孳孳为善者，舜之徒也；鸡鸣而起，孳孳为利者，跖之徒也。"（《孟子·尽心上》）学者总担心

---

① 《马克思恩格斯全集》第3卷，人民出版社1960年版，第286页。
② 《马克思恩格斯全集》第1卷，人民出版社1956年版，第82页。
③ 《马克思恩格斯文集》第4卷，人民出版社2009年版，第291页。

学习赶不上知识进步，学到的还怕失去；商人其实也总担心赶不上产业变化，挣到的钱还担心会失去。他们其实都是鸡鸣而起、孜孜以求，"造次必于是，颠沛必于是"（《论语·里仁》）。大概思想在过去都是知识分子传播的，所以，人们总是赞赏求知欲望而贬低谋利欲望。

苏格拉底和中国古代圣人一样不喜欢赚钱，但他对财富的看法也一样很深刻："大凡不亲手挣钱的人，多半不贪财；亲手挣钱的才有了一文想两文。像诗人爱自己的诗篇，父母疼自己的儿女一样，赚钱者爱自己的钱财，不单是因为钱有用，而是因为钱是他们自己的产品。这种人真讨厌。他们除了赞美钱财而外，别的什么也不赞美。"[1] 苏格拉底抱怨赚钱者的话，大概相当于赚钱者骂文人一副穷酸相吧。现代资本主义精神的代言人马克斯·韦伯，一方面说"中国的清朝官吏、古罗马的贵族抑或是现代农民，他们对于金钱的贪婪不比任何人弱。而且，大家自己就可以发现，那不勒斯的马车夫或船夫，亚洲从事类似行当的人，以及南欧和亚洲的手艺人，他们对于金钱的贪婪要比一个英国人在同样情况下体现出来的贪婪更为强烈、甚至更为寡廉鲜耻"；"在历史上的任何时期，只要是有可能的地方，就会存在不受任何道德规范束缚的残忍的谋利行为"[2]。另一方面，他又认为"人并非'天生'渴望赚越来越多的钱，而是简单地要过一种自己已经习惯的生活，并为了这一目标去赚需要的钱而已"。因此，"提高计件工资水平的结果往往是在同样的时间内，雇工们完成的工作量竟然比提高之前不升反降，而问题的症结在于雇工们对于提高计件工资水平的反应是，他们应该减少工作量而不

---

[1] ［古希腊］柏拉图：《理想国》，郭斌和、张竹明译，商务印书馆1986年版，第5页。

[2] ［德］马克斯·韦伯：《新教伦理与资本主义精神》，马奇炎、陈婧译，北京大学出版社2012年版，第51页。

是增加工作量。"① 唯有在现代资本主义社会,经过宗教教养破除传统主义,才能形成"为了劳动而劳动""劳动是一项天职"的精神。② 这种伦理中的"至善"就是赚取更多的钱与严格避免任何本能的生活享乐的结合,因而它完全没有任何幸福的调味剂可言,更不用说享乐主义了。它是纯粹为了赚钱而赚钱,从个人幸福和功利的视角来看,它完全是超验的,也绝对是非理性的。人们完全被赚钱和获利所掌控,并将其作为人生的终极目标。获取经济利益再也不从属于人类,不再是满足人类物质需要的工具了,它还传达了一种与某些宗教观念密切联系的态度。③ 韦伯让历史上其他所有地区的贪婪变得更加贪婪,但让西欧北美的贪婪变得让人肃然起敬。韦伯描述的充满神的光辉的资本主义精神,早已被风起云涌的工人运动遮蔽得黯淡无光,也被殖民地人民的反帝国主义斗争打得瑟瑟发抖,最主要的是因为资产阶级的腐朽堕落已经成了讽刺画。但是,它也让西欧北美资本家和工人贵族感觉自己是上帝的宠儿,所以这种充满种族主义色彩的画作成了资本主义最好的护身符。

恩格斯说:"鄙俗的贪欲是文明时代从它存在的第一日起直至今日的起推动作用的灵魂;财富,财富,第三还是财富——不是社会的财富,而是这个微不足道的单个的个人的财富,这就是文明时代唯一的、具有决定意义的目的。"④ 他还指出:"每一既定社会的经济关系首先表现为利益。"⑤ 这当然不是赞美贪欲,而是指明经济发展的动力源泉。人们既往经历的贫穷的痛苦或富足带来的幸福,会

---

① [德]马克斯·韦伯:《新教伦理与资本主义精神》,马奇炎、陈婧译,北京大学出版社2012年版,第54页。
② [德]马克斯·韦伯:《新教伦理与资本主义精神》,马奇炎、陈婧译,北京大学出版社2012年版,第57页。
③ [德]马克斯·韦伯:《新教伦理与资本主义精神》,马奇炎、陈婧译,北京大学出版社2012年版,第48页。
④ 《马克思恩格斯文集》第4卷,人民出版社2009年版,第196页。
⑤ 《马克思恩格斯文集》第3卷,人民出版社2009年版,第320页。

使人们产生从事经济活动和创造物质财富的主观愿望。人们现实的生存需要、谋求更高的社会地位的需要或者精神上满足的需要，是迫使他们追求进行生产实践和创造物质财富的客观要求。不论是资本家还是工人，很难想象如果他们对财富没有任何需要和兴趣，会全身心地投入经济发展。

如果人类没有对财富的欲望，很难想象经济会有发展。"钱财如粪土，仁义值千金"，或许有利于仁义的传播，但最终必定会使财富源泉枯竭。在经济生产领域，有一句响亮的口号是"为了有用而生产"而不是"为了盈利而生产"。认为这种生产超越了资本主义追求个人财富的盈利动机，生产完全是因为它对国家和人民"有用"，或说"服务"于国家和人民的需要。这句口号其实还是肯定了"需要"和"生产"的关系，不过，否定了生产者本身和需要的关系，仿佛他们只是服务于国家和"人民"的劳动者，而不是追求自身利益的人。如果是，也只是追求最低的生存需要满足，而不是追求"贪欲"的满足。这显然不符合马克思和恩格斯的判断，当然更不符合现实。管理学大师德鲁克认为，这句口号用于企业，不仅意味着拒不接受利润是经济行为和成果的一种先决条件，拒绝接受盈利动机是社会上一切经济行为的指导，而且意味着"排斥一个可以让消费者在其中自主决定自身需求的经济体系，而倾向于另一种由政府根据其自身利益和社会利益来决定拥有什么的经济体系"[①]。"服务"本来是很美好的字眼，可是如果没有被服务的人自主选择，服务必须由服务者来安排，公仆就无形中变成了主人。更重要的是，排斥了"盈利"的"服务"性生产，也就排斥了投入的成本与收益之间的差额核算，没有利润核算其实也就没有了效益评估。也许企业产出规模巨大，但却是不能满足人的需要的，因而也是根本不应该投入的生产。利润，其实是对投入的风险回报，是对是否投入生产的

---

① [美] 彼得·德鲁克：《公司的概念》，慕凤丽译，机械工业出版社2006年版，第189页。

约束机制,而且还是新的经济扩展的唯一来源。① 因此,在一个信奉经济进步是值得追求的社会里,盈利动机是最有效、最简便的机制,它能够把个人的主观积极性转化为给定条件下的社会宗旨和行动。②

  苏联经济停滞不前,官僚主义盛行,从根本上说是由高度集权的计划经济造成的。计划经济可以实现高产量却不能保证高效益,而且它扭曲了人民追求财富的热情——不是通过生产盈利来追求财富,而是通过提高政治地位来追求财富。中国改革成功的基本逻辑,首先是允许和鼓励个人劳动致富,使社会回归注重创造财富和改善生活的正轨。其次,引入市场机制,使经营者可以根据价格和利润指标来衡量自己的经营状况。最后,从根本上转变政府,建设致力于宏观调控的公共服务型政府。历史告诫我们,要承认人都是有需要的,然而社会的资源总是有限的。因此,只有允许和鼓励人们去追求和创造更大的财富,才能更好地满足人们的需要。而且,正因为人们自身有需要,人们自然会积极地、主动地、创造性地通过自己的努力改善自己的生活条件。政府除非能够促使人们创造更多的社会财富,否则简单地改变社会财富的分配,并不能更好地满足人们的物质需要。

2. 权力欲望与政治发展

  马克思和恩格斯在《德意志意识形态》中明确指出:"每一个企图取代旧统治阶级的新阶级,为了达到自己的目的不得不把自己的利益说成是社会全体成员的共同利益"③,而且,"它的利益在开始时的确同其余一切非统治阶级的共同利益还有更多的联系,在当

---

  ① [美]彼得·德鲁克:《公司的概念》,慕凤丽译,机械工业出版社2006年版,第190页。

  ② [美]彼得·德鲁克:《公司的概念》,慕凤丽译,机械工业出版社2006年版,第198页。

  ③ 《马克思恩格斯选集》第1卷,人民出版社1995年版,第100页。

时存在的那些关系的压力下还不能够发展为特殊阶级的特殊利益"①;"每一个力图取得统治的阶级,即使它的统治要求消灭整个旧的社会形式和一切统治,就像无产阶级那样,都必须首先夺取政权,以便把自己的利益又说成是普遍的利益,而这是它在初期不得不如此做的。"② 由此可见,包括无产阶级国家在内的所有国家,都是统治阶级利益的代表。所以,就社会的政治发展而言,马克斯·韦伯曾指出:"从一切经验来看,富人在其整个生活取向中,总有一个自觉或不自觉的基本立足点,即他对自己生存的经济'安全'的关切。有些阶级,因为没有资产,故同维护既定社会的经济秩序及其利益所系的阶层毫不相干,我们可以发现,一种轻率而无节制的政治理想主义,即或不说完全,也是主要来自这一阶层。"③ 韦伯的意思是说,无产阶级之所以会有共产主义理想,正是因为他们没有资产。

究其原因,一方面,每个人一出生就面临一定的社会和政治关系,他在社会和政治关系中的地位随时影响着他的生存状况,而且他也只能在既有的社会关系中求生存、谋发展。另一方面,个人在一定的社会关系中的地位的生活体验,使他认识到必须维护和提高自己的政治和社会地位。政治权力和社会地位的背后具有利益动机。在中国古代,从政被概括为"升官发财";中国最早的农民起义——陈胜、吴广起义则喊出了:"王侯将相,宁有种乎?""苟富贵,无相忘。"恩格斯指出,"土地占有制和资产阶级的斗争,正如资产阶级和无产阶级之间的斗争一样,首先是为了经济利益而进行的,政治权力不过是用来实现经济利益的手段"④。这并不是说从事政治的人都是为了经济利益,也不是要论证通过权力夺取物质利益的合理

---

① 《马克思恩格斯文集》第1卷,人民出版社2009年版,第552页。

② 《马克思恩格斯文集》第1卷,人民出版社2009年版,第537页。

③ [德]马克斯·韦伯:《学术与政治》,冯克利译,生活·读书·新知三联书店1998年版,第65页。

④ 《马克思恩格斯文集》第4卷,人民出版社2009年版,第305页。

性,而是要提醒人们权力背后的利益动机具有普遍性的倾向,以便更好地监督和引导这种普遍利益动机。总之,"在历史上的大多数国家中,公民的权利是按照财产状况分级规定的,这直接地宣告国家是有产阶级用来防御无产阶级的组织。在按照财产状况划分阶级的雅典和罗马,就已经是这样。在中世纪的封建国家中,也是这样,在那里,政治的权力地位是按照地产来排列的。现代代议制的国家的选举资格,也是这样。但是,对财产差别的这种政治上的承认,绝不是本质的东西。相反,它标志着国家发展的低级阶段。国家的最高形式,民主共和国,在我们现代的社会条件下正日益成为一种不可避免的必然性,它是无产阶级和资产阶级之间的最后决定性斗争只能在其中进行到底的国家形式——这种民主共和国已经不再正式讲什么财产差别了"①。恩格斯明确提醒人们,那种按照财产状况区分政治权力的国家不过是低级阶段的国家,真正的民主共和国不应该以财产差别为基础。

善良的人们受够了贪官污吏的苦,因而渴望没有任何个人经济利益动机的当权者。但是,"历史上臭名昭著的恶棍总是那些一心追逐权力,但又保持'廉洁'的人,而非醉心于追逐经济利益的那部分人,这种现象绝非巧合。罗伯斯庇尔和希特勒都不会被金钱收买,他们根本不具备经济上的贪欲。但是,这并不会使他们变得对人类有任何益处,他们只对权力感兴趣而对其他一切漠不关心,这更加突出了他们缺乏人性的一面"②。任何个人总是有需要的而且需要是无限的,不明确界定的私人利益就必然侵犯公共利益。对于当权者来说,如果他们完全没有自身的私人利益观念,"大公无私"就可能变成"化公为私",最后是"天下为私"。对于普通百姓来说,离开了经济利益,所谓政治就成了空头政治,③ 就成了统治。因此,政治

---

① 《马克思恩格斯文集》第4卷,人民出版社2009年版,第192页。
② [美]彼得·德鲁克:《公司的概念》,慕凤丽译,机械工业出版社2006年版,第201页。
③ 《邓小平文选》第2卷,人民出版社1994年版,第150页。

离不开私人利益，只有首先承认私人利益，并且明确区分私人利益和公共利益，才能真正维护公共利益。

其实，只要是在政府部门有任何经历或有少许真实了解的人都不会否定私人利益动机，公务员对经济待遇、职务升迁和荣誉声望的追求与商人并没有本质的区别。美国经济学家布坎南运用经济学中经济动因假设的方法来进行政治权力分析，认为"无论是在其市场活动中还是在其政治活动中，人都是追求效用最大化的人，但是这种方法并不要求一个个体的人牺牲其他个人以增强他自己的效用。这种方法把政治活动表现为一种特殊形式的交换；而且，就像在市场关系中那样，理想上还期望这种政治关系使所有各方都互有收获"①。他认可经济领域中追求利益最大化、政治领域中追求权力最大化的判断，不过他强调就像经济上利益最大化的结果一样，政治上权力最大化的努力也可以形成正和博弈而不是零和博弈。不管布坎南的假设与人们期望的理想的政治家和公务人员有多远，现实地面对公务人员的利益动机，有利于更加清醒地认识腐败发生的可能性，有利于党政机关和其他公共部门的科学化管理。

3. 利益与思想和科学

就社会的精神和文化发展而言，马克思曾说："'思想'一旦离开'利益'，就一定会使自己出丑。"② 孔子说："君子谋道不谋食。耕也，馁在其中也；学也，禄在其中矣。君子忧道不忧贫。"(《论语·卫灵公》) 孟子说："民之为道也，有恒产者有恒心，无恒产者无恒心。"(《孟子·滕文公上》) 思想，道德，都不是与利益无关的，只不过是间接的而且也是更好的谋利手段。"书中自有颜如玉，书中自有黄金屋"，生动地刻画了古代读书人的动机。这个动机当然不如周总理"为中华之崛起而读书"，但是，普通人追求衣食暖饱、

---

① [美]詹姆斯·M. 布坎南、戈登·塔洛克：《同意的计算：立宪民主的逻辑基础》，陈光金译，中国社会科学出版社 2000 年版，第 25—26 页。

② 《马克思恩格斯全集》第 2 卷，人民出版社 1957 年版，第 103 页。

娇妻高位，如果不损害他人利益甚至有利于他人，也不能说就是坏事。

从整个社会来说，一方面，"支配着物质生产资料的阶级，同时也支配着精神生产资料"；"占统治地位的思想不过是占统治地位的物质关系在观念上的表现，不过是以思想的形式表现出来的占统治地位的物质关系"①。受利益动机的驱使，统治阶级的思想总是致力于从观念上维护统治阶级的利益。虽然统治阶级内部也有精神劳动和物质劳动的分工，"一部分人是作为该阶级的思想家出现的，他们是这一阶级的积极的、有概括能力的意识形态家，他们把编造这一阶级关于自身的幻想当做主要的谋生之道，而另一些人对于这些思想和幻想则采取比较消极的态度，并且准备接受这些思想和幻想，因为在实际中他们是这个阶级的积极成员，并且很少有时间来编造关于自身的幻想和思想。在这一阶级内部，这种分裂甚至可以发展为这两部分人之间的某种程度的对立和敌视，但是一旦发生任何实际冲突，即当这一阶级本身受到威胁的时候，当占统治地位的思想好像不是统治阶级的思想而且这种思想好像拥有与这一阶级的权力不同的权力这种假象也趋于消失的时候，这种对立和敌视便会自行消失"②。有些人被资本主义社会的"学术自由"表象所迷惑，以为它真正奉行"中立的""客观的"学术标准，却不知那只是资产阶级内部的分工而已。马克思在《资本论》第一版序言中说："在政治经济学领域内，自由的科学研究遇到的敌人，不只是它在一切其他领域内遇到的敌人。政治经济学所研究的材料的特殊性质，把人们心中最激烈、最卑鄙、最恶劣的感情，把代表私人利益的复仇女神召唤到战场上来反对自由的科学研究。"③ 马克思主义政治经济学因为动摇了资产阶级统治的根基，所以受到资产阶级的仇视。在西方资本主义国家，马克思主义也可以研究，研究的结果是发现有些

---

① 《马克思恩格斯文集》第1卷，人民出版社2009年版，第550—551页。
② 《马克思恩格斯文集》第1卷，人民出版社2009年版，第551页。
③ 《马克思恩格斯文集》第5卷，人民出版社2009年版，第10页。

地方是对的，但终究不如资产阶级思想家高明；社会主义和共产主义也可以讨论，讨论的结果是民主主义和自由主义是最不坏的。研究讨论都可以，但同情不可以，这就是麦卡锡主义的态度。至于宣传无产阶级革命，那就可想而知了。

　　封建贵族宣扬"普天之下，莫非王土，率土之滨，莫非王臣"，因为那土地其实分封给了自己的家族，那王臣其实和王一起统治广土众民。资产阶级宣扬"私有财产神圣不可侵犯"以及"自由、平等、博爱"，因为那就是他们拥有的财产，那就是他们享有的自由和平等，再像救世主一样给予民众一点博爱，以博得民众的爱戴。同样受利益的驱使，农民普遍具有"等贵贱，均贫富"等平均主义思想，工人向往生产资料公有、消灭市场经济和高工资、高福利等有利于工人的制度。另外，私人利益又会在一定程度上校正思想观念上的阶级利益局限性。统治阶级出于对革命的恐惧，会有一些人跳出本阶级的局限，考虑被统治阶级的利益，实施一些有利于被统治阶级利益的政策，甚至思想上转移到被统治阶级阵营。比如资本主义国家的福利制度，比如空想社会主义者有很多出身于资产阶级队伍。同样，被统治阶级在私人利益受到损害之后，也可能跳出自身的阶级利益的局限，支持真正有利于自身利益的政策。比如，社会主义国家的人们放弃了高度集权的计划经济和纯粹的公有制，普遍支持市场经济改革和发展非公有制经济，特别是向往在高工资的外国资本主义企业上班。

　　思想和利益的关系告诫人们，一方面，要承认任何思想总有一定的利益局限性。因为每个人的思想都受自己过去和当前现实的物质生活和社会地位的影响，完全超越利益的"科学"思想是没有的。另一方面，因为每个人都有切身利益，都会用自己的切身利益来检验各种思想理论，因此出于维护狭隘的统治阶级或集团利益的片面宣传迟早会在利益面前声誉扫地。一方面，思想家、理论家可以而且应该真诚地根据自身的现实体验和科学方法来总结和归纳自己的思想理论；另一方面，他们不应该出于自身利益自私地宣传只符合自身利益的思想理论，这样的思想理论终究会破产。充分考虑多方面的利益，努力实现社会整体利益最大化，这是思想家和理论家的义务。

不仅与意识形态相关联的思想理论与利益密切相关，"在科学中与在自由社会中的其他社会活动（如商业）中一样，人们寻求'成功'这一普遍目标"①。"事实上，科学家动力的一览表，实际上会包含人类需要与渴望的整个范围。"② 科学家并不是毫无理由地或仅仅凭兴趣爱好从事科学研究，他们的行为动机与其他人并无二致。特别是随着知识经济的来临，社会经济需要日益通过国家对自然科学的规划和引导渗透到科学活动中。③ 这个事实并没有贬低科学家，只不过还给科学家一个真实的形象。而且，这个认识有利于改进对科学研究的管理，比如它提醒人们要防止学术腐败，要通过知识产权保护、改善科学家的物质待遇等手段鼓励科学创新，要通过科学权威与行政权力的分离改善学术研究的氛围。

总之，不论是经济活动、政治活动还是科学研究活动，任何现实的个人进行的现实的活动，都必然是带着个人需要和目的的，这些社会化的需要和目的就是他们的个人利益。说一个人的活动没有其自身的需要，就相当于说他的活动对他自己来说是没有目的的。没有目的的人，也就是没有意识的人，也就不是人，至少不是现实的人。社会就是由众多个人组成的，从现实的个人出发，既是科学研究和科学决策的前提，也是提高道德水平和进行价值判断的前提。

---

① ［美］巴伯：《科学与社会秩序》，顾昕等译，生活·读书·新知三联书店1992年版，第110页。

② ［美］巴伯：《科学与社会秩序》，顾昕等译，生活·读书·新知三联书店1992年版，第36页。

③ 林建成：《知识社会性研究：知识经济浪潮下的知识观》，北京出版社2000年版，第23页。

第三章

自己、他人与社会

忠恕违道不远，施诸己而不愿，亦勿施于人。

——《中庸》

只有在共同体中，个人才能获得全面发展其才能的手段，也就是说，只有在共同体中才可能有个人自由。

——马克思、恩格斯：《德意志意识形态》

人人都有生存需要，因此人人都有利己本能。指望着别人能奉行利他主义生存，是靠不住的。但是，任由每个人为生存而自由竞争，就会陷入动物世界的弱肉强食。"仲尼祖述尧、舜，宪章文、武；上律天时，下袭水土。辟如天地之无不持载，无不覆帱，辟如四时之错行，如日月之代明。万物并育而不相害，道并行而不相悖。小德川流，大德敦化。此天地之所以为大也。"（《中庸》）孔子通过总结从尧舜禹到文武周公的历史经验，观察自然界四时变化和万物生长的客观规律，探究适合天地万物生存和发展的天地大德。这种大德就像大地一样承载滋养万物，就像上天一样覆盖普照万物；就像春夏秋冬四季变换，就像日月交替照明。依据这种大德，大地万物一并成长发育而不互相伤害，天上星球各行其道而不互相碰撞。从小说就像江河各行其道川流不息，从大说就像天地和合百物化生，这就是人应当学习的天地大德。自由竞争是像江河川流不息的小德，和合化生是像大海一样兼包并蓄的大德。站在万物个体的角度上看，"物竞天择，适者生存"；站在天地本身的角度看，"万物并育而不相害，道并行而不相悖"（《中庸》）。必须允许个人追求自己的利益，禁止个人追求自己的利益就像河水被堵塞了源流，人类文明进步的历史长河就会枯竭；也必须自觉认识和维护社会的利益，个人不能自觉认识和维护社会利益就像河水泛滥成灾，根本就不会有人类文明交汇融通的广阔海洋。而且，我们还知道，黄河可能发生夺淮入海的情况，由此将造成河水泛滥成灾；火星也可能出现撞地球的情况，由此也会造成地球生命的毁灭。万物并育而不相害，道并行而不相悖，也不过是人类向往的最高理想而已。

一 安分守己

人的需要和欲望是且仅是人类文明进步的源泉，人类社会的发展进步不是由单个人的欲望推动的，而是由人类共同的生产劳动推动的。鲁滨逊不会创造文明进步，顶多获得生存而已。真正的文明进步不是一个人创造的——单个人创造的一切都会随他的生命终止而结束，而是人类共同创造且世代相传的结果。因此，社会要进步首先就要反对片面追求自己的利益，而要树立安分守己的利益观。安分守己这个成语出自宋朝袁文《瓮牖闲评》，原文为："彼安分守己，恬于进取者，方且以道义自居，其肯如此侥幸乎？"后人常常把它解释为不思进取，是一个贬义词。其实，它只是教人要安守本分，不要铤而走险。如果把安分和守己分开来解释，即"安守本分"和"守护自己"，这个词最适合于说明追求个人利益的原则。

1. "安"和"守"

每个人的为人处世之道是不一样的，子曰："或安而行之，或利而行之，或勉强而行之，及其成功，一也。"（《中庸》）有些人是心安理得地去做，有些人是出于利益考虑而做，有些人勉为其难地做，但只要做到了，看起来都是一样的。子曰："视其所以，观其所由，察其所安。人焉廋哉？人焉廋哉？"（《论语·为政》）看一个人为人处世的准则是什么，考察他的动机是什么，了解他安心于做什么。那么，这个人的真实内心世界也就难以掩饰了。比如每个人都可能遵循孝道，但有些人行孝是为了"举孝廉"，这样的人可能就不会安于尽孝。所以，安于什么是人的内心活动的根本表现。《大学》说："知止而后有定，定而后能静，静而后能安，安而后能虑，虑而后能得。物有本末，事有终始。知所先后，则近道矣。"所谓"知止"就是知"为人君止于仁，为人臣止于敬，为人子止于孝，为人父止于慈，与国人交止于信"，也就是通过"格物"亦即研究世界客观规律而认识到君主应该仁爱、臣民应该忠敬、子女应该尽孝、父母应该慈爱、国民交往应该诚信，有了正确的认知之后意志就会坚定，意志坚定之后情感就会平静，情感平静之后心思就能安定，心思安定之后才能用心思虑，用心思虑之后才能有所获得。万物都有本和末，诸事皆有终和始。知道了先后次序，也就差不多懂得了道。这里说的无非是通过格物、致知来实现诚意、正心的重要性。所谓"心安理得"，人只有心安之后才能真正认识真理，反过来，也可以说人只有认识世界规律之后才能真正心安。

"行"是由"知"决定的，"或生而知之，或学而知之，或困而知之，及其知之，一也"（《中庸》），有些人天资聪颖生而知之，有些人好学所以多识，有些人遭遇磨难后得以成才，但掌握的真理大道终究是一样的。所谓"生而知之"，即是"诚者，不勉而中，不思而得，从容中道，圣人也"（《中庸》）。大多数人容易受各种功名利禄的诱惑，容易产生喜怒哀乐的情绪，很难做到自然而然地中道而行。子曰："笃信好学，守死善道。危邦不入，乱邦不居。天下有道则见，无道则隐。邦有道，贫且贱焉，耻也；邦无道，富且贵焉，耻也。"（《论语·泰伯》）大多数人都是"学而知之"，靠笃信真理并勤奋好学，如子曰："回之为人也，择乎中庸，得一善，则拳拳服膺，而弗失之矣。"（《中庸》）像颜回的为人处事一样，选择了中庸之道，认识到它是普遍真理，就心悦诚服地坚守，再也不会动摇。对于那些礼坏乐崩、岌岌可危的国家就不进入，对于兵荒马乱、陷入动荡的国家就离开。天子以道治天下，就出来为官做事；天子治天下偏离大道，就隐入山林而不为虎作伥。如果国家讲道义，自己却贫困低贱，这是耻辱；如果国家不讲道义，自己却富足高贵，这也是耻辱。显然，"守死善道"，就是坚守中庸之道，坚守道德底线。

"安"和"守"是中国古人为人处事很重要的两个方面，"安"着重于内心的仁爱修养，"守"着重于外在的道义实践。安分守己说到底就是没有非分之想，守住道德底线，也守护人格尊严。孟子曰："说大人则藐之，勿视其巍巍然。堂高数仞，榱题数尺，我得志，弗为也；食前方丈，侍妾数百人，我得志，弗为也；般乐饮酒，驱骋田猎，后车千乘，我得志，弗为也。在彼者，皆我所不为也；在我者，皆古之制也，吾何畏彼哉？"孟子的意思是，在游说诸侯时要藐视他，不要把他高高在上的样子放在眼里。殿堂几丈高，屋檐几尺宽，我如果得志，不这样干。菜肴满桌，姬妾几百，我如果得志，不这样干。饮酒作乐，驰驱畋猎，跟随的车子多达千辆，我如果得志，不这样干。那人所干的，都是我所不干的；我所干的，都符合古代制度，我为什么要怕那人呢？"人知之，亦嚣嚣；人不知，亦嚣嚣"（《孟子·尽心上》），那些王公贵族理解接受我，我心安理得地自在生活；他们不理解不接受我，我也心安理得地自在生活。"尊德乐义，则可以嚣嚣矣。故士穷不失义，达不离道。穷不失义，故士得己焉；达不离道，故民不失望焉。古之人，得志，泽加于民；不得志，修身见于世。穷则独善其身，达则兼善天下。"（《孟子·尽心上》）我崇尚德爱好义，所以就能心安理得地自在生活。所以士人穷困时不失掉义，得志时不背离道。穷困时不失掉义，所以士人能心安理得地自在生活；得志时不背离道，所以不会使百姓失望。古代的人，得志时，让人民受到恩泽；不得志时，修养自身。穷困时，独自保持自己的善性，得志时还要使天下人向善。

子曰："不怨天，不尤人。下学而上达，知我者其天乎！"（《论语·宪问》）我不埋怨天，也不责备人，下学礼乐而上达天命，了解我的只有天吧！"安"实则安于天命之性分，"守"实则遵守率性之达道，以达到"与天地合其德"（《易经·文言传》）。苏轼说"此心安处是吾乡"（《定风波·南海归赠王定国侍人寓娘》），今天许多人正因为人"心无所安"，所以"惶惶如丧家犬"。子曰："君子怀德，小人怀土；君子怀刑，小人怀惠。"（《论语·里仁》）君子心怀的是仁德，小人则怀恋乡土；君子关心的是刑罚和法度，小人则关心私利。"德不孤，必有邻"（《论语·里仁》），有道德操守的人不会孤单，必定会有志同道合的人来做邻居朋友，苏轼被贬黄州、儋州、惠州之后的境遇不就是明证吗？

2. 承担社会分工所要求的社会责任

安分，就是安于本分。每个人都是社会的一"分子"，都承担了一定的社会"分工"。安分，就是我们要对自己的社会分工承担社会责任，以便通过交换来更好地实现自己的需要。只有人人都对自己的社会分工负责，才能实现每个人的利益最大化，也才能保持整个社会的稳定和发展。

首先，要根据社会分工和社会地位的差别，做好分内之事，安于本分生活，不要羡慕嫉妒，不要欺凌攀附。《中庸》说："君子素其位而行，不愿乎其外。素富贵，行乎富贵；素贫贱，行乎贫贱；素夷狄，行乎夷狄；素患难行乎患难，君子无入而不自得焉。在上位不陵下，在下位不援上，正己而不求于人，则无怨。上不怨天，下不尤人。"《大学》中说："君子贤其贤而亲其亲，小人乐其乐而利其利。"孟子反对所谓"贤者与民并耕而食"的观点，认为"百工之事固不可耕且为也。然则治天下独可耕且为与？有大人之事，有小人之事。且一人之身，而百工之所为备，如必自为而后用之，是率天下而路也。故曰：或劳心，或劳力，劳心者治人，劳力者治于人；治于人者食人，治人者食于人，天下之通义也。"（《孟子·滕文公上》）在此基础上，儒家强调"父子有亲，君臣有义，夫妇有别，长幼有叙，朋友有信。"（《孟子·滕文公上》）"欲为君，尽君道；欲为臣，尽臣道。"（《孟子·离娄上》）以此类推，则妇有妇道、子有子道，等等。虽然儒家讲的分工基本上都是以血缘关系为基础的家庭分工，但是像君臣之道、师徒之道、商客之道，就已经是以生产劳动为基础的社会分工了。君君，臣臣，父父，子子，各尽其责，各行其道，这就是儒家社会分工和社会职责相结合的思想。

　　儒家没有平等思想，这是它落后的地方。但如果认为平等就是每个人没有家庭角色、社会分工和社会地位的差别，没有管理者和被管理者、领导者和被领导者的差别，那就是更落后了。那样的思想其实是消灭社会分工的思想，其最美好的憧憬也不过是动物的独立生存。平等只是法律赋予的人格的平等，经济、政治、社会权力和责任永远不会平等。因此，儒家思想对社会发展仍然还有启发意义，那就是每个人都要有使命担当和社会责任。商人是挣钱的，他们当然会比较有钱；官员是管理社会的，他们当然会比较有权；学者是做学问的，他们当然有较高的学位。如果教师非得要得到和商人一样的钱、和官员一样的权力；如果官员非得要得到和商人一样的钱、和学者一样的学位，如果商人非得要得到和官员一样的权、和学者一样的学位，那就会破坏社会关系网、破坏了社会和谐。如果学者不安心做学问，一些人一心想挣钱、一些人一心要当官，学术就腐败了。如果官员不为社会公共管理服务，勾结商人谋取私利，御用文人吹捧自己，政治就腐败了。如果商人不是致力于诚实经营，而是把精力用于拉拢官员控制政府，收买文人吹捧自己，商业就腐败了。

　　其次，要根据社会分工和社会地位的差别，预期自己的社会回报，不谋非分利益，也就是"知其所止"，"为人君，止于仁；为人臣，止于敬；为人子，止于孝；为人父，止于慈；与国人交，止于信"。（《大学》）无条件地要求财富、权力和地位平等，这些都是不安分的表现。学者没有在商业上投入什么，当然得到的经济收入少一些，但是如果能够代表社会良知和知识理性说话，就能得到社会的尊重和荣誉，而且有工作风险小、收入比较安稳的好处。官员为了管理社会自然需要更多的权力并为此得到了政治地位，当然也就不应该和商人比收入，同时作为公众人物也不能指望自己像普通人一样自由自在。商人承担了巨大的经济风险，当然应该得到更多的经济回报，但却不能因为有钱就把他人的事情和社会的公共事情都说了算，更不能把社会良心和道义都自己说了算。不同的职业必然会得到不同的好处，不要把功名利禄全都占了而且要求人人一样多，这才是安分。当下中国人们不满的，就是学者不思"为人民服务"而是"为人民币服务"，不想做"学问"只想做"官问"；官员以权谋私、贪污腐败；商人勾结官员、侵吞国有资产。人人互相攀比，毫无自知之明，社会也就不得安宁。

最后，认清分内分外，不要把别人给予的分外好处当作分内应得，更不应该因为非分所得而欲望膨胀。医生给病人治病，救死扶伤，病人和家属很感激，送上小礼物以致谢意，是人之常情。然而，自此之后，不送礼就觉得太无情无义了，甚至要预先送礼才给好好治病，送少了还不行，这就是不安分。老师辛辛苦苦教学生，学生在教师节送点小礼物以致谢意，是人之常情。但从此以后，不送小礼物的学生就是忘恩负义，老师会不好好教他、不关心他、不给他好分数，这就是不安分。装修工人挺辛苦，业主给买包香烟、买个西瓜、买瓶啤酒犒劳犒劳，是人之常情。但是从此以后，哪个业主竟然不犒劳犒劳，那就太没有人性，工人就不给他好好干活、故意给他留点隐患，这就是不安分。救死扶伤是医生的本分，教书育人是教师的本分，做好装修工作是装修工人的本分，不管别人怎么做，自己本分的工作还是要一样做，这才叫安分。

西方古代其实也有社会分工和社会责任的思想，苏格拉底说了"彼此分享各自为集体提供的利益"的话，柏拉图的正义原则就是城邦中各个阶层的人"做他自己的事"。[①] 各自管好自己的事，资本主

---

① 刘小枫选编：《〈王制〉要义》，华夏出版社2006年版，第97页。

义兴起的时期，特别强调社会分工的重要性。可以说，社会分工的思想，是现代经济学、社会学兴起的前提，也是西方国家崛起的重要原因。现代经济学的开创者亚当·斯密指出，人类和动物都有满足生存需要的本能，但是，"别的动物，一达到壮年期，几乎全部都能够独立，自然状态下，不需要其他动物的援助。但人类几乎随时随地都需要同胞的协助"①。因此，"互通有无、物物交换、互相交易"的倾向，"为人类所共有，亦为人类所特有"②。人类懂得自愿和互利交换，通过利人实现利己，这就是人类优于动物的地方。斯密认为"各人擅长各人的特殊工作，不但增加全体的成就，而且大大增进科学的内容。在一个政治修明的社会里，造成普及到最下层人民的那种普遍富裕情况的，是各行各业的产量由于分工而大增"③。现代社会学的主要开创者法国人涂尔干在他的成名作《社会分工论》中指出："分工所产生的道德影响，要比它的经济作用显得更重要些；在两人或多人之间建立一种团结感，才是它的真正功能。"④ 西方近代思想家对社会分工的积极作用比较乐观，中国古代思想家也看到这个作用，但是更强调社会责任。

在今天看来，反对社会分工的所谓社会平等、人与社会的全面发展以及社会团结、稳定、和谐等，无疑是极端愚昧的，只会导致整个社会经济、政治和道德的全面倒退，也会导致人的发展的全面倒退。涂尔干指出，建立在个人相似性基础上的团结是机械的团结，建立在社会分工基础上的团结是有机的团结，"前一种团结之所以能够存在，是因为集体人格完全吸纳了个人人格；后一种团结之所以

---

① [英] 亚当·斯密：《国民财富的性质和原因的研究》（上卷），郭大力、王亚南译，商务印书馆 1974 年版，第 13 页。
② [英] 亚当·斯密：《国民财富的性质和原因的研究》（上卷），郭大力、王亚南译，商务印书馆 1974 年版，第 13 页。
③ [英] 亚当·斯密：《国民财富的性质和原因的研究》（上卷），郭大力、王亚南译，商务印书馆 1974 年版，第 11 页。
④ [法] 埃米尔·涂尔干：《社会分工论》，渠东译，生活·读书·新知三联书店 2000 年版，第 20 页。

能够存在,是因为每个人都拥有自己的行动范围,都能够自臻其境,都有自己的人格。这样,集体意识就为个人意识留出了地盘,使它无法规定的特殊职能得到了确立。这种自由发展的空间越广,团结所产生的凝聚力就越强"。① 确实,通过消灭个人生产和生活方式差别实现的所谓平等,从来不是促进了人的发展而是缩小了所有人发展的空间,它也从来不会促进社会团结而只是使社会僵化。再也没有"十八般武器样样精通"的士兵了,再也没有多门学科全部精通的思想家了,当然也没有样样精通的工人了,如果真想有点成就,那么大家都得安分一些。再也不要迷信让教师去当农民、让工人农民当教师,再也不要迷信让管理者当工人、让工人当管理者,如果真想让经济社会发展,还是要各司其职,各擅其长。

3. 维护自己的正当权益

安分,要求人们安于本分,对本职工作负责;但是,它并不要求人们不思进取,并没有说人不能改变自己的工作。人的全面发展不是任何工作都要能干,而是可以选择自己能干好的任何工作。人们完全可能也可以甚至一定会改变自己的社会角色分工,不同的分工就有不同的社会责任。安分,就是要对自己目前的特定社会分工负责,"君子思不出其位","在其位,谋其政","不在其位,不谋其政"(《论语·宪问》)。守己,就是要守住自己的权益,不要让别人侵犯自己的正当权益,包括人格平等权、自主发展权和分内之所得。

首先,要维护人格平等权。中国古代社会尊卑分明,等级森严,但也要求"在上位不陵下,在下位不援上","推己及人",尊重他人人格,保持人格平等。现代社会更加强调平等,但是在任何一个集体中,要做好事情就必然要有管理者和被管理者、领导者和被领

---

① [法]埃米尔·涂尔干:《社会分工论》,渠东译,生活·读书·新知三联书店2000年版,第91页。

导者，因此，几乎每个人都要被人管理和领导，社会地位完全平等是不可能的。但是，这种管理和领导关系仅仅是工作关系，而且，这种工作上的关系也必须按照法律和规章确定的方式执行，不允许大家长式的臭骂和抚慰儿女一样拍拍肩膀、摸摸脑袋，更不允许像旧社会对待奴才、下人那样辱骂和殴打。领导者、管理者按照规章安排的工作要做，有错误要接受处罚，但是不符合规章的个人意志不要听从、他讨厌的人和物我可以喜欢、他的个人观点我可以不接受。如果我的喜好都必须以领导者的喜好为转移，"我"就不存在了，"我"就不是人了，"我"就成了他的东西了。在父子、夫妻、师生等一切关系中，也都应该守住自己，不要迷失了自我。"守己"就是要求所有人既不阿谀奉承、巴结别人，也不妄自尊大、鄙视别人，从而形成平等待人的社会公德。

其次，要维护自主发展权。既然每个人在人格上是独立的、平等的，当然每个人都有权利追寻自己的生存和发展机会。前面说了"安分"就是不要有非分之想、不要把分外的好处当作分内所应得的。但是，它并不意味着人们应该听天由命，"听天由命"即便可以理解为"安分"，也没有做到"守己"。"安分"，只是说不到那"分"就不要有"非分之想"。也只有没到那"分"就想要得到了那"分"才能得的权益，那才叫"非分之想"。想要改变自己的命运并不是"非分之想"，而应该被认为是每个人自己"分内"的权益甚至还是责任，这就是"守己"。到了那"分"还不敢维护那"分内"权益，或者没有承担"分内"职责，那也是忘了"守己"。维护自主发展权，是最重要的"守己"。古代农民起义质疑"王侯将相，宁有种乎"，这也是"守己"的表现；儒家思想也赞同对暴君"革命"和"诛一夫纣"，并不是无原则教人"安分"。现代民主社会，每个人都有谋求政治职位的权利——当然也有从商或搞学术研究的权利，维护自己的被选举权、自主经营和自谋职业权、学术自由权。

最后，要维护分内所应得之权益。当自己到了那个分，就要得到那理应属于自己的权益，这就是守己。因此，官员并不是不能谋求商人的经济收入，只不过不可以利用公职来谋取私人的经济回报——下海了自然是可以的。他也不是不能谋求更高的职位，不过不能搞阴谋诡计，干违法乱纪的事。他不是不能谋求享受较高的经济回报，只不过不该利用公共的权力去谋取自己的当下的职务所没有的好处。他不是不能谋求思想和学术名声，只不过不能靠着权力沽名钓誉。商人也是可以从政的，也是可以著书立说的；学者也是可以得到很高的经济回报的，也是可以当官的。人尽其才嘛，每个人都有权自由选择自己想干的事情，而且有权得到合理的回报。守住自己的人格、守住自己的生存权和发展权、守住自己的合理合法的财产所有权，这就是守己。

资本主义兴起之后，特别强调"守己"，即强调维护个人权利。鼓励人们"为权利而斗争"，提出"主张权利是对社会的义务"，主张"自由、平等、博爱"，这些对发挥个人的才智、促进社会的民主和繁荣起了根本性作用。但是，极端自由主义、无政府主义、平均主义也给社会带来了动荡和暴乱，因此，强调社会分工和社会地位的差别不可避免，强调"安分""尽责"也是同样必要的。安分守己是中国儒家文化传授的社会公德，要求在共同的社会生活中人人都要安守本分，不要有非分之想。安分守己的社会公德把人们编织到一张社会关系网中，对社会的稳定和发展起了重要作用。当然，由于当时社会生产发展极其缓慢，社会提供的社会地位变更机会很少，人们也比较容易安分守己。生活方式的巨大改变被认为是一种只可等待的天命，这是"安分守己"的消极作用。现代社会由于生产迅速发展，人们随时都能改变社会分工和社会地位，安分守己就变得更加困难也更加重要了。一方面要允许人们通过自己的努力改变自己的社会分工和社会地位，只有这样才能促进社会发展；但是，另一方面，人们很容易盲目地攀比，很容易铤而走险谋求非分所得，这是社会稳定和发展的巨大威胁。安分和守己，就是要把人们编织在一张动态的社会关系网中，既保证社会稳定又保证社会充满活力。

毫无疑问，安分守己是保守的，强调安分守己就是强调做人的底线：既要安于本分，不要有非分之想；又要守住自己，不要丧失了独立人格。安分守己，其实很不容易，太不容易！仿佛只有有权有势的人容易不安分，其实每个人都可能不安分。社会地位高的人是因为欲望无穷，社会地位低下的人是因为入不敷出，都可能产生谋求不属于自己分内好处的"非分之想"。守己，也不是"得之我幸，失之我命，如此而已"。守己是要自己来维护自己的权益，就是德国法学家耶林所说的"为权利而斗争"，"主张权利是对社会的义务"[①]。安分守己，就是不该我得的利益一定不要，该我得的利益就要维护。

二　利人利己

子贡曰："如有博施于民而能济众，何如？可谓仁乎？"子曰："何事于仁！必也圣乎！尧、舜其犹病诸！夫仁者，己欲立而立人，己欲达而达人。能近取譬，可谓仁之方也已。"（《论语·雍也》）子贡问孔子："如果有人对所有民众心怀博爱而且有能力周济众人，这样的人怎么样？可以称为仁吗？"孔子说："能做到这样的人何止是仁，必须是圣啊！尧舜也做不到这样呀！一个仁爱的人，一定是自己想要有所成就先成就别人，自己想要达成先帮别人达成。凡事能就近从自己开始而推己及人，可以说就是实行仁的方法了。"显然，孔子并不反对个人追求自己的功利目的，但是，要坚持先人后己的仁爱之道。

1."博施于民而能济众"

"博施于民而能济众"，既有博爱的心又有济众的能力，这是"利他主义"的最高标准。子贡也只是做了"如能"的假设，孔子认为只有圣人才能做到。子曰："圣人，吾不得而见之矣；得见君子

[①] ［德］鲁道夫·冯·耶林：《为权利而斗争》，郑永流译，见梁慧星主编之同名文集，中国法制出版社2000年版。

者，斯可矣。"(《论语·述而》)显然，圣人在现实生活中是不存在的，他只是一种理想化的人格。"博施于民而能济众"实为"辟如天地之无不持载，无不覆帱"(《中庸》)，岂是人力所能？后人把孔子称作"孔圣人"，子曰："若圣与仁，则吾岂敢？抑为之不厌，诲人不倦，则可谓云尔已矣。"(《论语·述而》)意思是说圣和仁我怎么敢当，不过是朝着圣与仁的方向去努力做而不厌倦，教导别人不知疲倦，顶多也就可以这样说而已。孔子这可不是谦虚，他只是"万世先师"，其教导在孔门弟子看来或许可以说"博施于民"——其他诸子百家完全不认同，"而能济众"则完全谈不上，"在陈绝粮，从者病，莫能兴"(《论语·卫灵公》)，在陈国连吃的都没有了，随从的人有饿得病恹恹的起不了床。尧舜当然比孔子本人在"济众"方面要强，但也做不到"博施于民而能济众"。孟子曰："知者无不知也，当务之为急；仁者无不爱也，急亲贤之为务。尧、舜之知而不遍物，急先务也；尧、舜之仁不遍爱人，急亲贤也。"(《孟子·尽心上》)智者没有不能知道的事，但总是急于知道当前最重要的事；仁者没有他不关爱的人，但总是急于关爱德才兼备的贤人。以尧、舜的智力而不能尽知万物，是因为他们急需做好最紧急的事情；以尧、舜的仁义而不能爱护所有的人，是因为他们急于爱护德才兼备的贤人。用经济学的话说，做任何事情都有"机会成本"，"博施于民"其实是不可能的；"资源是有限的"，"济众"其实也是不可能的。

子曰："君子谋道不谋食。耕也，馁在其中矣；学也，禄在其中矣。君子忧道不忧贫。"(《论语·卫灵公》)君子谋求的是道而不去谋求衣食。但是，那些耕作的人常常会有饥饿，而学习的人往往得到俸禄。君子担忧是否能学到道，不担忧贫穷。孟子本人曾被一个叫彭更的人指责"后车数十乘，从者数百人，以传食于诸侯，不以泰乎"，你后面跟随的车有数十辆，跟随的人达数百之多，从这个诸侯到那个诸侯去谋食，不是太过分吗？孟子曰："非其道，则一箪食不可受于人；如其道，则舜受尧之天下不以为泰，子以为泰乎？"孟子反驳说，不合道义，即便是一箪饭食也不该接受；合于道义，即便舜受尧禅让天下也不过分，你觉得过分吗？曰："否，士无事而食，不可也。"彭更认为士人不做事白吃饭，这样不行。曰："子不通功易事，以羡补不足，则农有余粟，女有余布；子如通之，则梓匠轮舆皆得食于子。于此有人焉，入则孝，出则悌，守先王之道，以待后之学者，而不得食于子，子何尊梓匠轮舆而轻为仁义者哉？"孟子批判彭更不懂事功之间可以彼此相通互易，不知道用过剩补充不足，这样必然导致农人有多余的粟米，织女有多余的布匹；你如果懂得互通有无，各类工匠都能靠你吃上饭，你怎么尊重各类工匠却轻视传播仁义的人呢？曰："梓匠轮舆，其志将以求食也；君子之为道也，其志亦将以求食与？"彭更认为工匠本来就是为了养家糊口，君子追求真理大道难道也是为了混口饭吃吗？曰："子何以其志为哉？其有功于子，可食而食之矣。且子食志乎？食功乎？"孟子反驳说，你怎么只看志向呢？只要对你有功劳，能够供养就该供养。况且供养是看志向呢，还是看功劳？曰："食志。"彭更认为应该看志向。曰："有人于此，毁瓦画墁，其志将以求食也，则子食之乎？"孟子给他举了个例子，说有人在这里毁坏砖瓦乱涂乱画，但他的志向是求得供养，你会供养他吗？曰："否。"彭更当然回答不会。曰："然则子非食志也，食功也。"孟子为彭更指明其内心真实想法也不是以志向为准则，而是以功利为准则（《孟子·滕文公下》）。

现代资本主义创造财富主要就是利用了人的牟利动机。亚当·斯密指出，人类需要的满足与动物不同，动物到了壮年就能独立生存，而人类生存却一刻也离不了别人的援助。然而，如果仅仅依赖别人的恩惠，即依赖他人的"利他"行为，那是一定不行的。"他如果能刺激他们的利己心，使有利于他，并告诉他们，给他做事，是对他们自己有利的，他要达到目的就容易多了。"[①] 利用他人的利

---

① ［英］亚当·斯密：《国民财富的性质和原因的研究》（上卷），郭大力、王亚南译，商务印书馆1974年版，第13—14页。

己之心，满足他人的利己要求，这是实现自己的利己目的最可靠的方法。其实在利己和利人关系上有三种选择：一是毫不利己而专门利人；二是损人利己或损人不利己；三是利人利己。用博弈论的话语说，前两种都是零和博弈，即一方所得为另一方所失，其中，损人不利己是净损失，是最糟的情况。只有"利人利己"是正和博弈，即我们日常所说的"一加一大于二"的双赢博弈，这样它也是唯一能通向利国利民的选择。举例说，第一种情况，某人有100万元，毫不利己专门利人地把它赠与他人，他人获得100万元，捐赠者一无所有了，生存出现问题。第二种情况，某人损人利己地抢了这100万元，抢人者得到100万元，挥霍光了被枪毙，被抢者一无所有了，生存出现问题。第三种情况，此人把100万元用于投资办厂，工人得到工作、挣到工资、学到本领、遇到爱人，本人赚得利润、学会管理还能捐资办学，国家也得以增加税收、扩大财政并能改善公共设施。第一种情况，社会的财富将越来越少；第二种情况，社会将崩溃；第三种情况，社会的财富将越来越富足。

"博施于民而能济众"非常人所能，君王难以做到，士人也难以做到。子曰："君子疾没世而名不称焉。"（《论语·卫灵公》）君子担心死后自己的名字不被人称道，这是说君子不直接求利但并非无所求，君子求美名。一个人求美名没有错，但须"求名当求万世名"。孟子对齐宣王说："王如好货，与百姓同之，于王何有？"（《孟子·梁惠王下》）君王喜好财货也没有错，只要"计利当计天下利"。至于生活没有基本保障的市井小民，他们要自己赚钱养家糊口，所以只能"鸡鸣而起，孳孳为利"（《孟子·尽心上》）。

2. "己欲立而立于人，己欲达而达人"

"夫仁者，己欲立而立人，己欲达而达人"，是对"博施于民而能济众"的退而求其次，其本意其实说的都是君主和民众的关系。"博施于民而能济众"，"尧舜其犹病诸"；"己欲立而立人，己欲达而达人"，则正是尧舜之所为。是以，尧舜非"圣者"，而是

"仁者"。

对于王侯将相以及士人君子，民众总有一种朴素的美好愿望，那就是希望他们"博施于民而能济众"。陈相见孟子，道许行之言曰："滕君则诚贤君也；虽然，未闻道也。贤者与民并耕而食，饔飧而治。今也滕有仓廪府库，则是厉民而以自养也，恶得贤？"陈相见孟子时根据许行的理论评说滕国君主虽然堪称贤能，但不曾闻说大道。真正的贤君与民众同耕共食，亲自做饭治国。这是一种朴素的"平等主义"，若非如此仿佛就不是自立。孟子通过设问辩论使陈相承认，许行自己也不能事事亲为。因此，孟子总结说："或劳心，或劳力；劳心者治人，劳力者治于人；治于人者食人，治人者食于人，天下之通义也"；或者倒过来，"恩惠"是君王对民众的"恩惠"，因为通过考察历史，"当尧之时，天下犹未平，洪水横流，汜滥于天下，草木畅茂，禽兽繁殖，五谷不登，禽兽偪人，兽蹄鸟迹之道交于中国。尧独忧之，举舜而敷治焉。舜使益掌火，益烈山泽而焚之，禽兽逃匿。禹疏九河，瀹济、漯而注诸海，决汝、汉，排淮、泗而注之江，然后中国得而食也"（《孟子·滕文公上》）。孟子在这里讲了人类发展简史，想说明在农业文明尚未开始的原始社会，洪水猛兽威胁人类生存，是尧"先天下之忧而忧"，推举了舜来治理天下，从而开启了华夏文明的火种。后来又有大禹治水，中国人才得以摆脱茹毛饮血的时代。这显然是歌颂尧舜禹的"恩惠"。

孟子讲的"劳心者治人，劳力者治于人；治于人者食人，治人者食于人"，通常被解释为赤裸裸地为统治阶级辩护的反动理论。其实不是的，他不过在强调"夫仁者，己欲立而立人，己欲达而达人"，本意其实就是尧、舜、禹先使民众能安身立命，然后才能使自己被立为君王；先使民众从原始人达到文明才能使自己飞黄腾达。"劳心者治人，劳力者治于人；治于人者食人，治人者食于人"，在具体实施中主要是"达则兼善天下"（《孟子·尽心上》）。孟献子曰："畜马乘，不察于鸡豚；伐冰之家，不畜牛羊；百乘之家，不畜聚敛之臣，与其有聚敛之臣，宁有盗臣。"（《大学》）家里能有自备车驾的官员，不该计较养鸡养猪的小利。家里凿有冰窖，祭祀能用冰的官员，不该计较养牛养羊的孳利。拥有百辆兵车的大夫，不豢养收敛财富的家臣。与其有聚敛民财的家臣，还不如有盗取财富的家臣。说到底还是劝说王公贵族不要"与民争利"。

"夫仁者，己欲立而立人，己欲达而达人"，强调的是先注意搞好民生才能确立统治地位，让民众达到生活无忧才能达到称王。"不违农时，谷不可胜食也。数罟不入洿池，鱼鳖不可胜食也。斧斤以时入山林，材木不可胜用也。谷与鱼鳖不可胜食，材木不可胜用，是使民养生丧死无憾也。养生丧死无憾，王道之始也。五亩之宅，树之以桑，五十者可以衣帛矣。鸡豚狗彘之畜，无失其时，七十者可以食肉矣。百亩之田，勿夺其时，数口之家可以无饥矣。谨庠序之教，申之以孝悌之义，颁白者不负戴于道路矣。七十者衣帛食肉，黎民不饥不寒，然而不王者，未之有也。"（《孟子·梁惠王上》）民生是王道的起始，民生是王道的根本，这就是仁君仁政。

3. "己所不欲，勿施于人"

"己欲立而立人，己欲达而达人"，就是"能近取譬，可谓仁之方也已"，也就是说从自己开始，推己及人，这就是仁政的方法。当然，这里孔子首先是要求统治者，也就是孟子说的"故推恩足以保四海，不推恩无以保妻子。古之人所以大过人者无他焉，善推其所为而已矣"（《孟子·梁惠王上》）。后人经常觉得这"立"和"达"很不好翻译，主要原因就是不理解这是针对君主来说的，普通老百姓其实没有多少"立"和"达"的机会，尤其是"立"到后来就是想都不该想的事了。"己欲立而立人，己欲达而达人"，是从尧舜身上总结出来的"仁之方"。但是，如果把它推而及所有人，那就会有无数的人出于自立为君王的目的而拉拢百姓。尤其对于在位的君主，绝不可能鼓励其他人"己欲立而立人，己欲达而达人"，而且会对那些有政治野心的人严加打击。

"己欲立而立人，己欲达而达人"，应该说是现代西方也普遍能够接受的道德准则。但它确实是有漏洞的,比如会产生拉帮结派、私相授受的情况。在实践中,就像今天西方民主国家的政客通常做的那样,"立人"和"达人"就很可能成为一种虚假的手段。每个政客都向民众承诺更加美好的生活,但很可能并不是带领人民去创造美好生活,而只是为了获得选票、赢得选举而已。在政客和捐款人之间,也可能是一种互相利用:我给你赞助,你给我生意。大企业联合起来搞寡头垄断,也是"己欲立而立人,己欲达而达人"。甚至于学术界,学者之间以及他们和政府、企业,"己欲立而立人,己欲达而达人",也很可能成为利益交易。此外,"己欲立而立人,己欲达而达人"还可能存在把自己的意志强加于人的可能,比如当今西方世界就喜欢把自己认为"最不坏的"西方民主强加于别国。实际上,推销西方民主的目的并非"立人",而完全是"己欲立",也就是在发展中国家确立影响力。如果民主制度真的有利于别国,西方就要像限制"技术外溢"一样,限制别国获得民主了。实际上,西方推销民主确实是为了限制人民当家作主,巩固西方的主导地位。

　　子贡问曰:"有一言而可以终身行之者乎?"子曰:"其恕乎!己所不欲,勿施于人。"(《论语·卫灵公》)子贡想要老师把自己的教导"一言以蔽之",孔子说那就是"恕",也就是自己不想要的事,也不要对别人做。"忠恕违道不远,施诸己而不愿,亦勿施于人"(《中庸》),只要做到忠恕就不会偏离道义太远,也就是别人对待自己会以自己不能接受的方式,就不要用来对待别人。仲弓问仁。子曰:"出门如见大宾,使民如承大祭。己所不欲,勿施于人。在邦无怨,在家无怨。"(《论语·颜渊》)孔子认为所谓的"仁",就是出门办事就像去接待贵宾一样,役使百姓就像去举行重大的祭祀一般。自己不愿意的,就不强加给别人。这样就能在外做官没人怨恨,居家相处没人怨恨。如果我们把居家相处来检验一下,就会发现家庭成员相处,很多时候都想把自己的意志强加于人,所以产生了矛盾。由此可见,"己所不欲,勿施于人"确实比"己欲立而立人,己欲达而达人"进步。在国与国之间,西方国家显然不愿意中国在他们的国家推销共产主义，按照"己所不欲，勿施于人"的原则他们也不应该在中国推销资本主义。

子贡曰："我不欲人之加诸我也，吾亦欲无加诸人。"子曰："赐也，非尔所及也。"（《论语·公冶长》）子贡说我不想他人施加于我的，我也不会想要施加于人。但是，孔子却说这不是你所能做到的。程子曰："我不欲人之加诸我，吾亦欲无加诸人，仁也；施诸己而不愿，亦勿施于人，恕也。恕则子贡或能勉之，仁则非所及矣。"意思是说，不想他人施加于我的也不施加于人，这样的恕道或许子贡是可以尽量做到。但是，别人是否施加于自己，这是子贡没有办法决定的。确实，"己所不欲，勿施于人"最大的问题是只能自己做好，不能强迫别人去做，否则就违背"己所不欲，勿施于人"了。

三　利国利民

《礼记·礼运》说："故圣人耐以天下为一家，以中国为一人者，非意之也，必知其情，辟于其义，明于其利，达于其患，然后能为之。"圣人能够使天下像一个家庭，全中国人民像一个人，并不是凭主观臆想，而是凭着了解人之常情，开辟人间道义，明白人民利益，熟知人民忧患，然后才能做到。一个社会的理想状态是像一个家庭一样相依为命，一个国家的理想状态是成为像一个人一样的有机体，它们应该是既充满活力又和谐统一。

1. "情"和"义"

子曰："富与贵，是人之所欲也；不以其道得之，不处也。贫与贱，是人之所恶也；不以其道得之，不去也。君子去仁，恶乎成名？君子无终食之间违仁，造次必于是，颠沛必于是。"（《论语·里仁》）子曰："饭疏食饮水，曲肱而枕之，乐亦在其中矣。不义而富且贵，于我如浮云。"（《论语·述而》）这里说得很清楚，一方面人人都追求富贵，这是人之常情；另一方面必须"见利思义"(《论语·宪问》)，否则"货悖而入者，亦悖而出"(《礼记·大学》)。孟子见梁惠王。王曰："叟，不远千里而来，亦将有以利吾国乎？"孟子对曰："王，何必曰利？亦有仁义而已矣。王曰'何以利吾国？'大夫曰'何以利吾家？'士庶人曰'何以利吾身？'上下交征利，而国危矣！万乘之国，弑其君者必千乘之家；千乘之国，弑其君者必百乘之家。万取千焉，千取百焉，不为不多矣。苟为后义而先利，不夺不餍。未有仁而遗其亲者也，未有义而后其君者也。王亦曰仁义而已矣，何必曰利？"(《孟子·梁惠王上》)梁惠王想知道孟子如何对他的国家有利，孟子告诉他不要总把利放在首位，要重视仁义。因为谋利心是不会满足的，一个国家上上下下都将利放在首位，国家就有危险了。所以一定要先讲仁义，然后再满足人的逐利本性。

"利己"是人类因为生存需要而必然产生的本能，人类行为的动机一般来说是利己的。所以"我们每天所需的食物和饮料，不是出自屠户、酿酒家或面包师的恩惠，而是出于他们自私的打算。我们不说唤起他们利他心的话，而说唤起他们利己心的话。我们不说自己有需要，而说对他们有利"①。这并非资产阶级对人民大众的污蔑，而是对人民生活的真实写照。工商业者的动机也许是"唯利是图"，但是他们为了实现图利目标，首先必须提供给他人产品和服务。工商业虽然大多数是私人盈利部门，但它只有为社会和大众提供产品和服务才能实现盈利。我们从未看到不先利人就能利己的工商业者，而且他们的产品和服务越好就越能盈利。就算是国有经济这种公共盈利部门，只要是工商业企业就不能不追求利润。事实说明，盈利状况不好的工商业企业，很少有能服务好社会和百姓生活的。私人盈利部门其实和非营利组织以及政府一样，都是服务社会、国家以及人民生活需要的，只不过是由于社会分工的不同，因此运

---

① [英]亚当·斯密：《国民财富的性质和原因的研究》(上卷)，郭大力、王亚南译，商务印书馆1974年版，第14页。

行机制不一样而已。工商业是社会的财富创造部门，它的主要社会责任就是尽可能地创造国民财富。因此，我们发现为了实现财富最大化，工商业者"爱财如命"甚至变为"守财奴"。积累资本以便扩大生产改进产品和服务，实现资本增值，这就是他们的社会责任。马克斯·韦伯认为这些人非但不是过着奢侈糜烂的生活，而是"尽量地赚钱，加上严格规避一切本能的生活享受"[1]。这么说肯定不符合当前的现实情况，但是不管有多么奢侈，他们的财富必定是来源于为他人提供产品和服务，如果没有人愿意为他们的产品和服务付钱，他们将一无所有。即使是对工人的剥削，也必须建立在有人为产品和服务埋单的基础上，否则整个企业就要破产，也就不会再剥削工人了。工人确实经常反对投资者和管理者，但是他们在大多数情况下知道企业盈利越好对自己越有利。他们一般也知道，自己对企业的贡献越大，得到的回报也越多。

　　投资者和管理者要盈利、工人要赚钱，甚至和科学家搞科研、政治家搞政治，其实本质上是一样的。他们的动机都是利己，他们实现利己目标的途径都是利他。不关注盈利尤其是不能盈利的企业家，就像不关注科研成果、没有科研成果因此也不能获得名望的科学家，不关心权力、任由权力滥用因此自己也遭受迫害的政治家，都是应该受到指责和惩罚，因为没有完成社会赋予他们各自的责任。不管是在社会主义国家还是在资本主义国家，投资者和管理者必须为自己的资本和企业着想，他必须使资本增值、使企业盈利。"一个不能为生存挣出累积成本的企业会耗尽积蓄，会背叛其首要的社会责任：社会把资源托付给了企业及其管理层，企业就有责任保持这些资源创造财富和就业机会的能力。"[2] 如果他像慈善家一样无私地把经营企业的资本捐赠出去，他绝对不是一个对社会有利的人。作

---

　　[1] [德] 马克斯·韦伯：《新教伦理与资本主义精神》，于晓、陈维纲等译，陕西师范大学出版社2005年版，第25页。
　　[2] [美] 彼得·德鲁克：《动荡时代的管理》，姜文波译，机械工业出版社2006年版，第18页。

为投资者和管理者，"他"并不是一般意思上的个人，不是父亲，不是丈夫，也不是儿子，而是一个"经济人"和"法人"。他承担了特殊的社会角色，代表投资者和企业。因此，他必须为社会经济发展中的投资和经营承担责任。"利己"其实是服务于自己的职务而不是为自己谋利，不"利己"其实就是对社会不负责任。同样，对工人来说，他有权利选择工资更高的工作，有权利选择更适合自己发展的工作。他这是对自己的生活负责，因为他是社会的一分子，因此也是对社会负责。如果他连自己的生存和发展都不关心，不努力去改善，而完全依赖于他人和社会来帮助自己安排，那可真是该说"人不为己，天诛地灭"。

关于私人利益促进社会利益，亚当·斯密说过一段也许是有史以来引用率最高的话："他通常既不打算促进公共的利益，也不知道他自己是在什么程度上促进那种利益。由于宁愿投资支持国内产业而不支持国外产业，他只盘算他自己的安全；由于他管理产业的方式目的在于使其生产物的价值能达到最大程度，他所盘算的也只是他自己的利益。在这场合，像在其他许多场合一样，他受着一只看不见的手的指导，去尽力达到一个并非他本意要达到的目的。也并不因为事非出于本意，就对社会有害。他追求自己的利益，往往使他能够比在真正出于本意的情况下更有效地促进社会的利益。我从来没有听说过，那些假装为公众幸福而经营贸易的人做了多少好事。"[①] 这段关于"看不见的手"指引私人利益促进社会利益的话，常常被引用来为自由放任的市场经济和人类的自私自利辩护，也常常成为计划经济和集权管理支持者抨击的目标。其实，很多人往往没有注意这段话中"他"指的是谁，说的是什么行为，"场合"究竟是什么场合。如果"他"被认为是一切人，行为被认为是一切行为，场合被认为是一切场合，这句话当然就不对了。但如果亚当·

---

① [英]亚当·斯密：《国民财富的性质和原因的研究》（下卷），郭大力、王亚南译，商务印书馆1974年版，第27页。

斯密在这里说的"他"是指投资者或管理者，这里的行为是投资行为和经营企业行为，场合则是市场交换的场合，那么不论在社会主义国家还是资本主义国家，不追求盘算资产的保值增值就必然要使资产流失、企业破产，这对社会公共利益当然也是损害。过去我们以为计划经济不用计算企业成本收益，直接用"平调"的办法也能管理好，事实说明这正是它失败的根本原因。在社会主义市场经济条件下，国有企业也同样要讲经济效益，也要追求资产保值增值。

总之，"每个人的利益、福利和幸福同其他人的福利有不可分割的联系，这一事实却是一个显而易见的不言而喻的真理。虽然我们大家都应该承认，没有自己的伙伴我们就寸步难行，应该承认仅仅是利益把我们大家联系起来，但是我们却以我们的行动来践踏这一真理，我们把我们的社会安排得好像我们的利益不但不能一致，而且还是直接对立的"①。让私人利益协调一致以实现社会利益最大化，正是人类应该追求的崇高理想。有些人会说，通过自己劳动赚钱，通过"平等"交易互通有无，当然是合乎仁义的。但是，谋求"利益最大化"，像商人和资本家那样敛财，简直就是诈骗和掠夺，是不道德的。这基本上可以说是小农业者和小手工业者的思想，他们只知道自给自足的自然经济，他们不能理解社会生产力的发展和社会化大生产。

2. "利"和"患"

每个人都想要谋利，社会会有活力，但也会有隐患。孔子说："好勇疾贫，乱也。人而不仁，疾之已甚，乱也。"（《论语·泰伯》）人人都想铤而走险，人人都要摆脱贫穷，这就是祸乱之源；人人都不讲仁德，整个社会弥散着对为富不仁的痛恨，那就必然要发生祸乱了。在陈绝粮，从者病，莫能兴。子路愠见曰："君子亦有穷乎？"子曰："君子固穷，小人穷斯滥矣。"（《论语·卫灵公》）孔子在陈

---

① 《马克思恩格斯全集》第2卷，人民出版社1957年版，第605页。

国断了粮，跟随的人都饿病了，不能起身。子路愤愤不平地见孔子说："君子怎么也有穷困的时候?"孔子说："君子即使穷困也能固守本分，小人陷入穷困就铤而走险。"所谓"君子喻于义，小人喻于利"(《论语·里仁》)，最主要的检验就在穷困之时。

求"利"本身并不是"患"，"见利忘义"才是"患"。"君子"和"小人"的根本区别并不是求利和不求利，而是"见利思义"和"见利忘义"。"君子"和"小人"并不总是道德上的褒贬两方，它首先是指管理人员和普通民众。君子，是相对小人而言的，即"大人"。小人，是相对"大人"而言的，即小民。在中国古代，"人"指的是不直接从事牟利劳动的社会阶层，即统治者；"民"指的是从事牟利劳动的社会阶层，即老百姓。君子是为社会公共利益或在公共部门、非营利组织工作的社会阶层，小人是为私人利益或在私立部门、营利组织工作的社会阶层。"君子喻于义，小人喻于利"，就是说在公共部门或非营利组织工作的人，要以公共利益最大化为追求目标；在私立部门或营利组织工作的人，可以私人利益最大化为追求目标。政府的工作人员如官员和公务员、事业单位工作人员如教师，不能以直接追求本部门和个人的利益为目标，也不以其为本单位和个人获得的经济收益为衡量工作业绩的标准，而要以整个社会和公众的利益为工作目标和工作绩效的衡量标准。但是，企业和个体劳动者只要不违反法律和道德，一般来说应该允许他们以追求利润为目标，并以利润作为衡量企业成败的标准。

当然，孔子话中的"君子"和"小人"也是有道德褒贬的，即包含了对为牟私利而工作的人的歧视，认为统治阶级的道德水准高于平民百姓。这并不完全是孔子对真实情况的判断，而是要求为公益服务的人在道德上起到示范作用。因为他们是专门为公共利益服务的人，而且他们的社会地位一般来说都比较高。如果他们不以身作则，就很难要求营利组织和个人超越狭隘的私人利益来为公共利益作贡献了。儒家超越"利"的精神追求就是"义"，它不是对现实的个人的描述，而是对理想的个人的要求，是自我的精神修养。

这个过程就是，从"小人"变成"君子"，从"小我"变成"大我"。说到底，就是从自然的、个体的我变成社会的、集体的我，从利己的我变成利人、利国、利天下的我。《大学》把这个过程描述为："修身、齐家、治国、平天下。"因此，在儒家看来，所谓"义"并不是和"利"完全对立的纯粹精神的东西，它的主要内涵是超越个人私利的国家、社会甚至全人类的利益。

西方资产阶级启蒙思想家卢梭在《社会契约论》开篇提出"人是生而自由的"①，美国《独立宣言》则提出"人人生而平等，造物者赋予他们若干不可剥夺的权利，其中包括生命权、自由权和追求幸福的权利"②。由此基本上奠定了西方为"追求幸福"而"自由竞争"的社会基调。但是，很显然，如果每个人自由竞争就必然是"每一个人对每个人的战争"，"最糟糕的是人们不断处于暴力死亡的恐惧和危险中"③。因此，斯宾塞提出了限制原则，即"每个人都有权要求运用他各种机能的最充分的自由，只要与所有其他人的同样自由不发生矛盾"④。但他很快发现，"如果个人有做他愿意做的一切的自由，只要他不妨害别人某些特定的权利要求，那么他就有自由做有害于他自己的事——比方说，自由去酗酒"，因此他附加上"禁止被认为是不道德的某一类行为"，而且，还"不妨碍更进一步的限制"⑤。卢梭的社会契约论和霍布斯的国家理论都是着眼于解决人与人之间的冲突。显然，人们的谋利或追求幸福的权利要受到道德、法律和权力的限制，否则必定祸患无穷。

马克思和恩格斯在《德意志意识形态》中指出："只有在共同体中，个人才能获得全面发展其才能的手段，也就是说，只有在共

---

① ［法］卢梭：《社会契约论》，李平沤译，商务印书馆1980年版，第8页。
② 钱满素主编：《美国文明读本》，中央编译出版社2014年版，第58页。
③ ［英］霍布斯：《利维坦》，黎思复、黎廷弼译，商务印书馆1985年版，第94—95页。
④ ［英］斯宾塞：《社会静力学》，张雄武译，商务印书馆1996年版，第33页。
⑤ ［英］斯宾塞：《社会静力学》，张雄武译，商务印书馆1996年版，第37页。

同体中才可能有个人自由";"各个人的出发点总是他们自己,不过当然是处于既有的历史条件和关系范围之内的自己,而不是意识形态家们所理解的'纯粹的'个人"。① 卢梭、霍布斯、斯宾塞等人说的"人"都是抽象的"纯粹的"个人,斯密说的屠夫、面包师、酿酒师虽然好像是具体的人,但他们在交易过程中竟然可以只是追求个人的利益,仿佛道德、法律、政府、风俗不存在。事实上,每个从事经济活动的人都有道德意识,他们也有法律意识并受风俗习惯影响,而且也清楚地意识到了政府不会对一切坐视不管。只要把道德、法律、政府等因素考虑进去,就很难论证是追求自己的利益促进了社会的利益,至少道德、法律、政府、风俗也对促进社会的利益发挥了作用。所以,正确理解的"看不见的手",应该不只是个人追求私人的利益,还应该包括道德、法律、政府、风俗等诸多社会因素。亚当·斯密的另一本重要著作就是《道德情操论》,而且他本人长期担任修辞学、文学、伦理学教授,这足以说明"看不见的手"被很多人严重误解。

3. "利"和"安"

儒家并非不懂得谋利动机与社会动力的关系,但它也很清楚社会只有动力而没有静力,就可能导致社会崩溃。"丘也闻有国有家者,不患寡而患不均,不患贫而患不安。盖均无贫,和无寡,安无倾。夫如是,故远人不服,则修文德以来之。既来之,则安之。"(《论语·季氏》)一个国家不怕物资匮乏就怕分配不均,也不怕贫困落后就怕人心不安。分配平均就无所谓贫穷,由此带来社会和睦就不觉得困乏,人心安定就没有动乱。国内做到了这样,远方的人还不信服,就传播文化美德以吸引他们来。如果他们来了,就让他们安心生活。这段话可能会让人想起延安时期,那时候生活物资极其匮乏,但因为分配比较平均,所以没有贫富差距问题。陕北地区

---

① 《马克思恩格斯文集》第1卷,人民出版社2009年版,第571页。

当然是贫困地区，但是，那里人心安定，完全不像其他地区人心浮躁。这样的社会是有吸引力的，全国各地的热血青年都往延安跑，来到延安就全身心地投入革命工作。即便是来到延安的美国人，也不免被延安当时的社会状况所打动。这种既充满活力又人心安定的社会，不论在什么时候都是让人精神振奋！

子曰："不仁者不可以久处约，不可以长处乐。仁者安仁，知者利仁。"（《论语·里仁》）没有仁德的人不能长久地处在贫困中，也不能长久地处在安乐中。仁人是安于仁道的，有智慧的人则通过行仁德来获利。一个社会可能充满活力，人人都在努力地求名求利，但是，生活在这样的社会的人并不快乐，因为他们没有打动人心的道德情操和精神生活。即便他们并非没有道德，但那也是为了获利的道德，连自己都不会被感动。子曰："圣人，吾不得而见之矣；得见君子者，斯可矣。"子曰："善人，吾不得而见之矣；得见有恒者，斯可矣。亡而为有，虚而为盈，约而为泰，难乎有恒乎。"（《论语·述而》）孔子理想的道德人格是圣人，其次是君子或仁人，再次是善人，最低是有恒者。孔子觉得人至少要有恒心，也就是生活得安心。为名为利孜孜以求、蝇营狗苟，这样的生活丝毫并不快乐，这点应该人人都有感受！

近代法国思想家托克维尔指出："假如有人只以追求物质财富为目的，则我们可以相信：他将逐渐丧失生产物质财富的才能，最后总有一天跟兽类一样，对物质财富既无鉴别能力又不会使物质财富的生产发展。"① 换句话说，人们追求自身生活的改善并没有错，但是不应该以此为最终目标。社会发展必然要求经济繁荣富强，但也不应该成为最终目标。人总是需要有精神追求的，不会也不应该满足于物质需要的满足。托克维尔还指出，"如果一个人以这种诚实而合法的办法过分追求幸福，最终会使自己的非凡才能有失去用武之

---

① ［法］托克维尔：《论美国的民主》（下卷），董果良译，商务印书馆1988年版，第682页。

地的危险；而如果他只是忙于改善自己身边的一切，最终又会使自己的人格下降"①。而且，要求人们"千万不要相信，无论在任何时代，无论实行什么政治体制，追求物质享受的激情和由此产生的观点都能够使全体人民满意"②。他认为唯物主义在所有国家都是人的精神的危险病，认为叫公民们想到自己的灵魂会脱生为猪，总比他们确信根本没有灵魂要少暴露一些兽性。他呼吁立法者和有德之士："提高人们的灵魂，把人们的灵魂引向天堂。"③或许正是因为他反对唯物主义或错误理解了唯物主义，最起码错误理解了辩证唯物主义和历史唯物主义，他把精神的东西和物质的东西对立起来了。也许，在宗教历史传统悠久的西方国家，宗教确实是避免利益冲突的伦理道德。西方文化的宗教传统，认为人天生就是有罪的——"原罪"，用中国人的语言说也就是"性恶论"。因此，他们不相信人自身的道德修善，人人都要向上帝赎罪。这样也造成了西欧"神本主义"思想，直到文艺复兴运动兴起了"人本主义"思想。从此，现实的人代替圣洁的神成为生活的主体，明确的法律代替了宽泛的教义成为生活的规范，当世幸福代替死后升天成为生活的目标。就这样，欧洲中世纪强大的天国的衰落，最终换取了帝国的崛起。

但是，资本主义社会物质上的富足并没有给人们带来心灵的安宁，法律也不足以保障社会的稳定。究其原因，是因为物质上的富足绝大多数为资产阶级所享有，而无产阶级按照资产阶级确立的法则也想要享有社会财富。资产阶级除了改善工人福利以外，最主要的就是认识到"现在比以往任何时候都更需要用精神手段去控制人民，影响群众的首要的精神手段依然是宗教"；"'必须为人民保存

---

① ［法］托克维尔：《论美国的民主》（下卷），董果良译，商务印书馆1988年版，第677页。
② ［法］托克维尔：《论美国的民主》（下卷），董果良译，商务印书馆1988年版，第679页。
③ ［法］托克维尔：《论美国的民主》（下卷），董果良译，商务印书馆1988年版，第677页。

宗教'，这是使社会不致完全毁灭的唯一的和最后的拯救手段"①。但是，正如恩格斯正确指出的，"无论英国资产者的宗教执迷，还是大陆资产者的事后皈依宗教，恐怕都阻挡不了日益高涨的无产阶级的潮流"；"观念终究不能抵抗因这种经济关系的完全改变所产生的影响"；"宗教也不能永保资本主义社会的平安"；"任何宗教教义都难以支撑一个摇摇欲坠的社会"②。资产阶级在宗教上投入无数的财富，但是宗教对民众的作用仍然越来越小，甚至带来越来越多负面影响，尖锐的种族和社会阶层的矛盾，逐步变成宗教或教派矛盾。宗教传播的教义安慰人类受伤的灵魂，但人们还是想要真正的社会正义。

儒家是无神论，它不靠天堂的诱惑和地狱的恐吓来让人心安定，它只能靠劝导人自身对欲望的约束和扩大人追求的视野。它的世界观是从自我开始，推己及人，像水纹一样逐步扩大，直至国家和天下。它的方法论是从我做起，修身为本，扩而大之，治国平天下。孔子说："君子上达，小人下达。"（《论语·宪问》）孟子说："从其大体为大人，从其小体为小人""养其小者为小人，养其大者为大人""饮食之人，则人贱之矣，为其养小以失大也。饮食之人无有失也，则口腹岂适为尺寸之肤哉？"（《孟子·告子上》）停留在物质享受为"小人"，提高到精神享受为"大人"；停留在自我和家庭为小人，扩而大之至国家和天下为"大人"。"君子喻于义，小人喻于利。"就是要求人们不能只重视物质享乐，要有精神追求；不能只爱自己和家庭，要顾国家和社会。儒家相信人天生是善的，因此并不否定人的欲望，这样就为中国文化奠定了"人本主义"传统。人本主义比神本主义更好地发挥了人的主动性、积极性和创造力，这是历史上中国比西方更强大的根本原因。但是，毫无疑问，儒家也很容易被统治阶级利用，成为巩固君主制度的工具。中国几千年都是

---

① 《马克思恩格斯文集》第3卷，人民出版社2009年版，第520—521页。
② 《马克思恩格斯文集》第3卷，人民出版社2009年版，第521页。

在君主制度下生活，一小部分人按照既定的尊卑秩序往上爬，但绝大多数人都成为社会金字塔的地基。儒家保持了社会的长期稳定，但没有使社会动力受到沉重的压制。在西方资产阶级打破封建主义之后，中国社会的活力不足导致的进步迟滞就完全暴露了。

社会动力和社会稳定是一对矛盾，儒家更注重社会稳定。南宫适问于孔子曰："羿善射，奡荡舟，俱不得其死然；禹、稷躬稼而有天下。"夫子不答。南宫适出，子曰："君子哉若人！尚德哉若人！"（《论语·宪问》）南宫适不能理解：羿擅长射箭、奡善于水战，这样的人按说应该得立为君王，可都没有得到善终；禹和稷亲自耕作庄稼，却得到了天下。孔子没有回答，只是等南宫适退出去后赞同他是君子，是个崇尚美德的善人。孔子的整个学说就是教人做一个君子，做一个崇尚道德的人。他的治国理念也是王道和德治，而不是杀伐攻占和争权夺利。安分守己、利人利己、利国利民，这是现代中国人物质追求和精神升华的基本路径。"利"是物质追求，"义"是精神追求。"义"和"利"并不冲突，它不过是超越个人私利，关注国家和社会公共利益。正是"义"和"利"的统一，才能让人心安宁和社会安定，也才能让人生美好和社会繁荣。

第四章

劳动、生产与发展

> 一切重要历史事件的终极原因和伟大动力是社会的经济发展，是生产方式和交换方式的改变，是由此产生的社会之划分为不同的阶级，是这些阶级彼此之间的斗争。
>
> ——恩格斯：《社会主义从空想到科学的发展》
> （1892年英文版导言）

> 不是在社会达到绝顶富裕的时候，而是在社会处于进步状态并且日益富裕的时候，贫穷劳动者，即大多数人民，似乎最幸福、最安乐。
>
> ——亚当·斯密：《国民财富的性质和原因的研究》

尽管人人都有谋求福利的行为动机，需要和利益是社会发展的动力源泉。但是，利益动机与真正实现利益是两回事，社会发展的动力源泉和社会发展的真正动力是两回事。人类只有在动机的驱动下进行社会实践才能满足自身的需要，社会只有依靠最终创造出满足人类需要的物质和文化成果才能真正发展。因此，人类生产满足自身需要的劳动产品的能力，特别是人类劳动生产力最终创造出来的物质财富，是人类所能享受的福利水平的最终决定力量，也是社会发展的最终决定力量。

一 劳动

谋求福利的动机和行为本身都不能决定福利水平,只有创造福利的行为才有可能真正提升福利水平。因此,人们不应该把关注的重点直接放在福利分配上,而要把关注的重点放在创造福利的能力上,尤其是放在最终创造福利的结果上,只有它才是提高国民福利和促进国家、社会发展的真正力量。

1. 劳动生产率和就业率

《大学》说:"生财有大道,生之者众,食之者寡,为之者疾,用之者舒,则财恒足矣。"就是强调一个社会的财富创造总的来说是靠劳动,就业率要高,赡养率要低;劳动生产率要高,消费者要节俭,若能如此则财富长久充足。这大概就是中国世代相传的"勤俭治国"的来源吧。基于这样的思路,中国古人特别重视君王劝导人民劳动。

子路问政,子曰:"先之,劳之。"请益,曰:"无倦。"(《论语·子路》)子路问为政之道。孔子说:"自己先要身体力行带好头,然后让老百姓辛勤劳作。"子路请求多讲一些,孔子说:"不要倦怠。"为了劝导民众劳动,古代逐步形成了"天子亲耕,后妃亲桑"的传统礼仪。《礼记·祭统》讲"天子亲耕於南郊,以共齐盛",《春秋·谷梁传》有"天子亲耕以共粢盛,王后亲蚕以共祭服"。汉文帝即位之初,贾谊上《积贮疏》,言积贮为"天下之大命","于是上感谊言,始开藉田,躬耕以劝百姓",并下诏曰:"夫农,天下之本也。其开藉田,朕亲率耕。"汉桓宽《盐铁论·授时》中也提到"故春亲耕以劝农"。《白虎通义·桑耕》指出:"王者所以亲耕、后亲桑何? 以率天下农蚕也。"① 当然,像商鞅讲的"夫农

---

① (清)陈立撰:《白虎通义疏证》(上),中华书局1994年标点本,第276—277页。

者寡而游食者众,故其国贫危","圣人知治国之要,故令民归心于农。归心于农,则民朴而可正也,纷纷则易使也,信可以守战也"(《商君书·农战》),就是备战经济了,为儒者所不耻。劝导耕织是中国农业社会的一贯传统,到了清朝康熙帝还在《御制耕织图》序中说:"于丰泽园之侧治田数畦,环以溪水,阡陌井然在目,桔槔之声盈耳,岁收嘉禾数十种。陇畔树桑,傍列蚕舍,浴茧缫丝,恍然如茅檐蔀屋",其初衷是"朕早夜勤毖,研求治理。念生民之本,以衣食为天","农事伤,则饥之本也;女红害,则寒之源也","衣帛当思织女之寒,食粟当念农夫之苦","欲令寰宇之内,皆敦崇本业,勤以徕之,俭以积之,衣食丰饶,以共跻于安和富寿之域"[①]。

亚当·斯密指出,一国国民每年的劳动,本来就是供他们每年消费的一切生活必需品和便利品的源泉。构成这种必需品和便利品的,或是本国劳动的直接产物,或是用这类产物从外国购进来的物品。[②] 没有劳动就没有生产,没有生产就没有消费,就单个人来说这是很简单的道理。就一个集体或国家来说,一部分人确实可以通过"斗争"手段从公共集体中"分利",但是这跟一个人的总体利益一样,"分利"就是必然要减少整体利益。甚至更常见的是,如同在瓷器店里分抢瓷器,还要打碎一些本来可以分享的瓷器。真正决定一国国民福利的支配因素,第一,一般来说,这一国国民运用劳动,是怎样熟练,怎样技巧,怎样有判断力;第二,从事有用劳动的人数和不从事有用劳动的人数,究成什么比例。[③] 劳动生产率和就业率,尤其是劳动生产力,永远是决定一国国民福利的根本因素。

马克思和恩格斯指出:"我们判断一个人不能以他对自己的看法

---

① 爱新觉罗·玄烨题诗,焦秉贞绘图:《御制耕织图》,华东师范大学出版社2011年影印本,序。

② [英]亚当·斯密:《国民财富的性质和原因的研究》(上卷),郭大力、王亚南译,商务印书馆1974年版,第1页。

③ [英]亚当·斯密:《国民财富的性质和原因的研究》(上卷),郭大力、王亚南译,商务印书馆1974年版,第1页。

为依据"①,"我们不是从人们所说的、所设想的、所想象的东西出发,也不是从口头说的、思考出来的、设想出来的、想象出来的人出发,去理解有血有肉的人"。② 对于人们的福利以及国家和社会的发展来说,人们利己或利他的动机不是最重要的,重要的是其行为的结果是否对民生福利、经济发展、综合国力和社会进步做出了贡献。知识分子,"群居终日,言不及义,好行小惠,难矣哉!"(《论语·卫灵公》)对于国家和社会管理者来说,"四海困穷,天禄永终!"(《论语·尧曰》)在市场经济条件下,"没有功劳也有苦劳",是一句没有任何意义的话!如果不能卓有成效地满足别人的需要,就没有人为劳动或产品付款,也就不能获得任何收益。反过来,满足越多人的越多需要,就会有越多人付越多钱,也就能得到越多的回报。

社会可供分配的福利并不是现成的,重要的是创造出满足人民福利需要的产品和服务。在中国儒家思想中,行为的动机被称作"志",行为的结果被称作"功"。儒家认为判断行为的善恶好坏最终应该以"功"为标准,而不是以"志"为标准。这是合理的,并且也符合唯物主义的原则。人人都有生存需要,因此人人都有自己的利益。任何人的行为都不是纯粹为了服务他人,也不是漫无目标的。任何人的行为一定是为了要实现自己的某种目的,而且这个目的也一定符合他的利益或他的幸福。但是,正如法国社会学家涂尔干指出的,"对物质世界来说,有史以来它并没有发生过多大变化,如果我们不算社会所带来的革新因素的话"③。所以,需要和私人利益仅仅是社会发展的动力源泉,人类福利和社会发展只能依靠发挥人自身的主动性、积极性和创造力,只能依靠人类改造自然的能力。如果一个国家所有人都把关注的重点放在福利分配问题上,都致力

---

① 《马克思恩格斯文集》第 2 卷,人民出版社 2009 年版,第 592 页。
② 《马克思恩格斯文集》第 1 卷,人民出版社 2009 年版,第 525 页。
③ [法]埃米尔·涂尔干:《社会分工论》,渠东译,生活·读书·新知三联书店 2000 年版,第 307 页。

于争取更大的份额,那么这个国家就必然会衰退。

总之,世界不会满足人,人决心以自己的行动来改变世界。[①] 真正关心国民福利水平提高的政治家、学者、工会领袖及其他社会名流和社会组织,都应该致力于开发人力资源、提高劳动者素质、提升国民创造,来满足人类需要的产品和服务生产力。

2. 劳动生产力和劳动工资

毫无疑问,人民有权利追求高工资,追求更大的幸福。但是,高工资和更大的幸福主要不能靠改变分配获得,而要靠经济发展和国民财富的增长得到。劳动生产力,说到底就是推动经济发展的能力。而且,劳动生产力必须转化为现实的生产力,必须转化为经济发展,否则国民福利水平还是不会提高的。

亚当·斯密指出:"使劳动工资增高的,不是庞大的现有国民财富,而是不断增加的国民财富。"[②] 而且他还特别提到,中国一向是世界上最富的国家,但是,到18世纪中国中下层人民的贫困程度已经远远超过欧洲最贫乏国民的贫困程度。印度的情况也同样如此。因此,他总结说:"所以劳动报酬优厚,是国民财富增进的必然结果,同时又是国民财富增进的自然征候。反之,贫穷劳动者生活维持费不足,是社会停滞不进的征候,而劳动者处于饥饿状态,乃是社会急速退步的征候。"[③] 我们一定要充分认识经济发展才是硬道理的道理。环顾当今世界各国,有些国家遍地开花的制造企业不仅解决了众多的就业问题、提供了充足的公共事业基金,而且体育、电影、音乐、报刊、电视等事业也提供了巨大的就业岗位和政府财政,甚至于一些教育和公共服务都不需要政府投入。而有些国家,制造

[①] 《列宁全集》第55卷,人民出版社1990年版,第183页。

[②] [英]亚当·斯密:《国民财富的性质和原因的研究》(上卷),郭大力、王亚南译,商务印书馆1974年版,第63页。

[③] [英]亚当·斯密:《国民财富的性质和原因的研究》(上卷),郭大力、王亚南译,商务印书馆1972年版,第67页。

企业不能解决就业问题和提供政府财政收入，体育、报刊、电视、电影、音乐、教育、医疗等事业更是全都需要政府财政投入。一边是"财源滚滚"，一边是"花钱如流水"，人民福利水平高低可知矣。

其实，亚当·斯密也是很关心下层阶级的幸福的。他说："下层阶级生活状况的改善，是对社会有利呢，或是对社会不利呢？一看就知道，这问题的答案极为明显。各种佣人、劳动者和职工，在任何大政治社会中，都占最大部分。社会最大部分成员境遇的改善，决不能视为对社会全体不利。有大部分成员陷于贫困悲惨状态的社会，决不能说是繁荣幸福的社会。而且，供给社会全体以衣食住的人，在自身劳动生产中，分享一部分，使自己得到过得去的衣食住条件，才算是公正。"① 这不仅是因为像所有人一样经济学家也有社会公正的追求，而且因为越多人的富裕和幸福就意味着经济学家理论的越大成功，经济学家其实很少有不关心普通劳动者的幸福的，伟大的经济学家追求的目标必定是整个国家和社会普遍的富足和幸福。但是，他们不会感情用事地凭空要求社会下层阶级的富足和幸福，他们致力于探索真正实现穷人富足和幸福的途径。亚当·斯密并不反对高工资，但是反对无条件的高工资。他认为："劳动工资，是勤勉的奖励。勤勉像人类其他品质一样，越受奖励越发勤奋。丰富的生活资料，使劳动者体力增进，而生活改善和晚景优裕的愉快希望，使他们益加努力。所以，高工资地方的劳动者，总是比低工资地方的劳动者活泼、勤勉和敏捷。"② 他也不同意只有生活压力才能使人勤奋、高工资会使劳动者懒惰的观点，他认为："说生活资料略较平常丰富，也许使一部分劳动者偷闲，那是无可置疑的，但若说大多数劳动者，都会因此息于作业，或者说，一般人在吃得不好

---

① ［英］亚当·斯密：《国民财富的性质和原因的研究》（上卷），郭大力、王亚南译，商务印书馆1974年版，第72页。
② ［英］亚当·斯密：《国民财富的性质和原因的研究》（上卷），郭大力、王亚南译，商务印书馆1974年版，第75页。

时，比吃得好时工作更好，在意志消沉时，比兴致勃勃时工作更好，在疾病时，比健康时工作更好，那似乎是不大可靠的说法。"① 历史上，福特公司就曾在快速增长时期采取行业最高工资的做法，结果不但吸引了最优秀的工人，而且因为工人都知道自己领的是最高工资，所以在放松监督的情况下，工作积极性也很高，大大提高了公司的效益。只是后来随着公司在其他方面经营不善，产品市场份额缩小，营业额也不断降低，当然也就难以维持工人的高工资。

亚当·斯密总结说，一个国家，一个社会，"不是在社会达到绝顶富裕的时候，而是在社会处于进步状态并且日益富裕的时候，贫穷劳动者，即大多数人民，似乎最幸福、最安乐。在社会静止状态下，境遇是艰难的；在退步状态下，是困苦的。进步状态是社会各阶级快乐旺盛的状态。静止状态是呆滞的状态，而退步状态则是悲惨的状态"②。改革开放以来，中国经济快速发展，也恰恰是人民获利最多的时期。在未来的时期里，我们仍然要坚持在提高效益的基础上保持经济快速增长的势头，否则人民的幸福安乐就无从谈起。

3. 生产和消费

亚当·斯密指出："消费是一切生产的唯一目的，而生产者的利益，只在能促进消费者的利益时，才应当加以注意。"③ 我们强调经济发展，不过意味着生产出更多更好的产品和服务，才能更多更好地满足消费者的需要。经济发展的目的，就是为了消费者。亚当·斯密反对通过贸易保护主义保护生产者利益，认为这是在牺牲消费者即广大人民的利益来换取少数人的利益。"所谓利益或利得，我的

---

① ［英］亚当·斯密：《国民财富的性质和原因的研究》（上卷），郭大力、王亚南译，商务印书馆1974年版，第76页。

② ［英］亚当·斯密：《国民财富的性质和原因的研究》（上卷），郭大力、王亚南译，商务印书馆1974年版，第75页。

③ ［英］亚当·斯密：《国民财富的性质和原因的研究》（下卷），郭大力、王亚南译，商务印书馆1972年版，第227页。

解释，不是金银量的增加，而是一国土地和劳动年产物交换价值的增加，或是一国居民年收入的增加。"① 换一句话说，真正为人民谋福利的经济发展，绝对不能仅仅是产品或货币的量的增加，而应该是财富或收入的增加。不能满足人民需要的增产是没有价值的，只有适销对路地满足消费者的产品和服务的增加才有价值。换一句话说，在市场经济条件下，价值就是交换价值，就是价格，没有任何人愿意支付任何价格的产品和服务，不管质量多好也是没有价值的，它甚至是对社会总福利的损耗，比如在普遍购买液晶电视时代大量生产过时的黑白电视。计划经济时代最严重的问题就是企业为了生产而生产，忽视了市场和价格机制的指导作用，因此搞了很多不能满足消费需要的盲目建设。满足消费者的需要，或者说提高国民福利，这始终是生产的目标，提高生产力就是为了提高国民福利。劳动者的高生产率和高就业率，这是一国国民福利水平以及一国竞争力的根本所在，但只有高福利才是最终目标。

　　美国经济学家曼瑟尔·奥尔森写了两本重要的书，分析关注个人福利可能损害整体福利的原因。在《集体行动的逻辑》一书中，他指出由于整体福利每个人都能分享，因此，即使集体行动能提升所有人的福利，但是关注个人利益的个人不会采取行动以实现共同利益，因此，要集体行动只能是少数人组成的集团或者强制或者有特殊利益回报的产物。② 在本书理论推导下他在《国家兴衰探源》一书中提出，按同样的逻辑可推论：希望采取集体行动以增加其收入份额的组织，不会关心社会总收入的下降或"公共损失"。因此之故，用分蛋糕来比喻社会受益的重新分配还不够恰当，更近似的比喻是在瓷器店里争夺瓷器：一部分人虽然多拿了一些，但还会同时

---

①　[英]亚当·斯密：《国民财富的性质和原因的研究》（下卷），郭大力、王亚南译，商务印书馆1974年版，第61页。
②　[美]曼瑟尔·奥尔森：《集体行动的逻辑》，陈郁译，上海三联书店、上海人民出版社1995年版，第2页。

打破一些本来大家可以分到手的瓷器。① 他认为，分利集团越来越多，它们根本不顾社会众多没有组织的群体，通过院外游说、制定排他性政策、延缓技术使用、干预法律制定等手段，扭曲资源配置、减缓经济增长、增加行政、改变社会发展方向，这是导致英国、法国等国家衰退的重要原因。虽然这个解释不能说是完美的，但是，一个国家如果工会一味地要求增加工资福利减少劳动时间，企业家协会一味地要求增加贸易保护降低税收，农民协会一味地要求增加农业补贴提高农业保护，教师公务员也一味地要求增加工资减少劳动时间，而且他们通过强大的组织力量还真能够达到目的，那么这种自私自利无论如何都会成为国家衰退的重要原因。所以，美国总统肯尼迪曾经在演讲中要求：不要问国家能为你做什么，要问问你能为国家做什么。

竞争战略和竞争力方面公认的权威，哈佛商学院教授迈克尔·波特认为，"生产率是人均国民收入的源泉，因此也是决定一个国家长期生活水平的关键……高生产率不仅带来高收入、更多休闲时间，它也创造政府税收、带动公共设施，进而提高生活水平。高生产率同样也使得企业有能力达到健康保险、社会福利、平等工作权和环境保护等严格的社会标准。因此，在国家层面上，'竞争力'的唯一意义就是国家生产力"②。

二　生产

人们总习惯于从动机来判断行为，以为善良的动机必然导致美好的结果。在福利问题上，便以为利己动机必然产生恶的行为，利他动机必然产生善的行为。其实，行为的善恶最终只能由行为的结

---

① ［美］曼瑟尔·奥尔森：《国家兴衰探源：经济增长、滞胀与社会僵化》，吕应中、陈槐庆、吴栋、孙礼照译，商务印书馆1993年版，第51页。
② ［美］迈克尔·波特：《国家竞争优势》，李明轩、邱如美译，华夏出版社2002年版，第6页。

果来判断，利己或利他的动机都不足以判定行为的好坏，更不足以判断一个社会的福利水平。

1. 分工与生产力

《周礼·冬官考工记》总叙记述了我国古代的社会分工："国有六职，百工与居一焉。或坐而论道；或作而行之；或审曲、面执，以饬五材，以辨民器；或通四方之珍异以资之；或饬力以长地财；或治丝麻以成之。坐而论道，谓之王公；作而行之，谓之士大夫；审曲、面执，以饬五材，以辨民器，谓之百工；通四方之珍异以资之，谓之商旅；饬力以长地财，谓之农夫；治丝麻以成之，谓之妇功。"①《孟子·梁惠王上》中提出："今王发政施仁，使天下仕者皆欲立于王之朝，耕者皆欲耕于王之野，商贾皆欲藏于王之市，行旅皆欲出于王之途，天下之欲疾其君者，皆欲赴愬于王：其若是，孰能御之？"一个社会能使士农工商各尽其能、各得其所，这就是贤能君主所应遵循的王道，也就是无敌于天下的仁政。当然，事实上，中国历代君主都倾向于"重农抑商"，这是农业社会的必然选择。但是，也因此，中国长期停留在农业文明阶段，中国历史也呈现出"千年停滞"的迹象。

马克思和恩格斯在《德意志意识形态》中指出："一个民族的生产力发展的水平，最明显地体现于该民族分工的发展程度。任何新的生产力，只要它不是迄今已知的生产力单纯的量的扩大（例如，开垦土地），都会引起分工的进一步发展。"②就中华民族来说，之所以会有以黑格尔为代表的"千年停滞"说，主要就是因为中国社会生产力的发展没有体现为分工的发展，而主要体现为生产力的量的扩大，包括开垦土地、提高产量和养活更多的人口。"一个民族内部的分工，首先引起工商业劳动同农业劳动的分离，从而也引起城

---

① 徐正英、常佩雨译注：《周礼》（下），中华书局2014年标点本，第859—860页。
② 《马克思恩格斯文集》第1卷，人民出版社2009年版，第520页。

乡的分离和城乡利益的对立。分工的进一步发展导致商业劳动同工业劳动的分离。同时，由于这些不同部门内部的分工，共同从事某种劳动的个人之间又形成不同的分工。……在交往比较发达的条件下，同样的情况也会在各民族间的相互关系中出现。"① 西方生产力发展最突出的体现就是工商业和农业的分离，进而工业劳动又与商业分离。

从地域分工来说，《周礼·冬官考工记》甚至包含了根据天时地利发挥"比较优势"的思想："粤无镈，燕无函，秦无庐，胡无弓车。粤之无镈也，非无庐也，夫人而能为庐也；燕之无函也，非无函也，夫人而能为函也；秦之无庐也，非无庐也，夫人而能为庐也；胡之无弓车也，非无弓车也，夫人而能为弓车也。知得创物，巧者述之，守之世，谓之工。百工之事，皆圣人之作也。烁金以为刃，凝土以为器，作车以行陆，作舟行水，此皆圣人之所作也。天有时，地有气，材有美，工有巧，合此四者，然后可以为良。材美工巧，然而不良，则不时，不得地气也。橘逾淮而北为枳，瞿鹆不逾济，貉逾汶则死，此地气然也；郑之刀，宋之斤，鲁之削，吴粤之剑，迁乎其地而弗能为良，地气然也。燕之角，荆之干，妢胡之笴，吴粤之金锡，此材之美者也。天有时以生，有时以杀；草木有时以生，有时以死，石有时以泐，水有时以凝，有时以泽，此天时也。"② 根据这个判断，大概淮南应该种橘子，郑国应该造刀，宋国应该造斧，鲁国应该造削，吴越应该造剑。近代资产阶级也是倡导各国发挥比较优势，发展本国最有利的产业，通过国际贸易互通有无。马克思和恩格斯在《共产党宣言》中则指出："资产阶级使农村屈服于城市的统治"，"正像它使农村从属于城市一样，它使未开化和半开化的国家从属于文明的国家，使农民的民族从属于资产阶级的民族，使东方从属于西方"。③ 美洲印第安人几乎被屠杀殆尽，而不是和欧

---

① 《马克思恩格斯文集》第 1 卷，人民出版社 2009 年版，第 520 页。
② 徐正英、常佩雨译注：《周礼》（下），中华书局 2014 年标点本，第 862—865 页。
③ 《马克思恩格斯文集》第 2 卷，人民出版社 2009 年版，第 36 页。

洲人进行水牛贸易；大量非洲人自己成了贸易的产品，而不是和欧洲人进行产品贸易；亚洲人也没有因为贸易获得发展，反而是得到欧洲人倾销的毒品和发动的战争。资本主义主导的国际分工，完全不是自由贸易经济学家想象的互通有无，顶多是相生相杀而已。

从社会内部来说，"分工起初只是性行为方面的分工，后来是由于天赋（例如体力）、需要、偶然性等等才自发地或'自然地'形成的分工"①；但是，"与这种分工同时出现的还有分配，而且是劳动及其产品的不平等的分配（无论在数量上或质量上）；因而产生了所有制，它的萌芽和最初形式在家庭中已经出现，在那里妻子和儿女是丈夫的奴隶"②。因此，"分工的各个不同发展阶段，同时也就是所有制的各种不同形式。这就是说，分工的每一个阶段还决定个人在劳动材料、劳动工具和劳动产品方面的相互关系"③。显然，"随着分工的发展也产生了单个人的利益或单个家庭的利益与所有相互交往的个人的共同利益之间的矛盾"④；而且，"只要分工还不是出于自愿，而是自然形成的，那么人本身的活动对人来说就成为一种异己的、同他对立的力量，这种力量压迫着人，而不是人驾驭着这种力量"⑤。一方面，"受分工制约的不同个人的共同活动产生了一种社会力量，即成倍增长的生产力"；另一方面，"因为共同活动本身不是自愿地而是自然形成的，所以这种社会力量在这些个人看来就不是他们自身的联合力量，而是某种异己的、在他们之外的强制力量。关于这种力量的起源和发展趋向，他们一点也不了解；因而他们不再能驾驭这种力量，相反，这种力量现在却经历着一系列独特的、不仅不依赖于人们的意志和行为反而支配着人们的意志和

---

① 《马克思恩格斯文集》第1卷，人民出版社2009年版，第534页。
② 《马克思恩格斯文集》第1卷，人民出版社2009年版，第536页。
③ 《马克思恩格斯文集》第1卷，人民出版社2009年版，第521页。
④ 《马克思恩格斯文集》第1卷，人民出版社2009年版，第536页。
⑤ 《马克思恩格斯文集》第1卷，人民出版社2009年版，第537页。

行为的发展阶段"①。因此,西方资本主义在生产力高度发达的同时,也造成了劳动"异化"和劳工运动等社会问题。

资本主义社会发展的必然规律,意味着落后国家面临着双重问题:一方面,"问题本身并不在于资本主义生产的自然规律所引起的社会对抗的发展程度的高低。问题在于这些规律本身,在于这些以铁的必然性发生作用并且正在实现的趋势。工业较发达的国家向工业较不发达的国家所显示的,只是后者未来的景象";另一方面,"一个国家应该而且可以向其他国家学习。一个社会即使探索到了本身运动的自然规律","它还是既不能跳过也不能用法令取消自然的发展阶段。但是它能缩短和减轻分娩的痛苦"②。既要学习发达资本主义国家所取得资本主义文明的一切成果,又要探索符合本国国情的发展模式以减少资本主义的弊病,这就是后发展国家的历史使命和历史任务。

2. 协作与生产力

马克思在《资本论》中指出:"许多人在同一生产过程中,或在不同的但互相联系的生产过程中,有计划地一起协同劳动,这种劳动形式叫做协作";就如"一个骑兵连的进攻力量或一个步兵团的抵抗力量,与每个骑兵分散展开的进攻力量的总和或每个步兵分散展开的抵抗力量的总和有本质的差别,同样,单个劳动者的力量的机械总和,与许多人手同时共同完成同一个不可分割的操作(例如举起重物、转绞车、清除道路上的障碍物等)所发挥的社会力量有本质的差别。在这里,结合劳动的效果要么是单个人劳动根本不可能达到的,要么只能在长得多的时间内,或者只能在很小的规模上达到。这里的问题不仅是通过协作提高了个人生产力,而且是创造了一种生产力,这种生产力本是必然是集体力"③。近代资产阶级思

---

① 《马克思恩格斯文集》第 1 卷,人民出版社 2009 年版,第 537—538 页。
② 《马克思恩格斯文集》第 5 卷,人民出版社 2009 年版,第 8—10 页。
③ 《马克思恩格斯文集》第 5 卷,人民出版社 2009 年版,第 378 页。

想家为了强调个人自由的价值,以单个屠户、酿酒师、面包师作为理论的出发点,甚至假想漂流到孤岛上的鲁宾逊,这是科学研究受价值观限制的典型表现。我们如果转向金字塔、万里长城、大教堂的建造,就会发现单个泥瓦工、木匠、雕刻师永远也不可能完成这些工程。同样地,近代以来修建公路、铁路、港口、机场、大楼等大型工程的生产模式,也与屠户、酿酒师、面包师这些小商贩的市场交易完全不同。资产阶级经济学家在编造市场交易神话的时候,犯了"只见树木不见森林"的错误;或者说那种个人市场交易主要是手工业时代的特征,而不是机器大工业时代的特征。在机器大工业时代,不论在生产、运输还是在销售环节,"看得见的手"和"看不见的手"同样重要。

  马克思进一步指出:"且不说由于许多力量融合为一个总的力量而产生的新力量。在大多数生产劳动中,单是社会接触就会引起竞争心和特有的精力振奋,从而提高每个人的个人工作效率。因此,12 个人在一个 144 小时的共同工作日中提供的总产品,比 12 个单干的劳动者每人劳动 12 小时或者一个劳动者连续劳动 12 天所提供的总产品要多得多。这是因为人即使不像亚里士多德所说的那样,天生是政治动物,无论如何也天生是社会动物。"① 马克思在这里强调了许多人共同劳动振奋精神的作用,但他接下来说:"总体劳动者例如用 24 只手传砖,比单个劳动者每人都用两只手搬着砖上下脚手架要快。劳动对象在比较短的时间内通过同样的空间。另一方面,例如,如果一座建筑物同时从各个方面动工兴建,尽管协作的人做的是同一或同种工作,那也会发生劳动的结合。144 小时的结合工作日可以在空间上从多方面对劳动对象进行加工,因为结合劳动者或总体劳动者前前后后都有眼睛和手,在一定程度上是全能的。"② 瓦匠传递砖头和从各个方面动工兴建建筑物的例子,其实说明组织管理

---

① 《马克思恩格斯文集》第 5 卷,人民出版社 2009 年版,第 379 页。
② 《马克思恩格斯文集》第 5 卷,人民出版社 2009 年版,第 379—380 页。

生产劳动的重要性。泰勒在《科学管理原理》中阐述了管理的理论和实践，他认为由于缺乏管理者的指导，"来自人力资源上的损失要比在物质资源上的浪费巨大得多"①，因此他开始了"科学管理"的研究，通过"每天每个工人能完成的最合适的工作量"，"工人工作时的各个动作所需要的合理时间"②，使用的合适工具，等等，"教会他们以正确的方法，最有效地使用力气"③。可以想象得到，经过科学指导，工人的数量和企业的生产成本大大减少了，工人生产率和收入水平则大大提高了。"泰勒制"主要改进了人在劳动中体力使用的效率，福特汽车公司最早推行流水线生产方式，则相当于把"泰勒制"提高的单个工作组合起来，进一步提高了工人的劳动生产率，大大地降低了汽车的生产成本和销售价格，由此也开创了汽车时代和消费主义社会。最后，人们认识到，"在每个企业中，管理者都是赋予企业生命、注入活力的要素。如果没有管理者的领导，'生产资源'始终只是资源，永远不会转化为产品"④。因此，科学管理涵盖了企业生产经营的所有环节，"管理科学"学科也因此诞生了。

"管理科学"无疑是人类历史上的一次重要的"科学的革命"，它是资产阶级创造前所未有的生产力的关键要素。与此同时，"管理"一旦成为"科学"，也就把资产阶级管理的剥削本质消解了。马克思尖锐地批评政治经济学家说："他在考察资本主义生产方式时，却把从共同的劳动过程的性质产生的管理职能，同从这一过程的资本主义的、从而对抗的性质产生的管理职能混为一谈。资本家所以是资本家，并不是因为他是工业的管理者，相反，他所以成为

---

① ［美］弗雷德里克·泰勒：《科学管理原理》，马风才译，机械工业出版社2007年版，前言。
② ［美］弗雷德里克·泰勒：《科学管理原理》，马风才译，机械工业出版社2007年版，第42页。
③ ［美］弗雷德里克·泰勒：《科学管理原理》，马风才译，机械工业出版社2007年版，第51页。
④ ［美］彼得·德鲁克：《管理的实践》，齐若兰译，机械工业出版社2006年版，第2页。

工业的司令官,因为他是资本家。"① "管理"本来是共同生产的职能,为了提高生产率,但是,资产阶级的管理是资本的职能,目的是资产增值。流水线上的工人,正如卓别林在电影《摩登时代》中所演绎的,只是"异化"为生产线的一部分。

  毫无疑问,"一切规模较大的直接社会劳动或共同劳动,都或多或少地需要指挥,以协调个人的活动,并执行生产总体的运动",就像"一个单独的提琴手是自己指挥自己,一个乐队就需要一个乐队指挥。一旦从属于资本的劳动成为协作劳动,这种管理、监督和调节的职能就成为资本的职能","资本的特殊职能"②。具体地说,"资本主义的管理就其内容来说是二重的,——因为它所管理的生产过程本身具有二重性:一方面是制造产品的社会劳动过程,另一方面是资本的价值增殖的过程,——那么,资本主义的管理就其形式来说是专制的"③,"工人作为社会工人所发挥的生产力,是资本的生产力"④,但也仍然是社会的巨大进步。"在人类文化初期,在狩猎民族中,或者例如在印度公社的农业中,我们所看到的那种在劳动过程中占统治地位的协作,一方面以生产条件的公有制为基础,另一方面,正像单个蜜蜂离不开蜂房一样,以个人尚未脱离氏族或公社的脐带这一事实为基础。这两点使得这种协作不同于资本主义协作……以直接的统治关系和奴役关系为基础,大多数以奴隶制为基础。相反,资本主义的协作形式一开始就以出卖自己的劳动力给资本的自由雇佣工人为前提。"⑤ 我们中国人想想孟姜女哭长城的故事和陈胜吴广起义的故事,就能理解那时候的协作其实是四匹马共同拉车的协作,是被锁链拴着的奴隶同时迈步以防绊倒的协作。当然,马克思主义致力于使资本的特殊职能表现为社会的管理职能;

---

① 《马克思恩格斯文集》第5卷,人民出版社2009年版,第386页。
② 《马克思恩格斯文集》第5卷,人民出版社2009年版,第384页。
③ 《马克思恩格斯文集》第5卷,人民出版社2009年版,第385页。
④ 《马克思恩格斯文集》第5卷,人民出版社2009年版,第387页。
⑤ 《马克思恩格斯文集》第5卷,人民出版社2009年版,第388页。

使工人作为社会工人所发挥的生产力,成为社会生产力。

撇开在管理过程中的剥削,马克思认为:"一方面,协作可以扩大劳动的空间范围,因此,某些劳动过程由于劳动对象空间上的联系就需要协作;例如排水、筑堤、灌溉、开凿运河、修筑道路、铺设铁路等等。另一方面,协作可以与生产规模相比相对地在空间上缩小生产领域。在劳动的作用范围扩大的同时劳动空间范围的这种缩小,会节约非生产费用,这种缩小是由劳动者的集结、不同劳动过程的靠拢和生产资料的积聚造成的",这种"特殊生产力都是社会的劳动生产力或社会劳动的生产力。这种生产力是由协作本身产生的",它"摆脱了他的个人局限,并发挥出他的种属能力"[①]。显然,管理和协作是大工业生产的要素,没有管理和协作就只有个体工商业而不会有现代大型工商业。事实证明,现代大型工商业的经济和社会效益都是由管理决定的,好的管理能让企业增收、资本增值、工资增长,不好的管理能让企业破产、资本亏损、工人下岗。在社会主义社会,消灭了资本对工人的剥削,国家的统治职能将被管理职能所取代。

总之,分工和协作是现代工商业并行不悖的两个方面,由此也决定了"看不见的手"和"看得见的手"不论从企业内部还是市场交易来说都是不可分离的管理手段。当然,后来的社会主义国家的经济发展事实证明,社会主义国家比较成功地发挥了"看得见的手"在基础设施、重工业建设领域的作用,但是"看不见的手"的作用发挥得不好甚至没有发挥,这导致了轻工业生产和民生领域的突出问题。今天看来,世界各国经济发展的成功与否,在于是否能发挥政府和市场"两只手"与公有制和非公有制经济"双引擎"的作用。

3. 生产力与自然力

恩格斯指出,"政治经济学家说:劳动是一切财富的源泉。其

---

① 《马克思恩格斯文集》第 5 卷,人民出版社 2009 年版,第 381—382 页。

实,劳动和自然界在一起才是一切财富的源泉,自然界为劳动提供材料,劳动把材料转变为财富。"① 由于认识不到这点,资本主义生产方式下的劳动最终也是人与自然关系的异化。

人类应该认识到,一方面,"动物仅仅利用外部自然界,简单地通过自身的存在在自然界中引起变化;而人则通过他所做出的改变来使自然界为自己的目的服务,来支配自然界。这便是人同其他动物的最终的本质的差别,而造成这一差别的又是劳动";另一方面,"我们不要过分陶醉于我们人类对自然界的胜利。对于每一次这样的胜利,自然界都对我们进行报复。每一次胜利,起初确实取得了我们预期的结果,但是往后和再往后却发生完全不同的、出乎预料的影响,常常把最初的结果又消除了";而且,"如果说我们需要经过几千年的劳动才多少学会估计我们的生产行为在自然方面的较远的影响,那么我们想学会预见这些行为在社会方面的较远的影响就更加困难得多了"②。劳动、生产和发展的关系,说到底是人与人之间、人与自然的关系,人类为了更好地满足自身的需要,必须学会认识自己的行为对他人、对自然的影响。但是,"到目前为止的一切生产方式,都仅仅以取得劳动的最近的、最直接的效益为目的。……在西欧现今占统治地位的资本主义生产方式中,这一点表现得最为充分。支配着生产和交换的一个个资本家所能关心的,只是他们的行为的最直接的效益。不仅如此,甚至连这种效益——就所制造的或交换的产品的效用而言——也完全退居次要地位了;销售时可获得的利润成了唯一的动力。……只要获得普通的利润,他就满意了,至于商品和买主以后会怎样,他并不关心。关于这些行为在自然方面的影响,情况也是这样。"③ 事实已经充分证明,追求私人的利益并不必然促进社会的利益,私人利益最大化很可能导致的是"公有地悲剧"。

---

① 《马克思恩格斯文集》第9卷,人民出版社2009年版,第550页。
② 《马克思恩格斯文集》第9卷,人民出版社2009年版,第559—561页。
③ 《马克思恩格斯文集》第9卷,人民出版社2009年版,第562页。

"公有地悲剧"最早由生态学家哈定提出，讲述了牧羊人为了自身利益最大化过度放牧，最终导致牧地荒芜和每个人利益受损的结果。哈定认为，因为放牧更多羊的收益属于自己，牧地荒芜的结果大家共担，所以每个牧民只能选择放牧更多的羊，而结果只能是"悲剧"。哈定本来要说的是"公共产品中放任自流造成的悲剧"（tragedy of freedom in a commons）[1]，但是，"公有地悲剧"却成为自由主义经济学家最喜欢引用的例子，而引用的目的就是批判"公有"和论证"私有"。毫无疑问，牧地私有化，确实是解决"公有地悲剧"的一个方法，哈定本人也确实提出了这个思路。但是，造成"公有地悲剧"的原因及其解决思路，绝不只是"公有"和"私有化"这么简单。首先，从原因来说，造成"公有地悲剧"的原因除了牧地"公有"以外，还有羊群"私有"。如果牧地和羊群都是公有的，所有者就可以根据牧草来决定羊群的数量，而不会陷入每个牧民都为了私人的利益只能选择放养更多羊的"悲剧"；其次，从解决问题的思路来说，牧民之间自主的"协作"如果不容易达成，"私有化"也同样不容易达成；最后，从解决问题的效果来说，"私有化"并不见得效果良好，它必须面对多数牧民失业或转业的问题。苏联东欧的改革，可以说就是用"私有化"来解决"公有地悲剧"，但它并没有造成经济和社会发展的"喜剧"，反而可以说酿成了"历史悲剧"。

"反公有地悲剧"是时任密歇根大学法学助理教授的迈克尔·海勒提出的，他在考察苏联解体、东欧剧变后的经济生活发现，在天寒地冻的莫斯科，街边商贩的小铺上商品琳琅满目，但是商店里面却空空如也，甚至店门紧闭。更加不可思议的是，这些街边摊还得给黑社会交保护费，他们为什么不在店里做生意呢？通过调查，海勒了解到，这些门店之所以不能开张经营，是因为它有众多的所有权人，以至于不能对使用权达成一致的意见。苏联时代，房屋都是

---

[1] Garrett Hardin, "The Tragedy of the Commons", *Science*, Vol. 162, p. 1244.

公有的，私有化之后变成了私人的。按说真可以利用房屋做生意，或者用来出租也能挣到钱。但是，令人遗憾的是，私有化让一间门店有数量众多的主人，他们不仅不能单独占用门店做生意，甚至于有人想要租用也不知道找谁，或者不能找到全部所有权人协商租金。海勒把这种现象叫作"反公有地悲剧"，它和"公有地悲剧"好像完全相反，但却同是悲剧。人们所熟知的是，苏联公有制经济私有化的权益后来被廉价售卖，形成了俄罗斯的寡头经济。"反公有地悲剧"并非苏联解体东欧剧变之后的独有现象，美国也有很多，比如无线电频段被众多私人占用而互相干扰，黑人的土地经过几代人后由于所有权人太多只能廉价出售，等等。[①] 它也从反方面证明了，"公有地悲剧"是被自由主义经济学家扭曲的意识形态宣传。

"公有地悲剧"和"反公有地悲剧"并不意味着人类无论如何都是悲剧，而是说生产资料是要用来服务生产的，"公有"还是"私有"其实并不是最主要的考量标准，管理和效益才是衡量资源利用效率的标准。对于自然资源，它既然是"公有"的就需要"公共管理"，它当然可以"公有公营"，比如国有农场、林场、矿山等，但也可以采取"公有私营"的形式，比如中国的家庭联产承包责任制，就是土地公有基础上的家庭经营。私有资源的使用也不是可以完全不受政府干预，比如私人种植的林木也不可以任意砍伐，私人创造的文艺作品也不能任意发行，无论在什么样的国家都需要遵守政府管理规定。最终，决定生产力发展水平的根本因素，是对自然资源、社会资源、人力资源的利用效率。

三 发展

虽然提高劳动者素质和劳动生产率，这是一国竞争力的决定因

[①] Michael A. Heller, "The Tragedy of the Anti-commons: Property in the Transition from Marx to Markets", *Harvard Law Review*, Vol. 111, p. 621.

素。但是，劳动者的素质本身也不等于现实力量，优秀和众多的劳动者只有依靠管理协作才能推动社会发展。即使是劳动者掌握的科学技术，也可能成为自身需要和自然环境的破坏性力量。劳动和生产都必须转化为满足人们需要的物质力量，才能真正推动人类社会的发展进步。在人的主观能力和社会发展进步之间，只有经济发展才是最终决定力量。

1. 社会存在最终决定社会意识

毫无疑问，没有人会否定经济条件对个人能力的发挥具有重要的制约作用，也没有人会否定个人才能对经济的巨大推动作用。如果经济发展对人的能力的发展没有重要的制约作用，欧亚北非之外的大陆也应该出现重要的思想家，他们的思想也应该流传至今。如果人的能力的发展对经济没有巨大推动作用，经济发达的地区就应该永远发达，美国就不应该是最发达的国家。因此，简单地说物质决定意识或意识决定物质，看起来都对或看起来都不对。当然，也因此有了非决定论，即二元论。辩证唯物主义既强调多样性和相互作用，又坚持物质起源于意识，并且认为物质起最终决定作用。

首先，关于物质第一性还是意识第一性，即世界本源问题。辩证唯物主义认为，世界的本源是物质的，今天的世界是物质不断发展的产物。列宁说："物质是标志客观实在的哲学范畴。这种客观实在是人通过感觉感知的，它不依赖于我们的感觉而存在，为我们的感觉所复写、摄影、反应。"[①] 因此，"客观实在" 就是世界的本源。这相当于说世界本来就是存在的，世界来源于存在。但是，一味地追根溯源问世界是哪里来的是没完没了的，因此认为世界起源"无"也未尝不可。不过，"无"根本就不属于世界的历史，它是世界的史前史。把世界的本源归结为"客观实在"，是因为世界它最起码现在客观存在。那么，就让我们从目前所知道的它的存在形式开始研究

[①] 《列宁全集》第18卷，人民出版社1995年版，第130页。

吧！"客观存在"包容了人类未来所可能知道的任何具体存在形式，但不管怎么样，它都应该是摸得着，至少看得到的东西，绝不是虚无。更重要的是，唯物主义认为意识是必须依附于人的，没有人的时候就没有意识。所以，世界起源于摸得着、看得见的东西，或者依赖摸得着、看得见的东西，这是唯物论关于物质第一性的重要内容。

唯心主义最终也是要把世界的本源归结为某种"客观实在"，如上帝，或者人的思维。要记住，对于信仰上帝的人来说，上帝是客观存在的——它决不像唯物主义者认为的那样是虚幻的；而对于那些认为思维是第一性的人，思维本身最起码是客观存在的。但是，它还是与"物质"有区别的，它不是摸得着也不是用任何仪器可看得到的，更不是任何人都能够摸得着或用仪器看得到的，而且没有人的时候也有意识或意志。

其次，辩证唯物主义认为世界是物质多样性的统一，"物"通过内部矛盾的相互作用使自己不断发展变化，也就是使世界不断地发展变化。所以，辩证唯物主义从一开始就隐含了这个观点：物质的形态不是单一的，而是多样的。如果物质不是多样的、多形态的，根本无所谓矛盾的相互作用。所谓矛盾其实就是差别，就是多样性，就是要否定世界的单一性。当我们说世界的本源是物质的时候，我们指的不是一样东西，而是多样东西，即物质的多种形态。也就是说，新事物的产生是旧事物内部矛盾相互作用的结果；而不是认为旧事物直接生成了新事物，新事物是旧事物的产物并由它决定的。如果更高级的物质形态是更低级的物质形态的直接产物，那么，物质发展进化的动力源泉在哪里呢？这样，唯物主义从一开始也就要反对单向决定论，坚持相互作用论，或说多因素决定论。

物质的相互作用产生出新的物质形态，新的物质形态又增加了新的相互作用的方式，世界就是这样普遍联系和永恒发展的。正如恩格斯引用辩证法大家黑格尔的话说的，"相互作用是事物的真正的终极原因。我们不能比对这种相互作用的认识追溯得更远了，因为在这之后没有什么要认识的东西了"①。同时,"相互作用是我们从现今自然科学的观点出发在整体上考察运动着的物质时首先遇到的东西。我们看到一系列的运动形式……都是互相转化、互相制约的,在这里是原因,在那里就是结果"②。人类到目前为止的科学所能揭示的物质世界发展是从无机物之间的机械运动(反应特性)开始的,发展为有机物的生存竞争活动,最后出现了人类有意识的活动。

物质的多样性和相互作用,是事物发展的动力源泉。消灭世界的多样性和相互作用,搞单一性和单一决定就消灭了事物发展的动力。经济上的垄断、政治上的独裁、思想上的大一统,对经济、政治和文化发展都是有害的。

最后,作为最高形态的物质,"观念的东西不外是移入人的头脑并在人的头脑中改造过的物质的东西而已"③,"它不过是更高层次的有机体与环境之间的交互作用"④。这种相互作用跟桌子和椅子之间的作用力与反作用力、动物和环境的关系本质上是一样的,只不过人是更高层次的有机体而已。意识不过是物质形态的多样性的一种,更高级的那种;意识不过是物质普遍联系的一种,更复杂的那种。只要人和环境都还存在,意识也是客观存在的,也是"物质",它和环境彼此开放、相互促进:意识的发展源于环境的刺激;环境的变化源于人的有意识的改造。这么来理解意识,我们就把人和人的意识都完全看作是物质世界的一部分,相互作用的物质联系网中的一部分。这样,很显然,当我们谈论物质和意识关系的时候,我们指的是作为高级有机体的人和他的生活环境这两种物质形态之间的联系,它们是物质世界诸多物质形态的诸多相互作用的一种。

正是因为意识是多样性的物质相互作用的产物,"意识一开始就

---

① 《马克思恩格斯文集》第9卷,人民出版社2009年版,第482页。
② 《马克思恩格斯文集》第9卷,人民出版社2009年版,第481页。
③ 《马克思恩格斯文集》第5卷,人民出版社2009年版,第22页。
④ [美]桑德拉·罗森塔尔:《从现代背景看美国古典实用主义》,陈维刚译,开明出版社1992年版,第38页。

是社会的产物,而且只要人们存在着,它就仍然是这种产物。当然,意识起初只是对直接的可感知的环境的一种意识,是对处于开始意识到自身的个人之外的其他人和其他物的狭隘联系的一种意识"①。这可以从小孩自出生到成长的过程中得到验证。小孩刚生下来,简直就是一团小肉球,谈不上有什么意识。他的第一声啼哭完全是无意识的生理反应,他饥饿、难受的啼哭也同样是生理反应,完全不像长大以后懂得用哭来获得同情、爱护、霸道。是父母亲一天天不断地重复地与他交流,首先是肉体的交流比如吸食奶嘴、拥抱和亲吻,然后才是语言的交流,这样他就逐步意识到了自己的饮食器官、排泄器官,意识到了自己、母亲以及环境。"意识到必须和周围的个人来往,也就是开始意识到人总是生活在社会中的。这个开始,同这一阶段的社会生活本身一样,带有动物的性质;这是纯粹的畜群意识,这里,人和绵羊不同的地方只是在于:他的意识代替了他的本能,或者说他的本能是被意识到了的本能。由于生产效率的提高,需要的增长以及作为二者基础的人口的增多,这种绵羊意识或部落意识获得了进一步的发展和提高。与此同时分工也发展起来。分工起初只是性行为方面的分工,后来是由于天赋(例如体力)、需要、偶然性等等才自发地或'自然地'形成的分工。分工只是从物质劳动和精神劳动分离的时候起才真正成为分工。从这时候起意识才能现实地想象:它是和现存实践的意识不同的某种东西;它不用想象某种现实的东西就能现实地想象某种东西。从这时候起,意识才能摆脱世界而去构造'纯粹的'理论、神学、哲学、道德等等。"② 人们往往只看到了"秀才不出门能知天下事",而不知道秀才这能力其实也不过是人脑的机能长期发展的产物。而且如果他真的从不出门的话,如果他生在狼群里的话,他当然连最起码的人情世故也不懂,更不要说能知天下事了。

---

① 《马克思恩格斯文集》第 1 卷,人民出版社 2009 年版,第 533—534 页。
② 《马克思恩格斯文集》第 1 卷,人民出版社 2009 年版,第 534 页。

显然，认为"不是人们的意识决定人们的存在，相反，是人们的社会存在决定人们的意识"①，并不是否定多样性和相互作用。不过是认为意识从根本上说也是物质，多样性其实是物质的多样性，相互作用其实是物质的相互作用。意识是人和环境之间的相互作用，意识的发展其实是物质相互作用的发展，人的发展其实是人改造物质世界的过程。正如恩格斯在《自然辩证法》一书中说的："人的思维的最本质的和最切近的基础，正是人所引起的自然界的变化。"② 思维的发展、人的素质的提高，最终要看思维对物质世界发生的影响。思维对人的影响说到底也不能只是精神的影响，精神的影响总要表现为对物质世界的影响，比如让人创造更多的物质财富、让人生活得更健康、让人更长寿。

2. 政治变革、文化发展和社会改革必须产生经济效果

社会就是众多的人本身，对经济发展与人的发展或社会存在和社会意识关系的认识，也决定了对经济发展与政治和文化发展关系的认识。因此，也就有了经济决定论、政治决定论和文化决定论以及非决定论。辩证唯物主义既坚持经济基础决定上层建筑，又坚持政治和文化上层建筑对经济基础的反作用，因此，在一定的历史时期可能思想文化革命或政治革命为经济发展创造条件，但是在长期的历史进程中政治和文化变革最终必须有利于社会生产力发展，生产力的发展是政治和文化发展的根本推动力，这也就是社会存在决定社会意识。

首先，经济发展是人的生存和社会发展的前提。衣食无忧的人喜欢教导人们不要为活着而努力，要为活得有价值而努力。但是，现实的情况是世界上绝大多数人不过是为了活着而奋斗终生，而为绝大多数人的活着而奋斗终生的人才可能让绝大多数人活着，那些

---

① 《马克思恩格斯文集》第2卷，人民出版社2009年版，第591页。
② 《马克思恩格斯文集》第9卷，人民出版社2009年版，第483页。

试图让绝大多数人不要为活着而努力的总是让绝大多数人没法活。希特勒、墨索里尼和东条英机这些人,都是要让人们为荣誉活着而不要以为活着就是荣誉。其结果是,在他们的统治下,能活着真的就是很了不起的荣誉了,而得到他们所谓荣誉的人根本不应该活着。在这个世界上,虽然注重经济发展的国家并不都能使老百姓幸福,但是,还从来没有哪个国家不注重经济发展却能使老百姓活得幸福、健康、长寿的。人们尽管可以争论说那些最落后的部落的人们其实很幸福,但是人均预期寿命长和婴儿死亡率低的国家和地区从来就是发达国家和地区。经济发展水平和人类生存质量、社会进步程度基本上是一致的。

其次,经济发展是政治发展的最终决定力量。美国政治学家亨廷顿提出了与经济差距相对应的"政治差距"的概念,认为对于政治秩序还没有建立起来的国家,它们委实缺乏食品、文化、教育、收入、健康水准和生产效率。不过,这些问题已被认识,也已被着手去解决。然而,在这些短缺的深层和背后,还存在一种更为严重的短缺,即缺乏政治上的共同体和有效能的、有权威的、合法的政府。对于已经建立了政治共同体并且经济有了一定发展但却遭到动乱和危机的国家,亨廷顿认为在很大程度上,这是社会急剧变革、新的社会集团被迅速动员起来卷入政治,而同时政治体制的发展却又步伐缓慢所造成的。① 认为经济发展背后"深层和背后"的根源是政治落后,这和马克思的看法完全相反。毫无疑问,绝大多数经济长期停滞或倒退的国家,政治上都是有很严重的问题。经济快速发展的国家,往往是高瞻远瞩的领导人带领人民选择了正确的道路。经济发达的国家,政治普遍比较稳定,政治体制普遍比较完善。亨廷顿之所以认为政治是经济背后的深层原因,是因为他心中有明确的好的政治体制,那就是西方的尤其是经济最发达的美国的政治制

---

① [美]塞缪尔·P.亨廷顿:《变化社会中的政治秩序》,王冠华等译,生活·读书·新知三联书店1989年版,第5页。

度。可是努力学习西方政治体制的苏联和东欧，它们的经济并没有发展，反而衰退了。因此，有些人认为还是原来的政治体制好，因为它曾经造就了强大的苏联。这些人当然有意忽视了非洲很多国家搞社会主义越搞越穷，而苏联的崛起如果说确实是集权体制的成就，那么苏联和东欧的停滞和衰败也是它最终造成的恶果。

辩证唯物主义并不否定政治体制改革对经济发展的先导作用，但是认为只有促进经济发展的政治制度变革才能说是好的，而且政治制度变革必须根据经济发展提出的需要进行，人们不能自由选择政治体制。反过来，已经在一个或多个国家取得经济成果的政治体制，当然值得其他国家学习。导致一个或多个国家经济长期停滞不前的政治体制，无论如何是存在严重问题的，不值得人们过分推崇。经济发展对政治发展起到最终决定作用，政治体制变革必须符合经济发展的需要，最终必须促进经济发展。

最后，经济发展也是文化发展的最终决定力量。卡尔·波普尔专门批判过马克思的历史唯物主义，认为："在经济条件和观念之间存在一种互动，但后者并不是简单的单方面依赖于前者。如果可能的话，我甚至会断言，正如下述思考中可以看到的，一定的'观念'——那些构成我们的知识的观念——比生产的较为复杂的物质手段更基本。试想某一天，如果我们的经济体系（包括全部的机器设备和社会组织）被毁了，但是科学技术方面的知识却还能保存下来。在这个例子中，它要获得重建（在一种较小的范围内，经过无数人饿死之后），可想而知用不了多少时间。然而，试想着有关这些事物的一切知识都消失了。而这些物质的东西却保存着。这好比是一个野蛮的部落占据了一个高度工业化却又废弃了的国家所发生的情形。它很快就会导致文明的物质遗迹的完全消失。"[①] 应该说，第一句话是对马克思的误解，马克思并不是简单的决定论。他自己的

---

① [英]卡尔·波普尔：《开放社会及其敌人》第2卷，陆衡等译，中国社会科学出版社1999年版，第176页。

假设，即使不是错误的，也是不存在的。物质是人类生存的前提，物质条件全被毁了人就不能生存。社会就是众多人处于相互关系中，没有了社会组织就意味着没有了人。人是掌握知识、运用知识和创新知识的"物质"，机器设备是科学技术的"物质"载体，如果全部的机器设备和社会组织都被毁了，这个社会其实就不存在了，那么科学技术方面的知识无论如何是保存不下来的。唯一可能的情况是，科学技术知识被书籍记录下来，而且在别的什么地方还有人们掌握着它，而且还必须能够运用它，所谓快速重建才是可能的。试想不用物质载体记录下来的知识，试想不用人掌握、运用和创新的知识，试想脱离物质的观念，都是虚幻的。反过来，一切知识如果都消失了，肯定也就是因为把一切知识的载体都消除了。只要还存在物质载体，就是几千万年后，考古学家还能重新吸取知识。马克思也谈到过蛮族的入侵，甚至是通常的战争，都足以使一个具有发达生产力和有高度需求的国家处于一切都必须从头开始的境地。但是，他认为这"完全取决于交往扩展的情况"①。"只有当交往成为世界交往并且以大工业为基础的时候，只有当一切民族都卷入竞争斗争的时候，保持已创造出来的生产力才有了保障。"② 有了世界交往、工业和一切民族的卷入，任何地方的生产力都可能在其他地方以其他形式保存下来。因为有了知识传播、保存、使用和创新的载体，知识就不再会彻底消失，知识才可能用于迅速的经济重建。没有知识载体——书籍和人，述而不作的孔子去世后他的思想也就不存在了。没有科学技术的载体，即机器设备和懂科学技术的人，我们就算是知道存在先进的科学技术也不可能生产。这就是经济对思想观念和科学技术的最终决定作用。

更重要的是，历史事实告诉我们，物质条件尤其是整个社会的物质条件落后，就很难有精神进步。世界的落后地区，从来都缺乏

---

① 《马克思恩格斯文集》第1卷，人民出版社2009年版，第559页。
② 《马克思恩格斯文集》第1卷，人民出版社2009年版，第560页。

思想家，当然也缺乏科学家。物质条件不是人的精神发展的充分条件，但确实是必要条件。与此同时，就是人掌握了思想观念和科学技术、有了思想观念和科学技术创新，如果始终不能促进经济发展，对社会发展的进步也是无效的。"一个人的有效性，与他的智力、想象力或知识之间，几乎没有太大的关系。有才能的人往往最为无效，因为他们没有认识到才能本身并不是成果。他们也不知道，一个人的才能，只有通过有条理、有系统的工作，才有可能产生效益。"①人的才能只有直接或间接地运用到经济发展中，最终创造出提高人类福利的效果，才是有意义的。

3. 发展必须以民生福利为最终衡量标准

法国社会学家雷蒙·阿隆认为，"政治作用和经济作用同样都是基本的、独立的，这两者是相辅相成的。生产和集体资源的分配的组织方法影响着权力问题的解决方法，权力问题的解决方法也反过来影响生产和资源的分配问题"②。同样地，人们很容易认为文化也是基本的、独立的。因此，就有了"非决定论"观点。卡尔·波普尔是反历史决定论的代表，他认为人类历史的进程受人类知识增长的强烈影响，但是我们不可能用合理的或科学的方法来预测我们的科学知识的增长，所以，我们不能预测人类历史的未来进程。③

正如波普尔自己说的，他其实并不反驳对社会进行预测的可能性，只是根据历史发展可以受到我们知识的增长影响这一点，来反驳对历史发展进行预测的可能性。④ 确实，如果完全否定对社会进行

---

① ［美］彼得·德鲁克：《卓有成效的管理者》，许是祥译，机械工业出版社2009年版，第1页。
② ［法］雷蒙·阿隆：《社会学主要思潮》，葛智强译，华夏出版社2000年版，第131页。
③ ［英］卡尔·波普尔：《历史主义贫困论》，何林、赵平等译，中国社会科学出版社1998年版，第1页。
④ ［英］卡尔·波普尔：《历史主义贫困论》，何林、赵平等译，中国社会科学出版社1998年版，第1页。

预测的可能性，那么社会研究就没有任何意义了。社会研究总是要为社会决策、社会发展或社会变革指出某种社会后果，不能认为经济、政治、文化只是毫无规律地相互作用。经济、政治和文化究竟是怎么相互作用的呢？历史唯物主义的基本观点是经济基础决定上层建筑、社会存在决定社会意识。波普尔其实是用知识增长来反对经济增长，用社会意识来反对社会存在。如果承认社会预测是可能的，那么波普尔同样也是历史决定论者，不过是知识或文化决定论。

历史唯物主义首先阐明了经济与政治和文化的关系。在《德意志意识形态》中是这么说的，"由此可见，这种历史观就在于：从直接生活的物质生产出发阐述现实的生产过程，把同这种生产方式相联系的、它所产生的交往形式即各个不同阶段上的市民社会理解为整个历史的基础，从市民社会作为国家的活动描述市民社会，同时从市民社会出发阐明意识的所有各种不同的理论产物和形式，如宗教、哲学、道德等等，而且追溯它们产生的过程"。[①] 这里说的其实是研究国家和意识或政治和文化的方法，那就是从经济和社会现实出发来研究政治和文化，而不是倒过来，用政治和文化来说明经济和社会。

在《政治经济学批判》序言中，马克思进一步阐释了研究社会发展趋势的方法，即认为物质生活的改变将引起政治生活、精神生活和整个社会生活的改变，从而也就改变了整个社会。原文为："人们在自己生活的社会生产中发生一定的、必然的、不以他们的意志为转移的关系，即同他们的物质生产力的一定发展阶段相适合的生产关系。这些生产关系的总和构成社会的经济结构，即有法律的和政治的上层建筑竖立其上并有一定的社会意识形式与之相适应的现实基础。物质生活的生产方式制约着整个社会生活、政治生活和精神生活的过程。不是人们的意识决定人们的存在，相反，是人们的社会存在决定人们的意识。社会的物质生产力发展到一定阶段，便

---

① 《马克思恩格斯文集》第 1 卷，人民出版社 2009 年版，第 544 页。

同它们一直在其中运动的现存生产关系或财产关系（这只是生产关系的法律用语）发生矛盾。于是这些关系便由生产力的发展形式变成生产力的桎梏。那时会革命的时代就到来了。随着经济基础的变更，全部庞大的上层建筑也或慢或快地发生变革。"① 用最简单的话概括就是，假如经济生活发生了改变，那么政治生活、精神生活和社会生活就将发生改变。

经济发展的最终决定作用指的是，只要经济生产方式发生了革命，整个社会必然发生革命。举例来说，假如工业生产代替了农业生产成为一个国家的主导产业，那么，田园牧歌、君主专制、思想禁锢都必将难以为继。至于，工业生产是如何代替农业生产的，这并不重要。而反过来，只要经济生产方式还没有发生革命，社会革命就不可能发生。因此，"无论哪一个社会形态，在它所能容纳的全部生产力发挥出来以前，是决不会灭亡的；而新的更高的生产关系，在它的物质存在条件在旧社会的胎胞里成熟以前，是决不会出现的"②。马克思说的"生产力"和"物质存在条件"（统称"经济发展"）对社会发展的决定作用，被实践证明完全正确。比如在一种新的生产力（经济生产方式）代替工业生产以前，不管人们怎么样预测资本主义将灭亡，它还是没有灭亡，而真正超越资本主义的新社会，在新的物质存在条件成熟以前，也始终没有出现。很多仍然停留在农业生产和生活为主体的社会，尽管实行了社会主义制度，但是并没有使社会发生革命性的变革，因为农民还是社会的主体。当知识经济真正来临的时候，当人们的生活方式发生革命，不再是工人或农民为主体的时候，到那个时候人们的社会生活、政治生活和精神生活将发生革命，真正全新的社会也将出现。

所以，马克思绝不是像波普尔说的把社会学当作与物理学同等看待，历史唯物主义是辩证唯物主义在社会发展研究中的运用，辩

---

① 《马克思恩格斯文集》第2卷，人民出版社2009年版，第591—592页。
② 《马克思恩格斯文集》第2卷，人民出版社2009年版，第592页。

证法绝对不会否定政治和文化对经济和社会发展的作用。马克思本人曾说科学技术是"在历史上起过决定作用的、革命的力量"①。他只是强调最终使政治、文化和整个社会发生革命性变革的因素是经济。不论是政治变革、文化变革还是经济生产本身变革造成的，只要造成了物质生产和生活方式的革命性变化，那么政治生活、精神生活以及整个社会都将发生革命性的变革。反过来，如果要实现社会革命性的变革，不管是通过政治体制的改革、科学技术和思想文化的创新，还是经济体制的改革和经济本身的发展，最终必须使生产和生活方式发生革命性变革，否则，就不会发生革命性的变革。总之，人类尽管去发挥自身的主观能动性，尽管进行经济体制改革、政治体制改革、文化体制改革、科技体制改革，尽管实行分配公平和公有制、搞民主化或集权化、进行思想创新或科技创新，但是，只要物质资料的生产和生活方式没有发生革命性变革，社会就不会发生革命性变革。这就是经济发展的最终决定作用。

　　当然，马克思用"建筑"来比喻社会发展确实有它的缺陷，它使人不能真切地感觉到政治和文化对经济的"能动"作用。非决定论喜欢用"木桶"来类比，说经济、政治和文化同等重要，社会发展的程度最终由最薄弱的环节来决定。这样一来，经济、政治和文化同等重要倒挺真切的，但是相互作用没有了，它们仿佛是被外力箍在一起的。有一个更贴切的比喻，那就是飞鸟的一体两翼。经济、政治和文化，不是外力箍在一起的，"不应该把社会活动的这三个方面看做是三个不同的阶段，而只应该看做是三个方面，或者，为了使德国人能够明白，把它们看做是三个'因素'。从历史的最初时期起，从第一批人出现以来，这三个方面就同时存在着，而且现在也还在历史上起着作用"②。经济就如同鸟的身体，政治和文化就如同两翼，知识就是大脑的思维。如此一来，政治和文化的能动作用就

---

① 《马克思恩格斯全集》第 19 卷，人民出版社 1957 年版，第 375 页。
② 《马克思恩格斯文集》第 1 卷，人民出版社 2009 年版，第 532 页。

凸显出来了，就像鸟儿折翅不能飞翔一样，政治和文化存在严重问题时国家和社会就难以发展。同时，政治的中心地位，最终决定作用，也凸显出来了。身体不好比如患了禽流感，翅膀无论如何是挥舞不起来的，身体越强壮双翼才可能越有力。而且，双翼的挥动就是为了身体的前进，政治和文化必须为经济服务。大脑和知识当然是很重要的，但是必须作用于身体和两翼才能产生力量。如果不能产生让身体更好飞翔的实际效果，胡思乱想和科学思想并没有任何区别。就像鸟的大脑应该为更好的飞翔服务一样，知识分子应该服务现实，科学技术必须转化为生产力。

所以，历史唯物主义强调经济发展的最终决定作用，其实是强调以经济效果作为社会发展的最终衡量标准，反对以主观的充满争议的民主、自由、平等之类的口号来衡量社会发展。不是说不应该追求政治民主和思想自由，它们就像鸟儿的两翼一样重要，要想社会发展，政治民主和文化发展就是最直接的力量。但是，历史唯物主义认为还有"背后的深层次的"力量，那就是经济的力量。只有鸟的身体前进才能算是真正的飞翔，只有经济发展才能算是社会的真正进步。一个国家的经济生活如果以公平而不是以经济效果为衡量标准；政治生活如果以民主、自由、平等为衡量标准，而不顾经济后果如何；教育科技发展如果以机会公平、论著数量、道德品质为标准，而不考虑服务于经济发展，这个国家必将陷入无限争吵和斗争之中，而人们为之争吵和斗争的目标却将离他们不断远去。分配公平、民主平等、素质教育，都不仅仅是为了发挥人的主观能动性，最终目标是发挥人的创造性。不是要主动地、积极地、创造性地去争权夺利，而是要主动地、积极地、创造性地创造福利。

第 五 章

阶级、国家与治理

> 大道之行也，天下为公，选贤与能，讲信修睦。故人不独亲其亲，不独子其子，使老有所终，壮有所用，幼有所长，矜寡孤独废疾者皆有所养，男有分，女有归。货恶其弃于地也，不必藏于己；力恶其不出于身也，不必为己。是故谋闭而不兴，盗窃乱贼而不作，故外户而不闭。是谓大同。
>
> ——《礼记·礼运》

> 代替那存在着阶级和阶级对立的资产阶级旧社会的，将是这样一个联合体，在那里，每个人的自由发展是一切人的自由发展的条件。
>
> ——马克思和恩格斯：《共产党宣言》

人人都有生存的需要，都有自己的利益，因此我们每个人追求自身福利的时候都需要考虑他人的需要和利益。然而，人类有史以来，仅仅为了生存就需要付出很大的努力，而且还难以满足。因此，人类很少在生存和发展机会面前互相礼让，而是为了自己的生存和发展互相斗争。国家是利益矛盾不可调和的产物，把利益矛盾控制在允许的范围内是国家的基本职能。然而，国家既是阶级矛盾不可调和的产物，又不免成为在阶级斗争中获胜阶级的牟利工具。阶级统治必然导致新的阶级斗争，人类历史因之成为阶级斗争的历史。

只有当国家真正成为社会公共利益的代表时，国家才真正成为利益协调的工具。到那时，每个人的自由发展是一切人的自由发展的条件，社会成为和谐的社会。

一 阶级与国家

人们完全有理由相信国家不是从来就有的，因为今天仍然存在一些原始部落。在原始部落中，没有总统、军队、警察、法院、学校，人们为了生存相依为命。但是，同样确定无疑的是原始部落并非没有矛盾，而且随着部落的扩大矛盾也随之扩大。以色列新锐学者尤瓦尔·赫拉利在全球畅销书《人类简史：从动物到上帝》中指出，与人类不同，黑猩猩族群一般由20—50只黑猩猩组成，随着黑猩猩成员数量的增加，社会秩序就会动摇，甚至出现一群黑猩猩杀光邻近的一群黑猩猩；就算有个山谷特别丰饶，可以养活500个远古的智人，他们因为决定不了谁来当首领、谁能在哪里打猎、谁和谁交配等问题，还是没有能力和平共处。[1] 或许，这就是老子的理想社会是"小国寡民"的根本原因：避免治理问题。但是，由此也证明了老子的理想社会是历史的倒退。但是，历史的"倒退"就是错误的吗？或许人类社会有一天真发展成为"区块链"也未可知，当然那也不过是历史的"螺旋式上升"。不过，现实的人类社会显然是向着更广泛的交往发展，因此也是向着社会分工和阶级分化的方向发展。在阶级社会，正因为人们都只从自己的生存和发展需要出发，所以个人之间、阶级之间不免发生矛盾，国家是为了应对社会矛盾而生的社会治理组织。

1. 理想的社会与现实的社会

现实的社会仿佛总是不理想的，理想的社会也仿佛总是不现实

---

[1] ［以色列］尤瓦尔·赫拉利：《人类简史：从动物到上帝》，林俊宏译，中信出版社2017年版，第25页。

的，但这丝毫也没有减少人们对理想社会的向往。孔子曰："大道之行也，与三代之英，丘未之逮也，而有志焉。大道之行也，天下为公，选贤与能，讲信修睦。故人不独亲其亲，不独子其子，使老有所终，壮有所用，幼有所长，矜寡孤独废疾者皆有所养，男有分，女有归。货恶其弃于地也，不必藏于己；力恶其不出于身也，不必为己。是故谋闭而不兴，盗窃乱贼而不作，故外户而不闭。是谓大同。今大道既隐，天下为家，各亲其亲，各子其子，货力为己，大人世及以为礼，城郭沟池以为固，礼义以为纪；以正君臣，以笃父子，以睦兄弟，以和夫妇，以设制度，以立田里，以贤勇知，以功为己。故谋用是作，而兵由此起。禹、汤、文、武、成王、周公，由此其选也。此六君子者，未有不谨于礼者也。以著其义，以考其信，著有过，刑仁讲让，示民有常。如有不由此者，在埶者去，众以为殃。是谓小康。"（《礼记·礼运》）这段话很清楚地表明，"天下为公"才是孔子所向往的理想社会，那样的社会就像一个大家庭。"天下为家"，"君君、臣臣、父父、子子"的等级社会并不是孔子所向往的理想社会，而是必须着力建设以避免崩溃的现实社会。如此可见，说孔子创立和维护封建礼教，真是冤枉他了，他也是致力于建设在当时"最不坏的制度"。"禹、汤、文、武、成王、周公"是好的统治者的代表，因为他们"未有不谨于礼者也"，讲究礼让治国而不是依靠征伐争霸；"以著其义，以考其信，著有过，刑仁讲让，示民有常，如有不由此者，在埶者去，众以为殃"，最终概括为有国家的社会，要靠正义、信用、功过、仁礼来教导人民，若非如此就得去除，因为会让百姓遭殃。由此可见，孔子的"礼治"其实就是反对暴力和专政，怎么能说他是创立和维护暴政和专制呢？

  关于理想的社会，到目前为止，又有哪个中国人比孔子构想得更加完美呢？如果拿老子的"小国寡民。使有什伯之器而不用；使民重死而不远徙；虽有舟舆，无所乘之；虽有甲兵，无所陈之。使人复结绳而用之。至治之极。甘美食，美其服，安其居，乐其俗，邻国相望，鸡犬之声相闻，民至老死不相往来"，和孔子的"大同"

相比，绝大多数人应该会赞同孔子，因为总觉得老子的"小国寡民"或者太过理想，或者不够理想。甚至于近代欧洲空想社会主义的"乌托邦""太阳城""基督城"，也不如"大同"那么既符合理想期盼又有实现的现实可能。我们甚至可以把"大同"和马克思、恩格斯在《共产党宣言》中构想的共产主义社会做对比，感觉还是"大同"更亲切、更令人向往。或许正因为这个原因，康有为写了《大同书》、孙中山喜欢"天下为公"四个字，毛泽东则说要"经过人民共和国达到社会主义和共产主义，达到阶级的消灭和世界的大同"[①]。大同社会，"选贤与能"，实行了人民民主；"讲信修睦"，实现了诚信和谐；"人不独亲其亲，不独子其子，使老有所终，壮有所用，幼有所长，矜寡孤独废疾者皆有所养，男有分，女有归"，实现了四海一家、安居乐业；"货恶其弃于地也，不必藏于己"，实现了"物尽其用"；"力恶其不出于身也，不必为己"，实现了"人尽其才"；"故谋闭而不兴，盗窃乱贼而不作，故外户而不闭"，社会治安非常良好。在人类历史上实在没有比这更美好又更有可能建成的社会！

但是，现实的社会并没有那么美好，孔子只能感叹"今大道既隐，天下为家"。其实就是原始的共产主义社会被阶级社会所取代，这也是历史发展的必然趋势，孔子觉得只能接受而不能逆转。"各亲其亲，各子其子"，就是家庭取代了氏族公社；"货力为己"，就是私有制取代了公有制；"大人世及以为礼"，就是阶级分化和固化；"城郭沟池以为固"，是古代城邦国家的出现；"礼义以为纪，以正君臣，以笃父子，以睦兄弟，以和夫妇，以设制度，以立田里，以贤勇知，以功为己"，是通过礼义文化来规范人与人之间的关系；"故谋用是作，而兵由此起"，是人与人之间丧失了诚信、陷入了战争。如何才能避免社会陷入人与人之间的战争？"禹、汤、文、武、成王、周公由此其选也。此六君子者，未有不谨于礼者也。以着其

[①] 《毛泽东选集》第4卷，人民出版社1991年版，第1471页。

义,以考其信,着有过,刑仁讲让,示民有常,如有不由此者,在埶者去,众以为殃",人们之所以选出禹、汤、文、武、成王、周公这些人来治理社会,就是因为他们都是懂得遵循人伦大道亦即"礼"的人,有了"礼"就能让正义得到彰显,让诚信有了检验标准,让是非功过得到明辨,让仁爱礼让有了示范,让人民生活有了准则。这时候如果还有不遵循礼义的人,即便执掌政权也要被去职,因为他已经成了众人利益的祸患。很显然,"礼"是为了"治理",为了公众的利益。

老子说:"大道废,有仁义;智慧出,有大伪;六亲不和,有孝慈;国家昏乱,有忠臣。"这话孔子应该完全同意,不同的是,老子认为仁义、智慧、孝慈、忠臣成了新问题,孔子则认为它们正是解决"大道废"的办法。老子希望重归"大道",孔子当然也希望"大道之行也,天下为公",所不同的是,老子的"小国寡民"其实根本不成其为"国"而只是"社会";孔子认为历史的潮流不可能逆转,人类只能依靠自身的智慧建设"最不坏的国家"。儒家的"大同"是没有国家的社会,"小康"是国家治理的社会;他们希望人类有一天重建没有国家的社会,但这恰恰要靠国家治理的改进。如果按照毛泽东和邓小平的用"大同"和"小康"代表共产主义和社会主义,老子是要"跑步进入共产主义",孔子希望通过社会主义建设进入共产主义。

2. 阶级斗争与国家兴起

所谓"人同此心,心同此理",人类向往的理想社会非常相似,其中的理由也大致一样。《理想国》憧憬着"一个在言行两方面尽可能和至善本身完全相称相像的人统治一个同样的善的国家"[①],"当一个国家最最像一个人的时候,它是管理得最好的国家。比如像

---

① [古希腊]柏拉图:《理想国》,郭斌和、张竹明译,商务印书馆1986年版,第253页。

我们中间某一个人的手指受伤了，整个身心作为一个人的有机体，在统一指挥下，对一部分所感受的痛苦，浑身都感觉到了"①。历史悠久的中国人喜欢通过想象历史来构想未来，历史较短的西方人则喜欢通过想象未来来构建历史。从柏拉图开始的西方思想家，通常都是通过"抽象"的思维，来推论理想社会的"应然"。近代西方思想家也经常讲"人生而……"但他们不会像中国人一样把它说成是历史。他们认为，在没有国家之前，人们处于"人人相互为战"的状态。他们猜想，人们为了摆脱这种战争状态签订了一个契约，建立起了保护整个社会稳定的国家。

英国思想家霍布斯在《利维坦》中把国家定义为一大群人相互订立信约、每人都对它的行为授权，以便使它能按其认为有利于大家的和平与共同防卫的方式运用全体的力量和手段的一个人格。②英国思想家洛克在他的《政府论》中，把国家和政治社会、政府替换使用，认为人本来是自由的，像动物一样不受任何约束的，人们之所以放弃其自然自由并受制于公民社会，是想要谋他们彼此间的舒适、安全与和平的生活，以及安稳地享受他们的财产，并且有更大的保障来防止共同体以外任何人的侵犯。为了达到这个目的，唯一的方法"就是同其他人协议联合组成为一个共同体"③。法国启蒙思想家让·卢梭是这种观点的典型代表，他论述国家的名作就叫《社会契约论》。他把国家设想为"由全体个人的结合所形成的公共人格"④。并且，"使它能以全部共同的力量来卫护和保障每个结合者的人身和财富，并且由于这一结合而使每一个与全体相联合的个人又只不过是在服从自己本人，并且仍然像以往一样地自由"⑤。启蒙

---

① [古希腊]柏拉图：《理想国》，郭斌和、张竹明译，商务印书馆1986年版，第199—200页。
② [英]霍布斯：《利维坦》，黎思复、黎廷弼译，商务印书馆1980年版，第25页。
③ [英]洛克：《政府论》（下），瞿菊农、叶启芳译，商务印书馆1996年版，第59页。
④ [法]卢梭：《社会契约论》，何兆武译，商务印书馆1980年版，第25页。
⑤ [法]卢梭：《社会契约论》，何兆武译，商务印书馆1980年版，第23页。

思想家关于国家起源的思想是反对封建专制统治的有力武器,也完全是为了反对封建专制统治而提出的。所以,它在强调控制社会冲突的同时,特别强调个人的自由,强调国家对个人生命和财产安全的保护,认为国家仅仅是个人通过共同签订权力让渡契约确认的保护共同利益的"第三人"。道理很简单,如果不强调个人的自由,封建专制统治者也完全可以用控制冲突为自己的统治辩护。洛克认为,人类天生都是自由、平等和独立的,如不得到本人同意,不能把任何人置于这种状态之外,使受制于另一个人的政治权利。[①] 卢梭说:人是生而自由的![②] 这种自然权利观念是他们理论的出发点,它在强调社会控制的同时否定了不顾人民利益的专制。

换句话,早期的资产阶级思想家其实强调人类必须遵循秩序和道德而不能自由放任,国家治理的任务就是去发现良好秩序和高尚道德,从而设计能实现良好秩序和高尚道德的政治制度和道德要求。国家控制社会冲突这一最基本职能才是资产阶级启蒙思想家所强调的重点。实际上,霍布斯是提出和维护君主专制的人;卢梭也通过"公共人格"为中央集权制度辩护,也正因为他们才有近代西方统一的民族国家。现代资本主义的崛起根本不是自由主义的产物,恰恰相反,它和民族国家的形成相辅相成。如果一定要说"自由竞争",那也只能是民族国家的"自由竞争",也就是战争。这种促成资本主义的战争,包括欧洲国家在欧洲的战争,以及它们在国际上争夺殖民地的战争。这些战争最终在欧洲确立了以尊重国家主权平等为核心的威斯特伐利亚体系——民族国家体系,但在国际上却确立了以争夺殖民地为核心的帝国主义霸权体系——无政府主义。

"自由"只是一种抽象的假设,国家的职能与其说是维护"自由竞争",不如说是维护自由竞争的结果,确切地说,是维护在竞争中胜出的资产阶级的"人身和财富"。资产阶级曾经的"自由竞争"

---

① [英]洛克:《政府论》(下),瞿菊农、叶启芳译,商务印书馆1997年版,第59页。

② [法]卢梭:《社会契约论》,何兆武译,商务印书馆1980年版,第8页。

是使用一切手段——包括甚至主要是暴力手段,满世界地去争夺财富。但是,现在不一样了,在资产阶级国家建立起来之后,"自由竞争"只能是国家保护"人身和财富"前提下的"自由竞争"。资产阶级国家的"自由竞争",对于国内那些除了身体以外一无所有的无产阶级来说就是"出卖自身的竞争",对于殖民地半殖民地的国家人民来说就是像财富一样"被自由竞争"。

3. 国家的政治统治职能和社会管理职能

社会契约论的国家观在否定专制的"合法性"的同时,又否定了专制的现实可能性,仿佛资产阶级国家就是通过契约建立的"公共人格",而不再像封建国家一样是阶级统治的工具。这完全是因为它们的自然法权是一种推测和假想,而不是历史和现实。马克思主义从历史实证出发探讨国家的起源。

恩格斯在《家庭、私有制和国家的起源》一书中指出,国家是社会在一定发展阶段上的产物。在这各阶段,社会陷入了不可解决的自我矛盾,分裂为不可调和的对立面,又无力摆脱这些对立面。因而为了使这些对立面,即经济利益互相冲突的阶级,不在无谓的斗争中把自己和社会消灭,就需要有一种表面上凌驾于社会之上的力量。"这种力量应当缓和冲突,把冲突保持在'秩序'的范围以内;这种从社会中产生但又自居于社会之上并且日益同社会相异化的力量,就是国家。"① 换句话说,国家最基本的职能就是缓和社会冲突,建立一个总体上来说是和谐的社会。在该书中,恩格斯总结了历史上国家在氏族制度上兴起的三种形式:其中,"雅典是最纯粹、最典型的形式:在这里,国家是直接地和主要地从氏族社会本身内部发展起来的阶级对立中产生的。在罗马,氏族社会变成了封闭的贵族制,它的四周则是人数众多的、站在这一贵族制之外的、没有权利只有义务的平民;平民的胜利炸毁了旧的血族制度,并在

---

① 《马克思恩格斯文集》第4卷,人民出版社2009年版,第189页。

它的废墟上面建立了国家，而氏族贵族和平民不久便完全溶化在国家中了。最后，在战胜了罗马帝国的德意志人中间，国家是直接从征服广大外国领土中产生的"①。也就是说，只有在雅典，国家的兴起或许可以称作社会契约的结果。在其他地方，国家的建立更经常的是起义（革命）和征服的结果。契约、起义、征服，这三种建立新国家的形式直到今天还是最基本的，而后两种显然是更经常的。

不管采取哪一种形式，阶级斗争显然都是国家起源的决定因素，通过自由的个人之间的契约建立国家根本就是一种假设。如此一来，国家就不仅是控制阶级矛盾和冲突的工具，它还是阶级统治的工具。究其原因，"由于国家是从控制阶级对立的需要中产生的，由于它同时又是在这些阶级的冲突中产生的，所以，它照例是最强大的、在经济上占统治地位的阶级的国家，这个阶级借助于国家而在政治上也成为占统治地位的阶级，因而获得了镇压和剥削被压迫阶级的新手段。因此，古希腊罗马时代的国家首先是奴隶主用来镇压奴隶的国家，封建国家是贵族用来镇压农奴和依附农奴的机关，现代的代议制的国家是资本剥削雇佣劳动的工具。但也例外地有这样的时期，那时互相斗争的各阶级达到了这样势均力敌的地步，以致国家权力作为表面上的调停人而暂时得到了对于两个阶级的某种独立性"②。也就是说，国家既有调和利益矛盾的社会职能，又有维护统治阶级利益的政治职能。当然，这两种职能并不是同等并列的。在阶级力量势均力敌的时候，国家的社会职能表现为主要方面，在大多数情况下国家的统治职能表现得更明显。不管怎样，在《反杜林论》中恩格斯进一步指出，"政治统治到处都是以执行某种社会职能为基础，而且政治统治只有在它执行了它的这种社会职能时才能持续下去"③。因此，社会控制和社会和谐是国家的最基本的职能，失去了社会控制和社会和谐的阶级专政和政治统治必将难以为继，这是对

---

① 《马克思恩格斯文集》第4卷，人民出版社2009年版，第188—189页。
② 《马克思恩格斯文集》第4卷，人民出版社2009年版，第191页。
③ 《马克思恩格斯文集》第9卷，人民出版社2009年版，第187页。

"以阶级斗争为纲"和片面强调"无产阶级专政"国家职能观的根本否定。

马克思主义的国家观把国家的社会职能和政治职能统一起来，不仅指出了国家控制社会秩序和争取社会和谐的首要职能，而且指出了它作为阶级统治工具的本质特征，既揭示了国家兴起的根源，又发现了国家稳定和发展的规律，被证明是符合实际情况的科学的理论。今天，很多当代西方研究国家理论的学者肯定和发展了马克思主义的国家观。美国经济学家丹尼尔·C.缪勒在《公共选择理论》一书中，通过对比赫伯特·斯潘塞和恩格斯的国家观点指出：很容易想象，政府是为了满足社会的某种集体需要（譬如说，免受掠夺）或协调打猎和其他收集食物的活动而从原始无政府状态中产生出来的。但是，同样很容易想象到的是，在国家起源的背后，隐藏着一种分配动机。最好的猎手或战士成为部落的首领，最终取得足够的权威，能从其部落属下那儿获得贡物。战争和保卫活动开始作为"政府"的主要活动，但部落的权威领导却要索取从这些活动中得来的利益。因此，可以把国家的诞生设想成是为了满足所有社会成员的集体需要，或只是为了有助于满足部分社会成员的需要。第一种解释对应着配置效率的实现，第二种解释对应着再分配。① 其实，所谓的配置效率的实现就是国家社会职能的实现，再分配就是通过统治职能实现统治阶级利益。美国政治学者F. J. 古德诺在《政治与行政》一书中，提出国家或政府有两种功能，可以分别称作"政治"与"行政"。政治与政策或国家意志的表达相关；行政则与这些政策的执行相关。② 把国家的职能区分为政治和行政是和马克思主义的国家观相通的。政治，涉及哪些人的利益和意志能够得到表达，它其实表现的就是国家的政治统治职能；行政，涉及政策或意志的执行，它其实表现的是国家的社会职能和公共管理职能。过去

---

① ［美］丹尼尔·C. 缪勒：《公共选择理论》，韩旭、杨春学等译，中国社会科学出版社1999年版，第49页。

② ［美］F. J. 古德诺：《政治与行政》，王元译，华夏出版社1987年版，第10页。

我国大学一般都有政治系，今天很多改为公共管理或政府管理学院，它标志着国家或政府的研究从关注政治统治向关注社会治理转变。

总之，国家，一方面是社会组织，一个国家就是一个社会共同体；另一方面，它又是政治组织，它不是自愿的联合体，它是政治强制力控制下的共同体。国家是社会职能和政治职能的共同载体，其中，国家的政治职能是它的本质特征，而社会职能是政治职能的基础。

二 国家的发展与社会的发展

马克思主义认为，在阶级社会中，国家不可能是社会各阶级利益的真正代表，它在本质上只能是维护统治阶级利益的工具。国家的历史不是社会和谐的历史，相反是阶级斗争的历史。国家是阶级矛盾不可调和的产物，阶级斗争是国家兴起的根源，也是国家发展的动力。但是，统治阶级又不能不在一定程度上代表其他社会阶层的利益，能否包容社会各阶级的利益，是统治阶级能否获得统治地位、维持社会"和谐"和自己的统治的决定因素。

1. 利益矛盾与阶级斗争

人人都有生存的需要，但是人人满足生存需要的方式并不一样。这种获得生存需要满足的不同方式，就是社会分工。分工起初只是性行为方面的分工，后来由于天赋（例如体力）、需要、偶然性等才自发地或自然地形成分工。然而，与这种分工同时出现的还有分配，而且是劳动及其产品的不平等的分配（无论在数量上或在质量上）；因而产生了所有制，它的萌芽和最初形式在家庭中已经出现，在那里妻子和儿女是丈夫的奴隶。① 从物质劳动和精神劳动分离的时候起，分工开始成为真实的分工。从此，精神活动和物质活动、享受

---

① 《马克思恩格斯文集》第 1 卷，人民出版社 2009 年版，第 536 页。

和劳动、生产和消费由不同的个人来分担。随着分工的发展也产生了单个人的利益或单个家庭的利益与所有相互交往的个人的共同利益之间的矛盾。因为，各个人的出发点总是他们自己，[①] 共同利益在历史上任何时候都是由作为"私人"的个人造成的，[②] 共同利益只存在于双方、多方以及存在于各方的独立之中，共同利益就是自私利益的交换。一般利益就是各种自私利益的一般性。[③] 所以，这种共同利益不是仅仅作为一种"普遍的东西"存在于观念之中，而首先是作为彼此有了分工的个人之间的相互依存关系存在于现实之中，[④] 人人普遍感觉到了共同利益的重要性，但是人人又都觉得它不是自己的利益。共同利益是"异己的"和"不依赖"于他们的，即仍旧是一种特殊的独特的"普遍"利益。[⑤] 人们只想分享这种普遍利益而不想为普遍利益作贡献，因此人们陷于不同阶级的利益斗争之中。

马克思和恩格斯在《共产党宣言》中指出，至今一切社会的历史都是阶级斗争的历史。[⑥] 同时他们又指出，一切阶级斗争都是政治斗争。[⑦] 这就是说，社会发展的历史表现为阶级斗争的历史，而阶级斗争的历史表现为政治斗争的历史，表现为国家发展的历史。这是因为，尽管国家首先必须把阶级斗争控制在"秩序"的范围内，但这一目标一般来说不是社会契约的结果，而是阶级斗争决胜的结果。因此，国家并不是真正代表了整个社会的共同利益，相反它不可避免地代表着在斗争中胜利了并且成为统治阶级的那个阶级的特殊利益。这样，在国家这个组织内，统治阶级的私人利益和社会公共利益是矛盾的。马克思和恩格斯在《德意志意识形态》中指出，正是由于特殊利益和共同利益之间的这种矛盾，共同利益才采取国家这

---

① 《马克思恩格斯文集》第1卷，人民出版社2009年版，第571页。
② 《马克思恩格斯全集》第3卷，人民出版社1960年版，第275—276页。
③ 《马克思恩格斯全集》第46卷（上册），人民出版社1979年版，第197页。
④ 《马克思恩格斯文集》第1卷，人民出版社2009年版，第536页。
⑤ 《马克思恩格斯文集》第1卷，人民出版社2009年版，第537页。
⑥ 《马克思恩格斯文集》第2卷，人民出版社2009年版，第31页。
⑦ 《马克思恩格斯文集》第4卷，人民出版社2009年版，第306页。

种与实际的单个利益和全体利益相脱离的独立形式，同时采取虚幻的共同体的形式。① 也就是说，阶级矛盾和阶级斗争的根源其实在国家兴起之后根本没有消除，作为共同利益和共同体的代表不过是虚幻的，它不过是把被统治阶级的反抗压制下来。在这种情况下，虽然社会冲突得到一定的控制，社会出现了一定的和谐，但是，它是以牺牲被统治阶级的利益为代价的。因此，马克思说：当文明开始的时候，生产就开始建立在级别、等级和阶级的对抗上，最后建立在积累的劳动和直接的劳动对抗上。② 作为生产中的对抗的反映，国家内部的一切斗争——民主政体、贵族政体和君主政体相互之间的斗争，争取选举权的斗争等，不过是一些虚幻的形式——普遍的东西一般说来是一种虚幻的共同体的形式——，在这些形式下进行着各个不同阶级间的真正的斗争。③ 随着新的革命的生产力产生，随着代表先进生产力的更强大的阶级出现，轰轰烈烈的阶级斗争和国家政权的更替也就来临了。正是因为这样，至今一切社会的历史都是阶级斗争的历史。

但是，新的统治阶级并不是仅仅靠赤裸裸的武力夺取国家政权，也不是仅仅靠自己一个阶级的力量夺取国家政权。相反，每一个企图代替旧统治阶级地位的新阶级，为了达到自己的目的不得不把自己的利益说成是社会全体成员的共同利益。因此，这一阶级的胜利对于其他未能争得统治地位的阶级中的许多人来说也是有利的。由此可见，每一个新阶级赖以实现自己统治的基础，总比它以前的统治阶级所依赖的基础要宽广一些。④ 因此，尽管"一切社会的历史都是阶级斗争的历史"，它也是统治阶级的统治基础越来越广阔的历史。

---

① 《马克思恩格斯文集》第1卷，人民出版社2009年版，第536页。
② 《马克思恩格斯选集》第4卷，人民出版社1995年版，第100页。
③ 《马克思恩格斯文集》第1卷，人民出版社2009年版，第536页。
④ 《马克思恩格斯文集》第1卷，人民出版社2009年版，第553页。

2. 阶级斗争与社会发展

阶级斗争和社会发展规律是客观的，它是不以人的意志为转移的生产发展规律的表现形式。当新的生产方式处于上升阶段的时候，代表先进生产力的阶级的统治能够促进被统治阶级的利益，这时"统治阶级的利益就会成为生产的推动因素"[1]，成为社会进步的推动力量，成为社会和谐的基础，轰轰烈烈的阶级斗争和社会革命就不可能发生。

恩格斯在《反杜林论》中说明了社会生产发展的这一变化对国家统治职能的直接影响。他说："当一种生产方式处在自身发展的上升阶段的时候，甚至在和这种生产方式相适应的分配方式下吃了亏的那些人也会欢迎这种生产方式。大工业兴起时期的英国工人就是如此。不仅如此，当这种生产方式对于社会还是正常的时候，满意于这种分配的情绪，总的来说，会占支配的地位；那时即使发出了抗议，也只是从统治阶级自身中发出来（圣西门、傅立叶、欧文），而在被剥削的群众中恰恰得不到任何响应。只有当这种生产方式已经走完自身的没落阶段的颇大一段行程时，当它多半已经过时的时候，当它的存在条件大部分已经消失而它的后继者已经在敲门的时候——只有在这个时候，这种越来越不平等的分配，才被认为是非正义的，只有在这个时候，人们才开始从已经过时的事实出发诉诸所谓永恒正义。"[2] 促使一个阶级的政治统治灭亡的决定力量并不是专制暴政和反对专制暴政的正义呼声，而是国家的经济和社会职能的削弱和散失，是社会大多数阶级的利益得不到满足。奴隶制国家和奴隶主阶级的统治在今天看来无疑是极端的专制暴政，但是它曾经也是社会稳定和进步的力量。因为，在古代世界特别是希腊世界的历史前提之下，进步到以阶级对立为基础的社会，这只能通过奴

---

[1] 《马克思恩格斯文集》第9卷，人民出版社2009年版，第562页。
[2] 《马克思恩格斯文集》第9卷，人民出版社2009年版，第155—156页。

隶制的形式来完成。甚至对奴隶来说，这也是一种进步；成为大批奴隶来源的战俘以前都被杀掉，在更早的时候甚至被吃掉，现在至少能保全生命了。① 同样地，资产阶级的统治什么时候灭亡，完全不在于无产阶级革命家如何发动起义，而在于资本主义国家能否继续推动经济发展和给人民带来利益。

正如马克思在《政治经济学批判》序言中指出的，无论哪一个社会形态，在它所能容纳的全部生产力发挥出来以前，是决不会灭亡的；而新的更高的生产关系，在它的物质存在条件在旧社会的胎胞里成熟以前，是决不会出现的。② 今天，资本主义生产力还在继续发展，社会各阶层的利益得到比较普遍的包容，资本主义社会的矛盾就能得到更好的控制，因此，资产阶级的政治统治也就还能继续维持下去。反过来，苏联东欧社会主义的瓦解，从根本上说就是因为没有把经济建设和社会发展搞好，而不是什么意识形态和平演变。

3. 无产阶级和社会主义

资产阶级国家可以通过扩大统治基础来维持自己的统治地位，但是，资产阶级国家始终不可能真正代表社会各阶级的利益，因此，阶级斗争的根源并没有真正消除。资产阶级的改良主义，虽能够延缓资本主义灭亡的时间，但不能避免最终灭亡的必然趋势。就整个人类社会发展趋势来看，马克思主义认为，过去一切阶级在争得统治之后，总是使整个社会服从于它们发财致富的条件，企图以此来巩固它们已经获得的生活地位。③ 这样，得到一时缓和的利益矛盾又重新发展，因此，非统治阶级和正在进行统治的阶级之间的对立也发展得更尖锐和更深刻。④ 总的来说，过去的一切运动都是少数人的，或者为少数人谋利益的运动。无产阶级的运动是绝大多数人的，

---

① 《马克思恩格斯文集》第 9 卷，人民出版社 2009 年版，第 189 页。
② 《马克思恩格斯文集》第 2 卷，人民出版社 2009 年版，第 592 页。
③ 《马克思恩格斯文集》第 2 卷，人民出版社 2009 年版，第 42 页。
④ 《马克思恩格斯文集》第 1 卷，人民出版社 2009 年版，第 553 页。

为绝大多数人谋利益的独立的运动。① 只有绝大多数人的、代表绝大多数人的利益的运动,才能真正消除阶级斗争的根源,才能真正实现社会和谐。

当然,今天看来绝大多数人的、代表绝大多数人的利益的运动并不一定是由传统意义的无产阶级来完成的。但是可以肯定的是,保护资本雇佣劳动的国家最能符合资产阶级的利益,它并不完全符合那些不拥有资本的阶级的利益。当有什么比资本更能给社会各阶级普遍带来更大的利益的时候,代表资本主义生产方式的资产阶级的统治就将崩溃。马克思指出,资产阶级的生产关系是社会生产过程的最后一个对抗形式,这里所说的对抗,不是指个人的对抗,而是指从个人的社会生活条件中生长出来的对抗;但是,在资产阶级社会的胎胞里发展的生产力,同时又创造着解决这种对抗的物质条件②。资本主义的生产力越发展,资本主义的生产关系变革的需要和条件就越成熟,新的统治力量就越有可能出现。随着战后资本主义经济的迅速发展,一种新的生产方式——知识经济,已经初露端倪。美国从克林顿总统开始热衷于谈论"新经济",美国社会学家丹尼尔·贝尔提出"后工业社会的来临"③,美国管理学大师彼得·德鲁克提出"后资本主义社会"④,西欧自称将告别工业社会步入以知识为基础的社会。正是因为资本主义生产力的发展,资本和资本家的统治力量将被削弱,广大的中产阶级的利益得到改善。社会学家普遍认为中产阶级队伍的出现,数量庞大的中产阶级对国家政权发挥更大的影响力,有利于社会和谐。

后工业社会、后资本主义社会、知识社会等理论,无非是在探

---

① 《马克思恩格斯文集》第2卷,人民出版社2009年版,第42页。
② 《马克思恩格斯文集》第2卷,人民出版社2009年版,第592页。
③ 参见[美]丹尼尔·贝尔《后工业社会的来临》,高銛译,商务印书馆1984年版。
④ 参见[美]彼得·德鲁克《后资本主义社会》,张星岩译,上海译文出版社1998年版。

讨代替资本和资产阶级的统治的社会形态，它的目标和社会主义理论的任务说到底是一致的。社会主义和后资本主义社会理论都认为，国家将代表比资产阶级更广泛的群体的利益，社会将更加和谐。

三 政治统治与社会治理

马克思不认为资本主义会和平地进入它的下一个发展阶段，相反，他认为资本主义经济和社会的发展最后将导致无产阶级运动。问题不在于国家政权性质将如何发生转变，问题在于将发生什么样的转变。过去的国家都是维护统治阶级利益的国家，是统治阶级统治被统治阶级的暴力工具。无产阶级夺取政权的目标，绝不仅仅是建立无产阶级专政的国家。无产阶级推翻别人的专政不是为了专政别人，执政的共产党不仅要强调自己的阶级性，更要强调它的群众性，它作为代替资产阶级的新的统治阶级的先进性就在于它有着最宽广的社会群众基础，在于它代表最广大人民的根本利益，由此也就为社会和谐奠定了坚实的基础。

1. 政治统治与经济发展

马克思和恩格斯在《共产党宣言》中明确提出，"共产党人为工人阶级的最近的目的和利益而斗争，但是他们在当前的运动中同时代表运动的未来"[①]；"共产党人不屑于隐瞒自己的观点和意图。他们公开宣布：他们的目的只有用暴力推翻全部现存的社会制度才能达到"[②]；"工人革命的第一步就是使无产阶级上升为统治阶级，争得民主"[③]。这让人感觉共产党人领导无产阶级革命就是为了夺取国家政权，以使自身成为统治阶级。在革命年代，这样的理解还没有太大的问题，但在无产阶级夺取政权之后如果还停留在"第一

---

① 《马克思恩格斯文集》第2卷，人民出版社2009年版，第65页。
② 《马克思恩格斯文集》第2卷，人民出版社2009年版，第66页。
③ 《马克思恩格斯文集》第2卷，人民出版社2009年版，第52页。

步"，就很容易使共产党人成为新的"统治阶级"。

马克思和恩格斯接着指出："无产阶级将利用自己的政治统治，一步一步地夺取资产阶级的全部资本，把一切生产工具集中在国家即组织成为统治阶级的无产阶级手里，并且尽可能快地增加生产力的总和。"① 也就是说，无产阶级革命更重要的目的是解放和发展生产力，如果无产阶级的政治统治不能更快地增加生产力的总和，它就没有社会进步意义。马克思和恩格斯曾盛赞"资产阶级在它的不到一百年的阶级统治中所创造的生产力，比过去一切世代创造的全部生产力还要多，还要大"②。这是无产阶级的统治必须超越的成就，也确实是无产阶级的统治所超越过的成就。但是，令人遗憾的是，苏联东欧的生产力发展是不可持续的，它在经历快速增长之后陷入了停滞。这其中最根本的原因当然是它并非在资本主义发展成就基础上的增长，它是在远比发达资本主义国家生产力低下情况下的"赶超"。

在落后国家建设真正具有先进性的社会主义面临异常艰巨的任务，不仅要在增加生产力的总和上赶超资本主义发达国家，最终还要在解放生产力上超越资本主义发达国家。这就像一个穷人不仅要解决致富问题，还要解决为富不仁的问题。实现比发达国家更快的发展，避免出现脱离人民利益的既得利益集团，这是社会主义国家建设面临的双重任务。

2. 阶级差别与社会整体

马克思和恩格斯在《共产党宣言》中指出："过去一切阶级在争得统治之后，总是使整个社会服从于它们发财致富的条件，企图以此来巩固它们已经获得的生活地位"，无产阶级的先进性，正在于它"没有什么自己的东西必须加以保护"③，可以最大限度地满足社

---

① 《马克思恩格斯文集》第 2 卷，人民出版社 2009 年版，第 52 页。
② 《马克思恩格斯文集》第 2 卷，人民出版社 2009 年版，第 36 页。
③ 《马克思恩格斯文集》第 2 卷，人民出版社 2009 年版，第 42 页。

会整体的利益。

马克思和恩格斯在《共产党宣言》中明确指出:"当阶级差别在发展进程中已经消失而全部生产集中在联合起来的个人的手里的时候,公共权力就失去政治性质。原来意义上的政治权力,是一个阶级用以压迫另一个阶级的有组织的暴力。如果说无产阶级在反对资产阶级的斗争中一定要联合为阶级,通过革命使自己成为统治阶级,并以统治阶级的资格用暴力消灭旧的生产关系,那么它在消灭这种生产关系的同时,也就消灭了阶级对立的存在条件,消灭了阶级本身的存在条件,从而消灭了它自己这个阶级的统治。"① 这意味着,无产阶级政治统治的目标是消灭阶级的统治,实现全体社会成员共同的自治。对未来的共产主义社会,他们描述道:"代替那存在着阶级和阶级对立的资产阶级旧社会的,将是这样一个联合体,在那里,每个人的自由发展是一切人的自由发展的条件。"② 无产阶级取得国家政权并把生产资料变成国家财产,这只是马克思和恩格斯当时设想的第一步工作。更重要的工作是保证每个人都有发展的机会,只有这样才能真正实现人的解放和社会的和谐发展。因此,无产阶级夺取政权后,片面强调无产阶级专政和阶级斗争是完全错误的,无产阶级专政下继续革命的理论则更加不符合马克思主义。

恩格斯认为,国家无非是一个阶级镇压另一个阶级的机器,而且在这一点上民主共和国并不亚于君主国。国家再好也不过是在争取阶级统治的斗争中获胜的无产阶级所继承下来的一个祸害;胜利了的无产阶级也将同公社一样,不得不立即尽量除去这个祸害的最坏方面,直到在新的自由的社会条件下成长起来的一代有能力把这国家废物全部抛掉③。所谓把国家抛弃,也就是国家的消亡。恩格斯在《社会主义从空想到科学的发展》中指出,国家真正作为整个社

---

① 《马克思恩格斯文集》第 2 卷,人民出版社 2009 年版,第 53 页。
② 《马克思恩格斯文集》第 2 卷,人民出版社 2009 年版,第 53 页。
③ 《马克思恩格斯文集》第 3 卷,人民出版社 2009 年版,第 111 页。

会的代表所采取的第一个行动,即以社会的名义占有生产资料,同时也是它作为国家所采取的最后一个独立行动。那时,国家政权对社会关系的干预在各个领域中将先后成为多余的事情而自行停止下来。那时,对人的统治将由对物的管理和对生产过程的领导所代替①。国家终于真正成为整个社会的代表时,国家也就不是原来意义的国家,国家消亡了。恩格斯甚至认为,"自由的人民国家"这个用语只是"在鼓动的意义上暂时有存在理由,但是归根到底是没有科学依据的"②。究其原因,就是因为人民国家也不是整个社会的代表,而只是无产阶级专政的国家。国家的消亡,就是阶级差别的消亡,就是政治的消亡。

当然,恩格斯还指出:"国家不是'被废除'的,它是自行消亡的。……应当以此来衡量所谓无政府主义者提出的在一天之内废除国家的要求。"③ 只要阶级还存在,国家的阶级专政职能必然还要存在,无政府主义者出于平等、自由的美好愿望而试图废除国家的政治统治职能,像"文化大革命"搞"踢开党委闹革命""砸烂公检法""横扫一切牛鬼蛇神""打倒一切权威",只会使人民遭殃。社会主义国家建设,首要的任务是通过大力发展社会主义民主政治,巩固和完善人民民主专政。为此,执政的中国共产党,必须坚持党的工人阶级先锋队的性质,始终保持党的先进性,同时要根据经济发展和社会进步的实际,不断增强党的阶级基础和扩大党的群众基础。并且,始终把体现人民群众的意志和利益作为我们一切工作的出发点和归宿,努力使共产党成为凝聚社会各方面群众的领导核心,从而使社会主义国家成为社会公共利益的代表。

马克思和恩格斯关于国家消亡的理论给社会主义国家建设带来了很大的困惑,有些人片面强调无产阶级的统治阶级地位,有些人则完全否定无产阶级的统治阶级地位。其实,无产阶级既然是一个

---

① 《马克思恩格斯文集》第3卷,人民出版社2009年版,第562页。
② 《马克思恩格斯文集》第3卷,人民出版社2009年版,第562页。
③ 《马克思恩格斯文集》第3卷,人民出版社2009年版,第562页。

人数最多的阶级，那么它只能通过共产党来实现自身的统治。因此，问题的关键在于党是否能代表无产阶级的利益，是否成为少数既得利益集团。避免产生新的既得利益集团，是胜利的无产阶级必须解决的最大政治难题。资产阶级政党与无产阶级政党的根本区别，就在于前者永远把阶级利益放在第一位，而后者总是把整个社会的利益放在第一位。由此也造成了资产阶级专政国家的无产阶级和无产阶级专政国家的无产阶级的差别，前者是为本阶级的利益而向资产阶级抗争，后者是为了整个社会的利益而奋斗。把社会整体利益放在第一位，这就是社会主义和资本主义的根本区别。

3. 国家职能与社会治理

尽管社会主义国家的发展方向是阶级和国家本身逐步消亡，社会成为每个人都各尽其能、各得其所而又和谐相处的联合体。但是，这并不意味着在未来的共产主义高级阶段中央的职能将不存在。

马克思在《法兰西内战》中强调指出，硬说中央的职能——不是指政府统治人民的权威，而是指由于国家的一般的共同的需要而必须执行的职能——将会不可能存在，是极其荒谬的。这些职能会存在；不过，行使这些职能的人已经不能够像在旧的政府机器里面那样使自己凌驾于现实社会之上了，因为这些职能应由公社的勤务员执行，因而总是处于切实的监督之下。社会公职不会再是中央政府赏赐给它的爪牙的私有财产。① 所以，不管社会如何发展，一个与国家类似的管理机构还会存在，只不过它的职能和组织形式都将完全不一样。其实，正如法国社会学家雷蒙·阿隆所指出的，国家的消亡只有一种象征性的意义。消亡的只是特定国家的阶级性。实际上，人们可以设想，当阶级对立不再存在时，管理和领导的职能就不再是某个特定集团的狭隘的意志表现，而是整个社会意志的表现。在这个意义上，人们确实可以想象阶级性、统治、剥削甚至国家本

---

① 《马克思恩格斯文集》第 3 卷，人民出版社 2009 年版，第 222 页。

身的消亡了。① 换句话说，国家是否消亡本身不重要，重要的是国家的职能发生怎样的变化，它的组织形式发生怎样的变化。如果一切剥削阶级国家的本质都是凌驾于社会之上的少数人统治广大人民的工具，那么社会主义国家就应当是表达人民意志和利益并且服务于人民利益的民主机构。如果一切剥削阶级国家的组织形式都是凌驾于社会之上的不受监督的独裁专制，那么社会主义国家就应该是人人平等和依法管理的独立自主的联合体。因此，发展社会主义民主，建设公共服务型政府，严格按照依法治国办事，加强以德治国的观念，这是构建和谐社会在国家政权建设层面的基本任务。

共产党人的历史任务是完成使国家从对人的统治转移到对生产的管理上来，而且这种生产应该以满足人民自己需要为目的，通过大力发挥广大人民群众的积极性、主动性和创造性来实现，从而实现人的全面发展和整个社会的和谐发展。共产主义就是要实现每个人都有自由发展的机会。共产主义高级阶段要实现的"各尽所能，按需分配"目标，无非是说每个人都有机会通过各尽所能的劳动，从社会中得到自己所需要的回报。它不是需要什么就分配什么、需要多少分配多少，更不是搞平均主义。它是人们"各尽所能"的劳动和多样化的需要的统一，是人尽其才、物尽其用。也就是"努力形成全体人民各尽其能、各得其所而又和谐相处的局面"，这才是对社会主义和共产主义的准确理解。

总之，我们要建设的社会主义国家区别于历史上一切剥削国家的根本特征，是无产阶级具有最宽广的群众基础，从而使得社会主义国家最有可能成为整个社会的真正代表。当国家成为整个社会的真正代表时，国家就不再是统治阶级谋取特殊利益的工具而是保证每个人都有发展机会的工具。而当每个人都有通过发挥自己的聪明

---

① ［法］雷蒙·阿隆：《社会学主要思潮》，葛智强译，华夏出版社2000年版，第129—130页。

才智获得自己的生活需要的时候，人就得到了真正的解放，社会就能实现真正的和谐。加强社会主义国家执政党的执政能力建设，最主要的就是通过创造每个人各尽其能、各得其所的发展机会，从而创建一个和谐相处的社会。

第 六 章

教育、权力与权利

天命之谓性，率性之谓道，修道之谓教。
——《礼记·中庸》

大学之道，在明明德，在亲民，在止于至善。
——《礼记·大学》

中国文化的一个重要传统是重视教育。《礼记·学记》说："古之王者建国君民，教学为先。"古代的君王建立国家治理社会，总是从教导民众开始，把教导民众学习新的思想观念放在优先地位。[①] 事实上，中国完全可以说是一个"政教"的国家，亦即通过政府主导的修身、齐家教育来实现治国、平天下目标。但也正因为如此，中国经常被指责为搞"愚民政策"的封建专制国家。但中国古代教育的本意绝不是以维护统治阶级权力为最高目的，它承担了沟通天人之际的使命。所谓"修道之谓教"，教育就是教人"修道"，也就是探寻通往真理的大道。"率性之谓道"，"修道"其实就是"率性"，也就是遵循事物发展的客观规律。"天命之谓性"，"性"就是"天命"，就是天地万物发展的客观规律。"天命"就是"世界潮流"，"天命不可违"就是"世界潮流浩浩荡荡，顺之则昌，逆之则亡"。

---

① 李效东编著：《学以成人：〈学记〉的教育智慧》，吉林大学出版社2020年版，第33页。

教育说到底就是要认识、遵循、顺应事物的发展规律，以实现人类自身的生存、发展和自由。教育和统治阶级的权力以及普通民众的权利息息相关，现代教育不得不满足这两方面的要求，因此教育也成了社会问题的焦点。

一　修道之谓教

《中庸》开篇所言"天命之谓性，率性之谓道，修道之谓教"，表明中国古人把教育看作"天大的事"，教育就是教人认识天地万物发展的规律，教人遵循天地万物发展的规律。《大学》开宗明义："大学之道，在明明德，在亲民，在止于至善。"大学致力于探寻天地大道的学问，大学之大在于教人明白遵循世界客观规律的美德，在于使人民按照世界发展规律进行自我革新，在于追求修身、齐家、治国、平天下的最高理想。天地万物发展变化的规律就是"顺之则生，逆之则亡"的"天命"，而且天地万物都处在不断发展变化之中，所以需要"大学"教人认识、掌握和运用天地万物发展变化的规律。教育的根本任务就是帮助人们在认识世界发展规律的基础上不断地自我革新，使自己适应天地万物发展变化的规律，最终实现人生出彩的机会。同样地，一个民族、一个国家，能够适应天地万物发展变化的规律，就会繁荣昌盛，引领发展大潮；相反，如果安于现状、不思进取、违背规律，就必定会停滞不前、走向灭亡。中国古代的教育，从理念上说贯彻了"修道"的思想；从实践上说，则是特别强调"新民"。"修道"首先就是探寻真理大道，亦即世界发展规律，其次是修正自己以适应世界发展规律。"新民"就是"作新民"，首先是自己"苟日新，又日新，日日新"，其次是通过教育和引导以鼓舞和帮助他人自新。历史唯物主义认为解放生产力是社会进步的最终决定力量，但这丝毫不否认发挥人的主观能动性的重要性。按照中庸之道或者可以说，生产力的解放和人类的自我解放相互协调推动社会不断发展进步，是谓"止于至善"。

1. 明明德

"大学之道，在明明德"，"明明德"表明了"明德"需要去"探明"，大学的根本就是"探明""明德"。其隐含的意思很清楚，"明德"既是"长明"又非"长明"，需要不断地去"探明"才能"长明"。"身是菩提树，心如明镜台，时时勤拂拭，勿使惹尘埃"，这是佛家修身一种据说比较低级的境界；"菩提本无树，明镜亦非台。佛性常清净，何处有尘埃"，据说是更高的境界。其实，正如"赵州八十犹行脚，只为心头未悄然。及至归来无一事，始知空费草鞋钱"所感叹的是，不"行脚"就不得"悄然"，不"费草鞋钱"就不明"无一事"，即便是"空"也是"苦行"之后的"明"。"明明德"就是强调只有不断地去"探明"才能知道"明德"，人的思想认识和道德修养只能从社会实践中来，而且只能从较低的境界发展到更高的境界。

"自诚明，谓之性；自明诚，谓之教。诚则明矣，明则诚矣。"（《中庸》）事物发展各有其客观规律，人如果能诚意正心自然能够明白，这本是人类天赋本性；但是，大多数人容易受外物所蒙蔽，反倒需要明白事物发展规律之后才能做到诚意正心，因此就需要教育。诚意正心之后就能明明德，明明德之后也能诚意正心。教育的目的就是教人"明心见性"，教人诚意正心地去认识事物发展的客观规律性。所谓"尊德义，明乎民伦，可以为君"，"明明德"者可以为君，以教万民；然而，"教非改道也，教之也。学非改伦也，学已也。禹以人道治其民，桀以人道乱其民。桀不易民而后乱之，汤不易桀民而后治之。圣人之治民，民之道也。禹之行水，水之道也。造父之御马，马之道也。后稷之艺地，地之道也。莫不有道焉，人道为近。是以君子，人道之取先"。① "明明德"，在治国、平天下层面说，其实就是符合社会发展需要的伦理。明君教民不能任意改变

---

① 荆门市博物馆编：《郭店楚墓竹简·尊德义》，文物出版社2002年版，第40页。

人伦大道，教的就是符合民众发展需要的伦理；民众学习也不需要改变自身天性，学的就是符合自身发展需要的伦理。禹因为遵循了人道所以能治民，桀因为违背人道所以导致民乱。人的本性其实不会有根本的变化，夏桀之时不是因为人民的本性变了所以天下乱，商汤之时也不是因为改变了夏桀之时民众的本性才天下大治。圣人治理民众，不过是遵循符合人性的人道而已。就像大禹治水遵循水道，造父御马遵循马道，后稷耕种遵循地道。天地万物都各有其道，人道是人类最亲近的道。因此，君子总是将遵循人道优先考虑。

"明德"其实就是"修道"，"明明德"就是"修达道"。"道"其实就是"道路"，"水道"就是水流的道路。所谓"人往高处攀，水往低处流"，"人道"就是人的行为总追求"止于至善"，"水道"就是水的流向总走向低洼之处。"德"就是有所"得"，就像大禹遵循水道，就能够得以治水；同理，他也会遵循人道，所以能够治国。"人道敏政，地道敏树。夫政也者，蒲卢也。"（《中庸》）执政就像植树，顺应民心就能治理好人民，就像合适的土地有利于树木生长。所谓治国理政，其实就像让蒲苇生长，无非满足民生要求。柳宗元的《种树郭橐驼传》用文学的手法生动地阐释了"人道敏政，地道敏树"的道理："橐驼非能使木寿且孳也，能顺木之天，以致其性焉尔。凡植木之性，其本欲舒，其培欲平，其土欲故，其筑欲密。既然已，勿动勿虑，去不复顾。其莳也若子，其置也若弃，则其天者全而其性得矣。故吾不害其长而已，非有能硕茂之也；不抑耗其实而已，非有能早而蕃之也。"郭橐驼种树并没有其他秘诀，只不过是顺应树木的天性而已，让树木按其天性成长。"养树"和"养人术"是一样的，种地和治国的道理也是一样的，都是要遵循事物发展的客观规律。

教育的根本任务是"立德树人"，但是"明明德"之"德"其实不只是通常理解的狭义的"道德"，而是广义的"达德"，亦即遵循事物的发展规律。违背事物的发展规律就是违背"达道"，因此也不是"达德"或"明德"。"明明德"其实是在认识、遵循和运用世界发展的客观规律基础上,致力于推动社会发展进步和人类自由发展。

2. 作新民

所谓"作新民","鼓之舞之之谓作,言振起自新之民也"①,就是鼓舞人民振作起来自我革新,以达到顺应社会发展必然趋势的目的。"诚者,非自成己而已也,所以成物也。成己,仁也;成物,知也。性之德也,合外内之道也。故时措之宜也。"(《中庸》)教育绝不只是教人诚意正心的"修身",它必须上升到"齐家、治国、平天下"的更高境界。每个人诚意正心的修身才能实现仁爱,但只有超越修身的齐家、治国、平天下才叫智慧。真正符合天性的明德,要把"内圣"和"外王"结合起来,与时俱进地采取合乎时宜的措施,以实现自我发展和社会进步的统一。

"时措之宜",不仅使"明明德"成为一个永远在路上的过程,也使"作新民"成为一项永无止境的工作。"明明德"是教人明白和尊重事物发展的客观规律,包括"民之所好好之,民之所恶恶之"(《大学》);"作新民"是教人顺应和适应世界发展的客观规律,包括变革人应该遵循的"明德"。"故圣王修义之柄,礼之序,以治人情。故人情者,圣王之田也。修礼以耕之,陈义以种之,讲学以耨之,本仁以聚之,播乐以安之。故礼也者,义之实也,协诸义而协,则礼虽先王未之有,可以义起也。"(《礼记·礼运》)古代圣王确立正义的权柄、礼仪的秩序就是为了治理人的性情。人的性情,就像圣人的田地。修订礼仪就像是耕作,讲述正义就像是播种,讲授学理就像耨耕,本着仁爱来积聚众人,播放音乐来安抚人心。遵循礼仪,说到底是为了实现正义的结果,只要能够协调各方面的义理而成一个和谐整体,即使是先王从未制定过的礼仪,也可以本着正义的原则而确立起来。文学曰:"明者因时而变,知者随事而制。孔子

---

① (宋)朱熹撰:《四书章句集注》,中华书局2016年版标点本,第5页。

曰：'麻冕，礼也，今也纯，俭，吾从众。'故圣人上贤不离古，顺俗而不偏宜。"(《盐铁论·枕边第十二》)真正明明德的人必定能够与时俱进，真正有智慧的人必定能够具体问题具体分析。就如孔子说的，用麻做帽子，这是过去礼仪要求的，现在用普通织物，变得更节俭了，我赞同大家的做法。所以说，圣人依据过去的情形去尊崇过去的贤人，依据现在的条件去顺从当下的风俗。显然，按照"时措之宜"，"明德""修道""礼义"的基本内涵和表现形式必然因时而变，由此人们的生活方式和行为方式也因时而变，相对于过去而言，也就成为"新民"。

近代以来，为了实现中华民族伟大复兴，一代代中国人都致力于"作新民"。梁启超更是专门写了《新民说》一书，大声疾呼："国也者，积民而成。国之有民，犹身之有四肢、五脏、筋脉、血轮也。未有四肢已断，五脏已瘵，筋脉已伤，血轮已涸，而身犹能存者；亦未有其民愚陋怯弱，涣散混浊，而国犹能立者。故欲其身之长生久视，则摄生之术不可不明，欲其国之安富尊荣，则新民之道不可不讲"，"新民为今日中国第一急务"[1]。1918年4月，毛泽东、蔡和森、何叔衡、张昆弟、罗章龙、萧三、萧子昇等人在长沙蔡和森家成立新民学会，其初衷甚至会名大概都受了梁启超的启发。只不过，受到五四新文化运动和俄国十月革命的影响，新民学会从教育救国转向了俄国式革命。1921年1月，毛泽东在新民学会长沙会员大会上的发言中说："现在国中对于社会问题的解决，显然有两派主张：一派主张改造，一派则主张改良。前者如陈独秀诸人，后者如梁启超、张东荪诸人"；"改良是补缀办法，应主张大规模改造"，"中国问题本来是世界的问题，然从事中国改造不着眼及于世界改造，则所改造必为狭义，必妨碍世界。至于方法，启民主用俄式，我极赞成。因俄式系诸路皆走不通了新发明的一条路，只此方法较

---

[1] 梁启超：《新民论》，商务印书馆2016年版，第3—4页。

之别的改造方法所含可能的性质为多"。①

民国的国民自然与大清国的臣民不一样,因为他们已经不会再尊崇君主了;新中国的人民与旧中国的国民也是不一样的,因为他们翻身做主人了。观念的转变首先是教育传播新观念的结果,最后因为生活方式的变革而巩固下来。人类发展最终体现为思想观念的自由解放,社会进步最终表现为生活方式的发展进步。

3. 止于至善

人类发展没有止境,社会进步也没有止境。我们很难预见人类的未来发展,也很难预料社会的未来状况。但中国古人相信"人之初,性本善",所以可以预料到人类追求的"止于至善",进而预料到社会也向着发展进步的方向演变。"止于至善"是儒家自我修养的终极价值目标,也是齐家、治国、平天下的终极价值目标,由此可知,"善"就是儒家的信仰。

或曰:"以德报怨,何如?"子曰:"何以报德? 以直报怨,以德报德。"(《论语·宪问》)有人问孔子用恩德来报答怨恨怎么样? 孔子反问他用什么来报答恩德呢? 应该是用正直来报答怨恨,用恩德来报答恩德。儒家相信人性之善,也要求人要从善,并坚信善有善报,也坚持善才有善报。所以,孔子反对以德报怨,这是为了维护以德报德。当然,这就会有一个问题:为什么有德的善人并没有得到善报呢? 比如孔子本人不就没有得到善报吗? 子曰:"莫我知也夫!"子贡曰:"何为其莫知子也?"子曰:"不怨天,不尤人。下学而上达,知我者其天乎!"(《论语·宪问》)孔子说没有人理解自己,子贡想知道他为什么这么说,孔子解释道:我不埋怨天,也不责备人,向下与民众学习,向上求达于天命,理解我的或许只有天吧! 孔子其实在说自己的信仰,他相信天一定会理解自己,而且也一定会回报自己。

---

① 《毛泽东文集》第 1 卷,人民出版社 1993 年版,第 1 页。

"下学而上达",这是孔子"善"的信仰的展开。为什么要"下学"呢?因为"人之初,性本善",向下和民众学习,就是学习"善性"。为什么要"上达"呢?因为"天命之谓性","人之初,性本善"正来自"天命","下学而上达"因此形成了一个闭环。孔子认为真正的"善"只能"下学",只有尊重普通民众的人才是真正的仁人。子曰:"三人行,必有我师焉。择其善者而从之,其不善者而改之。"(《论语·述而》)所以他说随便几个人一起走路,其中必定有人可以做我的老师。当然,他们也不是尽善尽美,我要学习的是他们善的方面,至于不善的方面就要改正。孔子的意思是学习众多普通人身上善的方面并改正不善的方面,这样就能"积善成德,而神明自得"(《荀子·劝学》)。"上达"其实是"下学"积累的结果,"至善"其实是"善小"积累的结果。

孔子特别强调"下学",比如"敏而好学,不耻下问"(《论语·公冶长》),"十室之邑,必有忠信如丘者焉,不如丘之好学也"(《论语·公冶长》),这是和普通人学习,而不是"学文";"其为人也,发愤忘食,乐以忘忧,不知老之将至云尔"(《论语·述而》),"默而识之,学而不厌,诲人不倦,何有于我哉?"(《论语·述而》)这里说的主要是"学文"。子曰:"弟子入则孝,出则弟,谨而信,泛爱众而亲仁。行有余力,则以学文。"(《论语·学而》)孔子说的"学"首要的并不是学习书本知识,他认为小孩子在父母跟前要孝顺,出外要敬爱师长,说话要谨慎,言而有信,和所有人都友爱相处,亲近那些具有仁爱之心的人。做到这些以后,如果还有剩余的精力,就用来学习文化知识。子夏曰:"贤贤易色;事父母,能竭其力;事君,能致其身;与朋友交,言而有信。虽曰未学,吾必谓之学矣。"(《论语·学而》)子夏和孔子的教育思想一脉相承,学习首要的是做人做事,如果这方面做得好,即使没有学习文化知识,也是一个有学问的人。

当然,"下学"还要"上达",否则就不是"大学"而只是"小学"。子游曰:"子夏之门人小子,当洒扫应对进退,则可矣,抑末也。本之则无，如之何？"子夏闻之，曰："噫！言游过矣！君子之道，孰先传焉？孰后倦焉？譬诸草木，区以别矣。君子之道，焉可诬也？有始有卒者，其惟圣人乎！"（《论语·子张》）子游批评子夏的学生们，只懂得做洒水扫地、接待客人、趋进退出一类的事，这些只是细枝末节的事，根本的学问却没有学到。子夏听到这话不乐意，说君子的学问有先后传授的区别，就好比草木按类别（有先生后长）。君子的学问，是有始有终、循序渐进的，能做到这样的大概只有圣人吧！子夏很自信，认为自己从日常生活做起的教学方法，正是符合圣人之道。子夏的反驳显然得到了朱熹的认同，他引用程子的话进一步论证。首先，教育理当循序渐进，先传授贴近生活的小事项，后传授高深远大的道理，重视生活小节并不意味着不教授高深远大的道理；其次，"洒扫应对进退"本身也包含着形而上的道，小节正是应该在独自一人时最应该谨慎修养的道；再次，道并没有精粗小大之分，从洒扫应对到精义入神一以贯之；又次，物有本末，但并不是说本和末是截然分开的两件事，洒扫应对之所以要遵循这样的礼，其中必有其之所以应该如此的理；最后，从洒扫应对这些生活之礼向上修炼，最终就能到达圣人的境界。朱熹最后概括说学习应该循序渐进，绝不可厌烦所谓的生活细枝末节而汲汲以求所谓大本大源，把生活中的所谓细枝末节之事学好了就已经包含大本大源了。[①]

子曰："回之为人也，择乎中庸，得一善，则拳拳服膺，而弗失之矣。"（《中庸》）颜回是这样一个人，他选择了中庸之道，得到了它"善"的真谛，就牢牢地把它放在心上，再也不让它失去。"中庸"是一种思想方法，在不同的场合有很多具体的运用，比如"不偏不倚""无过不及"，"下学而上达"则是处理天人之际的"中庸"。但是，方法终究是服务于目的的，也就是为了得到"善"。子

[①] 李效东编著：《学以成人：〈学记〉的教育智慧》，吉林大学出版社2020年版，第248页。

曰:"圣人,吾不得而见之矣;得见君子者,斯可矣。"子曰:"善人,吾不得而见之矣;得见有恒者,斯可矣。亡而为有,虚而为盈,约而为泰,难乎有恒乎。"(《论语·述而》)孔子叹息自己见不到圣人,但认为能够看到君子,这也就可以了。他又感叹善人看不到了,能看到坚持操守的人就可以了。没有却装作有,空虚却装作充盈,本来穷困却装作富裕,这样的人很难保持操守。"圣人""君子""善人""有恒者",是道德水平由高到低的排序,孔子希望人们能坚定不移地"下学而上达"。子曰:"舜其大孝也与?德为圣人,尊为天子,富有四海之内。宗庙飨之,子孙保之。故大德必得其位,必得其禄,必得其名,必得其寿。故天之生物,必因其材而笃焉。故栽者培之,倾者覆之。《诗》曰:'嘉乐君子,宪宪令德。宜民宜人,受禄于天。保佑命之,自天申之。'故大德者必受命。"(《中庸》)"圣人"就是"止于至善","大德必受命"就是对"善有善报"的坚定信念。

　　子贡曰:"夫子之文章,可得而闻也。夫子之言性与天道,不可得而闻也。"(《论语·公冶长》)子贡感觉,孔子关于《诗》《书》《礼》《乐》等文献的阐述,学生可以听到他给大家讲解;但是他关于人性和天命方面的见解,从来没有听老师专门讲过。其实,《论语》中记载孔子讲"性""天""道"的地方也不少,子贡的意思大概是说老师希望学生们自己去感悟。公伯寮愬子路于季孙。子服景伯以告,曰:"夫子固有惑志于公伯寮,吾力犹能肆诸市朝。"子曰:"道之将行也与,命也;道之将废也与,命也。公伯寮其如命何!"(《论语·宪问》)这其实就是孔子言"天道"与"天命",劝告学生们要相信"天道"与"天命",不要靠暴力解决问题。公伯寮诽谤子路固然绝非善类,但是,子服景伯想用公权力杀害公伯寮是更大的不善。"天道"与"天命"为何?孔子虽没有明说,但不是很清楚吗?就是俗话说的"善有善报,恶有恶报;不是不报,时候未到;时候一到,一切皆报"吗?孔子自己对"大德者必受命"坚信不疑。子畏于匡。曰:"文王既没,文不在兹乎?天之将丧斯文也,后死者不得与于斯文也。天之未丧斯文也，匡人其如予何？"（《论语·子罕》）孔子在匡地被拘围，他说："周文王死后，文明礼乐不是保存在我这里吗？上天如果要消灭这种文明礼乐，那我这个后死之人也就不会掌握这种文明礼乐了；上天如果不想灭除这种文明礼乐，匡地的人能把我怎么样呢？"孔子认为自己像文王一样代表着"天道"，必定受到"天命"的护佑，这样的话当然不好说得太明白，但关于"人性""天道""天命"的教导是清楚的，那就是像自己这样的"有恒者""善人""君子""圣人"不断"下学而上达"，既然顺应了"天道"就必定受到"天命"保护。

《大学》说的"止于至善"，绝不是攻读博士学位、做博士后或者当博导、院士，也不是"学而优则仕"。这些都只是"学文"，重要的是做人做事，尤其是把"下学"与民众获得的"善"发扬光大，使个人的"小善"变成天下的"至善"。修身、齐家、治国、平天下，其实就是从"小善"到"至善"的过程。

二　教育现代化

到了近代，中国被西方的坚船利炮轰开了大门，中国开始意识到西方"器物"的巨大优势，因此也感受到中国人文教育的缺陷。比如，胡适就曾比较中西方哲学，认为欧洲大陆和英格兰的近代哲学是以《方法论》和《工具论》开始的，宋代哲学家程朱找遍所有文献也只在《大学》中找到"格物致知"，而且这"格物"还被理解为"穷究事物"或"正心致良知"[①]，因此中国哲学没有可以开出科学方法的哲学。因此，中国不得不完全放弃中国的传统教育，转而向西方国家学习创办现代学校。但是，创办新式学校还只是形式，更重要的是教学的内容。所以，教育改革最终走向新文化运动，也就是学习西方的"民主"和"科学"。现代大学

[①] 胡适：《中国的文艺复兴》，外语教学与研究出版社2001年版，第13—14页。

是中国现代化的思想和政治源泉，思想政治教育最终也成为中国教育的突出特点。

1. 西方现代大学

一般认为，现代意义上的大学兴起于 12 世纪的欧洲，意大利博洛尼亚大学和法国巴黎大学并称"大学之母"。欧洲中世纪是处于教会神权政治统治的封建社会，博洛尼亚大学是在 1158 年按照神圣罗马帝国和教皇特别授权成立的，教学内容主要是以拉丁文教授的神学。巴黎大学的前身是索邦神学院，最初附属于巴黎圣母院，1180 年法皇路易七世正式授予其"大学"称号，1261 年正式使用"巴黎大学"的名称。在很长时间里，博洛尼亚大学和巴黎大学都同教皇和国王有特殊关系，欧洲各主要大学的建立模式均受此二校影响。随着大学规模和数量的扩张，大学逐步成为文化传承和创新的中心，最终促成了欧洲文艺复兴和宗教改革的勃兴。

文艺复兴和宗教改革是西方的"文化大革命"，推动欧洲从封建主义进入资本主义发展阶段。文艺复兴运动在意大利兴起，宗教改革运动的中心则在德国。1386 年设立的海德堡大学是德国最古老的大学，在 16—17 世纪时成为宗教改革发祥地，由此海德堡大学也成为新教文化重镇，来自欧洲各地的学生和名师云集于此。相对于蓬勃发展的西欧中心区，偏居一隅的英国是落后的边缘地区。最初都是英国人，都是去欧洲留学，其中最主要的就是法国巴黎大学。后来因为英法关系恶化，从巴黎大学回来的学生就在伦敦郊外的牛津小镇创建了学术中心。牛津大学的第一任校长是 1201 年被任命的，作为一个大学被认可则是在 1231 年，真正得到国王的许可是在 1248 年。剑桥大学是因在牛津的学生和当地居民发生冲突，转移到剑桥建立的新学校。后来，一部分人又回到牛津，英国因此有了同根同源的两所大学。1534 年英国国王亨利八世操纵议会通过《至尊法案》，正式宣布国王为英教会的最高首脑，建立脱离罗马教廷的英国国教会。此后，牛津大学和剑桥大学的所有师生，都被要求信奉英国国教。

随着进一步改革要求，英国国教的清教徒移民美洲新大陆，宗教和大学的关系又有了新的发展。美国最古老的大学哈佛大学，就是1636年由清教徒倡议创立的，1639年为纪念捐赠个人积蓄和图书的牧师，哈佛更名为"哈佛学院"。哈佛在很长一段时间里都由神职人员担任校长，基督教新教的伦理思想成为它的精神特征。1721年哈佛学院正式设立神学教授职位，1780年哈佛学院正式改称哈佛大学，1816年哈佛大学成立神学院。虽然为顺应资本主义工商业对科学技术的需求，1829年出任哈佛大学校长的昆西，却极力扭转哈佛大学的方向，大力提倡科学教育。但是，在清教徒的极力维护下，哈佛的宗教精神始终没有消除。耶鲁大学则是由一批公理会传教士于1701年推动成立的一所教会学校，其中一部分原因是他们对哈佛大学宽容不信教的态度深感不满，当时10位接受委托承办学校的人也都是牧师。学校起名耶鲁，是为了答谢1718年为学校提供捐款的英国东印度公司高层官员伊莱休·耶鲁。18世纪30年代至80年代，耶鲁在主教、牧师、校长和捐款人的共同努力下发展为大学。历史最悠久的哈佛和创立时间排第三的耶鲁开创了美国私立大学的先河，后来很多私立大学如芝加哥大学、斯坦福大学，都是由密切联系教会的虔诚教徒捐款建立的。另外一些大学则是英国殖民者或者殖民地政府，为了在新大陆传播英国国教而建立的，威廉与玛丽学院以及后来发展为哥伦比亚大学的国王学院就是这样的大学。1693年，威廉与玛丽学院获得英国王室的皇家宪章和弗吉尼亚议会批准建立，詹姆斯·布莱尔牧师获皇家委任成为威廉与玛丽学院的首位校长。威廉与玛丽学院作为一所圣公会学校，要求学生都加入英国国教，教授必须忠于英国国教。1754年，根据乔治二世国王的《王室特许状》，成立以"国王学院"为名的美国境内第五所大学，也就是后来的哥伦比亚大学，它的首任校长为神学博士萨缪尔·约翰逊。现在新泽西州的罗格斯大学和普林斯顿大学，在当时则是王后学院和王子学院。普林斯顿大学的目的是培养长老，实行长老制管理。

1812年，因为长老们希望进行更多神学培训的要求和教师与学生们的愿望不一致，普林斯顿神学院脱离普林斯顿大学。神学院分离出去不仅减少了学生数量，而且一度减少了来自外界的支持。只有富兰克林创办的宾夕法尼亚大学是一所全新的注重科学研究和运用的大学，而富兰克林正是马克斯·韦伯在《新教伦理与资本主义精神》中说到的资本主义精神的代表人物。因此，宾夕法尼亚大学的创立，意味着现代资本主义大学的正式诞生。但是，即便如此，富兰克林也是一个虔诚的清教徒。

西方大学发展的历史充分说明，宗教精神始终是大学的灵魂。早期校长直接就是教士，教师也主要是教士和神学家。教师们探索科学的目的主要是想证明"伟大的造物主"设计了美妙的世界，从而让更多的人更加虔诚地信奉上帝。哥白尼、达尔文、牛顿、莱布尼茨、孟德维尔等著名科学家，都是神学院的学生并终究回归上帝。

2. 中国现代大学

通常认为，中国传统文化和教育注重人文精神，强调人本主义和道德教化；西方现代文化和教育注重科学精神，最突出的特点是科学方法。尤其是随着科学技术在生产、生活和国际竞争中重要性不断凸显，很多人不禁哀叹中国的文化和教育造成了中国落后挨打。戊戌变法和清政府新政最重要的改革就是兴办现代学堂，派遣出国留学生，取消科举制度。新文化运动则提出"打倒孔家店"，提倡西方"民主"和"科学"。到五四运动的时候，中国大学生第一次登上了政治舞台，而且成为爱国运动的领导力量。进而，在一批受过现代教育的师生的领导下，马克思主义得到传播，随后中国共产党成立。从此，中华民族的命运发生了根本性转折，中国的历史开启了全新的征程，世界的历史也将为之而改变。教育改变国民和国家的重大作用，值得今天的教育工作者铭记。

中国大学以1898年京师大学堂的成立为标志，它是在西方帝国主义坚船利炮打开大门之后推动"师夷长技以制夷"的组织机构。

因此，它也带着明显的"中学为体，西学为用"的特征，但它并没有照搬西方大学模式。京师大学堂不仅是当时中国最高学府，还是最高教育行政机关，继承了中国历代太学的办学模式，故有"上承太学正统，下立大学祖庭"之说。1912年，京师大学堂更名为北京大学，旋即冠以"国立"二字。也就是说，西方大学由宗教人士创立并与教会始终脱不开关系，中国大学则从一开始就是国家创立的世俗机构。1916年12月，蔡元培出任北京大学校长。虽然蔡元培曾留学德国学习心理学、美学、哲学诸学科，但早年参加科举考试并经殿试中进士，得授职翰林院编修。蔡元培从1916年至1927年担任北大校长十二年，主张"大学者，研究高深学问者也"，倡导"循思想自由原则、取兼容并包之义"，奠定了北大的传统和精神。这种精神是和西方大学神本主义精神相对立的人本主义精神。

1917年8月，受校长蔡元培委托，鲁迅完成北京大学校徽设计，它"北大"两个篆字的上下排列，其中"北字"构成背对背的两个侧立的人像，而"大"字构成了一个正面站立的人像，这样就构成了"三人成众"的意象。也有人说，大学，因大师而大，更因大学生而大。上面的是学生，下面的是老师，教师就是要甘为人梯；学生站在巨人的肩膀上，就是要青出于蓝胜于蓝。还有人说，下面的"大"字像一个人，上面的"北"字又像两个人，犹如一人而背负二人，给人以"北大人肩负重任"的想象。"北大"二字还有一具脊梁骨的形象，象征北大要成为国家发展与进步的脊梁。总之，校徽突出的精神就在于"以人为本"，象征北大肩负开启民智的重大使命。

近代以来，西方教会也在中国创办了一批大学，其中最著名的包括燕京大学、协和医学院、齐鲁大学、东吴大学、圣约翰大学、之江大学、华西协和大学、华中大学、金陵大学、福建协和大学、华南女子文理学院、金陵女子文理学院、沪江大学、岭南大学等10多所基督教教会大学，这些学校主要由信奉基督教新教的美国和英国人创办。法国政府曾商请罗马教廷批准，由天主教耶稣会士在天津创办了津沽大学。中国教徒也办了一些学校,其中最著名的主要是由马相伯创办的震旦大学和辅仁大学。这些教会学校在新中国成立后,绝大多数都被拆分并入中国政府办的大学。

毫无疑问,欧美大学尤其是与宗教关系密切的私立大学,已经发展为当今世界最优秀的大学。中华人民共和国成立前的教会大学也对我国教育事业发展发挥过重大作用。但是,由此得出私立大学才能办出高水平的结论,甚至认为拆并教会大学是对教育的破坏,却是毫无道理。更不应该由此而推断,大学必须由宗教伦理作精神支撑。正如毛泽东在1949年《"友谊",还是侵略?》一文中指出的,"美帝国主义比较其他帝国主义国家,在很长的时期内,更加注重精神侵略方面的活动,由宗教事业而推广到'慈善'事业和文化事业"[①]。美国人在中国办教育,并不是为了帮助中国实现独立自主和民主富强,而是为了控制中国人的精神生活和中国文化。不论教育、慈善还是文化事业,都是要培育中国人对美国的认同。

就像英国在美洲殖民地创办的"国王学院""王后学院""王子学院"一样,其目的是要培养殖民地人民对英国王室的效忠。美国通过独立战争实现建国以后,当然就不允许继续培养对英国的忠诚,最后这些学校变为哥伦比亚大学、罗格斯大学、普林斯顿大学。威廉和玛丽学院之所以继续存在,估计和它已经完全不具有像哈佛、耶鲁、哥伦比亚、普林斯顿、斯坦福、麻省理工一样的影响力有关。中华人民共和国成立后改造旧中国的教育机构,改革旧中国的教育体制,这正如古人说"建国君民,教学为先"是理所当然的事情。没有任何独立自主的国家会允许它的教育机构传播其他国家的价值观念,培养对其他国家的忠诚。

3. 现代大学之道

现代西方大学发展史清楚地表明,它与教会的教权、国家的政

[①] 《毛泽东选集》第4卷,人民出版社1991年版,第1506页。

权以及民众的民权纠缠在一块；发展的总体趋势是教会的教权、国家的政权以及民众的民权依次递进。中国本土的现代大学几乎不受宗教组织影响，但它几乎完全受制于国家的权力。民众的教育权利不论在西方还是在中国，都是最近才获得重要发展。科学研究作为现代大学的重要内容，更是很晚才获得相对的学术权威。尤其是社会科学，相对于自然科学，从未脱离政治意识形态而获得独立。

西方大学不仅起源于教会办教育，而且始终没有真正摆脱宗教影响，甚至还自觉地拓宽了宗教影响。西方大学的创始人虽然有信仰基督教和天主教及其不同教派的区别，但都继承了欧洲中世纪延续下来的宗教传统，追根溯源都以某种宗教教义作为大学精神。很多西方大学校园里都建有教堂，综合性大学很多还保留着神学院。英国剑桥大学三一学院始终坚持以圣父、圣子、圣灵"三位一体"为学院的指导思想，至今还保留着浓厚的宗教气氛，甚至师生要在晚餐前一起祈祷。美国哈佛大学也保留着神学院，也有供师生做礼拜的教堂，毕业典礼还由学生用拉丁文演讲。牛津大学、耶鲁大学等以文理基础学科见长的大学，在维护宗教传统方面都非常重视。美国圣母大学、乔治城大学、圣十字学院是优秀的天主教大学，杜克大学、埃默理大学、杨百翰大学则是优秀的基督教大学，这些学校最引人注目的景观就是庄严肃穆的教堂，整个校园充满浓厚的宗教氛围。由于西方大学与教会的密切关系，尤其是因为很多教会学校校风校纪以及学术水平优秀，使得美国后起的政府赠地大学也要"附庸高雅"。当然，在如今的西方大学，宗教传统也只是整个西方文化传统的一部分，科学精神和人文精神无疑得到了长足发展。哈佛大学在1869—1909年查尔斯·威廉·艾略特担任校长期间，不仅把宗教教育从单纯的基督教拓宽到其他宗教文化，而且还出版了内容涵盖古希腊罗马至今的"哈佛经典"，从此开启了美国人文教育传统。哈佛的校训是"要与柏拉图为友，要与亚里士多德为友，更要与真理为友"，这表明西方大学再也不像初创时期完全以神学作为指导思想了，它已经成为西方文化传统的载体。

当然，现代大学和传统"大学"相比，最突出的是科学教育和科学精神。不过，科学家独立自主的科学研究其实并非事实，相反，西方宗教势力长期迫害布鲁诺这样的科学家，抵制与上帝创世说相悖的进化论等自然科学，这才是更加引人注目的现象。至于人文和社会科学，更是自始至终没有摆脱各种社会势力的影响，尤其是资产阶级意识形态的影响。马克思曾指出："只要政治经济学是资产阶级的政治经济学，就是说，只要它把资本主义制度不是看做历史上过渡的发展阶段，而是看做社会生产的绝对的最后的形式，那就只有在阶级斗争处于潜伏状态或只是在个别的现象上表现出来的时候，它还能够是科学。""资产阶级在法国和英国夺得了政权。从那时起，阶级斗争在实践方面和理论方面采取了日益鲜明的和带有威胁性的形式。它敲响了科学的资产阶级经济学的丧钟。现在问题不再是这个或那个原理是否正确，而是它对资本有利还是有害，方便还是不方便，违背警章还是不违背警章。无私的研究让位于豢养的文丐的争斗，不偏不倚的科学探讨让位于辩护士的坏心恶意。""那些还要求有科学地位、不愿意单纯充当统治阶级的诡辩家和献媚者的人，力图使资本的政治经济学同这时已不容忽视的无产阶级的要求调和起来。于是，以约翰·斯图亚特·穆勒为最著名代表的平淡无味的混合主义产生了。这宣告了'资产阶级'经济学的破产……"[①] 即便到了今天，西方科学界也还经常受到宗教界的抵制，比如不相信进化论的人就不在少数。在新冠肺炎疫情冲击世界各国之际，西方宗教界也出现了很多对科学家和科学知识的不信任和抵制。

中国没有率先发展出现代科学，这是至今解释不清的"李约瑟之谜"。但是，中国文化和教育并非必然阻碍科学发展和科学精神，相反，它比西方以宗教为核心的文化更适合于科学发展和科学精神。中西方之间的交往，其实正是始于科学技术，其中天文学、历法学、医学、航海学从元末明初就开始。西方传教士向中国推介的科学技

[①] 《马克思恩格斯文集》第5卷，人民出版社2009年版，第16—17页。

术受到了热情欢迎，但他们传教的目的却很不成功。究其原因，中国文化的根本特点是自然主义和世俗主义，它和西方的神本主义和精神至上不相融合。《中庸》说的"天命"其实就是"自然规律"，而不是超自然的有意志的"神"，这种世界观很容易就能走向"科学"。"天命之谓性，率性之谓道"，本意就是要人认识自然规律和尊重自然规律。因此，中国人接受太阳中心说没有任何问题，甚至可以说中国文化始终把太阳看得比地球更高。《中庸》说的"栽者培之，倾者覆之"，几乎就是"物竞天择，适者生存"。因此，达尔文的进化论被严复介绍到中国之后，非但没有引起任何明显的抵制，反而迅速风靡整个知识界。《中庸》说的"率性"其实就是尊重人性，正是由于中国源远流长的民本主义传统，民主共和思想也很容易就被接受。中国最早在东方建立了共和制国家，也最早在东方建立了社会主义制度。由此可以证明，中国文化是最为开放包容的，它能接受一切有利于中国发展的思想。

中国也有宗教传统，除了道教是土生土长的中国宗教，其他如佛教、伊斯兰教、天主教、基督教都是外来宗教，这些宗教都深刻地影响了中国人的精神生活，也极大地丰富了中国文化的内容。但是，中国文化传统的主流还是世俗的儒家人本主义，中国的教育则几乎不受宗教的直接影响。也正因为中国世俗人本主义文化传统，使得无神论的马克思主义在中国比较顺利地扎下根来，并深刻地改变了中国。也正因为中国人本主义的文化传统和马克思主义在今天中国的指导地位，中国大学不可能学习西方大学依靠宗教情怀和上帝使命塑造学生超越个人私利的救世精神。中国大学必须继承和发扬中国传统文化，尤其是"政教"传统，大力开展思想政治教育工作，帮助学生树立为人民服务的宗旨和崇高的共产主义理想。2014年5月4日，习近平在北京大学师生座谈会上就曾指出，办好中国的世界一流大学，必须有中国特色。没有特色，跟在他人后面亦步亦趋，依样画葫芦，是不可能办成功的。这里可以套用一句话，越是民族的越是世界的。世界上不会有第二个哈佛、牛津、斯坦福、麻省理工、剑桥，但会有第一个北大、清华、浙大、复旦、南大等中国著名学府。我们要认真吸收世界上先进的办学治学经验，更要遵循教育规律，扎根中国大地办大学。习近平总书记指明了办好中国的世界一流大学要扎根中国大地，首要的就是要寻找中国文化的根，也就是中国文化的传统。西方的世界一流大学继承了西方的文化传统，中国的世界一流大学就必须继承中国的文化传统，继承文化传统是中国和西方办好世界一流大学的共同规律。

值得一提的是，中国教育不受宗教影响也会有缺陷，其中最主要的是信仰教育不够发达。马克思主义理论和共产主义理想说到底都是"科学"教育，讲授的是社会发展的必然趋势，因此不是真正意义上的"信仰"教育。中国古代的"天命"，虽然可以解释为"自然规律"或"科学"，但它也具有"神圣性"，是"科学"和"信仰"的统一、"天"和"人"的合一，对于今天加强"初心"和"使命"有很重要的借鉴意义。

三 教育社会化

马克斯·韦伯曾说："资本主义精神，就我们至此对这概念加以掌握的意义而言，必得与一整个敌对势力的世界历经一番艰苦的斗争方得卓然挺立。"[①] 西方国家的学校教育正是向社会传播资本主义精神的主要渠道，与此同时，西方教会、智库、慈善机构等众多社会组织也通过财政和人力极大地影响西方大学。相对来说，中国传播价值观和意识形态的机构少得多，学校受到社会组织的影响也小得多。从社会发展对教育的需要来看，教育日渐社会化是不可避免的趋势。大学很难保持"象牙塔"一样的存在了，大学面临的问题不在于要不要社会化而在于怎样社会化。

---

① ［德］马克斯·韦伯：《新教伦理与资本主义精神》，康乐、简惠美译，广西师范大学出版社2007年版，第32页。

1. 西方教育社会化

马克斯·韦伯在《新教伦理与资本主义精神》中提出:"近代的资本主义精神,不止如此,还有近代的文化,本质上的一个构成要素——立基于职业理念上的理性的生活样式,乃是由基督教的禁欲精神所孕生出来的"[①];"清教的人生观实为此种生活样式之最根本的尤其是唯一首尾一贯的担纲者,守护着近代'经济人'的摇篮。"[②] 也就是说,资本主义的生产方式和生活方式是由清教的禁欲主义人生观决定的,这种新教伦理塑造了以追求资本增值的"经济人理性"为特征的资本主义精神,它也是资本主义文化和教育所要塑造的精神。实际上,西方大学开设的经济学、政治学、社会学等社会科学都是以"经济人理性"为哲学基础的,西方大学的首要任务就是"经济人理性"进教材、进课堂、进头脑。"经济人理性"是西方大学教育一以贯之的指导思想,从而塑造了西方大学的资本主义精神。

确实,很多大学教授都不能接受在大学管理中的投资回报最大化的资本主义精神,认为这会造成资本对高等教育的控制,他们怀念单纯为追求真理而从事科学研究和教学的时代。但是,抗拒资本主义只能有一个结果,那就是个人和学校的彻底失败。追随资本主义规则的个人和学校,则会迅速获得收益和兴盛。最明显的例子就是欧洲大学相对美国大学的衰落,其中最主要的原因就是美国大学通过雄厚的财力吸走欧洲最优秀的教师和学生。在美国,芝加哥大学、斯坦福大学的快速崛起,主要依赖的也是通过丰厚的工资报酬和研究资金,从其他一流学校挖走一流的人才。很快,所有美国大学都不得不接受"经济人理性"的管理原则,其基本特征是获得资

---

① [德] 马克斯·韦伯:《新教伦理与资本主义精神》,康乐、简惠美译,广西师范大学出版社2007年版,第186页。

② [德] 马克斯·韦伯:《新教伦理与资本主义精神》,康乐、简惠美译,广西师范大学出版社2007年版,第178页。

金支持最多的学校将吸引到最好的校长、院长、教师和学生，而拥有最好管理、师资、学生、教学、科研的学校又会获得最多的资金投入。在"经济人理性"管理理念支配下，美国大学管理权逐步由教会转移到资本家手中。大学的管理层主要不再是教士而是董事，董事会的构成虽然包括社会各界名流，但起主导作用的还是大额捐款人，或能带来大额捐款的人。董事会作为实际的最高权力机构负责选聘校长，而校长最主要的工作又是寻找资金支持。最终，掌握大学管理权的人就是掌握资金的人，他们通过人事和财务操控学校的日常管理。19世纪末20世纪初，最主要的捐款人像芝加哥大学的主要捐建者洛克菲勒，既可以决定校长人选也可以迫使校方解雇抨击自己的教授。虽然后来教授协会团结起来，通过了终身教授制度以保护学术自由，但是，很显然捐赠者可以通过取消捐赠给予学校巨大压力，也可以通过改变校长人选而改变学校风气。最终，大学的发展理念、基础建设、学科发展、教学内容以及招生就业等重大问题，都要由董事会来决策或批准。大学的大楼、学院、教授、奖学金都被冠以捐款者的名字，这些杰出校友的子女及其撰写推荐信的考生也成为学校优先录取的对象。"经济人理性"，或者资本—收益最大化，像一只"看不见的手"指引着资本主义大学的运行。今天如果想知道美国哪所大学是最好的，只需要对比它们获得的经费、收取的学费、支付的薪酬就可以了。哈佛、耶鲁、斯坦福、哥伦比亚、普林斯顿、麻省理工等排名最靠前的几所学校，通常获得的经费、收取的学费、支付的薪酬也都是最高的。好的就是贵的，这就是资本主义精神在美国一流大学中的体现。

　　以"经济人理性"为特征的资本主义精神之所以能在美国大学卓然挺立，归根结底还是靠禁欲主义新教伦理提供的道德基础。从新教伦理的标准来看，为真理而真理、为科学而科学、为艺术而艺术的人是缺乏理性的，甚至是放荡堕落的，是不受上帝欢迎的。从新教伦理的标准来看，资本家非但不是残忍的剥削者，而是聪明智慧的先知，是上帝偏爱的人。他们把自己看作上帝给人类的财富的托管人，把财富捐赠给大学也就自然成为大学的托管人。现实地看，为真理而真理、为科学而科学、为艺术而艺术的教师，也不是不食人间烟火的神仙，他们的工作也离不开钱。没有钱就做不好工作，做不好工作就会失去工作。同样，最好的学生也必然为进入教师和设施都更好的学校而竞争，只有学习较差的学生才会接受条件更差的学校。正是在新教伦理和"经济人理性"共同支撑下，资本主义精神才得以在大学卓然挺立。最终，不论资本主义企业、资本主义大学还是资本主义国家，都是依靠新教伦理和"经济人理性"来论证自身是否合乎道德，所以，美国企业家热心慈善事业，美国很多大学保留着神学院、美国总统要宣誓就职，美国更是到处都有庄严肃穆的教堂。虽然道德和理性都已经无可挑剔，但很多美国人，尤其是穷人和有良知的人，都在感情上不能接受美国经济财富、政治权力和文化教育日渐明显的过度精英化。自从 2008 年国际金融危机爆发以来，美国的中产阶级也越来越不能接受美国的社会资源面向极少数精英集中的趋势。

2. 中国大学的社会化

毫无疑问，大学并不是普及知识的义务教育，培养精英人才是它的神圣使命。但是，大学也不应该由少数精英垄断，现代大学兴起的标志就是知识由少数教士和士人扩张到普通民众。社会主义区别于资本主义的最主要精神追求，就是实现经济、政治和文化资源更全面的社会共享。中国当然也应该鼓励社会办学建设世界一流的私立大学，鼓励捐资助学建设世界一流学科。以大楼、学院、教席冠名和校董席位感谢捐资助学的慈善家，这些西方大学的做法社会主义大学完全可以参考学习。南方科技大学、西湖大学尝试建设像麻省理工、加州理工那样的研究型大学，国家和地方政府理所当然应该鼎力支持。甚至公立大学内部，也可以尝试建立类似私立大学独立学院，比如北大的燕京学堂和清华的苏世民学院。即便是公立大学，也可以尝试建设着眼于培养一流精英人才的学校，比如中科院创办的中国科学院大学和中国科学院上海分院创办的上海科技大学。还可以在校内创建一流精英人才培养计划，比如北京大学的元培计划。总之，中国教育界和社会各界理当积极学习西方大学尤其是美国大学的成功经验，努力尝试创办私立大学和加强精英人才培养。

但是，应该清醒地认识到，十四亿人口的中国高等教育不能主要靠社会力量。社会主义国家办大学也不可能完全追求投资—收益最大化，更没有必要依靠神学为自己提供道德基础。虽然中国大学也同样要考虑办学的经济效益，但是中国社会主义大学必须同时着力解决教育不公问题，解决贫困生上学问题和贫困地区办学困难问题。中国大学的目的不是培养"救世主"，而是培养社会主义建设者和接班人。社会主义是共产主义的第一阶段，共产主义的崇高理想是实现全人类的解放。社会主义大学首先要考虑最大多数人民的利益，社会主义大学的指导思想是马克思主义，它的领导力量是中国共产党。马克思说："哲学把无产阶级当做自己的物质武器，同样，无产阶级也把哲学当做自己的精神武器；思想的闪电一旦彻底击中这块素朴的人民园地，德国人就会解放成为人。"[①] 如果说新教伦理和资本主义精神的传播需要专门的神学院或教会大学，马克思主义的传播就需要专门的马克思主义学院，当然还包括各级党校和社会主义学院。因为很显然，社会主义精神也是"必得与一整个敌对势力的世界历经一番艰苦的斗争方得卓然挺立"。设立马克思主义学科、建立马克思主义学院、加强马克思主义理论在教育教学中的指导地位，是社会主义精神文明建设和社会主义大学建设的战略举措。

新教伦理和资本主义精神的确立需要神学和教会学校，这在资本主义国家的人们看来是无可厚非的事情。而且，有道德和社会责任感的各界人士都非常重视这方面的工作。实际上，或者出于自身的觉悟或者出于社会的压力，所有资本主义国家的学校和教师都通

---

① 《马克思恩格斯文集》第 1 卷，人民出版社 2009 年版，第 17—18 页。

过"经济人理性"这一"科学前提"宣传新教伦理和资本主义精神，甚至还有众多专门的学校或学院从事专门的宗教研究和人才培养，以保证新教伦理与资本主义精神卓然挺立。但是，在我们社会主义国家的大学建立马克思主义学科却被很多人认为是不符合科学规律和科学规范的，仿佛马克思主义与科学的关系比神学与科学的关系更远，不能在从事科学研究和传播的学校存在。这种情况的存在主要就是我们还没有充分认识到社会主义精神文明建设的重要性，没有认识到社会主义制度的确立和发展需要精神动力和价值认同。没有共同的价值观念和伦理道德，就不可能形成一个有共同精神的社会；没有共同的精神，社会就只是一帮乌合之众，必然走向混乱、冲突、动荡和毁灭。正因为如此，我国古代需要依靠儒家思想来教导人们修身、齐家、治国、平天下，欧洲中世纪依靠基督教神学来确立共同的伦理道德和维护国家的政权。近代以来，资本主义国家的大学要进行新教伦理和资本主义精神教育，因此，社会主义国家当然也应该理直气壮地加强马克思主义理论与思想政治教育。中国古代的教育完全是围绕儒家经典教育展开的，欧洲中世纪的教育也完全是神学主导的教育。毫无疑问，现代教育不可能以伦理道德和价值观念为主要内容，它必然要以知识创新和技能传授为主要任务。但是，这并不意味着现代教育不再需要重视伦理道德和价值观念教育。没有伦理道德和价值观念教育，知识创新和技能传授可能与创立邪教和训练杀手无异。伦理道德和价值观念是社会存在的前提和前进的方向，不能实现伦理道德和价值观念创新与传播的社会必将堕落。

　　社会主义和资本主义有不同的伦理道德和价值观念，但它们都需要进行伦理道德和价值观念教育这点是一样的。社会主义大学的马克思主义学院类似于资本主义大学的神学院，而且就像神学院的核心是新教伦理和资本主义精神教育，马克思主义学院的核心是社会主义和共产主义精神道德和理想信念教育。神学可以成为一门学科，马克思主义当然也可以成为一门学科。神学院有自己受过神学专业训练的教师和学生,马克思主义学院当然也需要有自己的马克思主义理论专业教师和学生。资本主义大学的神学院主要从事宗教方面的研究和教学工作,并培养能从事宗教工作的专门从业人员。社会主义大学的马克思主义学院主要从事马克思主义理论的研究和教学工作,也培养能从事马克思主义理论宣传和思想政治工作的专门人才。就像并不是每个资本主义大学都设立神学院一样,也不是每个社会主义大学都需要设立马克思主义学院。没有设立马克思主义学院的大学,很可能就不培养或较少培养专业学生。但是,就像资本主义大学有普遍从事新教伦理和资本主义精神教育的专门机构一样,社会主义大学也必须普遍设立从事马克思主义理论和思想政治教育的专门机构。

总之,高校思想政治工作是社会主义大学的本质体现,我们一定要从确保中国特色社会主义事业长治久安的战略高度认识马克思主义理论与思想政治教育的重要性。所有社会主义大学都应该主动地加强马克思主义理论与思想政治教育工作,否则就可能成为一所没有精神的大学,至少不能说是一所不具有社会主义精神的大学。当然,马克思主义学院不是神学院,马克思主义也不是宗教。神学院的教育围绕对神的信仰展开,马克思主义学院的教育围绕对人类社会发展科学规律的信仰展开。宗教通过精神抚慰掌握群众,马克思主义通过科学理论掌握群众。马克思说:"理论只要说服人,就能掌握群众;而理论只要彻底,就能说服人[ad hominem]。所谓彻底,就是抓住事物的根本。"① 马克思主义是关于"事物的根本",即社会发展必然规律和人类解放必然条件的科学,所以,马克思主义说到底就是科学社会主义,或者也可以叫作社会主义科学。

3. 社会化的未来

美国大学通过继承宗教传统,塑造了济世救民的精神,这种精

---

① 《马克思恩格斯文集》第1卷,人民出版社2009年版,第11页。

神也就是资本主义精神。因此，以宗教为纽带，大学和社会就形成了良性循环。大学培育具有救世精神的资本家，资本家为大学提供大笔慈善捐款，大学又靠着丰厚的财力吸引世界各国最优秀的学生和教师。美国资本主义大学就像美国资本主义企业，它以雄厚的财力为基础把触角伸到世界各个国家，吸纳世界各国的人力资源为美国所用。

中国是一个社会主义国家，中国大学的首要任务是提升人民群众的科学文化素质，改变整个国家和民族的命运。中国最具代表性的大学之一——北京大学，非常明显地体现出了高等教育和国家命运息息相关。北京大学的前身京师大学堂是戊戌变法失败后仅存的硕果，它标志着中国人变革封建制度的愿望，标志着中国人学习西方文明的决心，为新文化运动奠定了组织基础和智力储备。蔡元培、李大钊、陈独秀、胡适、鲁迅等北大名师，是新文化运动的旗手。北大学生傅斯年、许德珩、罗家伦、张国焘等人，则是五四运动的急先锋，担任游行队伍总指挥，起草《北京学生界宣言》，成为事实上的学生领袖。五四新文化运动是一场主要由北大师生发动的民主爱国运动，此后北大师生又成为共产党的最主要创立者，由此从根本上改变了中国革命的面貌和中国前进的道路。

中国共产党作为中国无产阶级的先锋队，从一开始就特别重视平民教育，尤其是强调提高工人和农民的思想觉悟和文化水平。1917年，毛泽东在湖南长沙第一师范学校创办工人夜校，而后邓中夏组织"平民教育讲演团"，这是中国共产党最早的平民教育活动。后来形成的劳动补习学校和农民运动讲习所，是共产党开展平民主义教育的主要组织形式，它们的主要目的是开展马克思主义革命教育和文化补习。1927年11月，毛泽东率湘赣边界秋收起义部队到井冈山后，着手创办了红军教导队，这是中国工农红军最早培训干部的机构。1936年6月中国工农红军大学正式成立，1937年1月改称中国人民抗日军事政治大学，这是现在的国防大学的前身。1937年，中共中央又决定创办陕北公学，任命成仿吾为校长兼党组书记。陕北公学实行党团领导下的校长负责制，由此开创了中国大学的基本管理体制。陕北公学在多次改组和重建中曾用华北联合大学、延安大学、华北大学等校名，到中华人民共和国成立后组建为中国人民大学。1939年还创办了延安自然科学研究院，后改名自然科学院，这是中共创办的第一所理工类院校，是现在北京理工大学的前身。1941年在延安建立的民族学院，则是中国共产党创办的第一所民族类院校，它是中央民族大学的前身。1941年还在抗大三分校俄文大队基础上创办了延安外国语学校，这是中国共产党创办的第一所外语类院校，后来发展为北京外国语大学。用教育唤起民众，用教育拯救祖国，这也是中国教育界的普遍愿望。1923年，陶行知发起平民教育促进会，组织召开全国平民教育大会，成立中华平民教育促进会总会，由耶鲁大学毕业回国的晏阳初担任总干事长。晏阳初秉持"民为邦本，本固邦宁"的信念，终生致力于平民教育。1926年至1936年，晏阳初在河北定县进行了长达10年的乡村平民教育。1940年，他创办重庆乡村建设学院，该学院后来并入西南师范学院。总之，不论中国共产党还是陶行知、晏阳初等人，创立学校的目的就是满足救国救民的目的，而不是为了潜心做科学研究和探讨"永恒真理"。学校不同于研究院或智库，为国家培养适应社会发展需要的人才，始终是学校最主要的职能。

今日中国教育既要面临追赶发达国家科学技术水平又要提升国民基本素质的双重使命，因此，一方面中国急迫地想要建成若干具有一流研究能力的世界一流大学，另一方面又迫切地需要加强中小学基础教育和职业技术能力教育。目前主要的推动方式是分类实施，世界一流大学正在变得越来越精英化和科研化，职业技术能力教育正在由职业技术学校承担，而中小学正在为进入研究性大学和避免进入职业技术学校而努力。中小学生每天的学习其实都是为了升学考试，升入重点小学、初中、高中，最后进入研究性大学。九年义务教育最终使学生在人生道路上分道扬镳，有些人获得继续为升入研究性大学备考的机会，有些人从此踏上了职业技术工人的道路。

"中考"对一些学生而言就是"终考",从此逃离了升学考试的角斗场,但也很可能一辈子就是出卖劳动力的技术工人。作为家长,没有人会乐意自己的孩子早早地走上通往工人的道路,所以中国各种考试培训机构蓬勃发展,而众多的职业培训学校则成了考试失败者无奈的"坑"。职业技术教育对于"世界工厂"无疑非常重要,但目前它在人们心目中的地位极其低下。除非改变职业技术学校的形象,否则职业技术教育永远不会令人向往。其实,现在中国绝大多数理工科大学就是职业技术教育,而且,已经在硕士和博士层次开始了"专业教育",只需要把绝大多数理工科专业本科按照"专业教育"来办,职业技术教育立即就成为主流。

中国教育最主要的就是"名"和"实"相符的问题,让综合性大学有足够自由从事基础理论研究,让理工科学校名正言顺承担职业技术教育,让中小学成为"学而时习之,不亦乐乎"的地方,中国教育就会成为推动中华民族伟大复兴的最雄厚力量。很显然,要实现这个转变,中小学从应试教育转变为素质教育和大量的理工科大学实实在在承担职业技术教育的光荣使命是关键,而这二者也是相辅相成、相互促进的因素。中小学应试教育学习和考核的内容都是基础知识,几乎没有任何这些知识所能掌握的实际能力,这对于进入理工科大学其实完全不是能力储备。中小学没有必要学习那么多基础知识,但需要掌握更多对知识的实际运用能力,尤其是需要形成进一步学习的兴趣和乐趣。目前绝大多数中学生对于大学理工科的专业几乎一无所知,就是因为他们在中学只是进行过数、理、化、史、地、生各科的考试而已。这种最无趣的考试教育即便考出了好分数,也很难真正在大学从事独立自主研究,通常不过是出于就业需要而努力完成各门专业课的考试而已,这样的理工科教育教学确实不如转变为高等职业技术教育。"学以致用",高等职业技术教育是很光荣的事,如果社会有偏见的话,尽管继续保持理工科教学研究性大学的"名",但教学内容和方式方法必须向"职业技术"的"实"转变。绝大多数学生应该从中学开始就是为"职业技术"

教育准备的，只有少数对基础理论特别有天赋和兴趣的学生才进入研究性大学的基础学科。不论理工科大学还是综合性大学，只要是基础学科就是以研究性为主，只要是运用学科就应该向"职业技术"方向发展。中国目前多数大学生接受的也是"职业技术"教育，现在的关键是把"职业技术"教育的"名"做"实"了。

其实，大学的职能和地位不论在哪里，都是随着时代特征和各国国情而变化的，没有必要盲目地推崇美国私立大学的办学模式。意大利博洛尼亚大学和法国巴黎大学之所以被称为"大学之母"，是因为意大利和法国在中世纪是欧洲经济、政治、文化中心，也是文艺复兴运动和启蒙运动时期的发祥地。意大利最早兴起资本主义萌芽，且较多地保留了古希腊、古罗马的文化。作为欧洲文明中心的博洛尼亚大学，汇集了但丁、哥白尼、达·芬奇、米开朗琪罗等大师，他们用继往开来的文化创新火花点燃了文艺复兴的火炬。随着文艺复兴的思想向整个欧洲大陆扩展，法国成为欧洲思想文化交流的中心。法国涌现出伏尔泰、孟德斯鸠、狄德罗、卢梭等最主要的启蒙思想家，法国的大学也因此成为最耀眼的明星。随后，工业革命率先在英国兴起，世界经济中心转移到英国。随着资产阶级经济力量的壮大，资产阶级宪政革命爆发了。英国涌现出培根、瓦特、洛克、休谟、亚当·斯密、达尔文等一大批奠定西方科学技术、经济管理、政治哲学的思想大师，他们也使得牛津、剑桥、格拉斯哥等英国大学成为世界最负盛名的大学。最早的研究型大学和高等职业技术大学都是德国首创的，柏林洪堡、波恩、哥廷根等大学都曾经大有压倒牛津、剑桥的势头。美国大学成为世界首屈一指是在第二次世界大战之后，随着美国取代英法德等老牌帝国主义成为世界经济和政治主导力量，爱因斯坦、恩利克·费米、冯·布劳恩、布洛赫、维尔纳·海森堡、李斯特、熊彼特等大批欧洲科学家、经济学家转移到了美国。因此，很难说美国高等教育发达究竟是教会私立大学优势造就的成果，还是欧洲国立大学优势造就的成果。唯一可以肯定的是，没有美国在世界上首屈一指的经济和政治，也就不会有美国大学首屈一指的文化和教育。今天的美国大学，从某种意义上说也是在利用经济和政治优势掠夺世界各国人力资源。一旦美国丧失经济和政治优势，美国大学的所谓先进理念和制度也将丧失殆尽。

　　总之，从世界各国大学发展的历史可以得出的普遍规律是，世界一流的经济和政治必然造就世界一流的大学，世界一流的文化和教育促进世界一流的经济和政治。中国大学只要服务好中国人民物质和文化生活的需要，服务好中国共产党治国理政的需要，就必定会成为世界一流大学。与此同时，中国大学还将深化和世界一流大学的交流学习，并积极地帮助其他落后国家培养人才和加快发展。未来的世界一流大学，将是民族主义和国际主义相统一的大学。世界文化交流和人才成长的人类文明中心，终将代替吸纳和掠夺世界各国优秀人力资源的资本旋涡。

第七章

新文化、新力量与新国家

只有为了社会的普遍权利,特殊阶级才能要求普遍统治。
——马克思和恩格斯:《德意志意识形态》

我们的政府不但是代表工农的,而且是代表民族的。
——毛泽东:《论反对日本帝国主义的策略》

季康子问政于孔子,孔子对曰:"政者,正也。子帅以正,孰敢不正?"(《论语·颜渊》)季康子向孔子问怎样治国理政。孔子回答说:"政的意思就是端正。领导者带头做到思想行为端正,其他人谁敢不端正呢?"季康子患盗,问于孔子。孔子对曰:"苟子之不欲,虽赏之不窃。"(《论语·颜渊》)季康子为盗贼众多而忧虑,向孔子求教。孔子答道:"如果您自己没有贪欲,即使奖励偷盗,他们也不肯干。"季康子问政于孔子曰:"如杀无道,以就有道,何如?"孔子对曰:"子为政,焉用杀?子欲善而民善矣。君子之德风,小人之德草。草上之风,必偃。"(《论语·颜渊》)季康子向孔子请教执政理念:"如果杀掉道德败坏的人,亲近道德高尚的人,怎么样?"孔子回答说:"您执政,哪里用得着杀人呢?您要行善,老百姓也会跟着行善。君子的品德就像风,老百姓的品德就像是草。草随风倒。"子曰:"其身正,不令而行;其身不正,虽令不从。"(《论语·子路》)领导者本身如果思想行为端正,即便不发布政令,社会也能有序运行；如果领导者本身思想行为不端正，就是发布了政令，百姓也不会听从。孔子说的"正"包括了思想和行为，思想理论必须符合社会发展的需要，国家政令符合世道人心的要求，这就是"政者，正也"。反过来，当国家的政治意识形态与社会发展需要相脱节时，领导者每天说着言不由衷的假话欺世盗名，这样的国家政治就偏离"正"道了。当今世界有些国家一面宣传民主、自由、人权的理论，一面干着打压、干预、谋杀的勾当，这么做好像是为了谋取国家利益，实际上它必然导致国内政治信仰的崩塌。

一 新文化

社会存在决定社会意识，思想文化无疑是社会发展的产物。但是，人类社会文明进步沉淀下来的思想文化，又反过来指导社会发展进步。当一个社会的思想文化逐步僵化，不足以指导社会发展进步的时候，这个社会就会停滞不前，或者陷入大混乱之中。社会的混乱往往是新思想新文化分娩的阵痛，并最终将在"文明的冲突"中形成指导社会走向新的发展阶段的新的主导文化。除了在社会内部阵痛中产生新思想新文化以外，也有可能是外来文化刺激了沉睡的文化文明，使它振作起来并实现自我革新，形成指导社会文明进步的新文化。

1. 指导社会发展的文化

中国历史上的春秋战国时期是"礼坏乐崩"的时代，也就是恩格斯说的"需要巨人而且产生巨人的时代"。老子、孔子、墨子、韩非子等诸子百家，历经了百家争鸣、法家变法、黄老之术，到汉武帝时"罢黜百家，独尊儒术"，奠定了汉朝盛世的思想文化基础。所谓"罢黜百家，独尊儒术"，其实是经过历史检验，形成了适合中国的主流意识形态，但中国文化的多样性始终存在。儒家历经汉代400来年的发展逐步失去了活力，中国社会也迷失了前进的方向。到东汉末年，佛教开始传入中国，这种外来的文化因为刚好适应三国两晋南北朝的乱世，因此在中国社会扎根并发展成为中国化的佛教，进而开创了唐朝这一带有明显佛教色彩的盛世。到了中唐之后，中国思想文化再次丧失活力，中国社会再次陷入混乱。在韩愈等人的提倡下，儒家思想作为文化传统再次受到重视，在宋朝形成融汇了佛教思想的新儒家思想。在宋明理学的指导下，中国迎来了宋、元、明、清的复兴局面。但是，到了明朝中后期，中国思想文化其实已经丧失了指导社会进步的能力，中国社会也又一次面临探索前进方向的问题。

正当东方的中国思想无所适从、社会迷失方向的时候，西方却兴起了思想革新和社会变革。思想文化上的文艺复兴运动、宗教改革运动、启蒙运动，开创了工业革命、资产阶级革命和科技革命的新时代，最终使西欧率先进入现代资本主义社会。近代中国被西方的坚船利炮轰开大门，以李鸿章为代表的洋务派最初认为"西人专恃其枪炮轮船之精利，故能横行于中土。中国向用之器械，不敌彼等，是以受制于西人"[①]。但很快像郑观应这些有西方经历的人发现，"其治乱之源，富强之本，不尽在船坚炮利，而在议院上下同心，教养得法。兴学校，广书院，重技艺，别考课，使人尽其才。讲农学，利水道，化瘠土为良田，使地尽其利。造铁路，设电线，薄税敛，保商务，使物畅其流。凡司其事者，必素精其事：为文官者必出自仕学院，为武官者必出自武学堂；有升迁而无更调，各擅所长，名副其实"[②]。这意味着中国必须全面变革自己的文化文明才能抵抗西方。

1894 年甲午战争之后，中国知识分子普遍有一种国家将亡的紧迫感，因此提出了"变法图存"的要求。1895 年严复在《救亡决论》中说："天下理之最明，而势所必至者，如今日中国不变法，则

---

① 梁启超：《李鸿章传》，商务印书馆国际有限公司 2017 年版，第 62 页。
② 郑观应：《盛世危言》，朝华出版社 2017 年版，第 20 页。

必亡是已。"① 1896年梁启超在《论不变法之害》中所言,"印度大地最古之国也,守旧不变,夷为英藩矣。突厥地跨三洲,立国历千年,而守旧不变,为六国执其权分其地矣"。② 1898年康有为上书清帝的《应诏统筹全局折》中说:"臣闻方今大地守旧之国,未有不分割危亡者也。"③ 守旧必亡,开新图存,是当时先进中国人的共识。但还有很多保守人士,他们完全不承认中国的落后,更不赞同变革中国文化文明。1898年刊行的张之洞的《劝学篇》指出:"图救时者言新学,虑害道者守旧学,莫衷于一。旧者因噎而食废,新者歧多而羊亡;旧者不知通,新者不知本。不知通,则无应敌制变之术;不知本,则有菲薄名教之心。夫如是,则旧者愈病新,新者愈厌旧,交相为愈,而恢诡倾危乱名改作之流,遂杂出其说以荡众心。学者摇摇,中无所主,邪说暴行,横流天下。敌既至无与战,敌未至无与安。吾恐中国之祸,不在四海之外,而在九州之内矣!窃惟古来世运之明晦,人才之盛衰,其表在政,其里在学。"④ 张之洞提出"旧学为体,新学为用,不使偏废"的折中论,⑤ 希望能既保持中国文化传统,又能学习西方先进文明。此前,冯桂芬在《校邠庐抗议》中曾提出"以中国之伦常名教为原本,辅以诸国富强之术",南溪赘叟在《万国公报》上发表《救时策》一文提出"中学为体,西学为用"的概念,礼部尚书孙家鼐在《议复开办京师大学堂折》中再次提出"应以中学为主,西学为辅;中学为体,西学为用"。张之洞的"旧学为体,新学为用",其实是重申"中学为体,西学为用"。

当洋务派自强运动的成果在甲午战争被日本毁灭殆尽后,中国

---

① 林衢主编:《世纪抉择:中国命运大论战》,时事出版社1997年版,第21页。
② 林衢主编:《世纪抉择:中国命运大论战》,时事出版社1997年版,第55页。
③ 林衢主编:《世纪抉择:中国命运大论战》,时事出版社1997年版,第114—115页。
④ 冯天瑜、姜海龙译注:《劝学篇》,中华书局2016年版标点本,第6—9页。
⑤ 冯天瑜、姜海龙译注:《劝学篇》,中华书局2016年版标点本,第195页。

传统儒家的权威也丧失殆尽了。但是，中国人学习西方的努力，不仅农民阶级的太平天国运动和地主阶级的洋务运动失败了，资产阶级改良派的戊戌变法和革命派的辛亥革命也同样没有达到目的。所以，关于应对西方的文化立场问题并没有解决，文化保守主义至少可以论证学习西方并不成功。以"扶清灭洋"为号召的义和团运动，最终带来的是八国联军侵占首都北京，中国人以耻辱的《辛丑条约》踏入20世纪，文化保守主义也根本不能让人看见出路。没有办法，中国只能继续向西方侵略者学习。

新文化运动，是中国人在学习"西学"的"用"全部失败之后，转而学习"西学"的"体"的运动。但是，巴黎和会让中国看到，"西学"之"体"就像一个手无缚鸡之力的书生要学习强盗去抢劫！中国连自己的权益都维护不了，而且损害中国权益的正是中国要学习的老师！这对于一贯重视"良知"的中国人来说实在太难了。正如1949年6月30日毛泽东在为纪念中国共产党二十八周年诞辰而写的《论人民民主专政》中说的，"自从一八四〇年鸦片战争失败那时起，先进的中国人，经过千辛万苦，向西方国家寻找真理"；"帝国主义的侵略打破了中国人学西方的迷梦。很奇怪，为什么先生老是侵略学生呢？中国人向西方学得很不少，但是行不通，理想总是不能实现。多次奋斗，包括辛亥革命那样全国规模的运动，都失败了。国家的情况一天一天坏，环境迫使人们活不下去。怀疑产生了，增长了，发展了。第一次世界大战震动了全世界。俄国人举行了十月革命，创立了世界上第一个社会主义国家。过去蕴藏在地下为外国人所看不见的伟大的俄国无产阶级和劳动人民的革命精力，在列宁、斯大林领导之下，像火山一样突然爆发出来了，中国人和全人类对俄国人都另眼相看了。这时，也只是在这时，中国人从思想到生活，才出现了一个崭新的时期。中国人找到了马克思列宁主义这个放之四海而皆准的普遍真理，中国的面目就起了变化了。中国人找到马克思主义，是经过俄国人介绍的。在十月革命以前，中国人不但不知道列宁、斯大林，也不知道马克思和恩格斯。十月革命一声炮响，给我们送来了马克思列宁主义。十月革命帮助了全世界的也帮助了中国的先进分子，用无产阶级的宇宙观作为观察国家命运的工具，重新考虑自己的问题。走俄国人的路——这就是结论"①。

其实，第一次世界大战也让很多有良知的西方人对"西学"之"体"产生了反思甚至怀疑，比如英国哲学家罗素和美国哲学家杜威就是著名代表，他们都应邀到访中国并产生巨大反响。罗素赞同"共产主义"的"体"，杜威大概也不反感，但他们都不赞同它的"用"。当时中国知识界都关注过杜威和罗素的影响，他们可以说是"德先生"和"赛先生"的代表。1920年12月1日，毛泽东在致蔡和森等新民学会会员的信中谈到了，罗素在长沙演说主张共产主义但反对劳农专政，认为要用教育的方法使有产阶级觉悟，可不至于妨碍自由、兴起战争和革命流血。毛泽东认为"理论上说得通，事实上做不到"，"我看俄国式的革命，是无可如何的山穷水尽诸路皆走不通了的一个变计，并不是有更好的方法弃而不采，单要采这个恐怖的方法"②。1921年1月1日至2日，毛泽东在新民学会长沙会员大会上的发言就明确提出，应该赞同陈独秀等人解决社会问题的办法，大规模地"改造中国与世界"③，而不是梁启超、张东荪等人的改良办法。这标志着毛泽东选择了马克思列宁主义革命道路，抛弃了社会改良主义、社会民主主义、无政府主义等资产阶级思想。

多年以后有人宣称资本主义自由民主是历史的终结，但毛泽东认为第一次世界大战和俄国十月革命的爆发，标志着帝国主义"已处于退步时代"④；第二次世界大战则"是在第一次世界大战所已开始的世界资本主义总危机发展的基础上发生的"，"我们可以预见这次战争的结果，将不是资本主义的获救，而是它的走向崩溃"，"中

---

① 《毛泽东选集》第4卷，人民出版社1991年版，第1469—1470页。
② 《毛泽东书信选集》，人民出版社1983年版，第5—7页。
③ 《毛泽东文集》第1卷，人民出版社1993年版，第1—2页。
④ 《毛泽东选集》第2卷，人民出版社1991年版，第451页。

华民族的解放将从这个战争中来"①。殖民地半殖民地人民反对帝国主义和封建主义的新时代来临了，无产阶级领导社会主义革命的时代来临了。中国人在资本主义兴起的时代落后了，不能在社会主义兴起的时代再落后了。

2. 唤起广大民众的文化

文化不只是文人玩耍的高雅艺术，它的根本职能是唤起广大民众，推动社会发展进步。人类之所以需要新文化，就是因为旧文化会逐步僵化，以至于不能唤起民众为共同的社会目标而奋斗。

政治革命和革命战争的成功，最重要的是"唤起民众"，这是孙中山先生从辛亥革命中获得的最大教训。没有广大民众的积极参与，没有民众充当主力军，民主革命永远不会成功。唤起民众，也就是促进人民的思想解放，这是社会进步的客观要求。1922年，上海第一大报《申报》创刊五十周年，又恰逢梁启超五十寿辰，因此申报馆请梁启超回顾过去半个世纪中国的历程，梁启超说："到如今'新文化运动'这句话，成了一般读书社会的口头禅。马克思差不多要和孔子争席，易卜生差不多要推倒屈原……这四十几年间思想的剧变，确实为从前四千年所未尝梦见"②。虽然"新文化运动"的名称还在，但内容已经不再是杜威和罗素代表的"德先生"和"赛先生"，而变成了马克思和列宁代表的共产主义和社会主义。马克思主义给中国思想文化带来的变化，差不多就是呼应了李鸿章说的"千年未有之大变局"，甚至在梁启超看来还多了一千年。他还说："我觉得这五十年来的中国，真像蚕变蛾、蛇蜕壳的时代。变蛾蜕壳，自然是一件极艰难、极苦痛的事，哪里能够轻轻松松地做到。只要他生理上有必变必蜕的机能，心理上还有必变必蜕的觉悟，那么，把那不可避免的艰难苦痛经过了，前途便别是一个世界。所以我对

---

① 《毛泽东选集》第2卷，人民出版社1991年版，第475页。
② 费正清、邓嗣禹：《冲击与回应：从历史文献看近代中国》，民主与建设出版社2019年版，第348页。

于人人认为退化的政治,觉得他进化的可能性却是最大哩。"① 虽然梁启超不能说是马克思主义者,但他已经看到了新文化运动可能产生的社会影响,因为马克思差不多和曾经的孔子一样!

"唤起民众",并不意味着把人民看作愚昧无知。孔子认为"未能事人,焉能事鬼"(《论语·先进》),提出"务民之义,敬鬼神而远之"(《论语·雍也》),也算是尊重民众的历史主体性;马克思主义者"唤起民众",就像《国际歌》所唱的,告诉民众"从来就没有什么救世主,也不靠神仙皇帝!要创造人类的幸福,全靠我们自己!我们要夺回劳动果实,让思想冲破牢笼!"毛泽东在土地革命战争时期就指出:"因为革命战争是群众的战争,只有动员群众才能进行战争,只有依靠群众才能进行战争。"② 抗日战争爆发后,他又指出:"民族战争而不依靠人民大众,毫无疑义将不能取得胜利。"③ 要取得革命和战争的胜利,就必须使人民觉醒,让人民知道自己的利益,让人民起来为自己的利益而斗争。为此,就需要特别重视新思想新文化的传播,需要文化建设的人才。他说:"我们要战胜敌人,首先要依靠手里拿枪的军队。但是仅仅有这种军队是不够的,我们还要有文化的军队,这是团结自己、战胜敌人必不可少的一支军队。"④ 只有大力传播新文化,才能使士兵觉醒,才能使民众觉醒,才能形成军民合一、主动自愿的人民革命和人民战争。"没有文化的军队是愚蠢的军队,而愚蠢的军队是不能战胜敌人的。……迷信思想还在影响广大的群众……我们反对群众脑子里的敌人,常常比反对日本帝国主义还要困难些。"⑤ 因此重视军队和群众的文化工作,尤其是直接改造历史观、世界观和人生观的思想政治工作,是

---

① 费正清、邓嗣禹:《冲击与回应:从历史文献看近代中国》,民主与建设出版社2019年版,第352页。
② 《毛泽东选集》第1卷,人民出版社1991年版,第136页。
③ 《毛泽东选集》第3卷,人民出版社1991年版,第347页。
④ 《毛泽东选集》第3卷,人民出版社1991年版,第847页。
⑤ 《毛泽东选集》第3卷,人民出版社1991年版,第1011页。

提高部队战斗力的重要方面，也是共产党先进性的重要表现。

当然，"唤起民众"并不意味着把民众看作愚昧无知，没有领导者"唤起"就始终"沉睡"。子曰："民可使由之，不可使知之。"（《论语·泰伯》）这句话的本意其实是说民众可以被引导去认识他们自身的利益，而不可以自以为高明地给他灌输大道理。革命导师不是传播福音的先知，革命者不是恩赐人民以幸福的救世主。自以为高明，严重脱离群众，不相信群众，甚至蔑视群众，却说要唤醒民众、拯救民众，绝不是马克思主义政党的态度。一个政党的先进性和执政基础，是立党为公、执政为民。一个政党应该相信群众、尊重群众、依靠群众，把群众看作历史的主体，把民主革命看作群众的自我解放，把社会主义建设看作人民群众自己创造幸福生活的事业。中国共产党成立后，就致力于开展工人运动，帮助工人认识自己的短期和长期利益，引导他们走上革命的道路；早在国共合作时期，以毛泽东、澎湃为代表的共产党人就致力于农民运动，通过农民运动讲习所帮助农民认识自己的利益，引导农民参与革命运动。在北伐战争时期，共产党最主要的贡献就是通过宣传政治工作发动群众。共产党建立了自己的军队之后，又开始了建立军队政治部，帮助普通士兵认识革命战争的政治和社会意义。事实说明，具有革命觉悟的军队和人民是旧式军阀军队所不可比拟的。古田会议之后，党在军队中的思想政治工作成为常设机制，从而使中国有了一支用无产阶级革命思想锻造的维护人民利益的军队。通过延安整风，解放区形成了积极向上、团结一致的精神面貌，为最终打败日本帝国主义、打赢国内革命战争和建立新中国奠定了坚实的思想基础。

美国哈佛大学教授费正清及其中国学生邓嗣禹曾总结说："纵观这百年的历史（1839—1923），最迫切的还是让当时的统治阶层增进对世界历史的了解。经过进一步研究之后，我们或许会发现，晚清的统治阶层未能避免革命，多半是因为他们的教育改革未能广泛地吸纳本土人才，也未能及时培养出堪当重任的接班人。同理，我们也可以说，国民党的最终命运早在孙中山在世时就已注定了，因为他未能让北大师生相信三民主义可以给他们智识上的指引。"① 资产阶级民主主义和自由主义,已经不能指导中国社会发展了,也不能唤起中国民众了。国民党的理论停留在资产阶级民主主义和自由主义,而且即使为了实现资产阶级民主主义和自由主义也还需要经历"军政"和"训政",这不会让中国人民满意的。从社会心理学上说,国民党失败的命运早就已经注定了,这也说明思想理论创新的极端重要性。

3. 民族的科学的大众的文化

一个政党想要唤醒民众,推动社会发展进步,一方面需要适合本国社会发展需要的先进的思想理论,另一方面需要能唤起民众为民族国家奋斗的思想文化。对于一个落后的国家来说,这意味着一方面必须引进先进的思想理论,另一方面必须用对本国人民有感召力的形式来表达。保守落后的思想文化不可能促进社会进步,人民不理解的思想文化不可能唤起民众,终究也不能改造社会。

"中学为体,西学为用"受到了很多人的批评,但多数批评其实太过重视学理,而张之洞等人则主要出于民族特性考虑。也就是说,"中学为体"无非是说不能丧失了中华民族的独立自主性,不能使五千年的中国文化被西方文化所同化。正如曾国藩《讨贼檄》指责太平天国起义军"窃外夷之绪,崇天主之教","士不能诵孔子之经,而别有所谓耶稣之说,《新约》之书,乃开辟以来,名教之大变"②。这些中国正统的儒教传人,担心中国变成一个天主教国家的文化心理,情有可原也值得赞赏。

新文化运动提出"打倒孔家店",提倡"民主"和"科学",毛泽东把新民主主义文化概括为民族的科学的大众的文化。这就多了一个"民族的",而"民主的"则变成了"大众的"。关于"大众",

---

① 费正清、邓嗣禹:《冲击与回应:从历史文献看近代中国》,民主与建设出版社2019年版,第356页。

② 钱穆:《国史大纲》,商务印书馆1996年版,第878—879页。

毛泽东说:"这种新民主主义的文化是大众的,因而即是民主的。它应为全民族中百分之九十以上的工农劳苦民众服务,并逐渐成为他们的文化。"① 用"大众"这个词是为了强调广大劳动群众的权利和利益,强调人民大众的更高更切实的民主。与五四新文化运动最大的区别是,毛泽东把"民族的"放在民主和科学的前面。这是因为一味地想要学习"西学"的"体",其实在中国并没有发生预期的"用"。五四运动对于反对封建主义当然有重大历史意义。但是,提倡西学的一部分人其实倾向于"全盘西化",也就是毛泽东说的"洋八股、洋教条"②。中国共产党也受了被毛泽东称为"公式的马克思主义者",也就是党内的教条主义的苦。所以,毛泽东特别强调:"中国文化应有自己的形式,这就是民族形式。民族的形式,新民主主义的内容——这就是我们今天的新文化。"③ 内容和形式的区分在今天仍然是很值得重视的,从内容上说,"凡属我们今天用得着的东西,都应该吸收";④ "对于人民群众和青年学生,主要地不是要引导他们向后看,而是要引导他们向前看"⑤。决不能因为强调民族形式,就否定民主和科学。西方发达国家的经济科学、法律科学和政治科学等社会科学中,已经被实践检验而有利于促进人民的物质生活、民主权利和精神解放的东西,我们要毫不犹豫地学习。但是,为了文化内容的革命,恰恰又要注意结合中国的经济、政治和文化的传统和现状。传统文化的现代化、西方文化的中国化(包括马克思主义的中国化),这是中国文化建设的根本任务。

值得注意的是,太平天国农民起义对天主教也进行了形式上的改造,洋务运动的"官办民营"也算对资本主义工商业的形式改造,戊戌变法也不是完全照搬明治维新,孙中山的民族、民权、民生是

---

① 《毛泽东选集》第2卷,人民出版社1991年版,第708页。
② 《毛泽东选集》第3卷,人民出版社1991年版,第831页。
③ 《毛泽东选集》第2卷,人民出版社1991年版,第707页。
④ 《毛泽东选集》第2卷,人民出版社1991年版,第707页。
⑤ 《毛泽东选集》第2卷,人民出版社1991年版,第708页。

对林肯"民有、民治、民享"的改造,他还创立了五权宪法。这些"民族形式"也并非都可"用",可能甚至还扭曲了"体"。要找到先进文化在中国发展的民族形式,最根本的就是深入中国人民。民族形式不是简单的翻译,也不是在西装上加件马甲。发展"民族形式"是为了在中国可"用",最后必然形成中国之"体",也就是"中国化"。毛泽东说了两条原则:一条是群众的实际上的需要,而不是我们脑子里头幻想出来的需要;一条是群众的自愿,由群众自己下决心,而不是由我们代替群众下决心①。先进文化的最重要和最直接的表现就是尊重人民群众的需要和意愿,就是尊重由人民群众自己下决心做出的经济、政治和文化选择的权利。一个政党如果既能够高瞻远瞩地看到人类社会发展的正确方向,又能引导人民自觉地做出符合人类文明进步方向的经济、政治和文化选择,就是代表了先进文化的前进方向,就能形成一种凝聚人心的力量。在战争和革命的年代,文化是一种战斗力;在和平与建设年代,文化就是一种生产力。

1949年9月16日,毛泽东在《唯心历史观的破产》中说:"一九一七年的俄国革命唤醒了中国人,中国人学得了一样新的东西,这就是马克思列宁主义"②;"自从中国人学会了马克思列宁主义以后,中国人在精神上就由被动转入主动。从这时起,近代世界历史上那种看不起中国人,看不起中国文化的时代应当完结了。伟大的胜利的中国人民解放战争和人民大革命,已经复兴了并正在复兴着伟大的中国人民的文化。这种中国人民的文化,就其精神方面来说,已经超过了整个资本主义的世界。"③ 中国人本来就已经对资本主义极度失望,只是苦于找不到比资本主义更先进的思想理论。但是,马克思主义正是批判资本主义的理论,因此中国人学会了马克思列宁主义以后精神上就由被动转入主动,从此之后中国人再也不是只

---

① 《毛泽东选集》第3卷,人民出版社1991年版,第1013页。
② 《毛泽东选集》第4卷,人民出版社1991年版,第1514页。
③ 《毛泽东选集》第4卷,人民出版社1991年版,第1516页。

有资本主义一条路可以走了。尤其是随着中国人民建立了人民共和国，中国人也就在思想文化上实现了独立自主，不但不给资本主义老师当学生，还可以自信地批评资本主义的弊病，所以在精神上超越了整个资本主义世界。

"复兴着伟大的中国人民的文化"，其实就是最终达到"中学为体，中学为用"，实现中华民族思想文化上的独立自主。这个世界上许多人根本不敢想象超越资本主义，尤其是超越最强大的资本主义国家美国，资本主义自由民主对这些人真的就是"历史的终结"。实际上，正是因为走资本主义道路，后发展国家即便可以富起来，也几乎不可能强起来，甚至不能获得国家的自主权，更不要说赶超美国。小国或许可以通过对资本主义强国的"依附性发展"富起来，但中国这样贫穷落后的大国，即便想要"依附性发展"也没有国家可以被依附。到目前为止，除了前社会主义国家苏联和今天的社会主义中国，还没有其他国家曾有过超越资本主义的可能。这足以证明，马克思主义指导和社会主义道路是正确的选择。

二　新力量

正如法国社会学家涂尔干指出的，病理学都是生理学的出色助手①。战乱就是社会的疾病，革命就像对社会动手术。研究战争与革命成败的原因是研究和平与建设时期国家兴衰和政党执政规律的重要方法。抗日战争时期国民党和共产党的政治、经济和文化政策，决定了共产党将取代国民党成为中国合法政府的执政党，从中也能得出保持党的执政地位的基本原则。

1. 中华民族大联合的力量

1919 年毛泽东就在《湘江评论》创刊宣言中说："世界什么问

---

① [法] 埃米尔·涂尔干：《社会分工论》，渠东译，生活·读书·新知三联书店 2004 年版，第 313 页。

题最大？吃饭问题最大。什么力量最强？民众联合的力量最强。什么不要怕？天不要怕。鬼不要怕。死人不要怕。官僚不要怕。军阀不要怕。资本家不要怕。"① 由此可见，毛泽东找到了通过民众联合起来实现自我解放的力量。

毛泽东在《湘江评论》接连发表了三篇以《民众的大联合》为题的文章，其中提出："国家坏到了极处，人类苦到了极处，社会黑暗到了极处，补救的方法，改造的方法，教育，兴业，努力，猛进，破坏，建设，固然是不错，有为这几样根本的一个方法，就是民众的大联合"②；"我们人类本有联合的天才，就是能群的天才，能够组织社会的天才"，"所以要有群，要有社会，要有联合，是因为想要求到我们的共同利益"；"我们种田人的利益，是要我们种田人自己去求，别人不种田的，他和我们利益不同，决不会帮我们去求"；"我们是工人"，"我们要和我们做工的同类结成一个联合，以谋我们工人的种种利益"；"许多的小的联合彼此间利益有共同之点，故可以立为大联合"③。他呼吁中国民众："天下者我们的天下。国家者我们的国家。社会者我们的社会。我们不说，谁说？我们不干，谁干？刻不容缓的民众大联合，我们应该积极进行！"④ 最后还自信地憧憬："我们中华民族原有伟大的能力！压迫愈深，反动愈大，蓄之既久，其发必速"；"他日中华民族的改革，将较任何民族为彻底。中华民族的社会，将较任何民族为光明。中华民族的大联合，将较任何地域任何民族而先告成功"；"我们黄金的世界，光华灿烂的世界，就在前面！"⑤

1935年，毛泽东在《论反对日本帝国主义的策略》的报告中，就根据日本帝国主义侵略给中国社会各阶级造成的新形势，提出必

---

① 《毛泽东早期文稿》，湖南人民出版社2008年版，第270页。
② 《毛泽东早期文稿》，湖南人民出版社2008年版，第312页。
③ 《毛泽东早期文稿》，湖南人民出版社2008年版，第342—346页。
④ 《毛泽东早期文稿》，湖南人民出版社2008年版，第356页。
⑤ 《毛泽东早期文稿》，湖南人民出版社2008年版，第359页。

须组织抗日民族统一战线。他说:"日本帝国主义决定要变全中国为它的殖民地,和中国革命的现时力量还有严重的弱点,这两个基本事实就是党的新策略即广泛的统一战线的出发点。"① 他批评"关门主义"要求"革命的力量是要纯粹又纯粹,革命的道路是要笔直又笔直"②,只能把中国社会的革命力量推到敌人一方,损害革命力量的发展。为了把握革命发展的新形势,壮大革命力量,毛泽东提出要把工农共和国改变为人民共和国,使"政府不但是代表工农的,而且是代表民族的"③。超越特殊阶级的特殊利益,联合社会可以联合的一切阶级和阶层,共同反对日本帝国主义的侵略,这就是抗日民族统一战线。

1941年毛泽东在陕甘宁边区参议会的演说中明确提出:"中国共产党的主张就是要团结全国一切抗日力量打倒日本帝国主义,要和全国一切抗日的党派、阶级、民族合作,只要不是汉奸,都要联合一致,共同奋斗。"④ 通过"革命的三民主义"这个概念,阐明了新民主主义的内涵以及边区政府的政治纲领。那就是,一方面,"要为全国一切抗日的人民谋利益,而不是只为一部分人谋利益。全国人民都要有人身自由的权利,参与政治的权利和保护财产的权利。全国人民都要有说话的机会,都要有衣穿,有饭吃,有事做,有书读,总之是要各得其所"。另一方面,因为"中国社会是一个两头小中间大的社会,无产阶级和地主大资产阶级都只占少数,最广大的人民是农民、城市小资产阶级以及其他的中间阶级。"所以,"任何政党的政策如果不顾到这些阶级的利益,如果这些阶级的人们不得其所,如果这些阶级的人们没有说话的权利,要想把中国的事弄好是不可能的"。⑤ 中国共产党积极应对中国社会阶级矛盾的发展,把

---

① 《毛泽东选集》第1卷,人民出版社1991年版,第155页。
② 《毛泽东选集》第1卷,人民出版社1991年版,第154页。
③ 《毛泽东选集》第1卷,人民出版社1991年版,第158页。
④ 《毛泽东选集》第3卷,人民出版社1991年版,第807页。
⑤ 《毛泽东选集》第3卷,人民出版社1991年版,第808页。

人数最多的农民、工人、城市小资产阶级以及其他中间阶级与支持抗日、反对卖国的各方面人士联合起来，把革命阶级的民主权利、阶级利益和共同抗日的民族利益、国家利益统一起来，既照顾到了全面又照顾到了重点，真正代表了中国最广大人民的根本利益，这就是无产阶级政党相对于资产阶级政党的先进性，"人民民主"相对于"资产阶级民主"的先进性。

根据不同历史时期面临的不同历史任务，组织社会各阶级各阶层建立统一战线，这是中国共产党克敌制胜的一大法宝。它也是中国共产党把党的阶级基础和群众基础统一起来的伟大实践，避免了资产阶级政党争权夺利的"党派之争"（partisanship）。中国共产党是中国工人阶级的先锋队，同时也是中国人民和中华民族的先锋队，是中国特色社会主义事业的领导核心，代表中国先进生产力的发展要求，代表中国先进文化的前进方向，代表中国最广大人民的根本利益。

2. 民主集中制政府的力量

资产阶级民主主义片面地宣扬民主和自由，民主集中制背后包含着中国共产党对民主理论的创新和超越，它致力于把民主和集中统一起来。一方面，强调"中国不但人民需要民主主义，军队也需要民主主义"①，"必须明白：群众是真正的英雄，而我们自己则往往是幼稚可笑的"②；"'三个臭皮匠，合成一个诸葛亮'，这就是说，群众有伟大的创造力。中国人民中间，实在有成千成万的'诸葛亮'，每个乡村，每个市镇，都有那里的'诸葛亮'"③；"人民，只有人民，才是创造世界历史的动力"④。另一方面，强调"一哄而集的群众会，不能讨论问题，不能使群众得到政治训练，又最便于知

---

① 《毛泽东选集》第1卷，人民出版社1991年版，第65页。
② 《毛泽东选集》第3卷，人民出版社1991年版，第790页。
③ 《毛泽东选集》第3卷，人民出版社1991年版，第933页。
④ 《毛泽东选集》第3卷，人民出版社1991年版，第1031页。

识分子或投机分子的操纵"①；共产党员要"以革命利益为第一生命，以个人利益服从革命利益；无论何时何地，坚持正确的原则，同一切不正确的思想和行为作不疲倦的斗争，用以巩固党的集体生活，巩固党和群众的联系；关心党和群众比关心个人为重，关心他人比关心自己为重"。②

早在1928年毛泽东写的《井冈山的斗争》中就提出"民主集中主义的制度，一定要在革命斗争中显出它的效力，使群众了解它最能发动群众力量和最利于斗争的，方能普遍地真实地运用于群众组织"。抗日战争时期，毛泽东就明确提出"容纳各党各派和人民领袖共同管理国事……使政府和人民相结合……实行民主集中制。它是民主的，又是集中的；最有力量的政府是这样的政府"③。他认为战时的政治体制大体上可分为民主集中和绝对集中两类，这是由战争的性质决定的。违反广大人民的利益，强迫人民为少数人的利益作战，就产生了只要集中不要民主的绝对集中主义政府。反过来，"如果战争的目的是直接代表着人民利益的时候，政府越民主，战争就越好进行"④。显然，共产党并不否认战争要求政府集权，只不过认为民主是集权的必要前提。当然，民主其实是国民党的创始人孙中山率先在中国实践的政治理想，孙中山是民主革命的先行者。固然可以说蒋介石背叛了孙中山的民主思想和革命，但是这个解释太过强调个人因素，而否定了国民党这个政治组织的延续性。更根本的原因是，孙中山和国民党的"民主"是适应中国推翻君主专制的社会发展需要，反对封建贵族统治的民主，这个民主的目标是建立资产阶级民主共和的国家和政府。然而，因为中外资产阶级在推动中国工业发展的同时也创造了工人阶级，在发动民主革命的同时也传播了民主思想，民主就再也不能只停留在资产阶级民主的程度上了。

---

① 《毛泽东选集》第1卷，人民出版社1991年版，第72页。
② 《毛泽东选集》第2卷，人民出版社1991年版，第361页。
③ 《毛泽东选集》第2卷，人民出版社1991年版，第347页。
④ 《毛泽东选集》第2卷，人民出版社1991年版，第384页。

资产阶级民主革命教育了广大人民，包括广大工人、农民和城市小资产阶级的广大人民已经觉醒，他们也起来要求享有民主。

中国社会阶级结构的变革和中国革命的发展把旧民主主义推向了更广泛的新民主主义，1945年，毛泽东在《论联合政府》的报告中明确提出："新民主主义的政权组织，应该采取民主集中制，由各级人民代表大会决定大政方针，选举政府。它是民主的，又是集中的，就是说，在民主基础上的集中，在集中指导下的民主。只有这个制度，才既能表现广泛的民主，使各级人民代表大会有高度的权力；又能集中处理国事，使各级政府能集中地处理被各级人民代表大会所委托的一切事务，并保障人民的一切必要的民主活动。"① 民主集中制的基础是民主，只有坚持群众路线才有真正的民主基础上的集中。1943年6月，毛泽东在《关于领导方法若干问题》一文中，科学地阐述了群众路线的基本内容："在我党的一切实际工作中，凡属正确的领导，必须是从群众中来，到群众中去。这就是说，将群众的意见（分散的无系统的意见）集中起来（经过研究，化为集中的系统的意见），又到群众中去作宣传解释，化为群众的意见，使群众坚持下去，见之于行动，并在群众行动中考验这些意见是否正确。然后再从群众中集中起来，再到群众中坚持下去。如此无限循环，一次比一次地更正确、更生动、更丰富。这就是马克思主义的认识论。"② 正是相信人民群众，依靠人民群众，中国共产党才在井冈山扎下了根，才能使革命根据地像燎原之火在全国建立，才能克服长征途中的艰难险阻，才能打败日本帝国主义侵略者对敌后抗日根据地的扫荡，才能打败国民党建立新中国。

中国共产党领导的新民主主义革命是中国广大人民自己的革命，中国共产党领导的社会主义革命、建设和改革也是中国人民自己的事业。坚持走群众路线，坚持民主集中制，这是中国共产党立于不

---

① 《毛泽东选集》第3卷，人民出版社1991年版，第1057页。
② 《毛泽东选集》第3卷，人民出版社1991年版，第899页。

败之地的根本原因。1948 年 1 月 18 日，毛泽东在《关于目前党的政策中的几个重要问题》中说："领导的阶级和政党，要实现自己对于被领导的阶级、阶层、政党和人民团体的领导，必须具备两个条件：（甲）率领被领导者（同盟者）向着共同敌人作坚决的斗争，并取得胜利；（乙）对被领导者给以物质福利，至少不损害其利益，同时对被领导者给以政治教育。没有这两个条件或两个条件缺一，就不能实现领导。"[①] 毛泽东 1948 年 4 月 2 日在山西兴县蔡家崖村对《晋绥日报》社编辑人员发表的谈话中指出："我们的政策，不光要使领导者知道，干部知道，还要使广大的群众知道"；"群众知道了真理，有了共同的目的，就会齐心来做"；"群众齐心了，一切事情就好办了"；为此，一方面，"我们历来主张革命要依靠人民群众，大家动手，反对只依靠少数人发号施令"；另一方面，"教育群众，让群众知道自己的利益，自己的任务和党的方针政策"，总的来说，"善于把党的政策变为群众的行动，善于使我们的每一个运动，每一个斗争，不但领导干部懂得，而且广大的群众都能懂得，都能掌握，这是一项马克思列宁主义的领导艺术"[②]。毛泽东在这里把民主集中制从领导工作引申到了理论宣传工作中，毫无疑问，它也可以运用到教学、文艺、哲学社会科学研究等工作中。

历史的车轮之所以滚滚向前，就是因为人民的力量是任何敌人也攻不破的正义力量。中国共产党的领导是集中统一全面的领导，也是为着民族民权民生的领导，是对孙中山"革命三民主义"的继承和发展。民族本来就要求统一、民权也不可能不要集中、民生本应是全面共享的民生，正因为真正继承了孙中山的"革命三民主义"，所以中国共产党能够带领中国人民夺取新民主主义革命的胜利。

3. 中国共产党领导的力量

中国的事情需要中华民族甚至联合世界平等待我的民族一起来

---

① 《毛泽东选集》第 4 卷，人民出版社 1991 年版，第 1273 页。
② 《毛泽东选集》第 4 卷，人民出版社 1991 年版，第 1318 页。

做，为此需要建立最广泛的统一战线，但是统一战线必须要中国共产党来组织领导。同样地，民主集中制，需要中国共产党的集中统一领导。这是由中国共产党代表工人阶级和代表民族的先进性决定的。

毛泽东提出："一九二七年陈独秀的投降主义，引导了那时的革命归于失败。每个共产党员都不应忘记这个历史上的血的教训。"① 为此，在抗日战争中，"我们就提出了这样的问题：在统一战线中，是无产阶级领导资产阶级呢，还是资产阶级领导无产阶级？是国民党吸引共产党呢，还是共产党吸引国民党？在当前的具体的政治任务中，这个问题即是说：把国民党提高到共产党所主张的抗日救国十大纲领和全面抗战呢，还是把共产党降低到国民党的地主资产阶级专政和片面抗战？"② 之所以有这样的问题，一方面是"国民党实力上的优势"和"停止阶级斗争"的舆论宣传以及"施行的升官发财酒色逸乐的引诱"等阴谋计划；另一方面是"共产党内理论水平的不平衡，许多党员的缺乏北伐战争时期两党合作的经验，党内小资产阶级成分的大量存在，一部分党员对过去艰苦斗争的生活不愿意继续的情绪"，具体表现为"红军改编后某些个别分子不愿意严格地接受共产党的领导、发展个人英雄主义、以受国民党委任为荣耀（以做官为荣耀）等等现象上面"③。

正确的做法是，一方面"必须坚持抗日民族统一战线的路线，必须扩大和巩固统一战线"，另一方面"在一切统一战线工作中必须密切地联系到独立自主的原则"，"统一战线中的独立自主"这个原则的说明、实践和坚持，是把抗日民族革命战争引向胜利之途的中心一环。④ 毛泽东认为国民党在经济、政治和军事全面占据主导地位的时候，提倡"一切经过统一战线"是阶级对阶级的投降主义，

---

① 《毛泽东选集》第2卷，人民出版社1991年版，第391页。
② 《毛泽东选集》第2卷，人民出版社1991年版，第391页。
③ 《毛泽东选集》第2卷，人民出版社1991年版，第392—393页。
④ 《毛泽东选集》第2卷，人民出版社1991年版，第394页。

"它引导无产阶级去适合资产阶级的改良主义和不彻底性",此外,还有一种民族对民族的投降主义,"它引导中国去适合日本帝国主义的利益"①。应对投降主义的办法是认清统一战线的左、中、右翼集团,左翼集团是共产党率领的包括无产阶级、农民和城市小资产阶级的群众,中间集团是民族资产阶级和上层小资产阶级,右翼集团是大地主和大资产阶级。中国共产党应该采取扩大和巩固左翼集团,争取中间集团的进步和转变,从而达到遏制右翼投降主义倾向的发展。毛泽东明确指出:"阶级投降主义实际上是民族投降主义的后备军,是援助右翼营垒而使战争失败的最恶劣的倾向。"②

毛泽东指出:"国事是国家的公事,不是一党一派的私事。……我们不是一个自以为是的小宗派,我们一定要学会打开大门和党外人士实行民主合作的方法,我们一定要学会善于同别人商量问题"③;"共产党是为民族、为人民谋利益的政党,它本身决无私利可图。它应该受人民的监督,而决不应该违背人民的意旨。它的党员应该站在民众之中,而决不应该站在民众之上。"④ 因此,中国共产党既强调坚持抗日民族统一战线,又强调坚持独立自主的原则和党的领导。抗日战争是在中国社会阶级结构变化的背景下进行的民族战争,离开新民主主义革命就不能理解抗日战争对中国国共两党和政府的影响。人民对一个政党的选择,一个政党的执政地位的获得,说到底并不由军事能力本身决定。共产党"对国民党的胜利是靠武力取得的,但那也只是在它建立了的确致力于全国关心的首要任务的形象之后"⑤。政党的执政规律不能从政治或本身去寻找,所谓"成者为王,败者为寇",是违背人民利益的统治者比失败更可耻

---

① 《毛泽东选集》第2卷,人民出版社1991年版,第395页。
② 《毛泽东选集》第2卷,人民出版社1991年版,第396页。
③ 《毛泽东选集》第3卷,人民出版社1991年版,第809—810页。
④ 《毛泽东选集》第3卷,人民出版社1991年版,第809页。
⑤ [美]詹姆斯·R.汤森、布兰特利·沃马克:《中国政治》,顾速、董方译,江苏人民出版社1996年版,第56页。

的地方。

社会总在发展并且永无止境，社会发展不同历史阶段的人民有不同的需要，完成特定历史时期的特定人民的需要就是政府的社会职责，执政党的执政地位来源于完成这个社会责任的执政能力。共产党在强调"民主主义革命"或"革命的三民主义"，这一适合当时中国半殖民地半封建社会现实的革命目标的基础上，毛泽东还明确要求每个共产党人必须牢记："我们是为着社会主义而斗争，这是和任何革命的三民主义者不相同的。现在的努力是朝着将来的大目标的，失掉了这个大目标，就不是共产党员了。"[1] 由此，中国共产党成为当时政治革命和未来社会革命的组织者和领导者，成为中华民族的主心骨和中国社会团结的核心。

三　新国家

正如恩格斯指出的，"政治统治到处都是以执行某种社会职能为基础，而且政治统治只有在它执行了它的这种社会职能时才能持续下去"[2]。或者用经济学的思维来说，一个政党或政治家之所以在"政治市场"上破产，表面上看是竞争对手太强大，事实上是他们的服务没有赢得"市民"的满意。即便曾经满足了人民的需要，随着社会的发展和人民需要的改变，不能满足人民的现实需要的"政治家"也会被抛弃。

1. 民生

战争不但是军事和政治的竞赛，还是经济的竞赛。[3] 不解决经济问题，战争的后勤没有保障，战争就难以为继。毛泽东告诫全党，

---

[1] 转自杨奎松《"中间地带"的革命：国际大背景下看中共成功之道》，山西人民出版社、山西出版集团2014年版，第343页。

[2] 《马克思恩格斯文集》第9卷，人民出版社2009年版，第187页。

[3] 《毛泽东选集》第3卷，人民出版社1991年版，第1024页。

不能只知道向人民要救国公粮，不能在财政收支问题上兜圈子，不能靠增加税收来支持战争。他要求做地方工作的领导，要以百分之九十的精力帮助农民增加生产，解决"救民私粮"，只以百分之十的精力从农民取得税收。总之，"发展经济，保障供给，是共产党的经济工作和财政工作的总方针"①，而且"使人民有所失同时又有所得，并且使所得大于所失，才能支持长期的抗日战争"。②

毛泽东正是从关心和改善人民生活需要的意义上，使用了"代表"这个词。他说："我们应该深刻地注意群众生活的问题，从土地、劳动问题，到柴米油盐问题。……一切这些群众生活上的问题，都应该把它提到自己的议事日程上。应该讨论，应该决定，应该实行，应该检查。要使广大人民群众认识我们是代表他们的利益的，是和他们呼吸相通的。"③ 共产党人是唯物主义者，必须从满足人的现实生活需要出发来制定党的政策，共产主义理想就是为人民谋利益的理想。共产党人并不否定功利主义，不过"我们是无产阶级的革命的功利主义者，我们是以占全人口百分之九十以上的最广大群众的目前利益和将来利益的统一为出发点的。"④ 甚至在战争最残酷的时代，毛泽东也认为"不提倡发展生产并在发展生产的条件下为改善物质生活而斗争，只是片面地提倡艰苦奋斗的观点，是错误的。"⑤ 改善物质生活是人的普遍需要，艰苦奋斗不是共产党人的目的，相反共产党人艰苦奋斗的目的就是国家富强和人民富裕。

然而，要达到发展经济、保障供给和改善人民生活，就必须了解中国经济发展的现实和中国革命发展的现实。毛泽东批评了在根据地大搞建设规划的空想，强调要"从建立在个体经济基础上的、

---

① 《毛泽东选集》第3卷，人民出版社1991年版，第891页。
② 《毛泽东选集》第3卷，人民出版社1991年版，第894页。
③ 《毛泽东选集》第1卷，人民出版社1991年版，第138页。
④ 《毛泽东选集》第3卷，人民出版社1991年版，第864页。
⑤ 《毛泽东选集》第3卷，人民出版社1991年版，第912页。

被敌人分割的、因而又是游击战争的农村环境这一点出发"①。毛泽东认为，中国经济的最大特点是地主所有制的分散的个体农业。因此，在发展战略上不应带着城市化的设想进行大规模的经济发展规划，在策略上不能采取消灭地主和资本家以及分财产的过激行动。毛泽东强调，"中国共产党提出的各项政策，都是为了团结一切抗日的人民，顾及一切抗日的阶级，而特别是顾及农民、城市小资产阶级以及其他中间阶级的……在土地关系上，我们一方面实行减租减息，使农民有饭吃；我们另一方面又实行部分的交租交息，使地主也能过活。在劳资关系上，一方面扶助工人，使工人有工做，有饭吃；另一方面又实行发展实业的政策，使资本家也有利可图"②。如果直接没收地主土地，或者搞"地主不分田、富农分坏田"，不但会破坏抗日民族统一战线，也会直接损害农民的利益。邓小平也指出，"你以为是争取多数，实际上是脱离多数……一个商号倒闭了，或者我们把它没收了，要影响到比资本家剥削所得多得多的人民的生计……说不让资本家剥削，听起来是革命思想，一算账就知道这不是革命思想，并可使革命遭受失败"。③ 代表人民的利益不是一个抽象的政治概念，真正代表人民利益的政党不管在什么情况下都不能不关心人民的切身利益。

根据经济发展的现实条件和革命发展的现实需要，采取灵活政策使人民获得切身利益，这是代表最广大人民根本利益的具体表现。1941—1943年，是抗日根据地最艰难的时期，由于采取了地主减租减息、农民交租交息的政策并组织了劳动互助组，成功地开展了减租、生产和拥政爱民运动。同时，革命根据地政权实行精兵简政，部队和机关也搞大生产运动。依靠调动各方面的积极性发动大规模生产运动，共产党不但没有增加人民的负担就保障了部队的供给，而且还改善了人民的生活；不但克服了日寇扫荡和国民党封锁带来

---

① 《毛泽东选集》第3卷，人民出版社1991年版，第1015页。
② 《毛泽东选集》第3卷，人民出版社1991年版，第808页。
③ 《邓小平文选》第1卷，人民出版社1993年版，第106页。

的经济困难，而且形成了社会各阶层团结一致、生产欣欣向荣、人民生活改善的良好局面。

即使在对敌斗争最残酷的时期，仍然不忘人民的切身利益，仍能带领人民通过发展生产保障军队供给和提高人民生活水平，这是共产党代表最广大人民根本利益和强大执政能力的具体表现。共产党在解决经济困难问题上表现出来的先进性，使人民看到了新生活的希望，也使知识界和民主人士看到了新中国的希望，甚至引起了世界各国尤其是具有革命形势的国家的关注，这是共产党赢得执政地位的最直接的原因。

2. 福利

胜利，对于缺乏坚定理想信念的人来说是最大的挑战。1945年8月14日，日本宣布投降，中国人民伟大的抗日战争胜利了。抗日战争胜利标志着"自1842年清政府签署《南京条约》以来，中国第一次重获全面的独立。另外，中国现在还是'四巨头'之一，是成立新的联合国组织永久且核心的角色，同时是唯一的非欧洲成员国"[1]。国民党政府作为当时国际上承认的代表中国的合法政府，在全国人民心目中的地位获得了空前的提高。但是，因为接收敌伪资产中的贪污腐败，"政府只用了短短20来天就失去了民心"[2]。如果说抗日战争让国民党政府摆脱了"无能"的形象，那么接管敌占区则迅速地在全国人民心中树立了"腐败"的形象。国民党发动内战并且在战争中惨遭失败，使国民党的专制、腐败、无能全面暴露，这样的政党最终的命运只能是彻底丢掉政权。

接收是指国民党政府官员接管控制原日占区傀儡政府和日伪资产。依据官方的规定，在处理工厂、办公室、仓库和住房等资产时，

---

[1] ［英］拉纳·米特：《中国，被遗忘的盟友：西方人眼中的抗日战争全史》，蒋永强、陈逾前、陈心心译，新世界出版社2015年版，第349页。

[2] ［美］胡素珊：《中国的内战：1945—1949年的政治斗争》，启蒙编译所译，当代中国出版社2014年版，第16页。

接收人员应将这些资产先封存起来，然后进行调查。如果某项资产是日本人从原来的主人那里非法夺取的，则应将它退还给原主，如果是无主的资产，则按照正式的程序确定新的所有人。在以这种方式处置之前，接收的工厂应该停止生产，接收的仓库中的存货是不允许搬动的，接收的房屋里的住户必须搬走。① 很显然，国民党政府的接收工作还是有审计程序的，"先封存起来，然后进行调查"就是事先审计。后来成立了"全国敌伪机关及资产接收委员会"，上海地区还组建了"敌伪资产监管委员会"和"敌伪资产处置局"。此外，政府还要求战时海关总署驻沪办事处调查、接收、守护所有上海敌伪仓库中的货物②。也就是说，国民党政府的审计工作其实涵盖了事前审计、过程审计和事后审计，而且还有海关专门审计。但是，所有这些审计环节都流于形式，根本没有发挥审计监督的真正作用。

国民党没有对接收机构的合法性及其主要官员的经济责任进行严格审计，由此导致的直接结果是，"在接收过程中，国民党政府各级接收机构和官员竞相抢劫，大发横财。北平被接收的日伪物资，入库的数量不足五分之一，其余绝大部分被接收官吏据为己有"③。由于负责接收的政府机构和接收的具体项目不明确，党、政府、军队及其各部门的官员，纷纷以本单位的名义争抢房子、车子、金子、位子，甚至连日本女子以及姨太太也成为接收的对象，尤其是西洋、东洋的东西以及现洋最受青睐。为此，人们讽刺国民党官员是"三羊开泰""五子登科"，称这样的接收为"劫收"。事实上，在上海，"任何东西，只要被认为是'敌人的资产'，都会成为第一个声称拥有所有权的人的财产……任何武装人员都可以戴上上海军管会的臂

---

① ［美］胡素珊：《中国的内战：1945—1949年的政治斗争》，启蒙编译所译，当代中国出版社2014年版，第16页。
② ［美］胡素珊：《中国的内战：1945—1949年的政治斗争》，启蒙编译所译，当代中国出版社2014年版，第18页。
③ 《中国共产党历史》第一卷（1921—1949）下册，中共党史出版社2002年版，第692页。

章,声称自己在执行公务。他们以搜捕叛徒和汉奸为借口,强占房屋,随意逮捕,征用汽车,甚至查封工厂"①。其混乱和贪婪,不禁让人们想起了日本帝国主义入侵和占领中国城市时的情景。当时有媒体评论道,"这片曾经被占领了七八年的土地又被第二次占领了",这次是被"难以描述的不道德和不称职的国民政府官员"②。混乱和贪婪对于遵纪守法的人是灾难,但对汉奸豪强之流则是最好的机会。一些日伪政府著名的汉奸首领,通过主动移交资产的控制权,或者直接行贿,就使自己得到洗白。工厂的管理人员则通过行贿,继续帮忙打理业务。事实上,日伪政府官员和工厂管理者,本来就几乎都是国民党人,他们不过是老朋友再见面,共同分享日本强盗留下的财物。反倒是那些受尽日本强盗剥削压迫的普通民众,现在又受到国民党官员的歧视怀疑。

国民党也没有对重大政策措施和宏观调控部署落实情况进行跟踪审计。抗战胜利了,国民政府回迁南京,战时陪都也被抛诸脑后。国民党官员的全部心思都用于接收东南沿海经济发达地区的日伪资产,完全不顾当初随国民党政府迁到西南地区的企业。这些企业相当一部分是为了满足战争需要而建立,比如满足军需的服装厂、鞋帽厂,它们完全依靠战争生产委员会的订单维持生产。战争停止后,这些企业纷纷破产。工商界人士成立了"工业复兴协会"之类的组织,向国民党提出了经济援助的请愿书,但国民党政府迟迟不做回应。雪上加霜的是,国民党官员按照接收的要求,封存了东南沿海的工厂资产。本来的目的是审计核算,以便确定产权归属。但国民党不仅长时间地关闭工厂,而且最终并没有把被日本霸占的私人工商业资产物归原主。相当一部分资产,比如汽车、办公用品、生活设施,直接被腐败的官员占为己有。生产资产设施则被认定为国有

---

① [美]胡素珊:《中国的内战:1945—1949年的政治斗争》,启蒙编译所译,当代中国出版社2014年版,第16页。

② [美]理查德·伯恩斯坦:《中国1945:中国革命与美国的选择》,季大方译,社会科学文献出版社2017年版,第298页。

资产,即便没有被认定为国有资产,国民政府也把日伪占有期间的"增值"入股,大量侵占私人资本的股份。由此造成民族资产阶级义愤填膺,大量工人下岗失业,反抗政府的工人、学生游行示威很快风起云涌。除了没有制定经济政策保证经济平稳过渡以外,国民党还因为汇率问题制造了金融混乱。因为抗战期间,国统区和多个沦陷区各有不同货币,抗战胜利后就需要把伪币兑换为统一的法币。但是,国民党政府对于确定不同货币区法币和伪币的汇率行动迟缓,市场上出现了从1∶40到1∶250跨度极大的汇率。带有法币从重庆回来的官员和富商借机炒作汇率,大发横财,商业资产和个人储蓄在"内地的资本入侵"下大为缩水,民众怨声载道。

国民党接收过程中出现的贪污腐败行为和经济金融动荡,早就通过新闻媒体、民众示威、商界抗议为社会各界所普遍了解。但国民党政府却采取了掩耳盗铃的办法,维护国民政府的"正面"形象。虽然面对接收混乱的景象,中央和地方官员也颁布了一系列临时性规定,但这些规定都轻描淡写不起作用。最主要的是,这些中央部门和地方政府就是接收单位,它们都在和官员拼抢接收物资,这些规定更多的是想要垄断接收权,而不是纠正和处理审计发现的问题。所以,临时性规定的颁布,不过是像大强盗怒斥小强盗滚开一样,根本改变不了接收过程中的贪污腐败蔓延和经济金融恶化。直到国民参议会强烈批评政府腐败和包庇腐败官员,国民党中央政府才成立了"接收行动调查小组",授权他们调查任何受到指控官员的渎职行为,确定相关责任和提出处罚建议。调查人员发现,日本人移交给中国官员的所有资产一开始都附有详细清单,接收官员却拒绝提交原始清单,日本人又提交了5大箱的清单副本协助调查。[1] 证据确凿无疑,结果触目惊心,为了防止政府形象进一步受到破坏,国民党继续采取庇护办法。多数案件只是交给地方当局,让它们提出起

---

[1] [美]胡素珊:《中国的内战:1945—1949年的政治斗争》,启蒙编译所译,当代中国出版社2014年版,第25页。

诉，地方当局"只打苍蝇，不打老虎"，对于权势人物根本不公布调查数据，也禁止新闻报道，最后多数案件都不了了之。

国民党之所以官官相护，腐败蔓延，是因为它的中央高层就是一个最腐败的集团。国民党官员接收的日伪资产，即便是形式上转移为政府所有，实际上完全由官僚资本集团控制。正所谓"上梁不正下梁歪"，国民党四大家族的腐败，带动国民党政府上上下下的全面腐败，在这种情况下国家审计监督的作用当然难以发挥作用。但是，国民党让国家审计监督职能瘫痪的最终结果，只能是贪污腐败肆意蔓延，军心民心散失殆尽，最后被人民彻底抛弃。

3. 经济

当国民党败逃台湾的时候，共产党迎来了胜利接收的时候。共产党从国民党旧政权手中接管城市的时候，也面临着国民党从日伪政府手中接管城市一样的困难。旧秩序随着旧政权的崩溃而崩溃，新秩序却因为新政权尚未建立而一时难以建立。投机商人不仅趁机发战争财，还拉拢缺乏廉洁自律能力的政府官员下水。毛泽东在党的七届二中全会上警告全党："可能有这样一些共产党人，他们是不曾被拿枪的敌人征服过的，他们在这些敌人面前不愧英雄的称号；但是经不起人们用糖衣裹着的炮弹的攻击，他们在糖弹面前要打败仗。"[①]

人民解放军每解放和接管一座城市，就由军管会派出代表，按照官僚资本企业原属系统，自上而下、原封不动、整套接收，并把它改造为国有企业。收归国家所有的官僚资本主义企业，包括国家和地方银行共计2400多家、工矿企业2858个，此外还有交通运输、招商局系统所属企业和十多家贸易公司。1951年年初，根据国务院颁布的《企业中公股公产清理办法》等政策法规，又把隐藏在私人资本中的官僚资本清理出来，全部收归国家所有。根据1953年全国

---

① 《毛泽东选集》第4卷，人民出版社1991年版，第1438页。

清产核资委员会统计的数字，截至1952年，全国国有企业固定资产原值为240.6亿元人民币，折旧后净值为167.1亿元人民币。① 如果和国民党政府1945年接收日伪资产进行对比，最明显的区别是共产党的接收具有接收主体、接收对象、接收内容明确的明显特点。国民党的接收是党、政、军各部门抢占物资，共产党统一由军管会派代表接收。国民党对各类企业、各种物资甚至个人资产以及日本女子都要"接收"，共产党的接收限定于官僚资本主义企业，并不涉及民族资本以及个人资产，其他方面则是权力的接管。国民党接收的物资大部分最后成为官僚资本或官员个人财产，共产党接收的全部资产都转为国有企业的资产。尽管，当时共产党并没有专门的审计部门，但是，共产党的接收工作显然符合审计规范。

除了限定由军队接收官僚资本以外，更主要的工作是依靠工人阶级迅速恢复生产。共产党在解放军进城之初召开的党的七届二中全会上就明确提出，必须全心全意依靠工人阶级，把恢复和发展国有企业的生产放在第一位。在共产党的正确领导下，率先解放的东北地区各厂矿的广大工人，从1949年春天起就不计工时、不计报酬并主动献交器材，投入抢修设备、修复厂矿的斗争中。转为国有企业的鞍山钢铁厂在29个厂矿发起恢复生产和立功运动，仅两三个月内就实现了主干厂相继修复和投入生产。天津市原中纺系统七个纺织厂，第二天就有90%以上职工到厂报到。北京石景山钢铁厂，不到半年时间就创造了历史上最好的生产成绩。在上海，中纺公司各厂在解放后3天内全部复工，市内公共汽车大部分恢复行驶，水电燃气供应和市内电话一直没有中断，江南造船厂被炸毁的三座船坞一个半月全部修复。② 其他相继实现解放的城市，一般都在两三个月内就完成没收官僚资本和改造为国有企业的工作，很快恢复生产。

---

① 《中国共产党历史》第二卷（1949—1978）上册，中共党史出版社2002年版，第53页。

② 《中国共产党历史》第二卷（1949—1978）上册，中共党史出版社2002年版，第54—55页。

共产党接收的国民党工矿企业，包括控制能源资源和重工业生产前国民党政府的资源委员会、垄断全国纺织业的中国纺织建设公司以及兵工、军事后勤、政府系统的官办企业、国民党"党营"企业等，职工总数达 129 万人，其中产业工人 75 万人。① 对官僚资本主义企业的职工，共产党采取"原职、原薪、原制度"的政策，对国民党政权留下来的军政公教人员采取"包下来"的政策，这就最大限度地保证了经济社会的稳定。与此形成鲜明对比的是，国民党在接收过程中封停厂矿企业、倒卖生产物资、无视下岗失业，造成了社会各界纷纷抗议示威。

  人民解放军占领国民党统治的中心城市之前，国统区已经处于通货膨胀、物价飞涨的经济崩溃状态，这是国民党接收过程中腐败泛滥和发动内战带来财政压力的必然结果。解放军进城伊始，就由军管会发布以人民币为唯一合法货币的法令，限期收兑国民党政府发行的金圆券，明令禁止金条、银圆、外币在市场上流通。但是投机商人趁人民币尚未在人民群众心中建立信任之机，大肆炒卖更有信用的金条、银圆和外币，导致金银价格和物价指数暴涨。尤其是控制着上海证券大楼的大金融投机商，动用各种通信工具知会全国各大城市炒作金银外币，甚至叫嚣说"解放军进得了上海，人民币进不了上海"。为了稳定金融秩序，促进人民币的市场流通，1949 年 6 月 10 日，经中央批准，上海市军管会一举查封了证券大楼，将投机商 200 余人逮捕法办。这一举动让金银价格立即大幅下跌，物价指数也迅速回落。此后，又在武汉、广州等地缉拿破坏金融秩序的投机商人，并查封从事投机的地下钱庄和街头兑换点。通过这一强硬手段，人民币迅速进入市场流通，金银外币很快退出市场。②

  在用行政甚至军事手段打击金融投机的同时，共产党还开展了

---

  ① 《中国共产党历史》第二卷（1949—1978）上册，中共党史出版社 2002 年版，第 53 页。
  ② 《中国共产党历史》第二卷（1949—1978）上册，中共党史出版社 2002 年版，第 51 页。

对囤积居奇、哄抬物价的经济斗争。1949年7月12日，由陈云担任主任的中央财政经济委员会成立，它的主要任务是统一财政经济、控制市场物价、支持解放战争和保障人民生活。在完成没收官僚资本主义的企业和改造成国有企业的城市，中财委通过发行公债、整顿税收、紧缩通货、统一贸易等手段，把粮食和纱布等生活必需品牢牢掌控在政府手中。以为共产党也像国民党一样软弱无力的国民党特务叫嚣：只要控制了两白（米、棉）一黑（煤），就能置上海于死地。他们鼓动资本家大肆囤积粮食，抢购纱布、煤炭、化工原料等生活生产物资。为了打赢这场"经济战"，中财委组织粮食、棉花、煤炭等物资大规模集中调运，当投机资本家把物价炒到最高的时候，全国各主要城市统一抛售这些物资，造成主要物资价格顺势猛跌。与此同时，又通过催征税收、收紧银根、冻结贷款，使得投机资本家资金链断裂。在此双重打击下，投机资本家不得不贱价抛售高息拆借资金囤积的物资。抛售的结果是物价进一步下跌，最终投机资本家纷纷破产。此时，国营贸易公司开始低价购进，为进一步平抑物价、稳定市场和保障民生做好了准备。①

毫无疑问，这几乎是一场对资本家的无情"剥夺"，但它和国民党对民族资产阶级的"掠夺"完全不同，这是对少数破坏金融和经济秩序的投机资本家的剥夺，对绝大多数城市经营的资本家和普通人民大众来说，他们获得的是经济生产和社会生活的稳定。国民党是剥夺私人和社会资本归官僚资本家所有，共产党是把被官僚资本家剥夺的私人和社会资本收归国家和人民所有。也正因为如此，国民党被全国人民所抛弃，共产党则获得了全国人民的拥护。

共产党深知财政经济问题涉及千家万户的生产生活，是人民群众最切身的利益，也是决定民心向背最直接的原因。针对地主、资本家的强硬措施，搞不好也会影响到普通民众的就业和生活。1950

---

① 《中国共产党历史》第二卷（1949—1978）上册，中共党史出版社2002年版，第52页。

年4月，毛泽东明确提出："整训干部已经成了极端迫切的任务，各阶层人民相当普遍地不满意我们许多干部的强迫命令主义的恶劣作风，尤其是表现于征粮、收税和催缴公债等项工作中的上述作风。"① 1950年，在得到黄炎培报告苏南三县有灾民二十万，征粮不但不减免，且要重征，以致三县农民没有肥料可施，粮食不足，体力大减等情况后，毛泽东要求当地立即如实查报。② 由于有了及时的调查监督，中央很快了解到许多人对现状产生了不满，民族资产阶级因为为稳定物价受打击而惶惶不安，不少资本家遣散职工、关厂歇店，甚至有人弃厂出走或将资金转移到香港；失业工人、失业知识分子和一部分手工业者对人民政府也有怨言；农民对没有实行土地改革又要收公粮也有意见。③ 在这一背景下，中央适时提出了继续争取财政经济状况基本好转的战略部署和"不要四面出击"的战略方针。正是依靠强有力的审查监督，中国共产党得以及时调整政策，从而使人民的利益得到维护、党的执政地位得到巩固。新中国成立之后，国家的审查监督从来没有放松。1951年年底到1952年10月，中华人民共和国在党政机关工作人员中开展了"反贪污、反浪费、反官僚主义"，在私营工商业者中开展了"反行贿、反偷税漏税、反盗骗国家财产、反偷工减料、反盗窃国家经济情报"，即"三反""五反"运动。刘青山、张子善案件，就是在"三反"运动中查出的领导干部严重贪污盗窃国家资财案件，刘青山、张子善都被判处死刑。通过这一系列强有力的财政经济措施和反腐败斗争，中国共产党在中国人民心中确立了雷厉风行和清正廉洁的新形象。

共产党的力量固然是在抗日战争时期扩大的，但是，主要扩大的并不是军事力量，而是凝聚全民族各阶级的政治影响力。美国学者约翰逊甚至认为"共产主义革命从民族主义的诉求中，而不是从

---

① 《毛泽东文集》第6卷，人民出版社1999年版，第56页。
② 《毛泽东文集》第6卷，人民出版社1999年版，第57页。
③ 《中国共产党历史》第二卷（1949—1978）上册，中共党史出版社2002年版，第62页。

社会经济改革的方案中为自己争取了主要的力量"①。其实，共产党的社会经济改革方案和民族主义诉求并不矛盾。社会经济改革方案并不像人们常说的那样是农民起义式的"均田"，如果中国共产党没有做好城市接管工作和解决财政经济问题，中国共产党同样不能巩固政权。历史唯物主义认为，经济基础决定上层建筑，中国共产党推行的社会经济改革无疑是它获得政治革命胜利的基础，但在建立起社会主义国家巩固的经济基础之前的革命年代，思想文化和社会动员才是政治革命成功的关键，而国家政治上的统一又是全面开展现代化建设的前提。

---

① ［美］詹姆斯·R.汤森、布兰特利·沃马克：《中国政治》，顾速、董方译，江苏人民出版社1996年版，第15页。

第 八 章

新问题、新主义与新社会

  社会革命才是真正的革命，政治的和哲学的革命必定通向社会革命。

        ——恩格斯：《英国状况：十八世纪》

  社会主义革命的目的是为了解放生产力。

     ——毛泽东：《在最高国务会议第六次会议上的讲话》

  子路曰："卫君待子而为政，子将奚先？"子曰："必也正名乎！"子路曰："有是哉，子之迂也！奚其正？"子曰："野哉，由也！君子于其所不知，盖阙如也。名不正，则言不顺；言不顺，则事不成；事不成，则礼乐不兴；礼乐不兴，则刑罚不中；刑罚不中，则民无所措手足。故君子名之必可言也，言之必可行也。君子于其言，无所苟而已矣。"（《论语·子路》）因为孔子认为"政者，正也"，所以当子路问孔子治国从何处着手时，孔子回答必定是先"正名"。人们通常认为"正名"就是"正名分"，这虽然不能说是错，但显然也没那么重要。所以子路觉得孔子不可理喻，想法太陈旧迂腐，怎么会是先正名呢？孔子批评子路太过粗野，对于不知道的事情不能采取存疑的态度。孔子的意思是，"名"如果和"实"不是真"正"相符，说起话来就不顺当合理，说话不顺当合理，事情就办不成。事情办不成，礼乐也就不能兴盛。礼乐不能兴盛，刑罚的执行就不会得当。刑罚的执行不得当，百姓就不知怎么办好。所以，君子一定要做到名实相符，说到的一定也能做到。君子对于自己的言论，从来不敢掉以轻心。从这整段话中很容易判明，"正名"绝不只是"端正名分"而已。齐景公问政于孔子。孔子对曰："君君，臣臣，父父，子子。"公曰："善哉！信如君不君，臣不臣，父不父，子不子，虽有粟，吾得而食诸？"（《论语·颜渊》）"君不君，臣不臣，父不父，子不子"确实要"正"，但齐景公"虽有粟，吾得而食诸"的思想言论才是真正要"正"的对象。"正名"归根结底，是达到"名之必可言也，言之必可行"。梁启超曾解释说："欲明白正名的要紧处，最好拿眼前的事实来举个例。譬如有人说共和是不好的，问他什么不好？他说你看中国共和了九年，闹成什么样子？这段话骤然听去，像是有理，其实不然。我们先要知道共和的实质是怎么样，再要问这九年来的中国，是否和共和实质相符。把这九年来的中国说他是共和，这就是非其真而以为名，这就是异物名实互纽。又如现在讲联邦，讲自治，若不先把联邦、自治的名实弄到正确，那么，几位督军私自勾结的几省联盟，也要自命为联邦，几位政客也可以设起联省政府来；那么，官僚运动做本省省长，便说是自治。又如讲马克思的共产主义，若不把名实弄得正确，那么，兵大爷组织兵变，挨门坐抢，他可以说自己是蓝宁（列宁），是杜洛兹奇（托洛茨基）。"① 确实，"正名"很重要，"分浮财"绝不是"共产主义"。新中国成立之后，中国共产党治国理政的首要问题是正确认识社会主义，进而确立社会主义制度和开展社会主义建设。也正因为当时对社会主义的认识并不完全正确，所以社会主义建设遭受了严重挫折，中国社会出现了长时间的混乱。

---

① 梁启超：《孔子与儒家哲学》，中华书局2016年版，第33页。

一　新中国的"问题"与"主义"

新中国成立了，意味着"革命问题"基本解决，"新民主主义"完成了历史使命；"建设问题"成为主要问题，向"社会主义"过渡摆上了政治议程。而且，正因为中国共产党正确地判断了中国面临的主要问题，所以，即便对社会主义的理解并不完全正确，但社会主义建设过程中取得伟大的成绩是显而易见的。

1. "问题"与"主义"

1919年，在胡适和李大钊之间发生了著名的"问题"与"主义"之争。胡适认为"一切主义都是某时某地的有心人，对于那时那地的社会需要的救济方法"；但"成了主义，便由具体的计划，变成一个抽象的名词。'主义'的弱点和危险，就在这里……比如'社会主义'一个名词，马克思的社会主义，和王揖唐的社会主义不同；你的社会主义，和我的社会主义不同；决不是这一个抽象名词所能包括"①，因他提出"多研究些问题，少谈些'主义'"；"要知道舆论家的第一天职，就是细心考察社会的实在情形。一切学理，一切'主义'，都是这种考察的工具。有了学理作参考，便可使我们容易懂得所考察的情绪，容易明白某种情形有什么意义，应该用什么救济的方法"②。胡适明确提出"主义"就是学理之"名"，重要的是解决社会之"实"在问题。

李大钊首先申明"'问题'与'主义'，有不能十分分离的关系"，并对胡适强调的"问题"先做回应，提出"一个社会问题的解决，必须靠着社会上多数人共同的运动"，因此"应该设法使他成

---

① 蔡尚思主编：《中国现代思想史资料简编》，浙江人民出版社1982年版，第293页。

② 蔡尚思主编：《中国现代思想史资料简编》，浙江人民出版社1982年版，第292页。

了社会上多数人共同的问题",为此又要"使这社会上可以共同解决这个那个社会问题的多数人,先有一个共同趋向的理想、主义,作他们实验自己生活上满意不满意的尺度(即是一种工具)","不然,你尽管研究你的社会问题,社会上多数人,却一点不生关系。那个社会问题,也仍然永远没有解决的希望;那个社会问题的研究,也仍然是不能影响于实际"[①]。其次,关于"主义",他提出:"大凡一个主义,都有理想与实用两面。例如民主主义的理想,不论在那一国,大致都很不同。把这个理想适用到实际的政治上去,那就因时、因所、因事的性质情形,有些不同","社会主义,亦复如此。他那互助友谊的精神,不论是科学派、空想派,都拿他来作基础。把这个精神适用到实际的方法上去,又都不同。我们只要把这个那个主义,拿来作工具,用以为实际的运动,他会因时、因所、因事的性质情形生一种适应环境的变化";"现代的社会主义,包含着许多把他的精神变作实际的形式使合于现在需要的企图","主义的本性,原有适应实际的可能性,不过被专事空谈的人用了,就变成空的罢了","主义的危险,只怕不是主义的本身带来的,是空谈他的人给他的"[②]。最后,李大钊坦率地指明胡适支持"民主主义的正统思想","我是喜欢谈谈布尔扎维主义的",而"在我们这个盲目的社会,他们哪里知道 Bolshevism 是什么东西,这个名词怎么解释!"[③]大概出于礼貌,李大钊没有明确指出,胡适其实也并不少谈"主义",只不过他要谈的是"民主主义"。

"问题"与"主义"之争,其实在当时主要是"主义"之争,但决定"主义"之争的确实是研究"问题"。历史已经充分证明,

---

① 蔡尚思主编:《中国现代思想史资料简编》,浙江人民出版社 1982 年版,第 189 页。

② 蔡尚思主编:《中国现代思想史资料简编》,浙江人民出版社 1982 年版,第 190—191 页。

③ 蔡尚思主编:《中国现代思想史资料简编》,浙江人民出版社 1982 年版,第 192—193 页。

以李大钊为代表的中国共产党人更准确地抓住了当时中国社会的"问题",所以最终也是中国共产党人宣传的马克思主义和社会主义取得了胜利。

2. 发展问题

中国共产党人有非常强烈的问题意识,1949年6月30日,毛泽东在纪念中国共产党二十八周年的《论人民民主专政》一文中说:"严重的经济建设任务摆在我们面前。我们熟习的东西有些快要闲起来了,我们不熟习的东西正在强迫我们去做。这就是困难。帝国主义者算定我们办不好经济,他们站在一旁看,等待我们的失败。"[①]中国共产党人相信依靠人民的力量不仅能推翻帝国主义、封建主义和官僚资本主义在中国的反动统治,也能建立一个比资本主义国家更加富强的新中国。1949年3月5日,毛泽东在党的七届二中全会的报告中,自信地向世界宣布:"我们不但善于破坏一个旧世界,我们还将善于建设一个新世界。中国人民不但可以不要向帝国主义者讨乞也能活下去,而且还将活得比帝国主义国家要好些"[②];1949年6月15日,毛泽东在新政治协商会议筹备会上的讲话中说:"中国的命运一经操在人民自己的手里,中国就将如太阳升起在东方那样,以自己的辉煌的光焰普照大地,迅速地荡涤反动政府留下来的污泥浊水,治好战争的创伤,建设起一个崭新的强盛的名副其实的人民共和国。"[③]1949年9月21日,毛泽东在中国人民政治协商会议第一届全体会上的开幕词中他又满怀自信地宣称:"随着经济建设的高潮的到来,不可避免地将要出现一个文化建设的高潮。中国人被人认为不文明的时代已经过去了,我们将以一个具有高度文化的民族出现于世界。我们的国防将获得巩固,不允许任何帝国主义者再来侵略我们的国土。在英勇的经过了考验的人民解放军的基础上,我

---

① 《毛泽东选集》第4卷,人民出版社1991年版,第1480—1481页。
② 《毛泽东选集》第4卷,人民出版社1991年版,第1439页。
③ 《毛泽东选集》第4卷,人民出版社1991年版,第1467页。

们的人民武装力量必须保存和发展起来。我们将不但有一个强大的陆军，而且有一个强大的空军和一个强大的海军。让那些内外反动派在我们面前发抖吧，让他们去说我们这也不行那也不行吧，中国人民的不屈不挠的努力必将稳步地达到自己的目的。"① 建设富强的国家，实现民族的复兴，这就是中国共产党最迫切的愿望。

新中国成立后，经过3年时间的努力，通过土地改革运动、肃反运动、抗美援朝战争、"三反""五反"运动等一系列运动，国民经济迅速得到恢复和发展。1949年12月12日，中华人民共和国主席毛泽东抵达莫斯科进行正式访问；1950年1月20日，中国总理兼外交部部长周恩来也抵达莫斯科；2月14日，两国政府之间的谈判结束，中华人民共和国与苏维埃社会主义共和国联盟（苏联）签订《中苏友好同盟互助条约》。毛泽东强调指出："这次缔结的中苏条约和协定，使中苏两大国家的友谊用法律形式固定下来，使得我们有了一个可靠的同盟国，这样就便利我们放手进行国内的建设工作和共同对付可能的帝国主义侵略，争取世界的和平。"从1953年到1957年，中国实施了第一个五年计划。"一五"计划在苏联帮助下建设的156个工业项目，包括以能源、机械、原材料、军工等为主要内容的重工业，它充分体现了当时中国人对实现国家工业化和加强国防建设的热切心情。

1952年年底到1953年年初，根据土地改革的任务、抗美援朝结束、国民经济恢复等新的形势，党中央根据毛泽东的建议提出过渡时期总路线，明确把"基本上实现国家工业化"确立为目标。1954年6月，毛泽东在中央人民政府委员会第30次会议上的讲话中指出："我们的总目标，是为建设一个伟大的社会主义国家而奋斗。我们是一个六亿人口的大国，要实现社会主义工业化，要实现农业的社会主义化、机械化……现在我们能造什么？能造桌子椅子，能造茶碗茶壶，能种粮食，还能磨成面粉，还能造纸。但是，一辆汽车、

---

① 《毛泽东文集》第5卷，人民出版社1996年版，第345页。

一架飞机、一辆坦克、一辆拖拉机都不能造。"① 这是吹响了"工业化"的号角。1955年10月29日,毛泽东在资本主义工商业社会主义改造问题座谈会上的讲话中又明确提出:"我们的目标是要赶上美国,并且要超过美国。……究竟要几十年,看大家努力,至少是五十年吧,也许七十五年,七十五年就是十五个五年计划。哪一天赶上美国,超过美国,我们才吐一口气。现在我们不像样子嘛,要受人欺负。我们这么大一个国家,吹起来牛皮很大,历史有几千年,地大物博,人口众多,但是一年才生产二百几十万吨钢,现在才开始造汽车,产量还很少,实在不像样子。所以,全国各界,包括工商界、各民主党派在内,都要努力,把我国建设成为一个富强的国家。我们在整个世界上应该有这个职责。世界上四个人中间就有我们一个人,这么不争气,那不行,我们一定要争这一口气。"② 毛泽东在这里说的赶上美国,主要是指钢铁、汽车等工业产值。1956年4—5月,毛泽东在《论十大关系》的讲话中说:"自从盘古开天辟地以来,我们不晓得造飞机,造汽车,现在开始能造了。我们现在还没有原子弹。但是,过去我们也没有飞机和大炮,我们是用小米加步枪打败了日本帝国主义和蒋介石的。我们现在已经比过去强,以后还要比现在强,不但要有更多的飞机和大炮,而且还要有原子弹。在今天的世界上,我们要不受人家欺负,就不能没有这个东西。"③ 这里强调的是国防工业。1956年8月30日,毛泽东同志在中国共产党第八次全国代表大会预备会议第一次会议上的讲话中再次提出:"我们这个国家建设起来,是一个伟大的社会主义国家,将完全改变过去一百多年落后的那种情况,被人家看不起的那种情况,倒霉的那种情况,而且会赶上世界上最强大的资本主义国家,就是美国……美国建国只有一百八十年,它的钢在六十年前也只有四百万吨,我们比它落后六十年。假如我们再有五十年、六十年,就完

---

① 《毛泽东文集》第6卷,人民出版社1999年版,第329页。
② 《毛泽东文集》第6卷,人民出版社1999年版,第500页。
③ 《毛泽东文集》第7卷,人民出版社1999年版,第27页。

全应该赶过它。这是一种责任。你有那么多人,你有那么一块大地方,资源那么丰富,又听说搞了社会主义,据说是有优越性,结果你搞了五六十年还不能超过美国,你像个什么样子呢?那就要从地球上开除你的球籍!所以,超过美国,不仅有可能,而且完全有必要,完全应该。如果不是这样,那我们中华民族就对不起全世界各民族,我们对人类的贡献就不大。"① 很显然,这里还是强调钢铁等工业指标。1963年9月,毛泽东在审阅《关于工业发展问题(初稿)》时加写了一段文字:"我国从十九世纪四十年代起,到二十世纪四十年代中期,共计一百零五年时间,全世界几乎一切大中小帝国主义国家都侵略过我国,都打过我们,除了最后一次,即抗日战争,由于国内外各种原因以日本帝国主义投降告终以外,没有一次战争不是以我国失败、签订丧权辱国条约而告终。其原因:一是社会制度腐败,二是经济技术落后。现在,我国社会制度变了,第一个原因基本解决了;但还没有彻底解决,社会还存在着阶级斗争。第二个原因也已开始有了一些改变,但要彻底改变,至少还需要几十年时间。如果不在今后几十年内,争取彻底改变我国经济和技术远远落后于帝国主义国家的状态,挨打是不可避免的。……我们应当以有可能挨打为出发点来部署我们的工作,力求在一个不太长久的时间内改变我国社会经济、技术方面的落后状态,否则我们就要犯错误。"② 这里把技术和制度并列,认为它们是中国工业化和避免挨打的根本。1964年12月30日,毛泽东在审阅周恩来在第三届全国人民代表大会第一次会议上的政府工作报告草稿时加写了一段文字:"我们不能走世界各国技术发展的老路,跟在别人后面一步一步地爬行。我们必须打破常规,尽量采用先进技术,在一个不太长的历史时期内,把我国建设成为一个社会主义的现代化的强国。我们所说的大跃进,就是这个意思。"③ "大跃进"虽然以"大炼钢铁"

---

① 《毛泽东文集》第7卷,人民出版社1999年版,第89页。
② 《毛泽东文集》第8卷,人民出版社1999年版,第340—341页。
③ 《毛泽东文集》第8卷,人民出版社1999年版,第341—342页。

为特征，但其实是追求技术和工业的"蛙跳"。毛泽东说："一万年太久，只争朝夕"，它是中国人民渴望摆脱落后挨打的命运、建设富强文明国家的共同心声，也是发动"大跃进"的民族心理。

近代中国被西方帝国主义的坚船利炮打开大门，工业化是自洋务运动以来中国人寻求富强的首要目标，只不过战争和革命使得这个目标只能放在一边。新中国成立后，尤其是1952年国民经济恢复后，中国人民就在为工业化的目标而努力。因此邓小平说："建国后我们的经济建设是有伟大成绩的，建立了比较完整的工业体系，培养了一批技术人才。"①

3. 社会主义

北京大学教授林毅夫指出："1949年中华人民共和国成立之后，中国新政权的领导人面临着选择何种发展道路和管理体制组织经济建设，迅速实现强国富民理想的问题"；"中国的领导人选择了优先发展重工业为目标的发展战略"；"相应的制度安排是对经济资源实行集中的计划配置和管理的办法，并实行工商业的国有化和农业的集体化直至人民公社化，以及一系列剥夺企业自主权的微观经营机制。"② 这正验证了李大钊所言"'问题'和'主义'，有不能十分分离的关系"，只要中国想要优先发展重工业以摆脱落后挨打的局面，中国就不能不"集中力量办大事"，进而只能实行以计划经济为特征的社会主义。

1953年6月15日，毛泽东在中央政治局扩大会议上发表重要讲话，对党在过渡时期的总路线和总任务的内容做了完整的表述，即"完成国家工业化和对农业、手工业、资本主义工商业的社会主义改造"。1953年9月25日，《人民日报》正式公布了过渡时期的总路线内容：要在一个相当长的历史时期内，基本上实现国家工业化和

---

① 《邓小平文选》第2卷，人民出版社1994年版，第163页。
② 林毅夫、蔡昉、李周：《中国的奇迹：发展战略与经济改革》（增订版），格致出版社、上海三联书店、上海人民出版社2002年版，第28—29页。

对农业、手工业、资本主义工商业的社会主义改造。工业化是国民经济发展的基本要求,又是实现三大改造的物质基础;而实现对农业、手工业和资本主义工商业社会主义改造又是实现国家工业化的必要条件。两者互相依赖、相辅相成。社会主义建设和生产资料所有制的社会主义改造同时并举,是这条总路线的基本特点。根据历史唯物主义原理,生产力决定生产关系,生产关系对生产力发展具有反作用。中国当时的情形,显然不能说是工业化提出了"三大改造"的客观要求,而是党和人民希望"三大改造"促进中国工业化发展。1956年1月25日,毛泽东在最高国务会议第六次会议上的讲话中指出:"社会主义革命的目的是为了解放生产力。农业和手工业由个体的所有制变为社会主义的集体所有制,私营工商业由资本主义所有制变为社会主义所有制,必然使生产力大大地获得解放。这样就为大大地发展工业和农业的生产创造了社会条件";同时,他还强调"我国人民应该有一个远大的规划,要在几十年内,努力改变我国在经济上和科学文化上的落后状况,迅速达到世界上的先进水平"①,这是从经济发展本身需要和实现中华民族伟大复兴的长远需要考虑;此外,毛泽东还考虑到"如果不加快建设,农业和私营工商业未改造,工业未发展,将来一旦打起来,我们的困难就会更大"②。战争的危险自新中国成立以来始终存在,工业化是实现国家富强、民族振兴的战略基点,如此就决定了"三大改造"必然被加速推进。社会主义改造的目标就是为了"集中力量办大事",把有限的资源用于重工业优先发展的战略目标。所以工业化是党在过渡时期的总路线的主体,"三改"归根到底是服务于"一化"的目标。

当然,生产资料的社会主义改造除了工业化的客观要求以外,还有人民大众的主观要求。革命胜利了,革命者要求共享革命成果,这是正义的革命事业的必然逻辑。新民主主义革命的胜利不能只是

---

① 《毛泽东文集》第7卷,人民出版社1999年版,第1—2页。
② 薄一波:《若干重大决策与事件的回顾》(上卷),中共中央党校出版社1993年版,第522页。

共产党代替国民党执政，不论工人阶级、农民阶级还是知识分子，对革命胜利之后肯定是有所期盼的，都希望彻底摆脱经济上被剥削的地位，希望"翻身作主人"。1955年10月11日，毛泽东在党的七届六中全会上讲话指出："过去我们同农民在土地革命基础上建立起来的那个联盟，现在农民不满足了。……要巩固工农联盟，我们就得领导农民走社会主义道路，使农民群众共同富裕起来，穷的要富裕，所有农民都要富裕，并且富裕的程度要大大地超过现在的富裕农民。"① 也就是说，农民并不满足于"打土豪，分田地"，他们更大的渴望是富裕起来，至少要比得上当时的富裕农民。除此之外，农民也会对城市工人和农村农民的差别感到不满意，他们也渴望过上城里人的生活。工人阶级也不会满足于新民主主义革命的胜利，如果革命胜利了，工人还要继续接受资本家的剥削，革命的胜利对于工人阶级这个革命的领导阶级来说有什么意义呢？1955年10月29日，毛泽东在资本主义工商业社会主义改造问题座谈会上说："我们的目标是要使我国比现在大为发展，大为富、大为强。……现在我们实行这么一种制度，这么一种计划，是可以一年一年走向更富更强的，一年一年可以看到更富更强些。而这个富，是共同的富，这个强，是共同的强，大家都有份，也包括地主阶级。"② 所以，社会主义改造是实现共同富强的手段，它的目的是实现全民共同富强。

　　新民主主义是一个过渡性的社会，是一个方向和道路没有完全明确的社会发展阶段。新民主主义是美好的，但是，这种美好是相对于封建主义来说的美好。没有多少人认为新民主主义比美国的资本主义更美好，也没有多少人认为它比苏联的社会主义更美好。资本主义和社会主义两条道路、资产阶级和工人阶级两个阶级的矛盾逐步凸显为主要矛盾。

　　人民公社被认为是通向"共产主义天堂"的"金桥"。1958年

---

① 《毛泽东年谱》（1949—1976）第2卷，中央文献出版社2013年版，第449页。
② 《毛泽东文集》第6卷，人民出版社1999年版，第495—496页。

8月30日，毛泽东就北戴河中共中央政治局扩大会议关于建立人民公社的决议说："人民公社的特点是两个，一为大，二为公。我看是叫大公社。人多，地多，综合经营，工农商学兵，农林牧副渔，这些就是大。……公，就比合作社更要社会主义，把资本主义的残余，比如自留地、自养牲口，都可以逐步取消，有些已经在取消了。办公共食堂、托儿所、缝纫组，全体劳动妇女可以得到解放。"① 很显然，"大跃进"和人民公社希望通过公有制下的规模经济，实现经济快速发展和人民共同富裕，进而实现幼有所教、老有所养、妇女解放等目标，而实现这些目标也被认为是建成社会主义。1958年11月25日，毛泽东在武昌会见由金日成率领的朝鲜政府代表团时曾说："你晓不晓得我们为什么搞人民公社？就是因为农民苦得不得了。我们原有七十万个合作社，地少，人少，不利于搞大规模生产，也不容易搞综合性的生产。搞人民公社可以解放生产力。"② 也就是说，"大跃进"和人民公社化运动，是试图通过"规模经济"实现快速发展和共同富裕，这就是当时人们理解的社会主义和共产主义。

社会主义是一个"名"，它不是领导者任意选择的结果，而是中国社会发展的现"实"决定的"正名"。反过来，"正名"就是要把社会主义这个"名"与中国社会发展的现"实"需要结合起来，形成符合中国实际的社会主义道路。

二 经济发展与人民幸福

1956年，党的八大报告明确指出："我们国内的主要矛盾，已经是人民对于建立先进的工业国的要求同落后的农业国的现实之间的矛盾，已经是人民对于经济文化迅速发展的需要同当前经济文化不能满足人民需要的状况之间的矛盾。"这里列了两对主要矛盾，这

---

① 《毛泽东年谱》（1949—1976）第3卷，中央文献出版社2013年版，第425页。
② 《毛泽东年谱》（1949—1976）第3卷，中央文献出版社2013年版，第529页。

两对矛盾之间还是矛盾。也就是说,工业化的目标和人民的需要之间也是一对矛盾。积贫积弱的中国受尽了帝国主义的欺压凌辱,从农业国转变为工业国是全国人民的共同愿望。但是,工业化需要长期和庞大的资本投入,而当时的中国恰恰一穷二白,工业化的需要不免与人民生活需要发生矛盾。我们通常认为资本主义发展经济是为了"利润最大化",社会主义发展经济是为了满足"人民的需要"。但是,这种区分首先也是"名"的区别,还需要"正名"才能真正落到"实"处。

1. 国家经济增长较快与国际对比落后

改革开放前的经济发展,尽管"二五"时期由于"大跃进"的失误出现了负增长,但是,总的来说从1953年到1978年我国经济增长还是比较快的。其中,社会总产值、工农业总产值、国内生产总值和国民收入的平均增长率,分别达到了7.9%、8.2%、6.0%、6.0%(见表8-1)。据世界著名经济学家麦迪森统计:"在1952—1978年间,GDP增长了两倍,人均实际产出增长了82%,劳动生产率增长了58%。经济结构出现了转变。在1952年,工业在GDP中所占份额相当于农业的1/7,到1978年时,它几乎等于农业的份额。"① 因此,邓小平总结道:"三十年来,不管我们做了多少蠢事,我们毕竟在工农业和科学技术方面打下了一个初步的基础,也就是说,有了一个向四个现代化前进的阵地。"②

表8-1　　　　　　1953—1978年经济增长基本指标　　　　　单位:%

	社会总产值	工农业总产值	国内生产总值	国民收入	积累率
"一五"时期	11.3	10.9	9.1	8.9	24.2

---

① [英]安格斯·麦迪森:《中国经济的长期表现》,任晓鹰、马德斌译,上海人民出版社2008年版,第55页。

② 《邓小平文选》第2卷,人民出版社1994年版,第232页。

续表

年份	社会总产值	工农业总产值	国内生产总值	国民收入	积累率
"二五"时期	-0.4	0.6	-2.2	-3.1	30.8
1963—1965年	15.5	15.7	14.9	14.7	22.7
"三五"时期	9.3	9.6	6.9	8.3	26.3
"四五"时期	7.3	7.8	5.5	5.5	33.0
1976—1978年	8.1	8.0	5.8	5.6	33.5
1953—1978年	7.9	8.2	6.0	6.0	29.5

注：增长速度按可比价格计算，积累率按限价计算。

资料来源：国家统计局国民经济平衡统计司编：《国民收入统计资料汇编（1949—1985）》，中国统计出版社1987年版，第2、45—46页。转自林毅夫等《中国的奇迹：发展战略与经济改革》，上海三联书店、上海人民出版社1999年版，第69页。

从表8-1可见，1963—1965年是积累率最低的年份，但却是社会总产值、工农业总产值、国内生产总值和国民收入的增长率最高的年份；而"二五"期间，积累率增长到平均30.8%，1959年甚至达到43.9%，但是经济增长的各项指标却是负增长，"大跃进"的目标完全失败。也就是说，改革开放前一直实行的低消费、高积累的发展战略其实是低效益的，这点可以从国际对比中得到说明。从表8-2可以看出，从1952年到1978年，我国GDP占世界GDP的比重从4.6%微弱地增长到4.9%，人均GDP甚至从世界人均水平的23.8%降到了22.1%，这意味着中国民众变得更穷了[1]。

表8-2　中国在世界地缘政治中的地位（1820—2003年）

年份	1820	1890	1913	1952	1978	2003
占世界GDP比重（%）	32.9	13.2	8.8	4.6	4.9	15.1
占世界总人口比重（%）	36.6	26.2	24.4	22.5	22.3	20.5

---

[1]　[英] 安格斯·麦迪森：《中国经济的长期表现》，任晓鹰、马德斌译，上海人民出版社2008年版，第57页。

续表

年份	1820	1890	1913	1952	1978	2003
同世界人均水平相比的人均GDP（世界=100）	90.0	50.3	41.7	23.8	22.1	73.7
在世界各国GDP的排位	1	2	3	3	4	2
占世界出口额比重（%）	NA	1.7	1.6	1.0	0.8	5.9

资料来源：www.ggdc.net/Maddison 以及表3-26。

也就是说，尽管改革开放我们国家经济发展速度比较快，但是世界经济发展和科技进步也加快了，因此在国际比较中我们并没有明显缩小差距，特别是与日本、韩国、新加坡等一些国家相比我们落后了。正如邓小平指出的："中国六十年代初期同世界上有差距，但不太大。六十年代末期到七十年代这十一二年，我们同世界的差距拉得太大了。这十多年，正是世界蓬勃发展的时期，世界经济和科技的进步，不是按年来计算，甚至于不是按月来计算，而是按天来计算……但是我们自己孤立自己。"[①] 改革开放以后，国家经济发展各项指标明显加快，2003年我国GDP占世界GDP的比重从1978年的4.9%升到了15.1%，人均GDP相当于世界人均水平从22.3%升到了73.7%。不过，如果对比一下1820年中国GDP占世界GDP的比重32.9%，我们就知道近代以来中国衰落的局面还没有被完全扭转，中国人实现中华民族伟大复兴的中国梦还有很长的路要走。

值得强调的是，经济增长速度和人民生活水平提高，也并不能全面反映国家经济发展。中国大陆首要的目标是维护国家安全，因此优先发展重工业，尤其是"两弹一星"、飞机、轮船等相关国防工业。这方面的投资本身没有经济效益，反倒要影响人民生活。中国香港地区、中国台湾地区这方面的投入就没有或少得多，甚至于日本、德国、英国、法国也大大缩小国防支出。但是，中国是一个饱

[①] 《邓小平文选》第2卷，人民出版社1994年版，第231—232页。

经帝国主义侵略的世界大国,而且是一个潜在的世界头号大国,为了国家安全和长期发展目标而牺牲民生和短期目标是理性选择。毛泽东在《论十大关系》中明确指出:"重工业是我国建设的重点。必须优先发展生产资料的生产,这是已经定了的。但是决不可以因此忽视生活资料尤其是粮食的生产。如果没有足够的粮食和其他生活必需品,首先就不能养活工人,还谈什么发展重工业?所以,重工业和轻工业、农业的关系,必须处理好";"这里就发生一个问题,你对发展重工业究竟是真想还是假想,想得厉害一点,还是差一点?你如果是假想,或者想得差一点,那就打击农业、轻工业,对它们少投点资。你如果是真想,或者想得厉害,那你就要注重农业、轻工业,使粮食和轻工业原料更多些,积累更多些,投到重工业方面的资金将来也会更多些。我们现在发展重工业可以有两种办法,一种是少发展一些农业、轻工业,一种是多发展一些农业、轻工业。从长远观点来看,前一种办法会使重工业发展得少些和慢些,至少基础不那么稳固,几十年后算总账是划不来的。后一种办法会使重工业发展得多些和快些,而且由于保障了人民生活的需要,会使它发展的基础更加稳固。"① 很显然,毛泽东对于重工业和轻工业、农业关系问题的思考在理论上已经非常成熟,很多人纳闷儿最终人民生活水平提高不明显,实在是因为"不当家不知柴米油盐贵"。

当时的中国经济基础薄弱,社会资本贫乏,外来资本几乎没有,除了苏联借款以外,实在没有其他资本来源。中国人只能"勒紧裤带"搞建设,每一分钱的投资都是节衣缩食的结果。这就像一个家庭,你如果家底本来比较丰厚,也不要贷款买房,也不用供一群孩子上学,就两口子过日子,那是容易过好的。但是,你如果要投资办企业,又没有家底和人脉,就只能节衣缩食了,由于没有经营企业的经验,很可能破产倒闭!中国共产党人干革命是"白手起家",搞建设也差不多是"白手起家",改革开放前的30年值得世人敬仰!

---

① 《毛泽东文集》第7卷,人民出版社1999年版,第24—25页。

2. 国家管理职能强大与地方、基层和人民自主权受限制

旧中国"一盘散沙",所以不可能有全盘规划,国家发展乏善可陈。前文说过,中国人选择社会主义,其中一个重要原因就是为了"集中力量办大事"。新中国成立以来取得的重大成就,主要都是"集中力量办大事"的结果。但是,由此也必然导致地方、基层和人民自主权得不到充分发挥。

中国共产党其实很早就已经意识到这个矛盾,还是在《论十大关系》中,毛泽东进行了非常全面的思考,他说:"国家和工厂、合作社的关系,工厂、合作社和生产者个人的关系,这两种关系都要处理好。为此,就不能只顾一头,必须兼顾国家、集体和个人三个方面,也就是我们过去常说的'军民兼顾'、'公私兼顾'。鉴于苏联和我们自己的经验,今后务必更好地解决这个问题";"把什么东西统统都集中在中央或省市,不给工厂一点权力,一点机动的余地,一点利益,恐怕不妥。中央、省市和工厂的权益究竟应当各有多大才适当,我们经验不多,还要研究。从原则上说,统一性和独立性是对立的统一,要有统一性,也要有独立性";"总之,国家和工厂,国家和工人,工厂和工人,国家和合作社,国家和农民,合作社和农民,都必须兼顾,不能只顾一头。无论只顾哪一头,都是不利于社会主义,不利于无产阶级专政的。这是一个关系到六亿人民的大问题,必须在全党和全国人民中间反复进行教育";"中央和地方的关系也是一个矛盾。解决这个矛盾,目前要注意的是,应当在巩固中央统一领导的前提下,扩大一点地方的权力,给地方更多的独立性,让地方办更多的事情。这对我们建设强大的社会主义国家比较有利。我们的国家这样大,人口这样多,情况这样复杂,有中央和地方两个积极性,比只有一个积极性好得多。"[①] 这些问题其实是所有国家都要面对的问题,甚至可以说是自古以来治国理政都要处理

---

① 《毛泽东文集》第7卷,人民出版社1999年版,第29—31页。

的问题。因此，从理论上提出一些思路并不难，困难的是有效地实施。

新中国面临紧迫的经济发展和改善民生的任务，但是，无产阶级的领导者并没有经营和管理企业的经验。从逻辑上说，领导者自然很乐意把权力下放地方和基层，但是，地方和基层领导也同样缺乏经验。在实践中，1958年结合"大跃进"进行了一次大规模的放权，但却引起了大混乱和大损失，结果又不得不收权。其后还经历了几次放权努力，但是始终没有摆脱"一统就死，一死就叫，一叫就放，一放就乱，一乱就收，一收又死"的循环。所以，总的来说，中央高度集权的管理体制是主要方面，地方的积极性始终没有得到充分和合理的发挥。

其实，最主要的是由于前文林毅夫教授谈到过的"重工业优先发展战略"，已经决定了"高度集中"管理体制的必要性。有限的资源如果太过分散，重工业优先发展的战略就不能得到落实，这也意味着国家安全目标就不能保证。也正是在这个背景之下，当时说的地方，主要指的是地方政府，通常不是企业和个人。在城市单位制度和农村人民公社制度下，企业和生产队的自主权很小，生产劳动的自主性、积极性和创造性没有充分发挥出来。由于经济结构不合理，经济增长速度不够，整个国家所能提供的就业机会、产品和服务都很有限，只能通过户籍制度、票证制度等手段来调节和支配，人民的自主选择权通常极其有限。比如，自主择业、城乡流动都是不可能的，更不要说自主创业了。人民没有足够的自主权，经济和社会发展动力自然不充分，同时也难免加剧对有限机会的竞争甚至斗争。而且，因为没有市场经济，这些竞争和斗争就不免成为政治和文化的竞争与斗争。

由于高度集中的管理体制约束，人民民主权利受到了严重的限制。本来是物质利益和经济权利的竞争，一旦用政治和文化手段去解决，就导致此起彼伏的政治运动，最后发展为"无产阶级专政下的文化大革命"。在这些运动和斗争中，大批党的优秀干部、知识分子和群众受到打击和迫害。特别是"文化大革命"时期，党组织和国家政权受到严重的冲击，使国家几乎陷入内乱的境地，人民的基本人身权都得不到保障。大批党的优秀干部和知识精英被迫害致死，这些受迫害的人当中，有很多都是富有改革和创新精神的优秀分子，对他们的迫害使我们国家迟迟不能走上社会主义改革的道路，这是我们国家的发展与国际横向对比差距逐步拉大的重要原因。当然，人民群众是最大的受害者，特别是青年学生浪费了青春、浪费了生命，很多人成为今天的失业者。正是因为有了这段惨痛经历，改革开放以后，邓小平特别强调民主的制度化和法律化。

虽然实行高度集中的计划管理体制，地方、基层和人民主动性、积极性和创造性会受到很大的限制。但是，这并不像是旧社会统治者对人民的压迫，而是为了国家富强和民族复兴的艰难探索。中华人民共和国成立以来，由于实现了国家统一和民族团结，我们国家在国际上的地位得到了前所未有的提高，国家政权在复杂国际环境中得到进一步巩固。一个新兴政权的扎根和巩固总要经历一番磨难，政治动乱其实正是政治整合带来的阵痛。

3. 国民收入增长缓慢与社会保障和文化发展较快

根据人均国民收入和官方汇率计算，1952 年的人均国民生产总值为 52 美元，1978 年为 210 美元。一直未突破人均 265 美元这一低收入发展国家的界限。一直到 1978 年，大多数年份的职工年平均工资都在 600 元以下。即使按扭曲的官方汇率 246.18 元人民币折 100 美元换算，这些年份全国职工年平均工资水平也仅为 200 余美元。[①] 邓小平对此也深有感触，他说："我们干革命几十年，搞社会主义三十多年，截至一九七八年，工人的月平均工资只有四五十元，农村的大多数地区仍处于贫困状态。这叫什么社会主义优越性？"[②] 当

[①] 林毅夫等：《中国的奇迹：发展战略与经济改革》，上海三联书店、上海人民出版社 1999 年版，第 70 页。

[②] 《邓小平文选》第 3 卷，人民出版社 1994 年版，第 10—11 页。

然，低收入、低工资是我们国家有意制定的政策，是适应高积累率快速发展重工业要求的必然选择。所以，关于改革开放前中国的国民收入的增长，必须联系重工业优先发展的国家战略来考虑。中国不是一个在国防上可以依赖大国保护的小国，为了在国际上站稳脚跟必须发展自己的国防事业，因此在新中国成立初期国民收入方面必须付出牺牲。

此外，国民收入高低也不能完全等同于生活水平高低，还要看国民支出的情况。一个完全商品化市场化的社会，国民需要在住房、教育、交通、医疗等方面承担极大的支出，而改革开放前的中国恰恰实行住房、教育、医疗基本免费，衣食和交通成本也相对较低。阿马蒂亚·森在对比中印两国市场化之前的经济发展时指出，民主方面印度超过中国，因此印度1947年独立之后从未有过一次饥荒，而中国却有过"大跃进"失败后的严重饥荒；但是，在教育和医疗方面，他认为中国超过印度，这让中国在改革开放后有了优势。他说当中国在1979年转向市场化的时候，人们特别是年轻人的识字水平已经相当高，当局对医疗保健也像对教育一样做了社会投入。因此，创造了这个国家转向市场化之后可以投入动态运用的社会机会。①确实，新中国成立后，用比较低的投入在扫除文盲、普及初等教育、基本社会福利与医疗保障等方面取得了巨大的成就，在高尖端技术研究的某些方面也取得了历史性的突破。"夜校扫盲班""复式高小""民办教师""五保户""赤脚医生""农技员"等，这些深入农村落后地区的教育科技医疗和社会保障办法，今天仍然具有启发意义，尤其对落后国家和地区仍然具有实践意义。加强社会底层的教育科技和福利医疗普及，这是整个社会的"软基础设施"，是提高国民素质的最重要的方面。只要国民体质和基础知识打牢了，学习习惯和能力具备了，继续教育的条件也就具备了。加强广大农

---

① [印]阿马蒂亚·森：《以自由看待发展》，任赜、于真译，中国人民大学出版社2002年版，第34页。

村的基础教育、医疗卫生和生存保障，相当于提升了整个平台，是社会效益最好的社会投资，值得社会各界的重视。

然而，我们也应看到当时的科技成果基本上主要是国防科技，民用工业和科技一直比较落后。虽然在具体的历史条件下优先发展国防技术和工业完全有必要，但是民用工业长期落后显然是不符合人民利益的。更重要的是，20多年来我们国家的高等教育没有大的发展，甚至受到政治干扰和冲击而停办。本来发展得很好的初等普及教育，也在"文化大革命"中受到冲击。其结果是一方面国家有了一批尖端的国防技术，另一方面，出现了社会主义经济、政治、文化发展的各类人才的断层。今天，很多高级人才都觉得自己青年时代受教育不够，没有掌握时代发展需要的知识。随着解放前出国留学的归国人员老去，各行各业的高级人才缺乏问题更加突出。一些普通群众则找不到任何可胜任的技术工作，甚至成为长期失业的人员。在中国"文化大革命"冲击教育和科技的时候，以计算机科学技术为代表的新科技革命正在爆发，这导致中国科学技术和经济发展水平与世界差距进一步拉大。

思想文化方面，20多年来我们一直强调马列主义、毛泽东思想的指导地位，马列主义、毛泽东思想作为国家意识形态被深入地灌输到了人民的头脑中。被广泛接受的意识形态能加强共同体成员的凝聚力，有很重要的积极作用。但是，我们没有用发展着的马克思主义来指导社会实践，不能从发展生产力和最广大人民群众的切身利益出发来认识社会主义。内容僵化的马克思主义教育使很多人思想被束缚，不能接受适应社会发展的理论和实践创新，明明是对人民有利的东西，人民需要的、渴望的东西，因为与社会主义意识形态不一致，就被禁止。僵化的思想教育其实损害了马克思主义的声誉，使马克思主义与时俱进的魅力没有表现出来。思想僵化也抑制了人民群众的创造力，阻碍了社会进步。文化上"百花齐放，百家争鸣"的方针一度使文化界获得了"天高任鸟飞"的感觉，但是在实践中很快就偏离了正确的方针。到"文化大革命"时期，除了革命样板戏得到推广，文化几乎到了凋零的地步。

总的来说，新中国成立后，中国共产党急迫地希望通过社会主义旗帜，把全国各族人民凝聚到国家富强和民族复兴的伟大事业中。经过将近30年的建设，国家面貌和人民生活发生了巨大的变化，但是也留下了不少问题和创伤。总结经验，只有动员人民把经济发展搞好了，国家富强和民族复兴的目标才有可能得到实现。

三　国家建设与社会建设

马克思和恩格斯在《德意志意识形态》中指出："受到迄今为止一切历史阶段的生产力制约同时又反过来制约生产力的交往形式，就是市民社会"，"这个市民社会是全部历史的真正发源地和舞台，可以看出过去那种轻视现实关系而局限于言过其实的重大政治历史事件的历史观是何等荒谬"。① 这就是说，只有体现为人与人之间关系的进步才是真正的进步，而过去人们常夸赞的重大政治事件的历史意义，最终必须体现为社会关系的进步才有真正历史意义。因此，社会主义如果只是推动生产力比资本主义社会更快地发展，那还不足以证明其历史进步性，只有推动人类的大解放才是社会主义相对于资本主义优越性的真正体现。这也是对社会主义和共产主义的"正名"。

1. 从满足人类生活需要出发看待历史

历史唯物主义"这种考察方法不是没有前提的。它从现实的前提出发，它一刻也不离开这种前提。它的前提是人，但不是处在某种虚幻的离群索居和固定不变状态中的人，而是处在现实的、可以通过经验观察到的、在一定条件下进行的发展过程中的人"②；"我

---

① 《马克思恩格斯文集》第1卷，人民出版社2009年版，第540页。
② 《马克思恩格斯文集》第1卷，人民出版社2009年版，第525页。

们首先应当确定一切人类生存的第一个前提,也就是一切历史的第一个前提,这个前提是:人们为了能够'创造历史',必须能够生活。但是为了生活,首先就需要吃喝住穿以及其他一些东西。因此第一个历史活动就是生产满足这些需要的资料,即生产物质生活本身,而且,这是人们从几千年前直到今天单是为了维持生活就必须每日每时从事的历史活动,是一切历史的基本条件。"① 无产阶级革命之所以发生,也正是因为资产阶级"甚至不能保证自己的奴隶维持奴隶的生活"②;共产党人追求共产主义,基本出发点也就是通过"社会调节着整个生产,因而使我有可能随自己的兴趣今天干这事,明天干那事,上午打猎,下午猎鱼,傍晚从事畜牧,晚饭后从事批判,这样就不会使我老是一个猎人、渔夫、牧人或批判者"③。马克思主义的历史唯物主义并不是教人对物质的东西孜孜以求,它只是强调物质生活是精神生活的基础,物质生活有了基本的保障,才能有发挥自身才智的精神生活。现实生活中,很多人的潜能和才干得不到发挥,主要是因为基本物质条件的制约。马克思本人就长期受到物质生活没有保障的困扰,这种困扰是无产阶级最为普遍的共同困扰。

　　子曰:"君子固穷,小人穷斯滥矣。"(《论语·卫灵公》)像孔子、马克思这样的人能够"穷不失义",但普通民众正如孟子说的"民之为道也,有恒产者有恒心,无恒产者无恒心。"(《孟子·滕文公上》)基本生活有了保障才能安居乐业,否则就会萌生邪念。这就像柏拉图在《理想国》中说的:"有了钱财他就用不着存心作假或不得已而骗人。"④ 孟子还说:"无恒产而有恒心者,惟士为能。若民,则无恒产,因无恒心。苟无恒心,放辟邪侈,无不为已。及陷

---

① 《马克思恩格斯文集》第 1 卷,人民出版社 2009 年版,第 531 页。
② 《马克思恩格斯文集》第 2 卷,人民出版社 2009 年版,第 43 页。
③ 《马克思恩格斯文集》第 1 卷,人民出版社 2009 年版,第 537 页。
④ [古希腊]柏拉图:《理想国》,郭斌和、张竹明译,商务印书馆 1986 年版,第 6 页。

于罪,然后从而刑之,是罔民也。"(《孟子·梁惠王上》)一无所有的赤贫无产阶级,往往是资本主义社会犯罪的主要群体,这不是因为他们天生道德品质不好,而是因为没有基本的生活保障和发展机会而迫使他们走上犯罪道路。资产阶级用严刑峻法对待他们,是草菅人命。

毛泽东从小关心民众疾苦,他曾和埃德加·斯诺说起1910年长沙因大饥荒发生抢米风潮:许多人被砍去头颅,挂在柱子上示众,觉得这些"叛徒"都是与我家人一样的普通良民;此后不久,"哥老会"的"磨刀石碰"被捕砍头,在我们这般学生的眼光中,他是一位英雄;甚至父亲贩卖的一船米被穷人劫去,我对他不表同情①。正是这种关心民众生活的初心,使毛泽东成为工农革命的领袖。

1934年1月27日,毛泽东在江西瑞金召开的第二次全国工农兵代表大会上的讲话,特别强调"关心群众生活,注意工作方法",他说:"我们现在的中心任务是动员广大群众参加革命战争,以革命战争打倒帝国主义和国民党,把革命发展到全国去,把帝国主义赶出中国去。……那末,我们对于广大群众的切身利益问题,群众的生活问题,就一点也不能疏忽,一点也不能看轻。因为革命战争是群众的战争,只有动员群众才能进行战争,只有依靠群众才能进行战争。如果我们单单动员人民进行战争,一点别的工作也不做,能不能达到战胜敌人的目的呢?当然不能。我们要胜利,一定还要做很多的工作。领导农民的土地斗争,分土地给农民;提高农民的劳动热情,增加农业生产;保障工人的利益;建立合作社;发展对外贸易;解决群众的穿衣问题,吃饭问题,住房问题,柴米油盐问题,疾病卫生问题,婚姻问题。总之,一切群众的实际生活问题,都是我们应当注意的问题。假如我们对这些问题注意了,解决了,满足了群众的需要,我们就真正成了群众生活的组织者,群众就会真正

---

① [美]埃德加·斯诺编:《毛泽东自传》,中国青年出版社2009年版,第33—34页。

围绕在我们的周围,热烈地拥护我们";"我郑重地向大会提出,我们应该深刻地注意群众生活的问题,从土地、劳动问题,到柴米油盐问题。妇女群众要学习犁耙,找什么人去教她们呢?小孩子要求读书,小学办起了没有呢?对面的木桥太小会跌倒行人,要不要修理一下呢?许多人生疮害病,想个什么办法呢?一切这些群众生活上的问题,都应该把它提到自己的议事日程上。应该讨论,应该决定,应该实行,应该检查。要使广大群众认识我们是代表他们的利益的,是和他们呼吸相通的。要使他们从这些事情出发,了解我们提出来的更高的任务,革命战争的任务,拥护革命,把革命推到全国去,接受我们的政治号召,为革命的胜利斗争到底";"要得到群众的拥护吗?要群众拿出他们的全力放到战线上去吗?那末,就得和群众在一起,就得去发动群众的积极性,就得关心群众的痛痒,就得真心实意地为群众谋利益,解决群众的生产和生活的问题,盐的问题,米的问题,房子的问题,衣的问题,生小孩子的问题,解决群众的一切问题。我们是这样做了么,广大群众就必定拥护我们,把革命当作他们的生命,把革命当作他们无上光荣的旗帜。"[①] 毛泽东曾说过,"革命不是请客吃饭"[②],但是革命绝对不是不要管吃饭的事情。事实上,人民赞成革命、参加革命,往往是因为没饭吃了;人民赞成革命、参加革命,说到底是为了解决生活问题,为了人民过上幸福生活。当然,在革命年代,革命者必须为了革命牺牲奉献,但这也是为了人民长期的利益而牺牲。用毛泽东《在延安文艺座谈会上的讲话》说:"我们的这种态度是不是功利主义的?唯物主义者并不一般地反对功利主义,但是反对封建阶级的、资产阶级的、小资产阶级的功利主义,反对那种口头上反对功利主义、实际上抱着最自私最短视的功利主义的伪善者。世界上没有什么超功利主义,在阶级社会里,不是这一阶级的功利主义,就是那一阶级的功利主

---

① 《毛泽东选集》第1卷,人民出版社1991年版,第136—139页。
② 《毛泽东选集》第1卷,人民出版社1991年版,第17页。

义。我们是无产阶级的革命的功利主义者,我们是以占全人口百分之九十以上的最广大群众的目前利益和将来利益的统一为出发点的,所以我们是以最广和最远为目标的革命的功利主义者,而不是只看到局部和目前的狭隘的功利主义者。"① 毛泽东这里生动阐释的道理,正是历史唯物主义原理在革命实践中的运用。

毛泽东在《论十大关系》中说:"工人的劳动生产率提高了,他们的劳动条件和集体福利就需要逐步有所改进。我们历来提倡艰苦奋斗,反对把个人物质利益看得高于一切,同时我们也历来提倡关心群众生活,反对不关心群众痛痒的官僚主义。随着整个国民经济的发展,工资也需要适当调整。关于工资,最近决定增加一些,主要加在下面,加在工人方面,以便缩小上下两方面的距离。我们的工资一般还不高,但是因为就业的人多了,因为物价低和稳,加上其他种种条件,工人的生活比过去还是有了很大改善。在无产阶级政权下面,工人的政治觉悟和劳动积极性一直很高。"② 这里强调了几条原则,一是在生产率提高的基础上增加劳动条件和集体福利,而不是通过游行、示威、罢工争取改善劳动条件和集体福利;二是在国民经济发展的基础上增加工资,而不是把个人物质利益看得高于一切;三是在增加就业和稳定物价的基础上改善工人生活,而不是盲目地要求提高工资水平;四是着眼于提高工人的政治觉悟和积极性,而不是鼓励完全出于私人利益的争权夺利。资本主义国家的工人因为长期遭受资本家剥削,只能通过游行、示威、罢工争取自身权益,慢慢地也形成了只顾眼前利益的狭隘思想。与此同时,由于劳动生产率并没有提高,游行、示威、罢工争得的劳动条件和集体福利改善,最终只是导致物价上涨和通货膨胀,既不利于工人自身利益也损害国家利益。甚至出现一些在岗的工人争得了垄断利益,但是,导致另一些工人下岗并减少了新增就业,这就成了损人利己。

---

① 《毛泽东选集》第3卷,人民出版社1991年版,第864页。
② 《毛泽东文集》第7卷,人民出版社1999年版,第28页。

最后，总是要上街游行示威抗议，这不是自由，恰恰是不自由的表现，只有政治地位和自主性的提高才是真正的自由。

在社会主义国家，人民翻身做主人，国家建设归根到底是为了满足人民的需要。与此同时，国家也需要教育人民，认识自身的工作的意义，确立主人翁的责任感。毛泽东在读苏联《政治经济学教科书》的谈话中提出："我们要教育人民，不是为了个人，而是为了集体，为了后代，为了社会前途而努力奋斗。"①"为人民服务"和"教育人民"是并行不悖的，这是党的"初心"和"使命"教育的统一，也是孔子所说的"下学"和"上达"的统一。

2. 从民生福利出发来看待国家建设

国家富强目标与人民生活福利，从根本上说是一致的，但也很容易出现偏离。比如，"大跃进"，既是为了"超英赶美"的国家富强，也设法通过"公共食堂""托儿所"为人民创造生活福利。但是，吃饭不要钱，甚至养儿不要钱，最终并没有产生预期的福利，反倒导致了生活资料短缺。毛泽东曾说："一个时期猪肉缺少，蔬菜缺少，女人也没有头发夹子，也没有肥皂，叫做'经济比例失调'。市场紧张，粮食也紧张，交通也紧张，以至人心也紧张。据我看，没有什么紧张。"②毛泽东相信通过把人民的生活问题统一解决，让更多人投入大兴水利建设、大炼钢铁，将会实现中国工业化和机械化，将使我国经济快速发展，人民将会长期受益。他也相信公共食堂、托儿所等福利设施，会形成一个人人平等的社会。殊不知，这些福利却造成了人力物力的浪费，而且和自然灾害一起造成了饥荒。毛泽东一直最关心百姓的生活，这当然让毛泽东非常痛心。"大跃进"是急于"超英赶美"和渴望"跑步进入共产主义"造成的非理性选择，要避免这种问题发生就必须始终把党的领导和人民的历史

---

① 《毛泽东文集》第8卷，人民出版社1999年版，第134页。
② 薄一波：《若干重大决策与事件的回顾》（下卷），中共中央党校出版社1993年版，第861页。

主体性统一起来。

　　社会主义国家容易过分强调国家利益，资本主义国家则容易过分强调个人利益。美国总统肯尼迪曾在演讲中说："不要问你的国家能为你做什么，而要问你能为你的国家做什么。"他大概是想校正一下资本主义社会过分强调个人的倾向，然而经济学家弗里德曼批评他两句话没有一句成立：你的国家能为你做什么，是一种家长制，意味着政府是保护者而公民是被保护者，这和民主精神不符；你能为你的国家做什么，意味着政府是主人或神，而公民是仆人或信徒。他认为，国家是组成它的个人的集体，而不是超越他们之上的东西。他对共同继承下来的事物感到自豪并且对共同的传统表示忠顺。但他把政府看作为一个手段，一个工具。既不是一个赐惠和送礼的人，也不是盲目崇拜和为之服务的主人或神灵。人们应该问的是：我和我的同胞们能通过政府做些什么。[①] 应该承认，弗里德曼的批评从逻辑上来说完美无缺，但是，这无助于解决资本主义社会的极端个人主义。弗里德曼本人是新自由主义的代表人物，新自由主义实际社会影响早已经被社会现实所否定。

　　毫无疑问，国家中心主义通常就是专制主义的代名词，因为它以国家的名义把统治者利益摆在高高在上的位置，马克思的《黑格尔法哲学批判》其实就是反对国家中心论的檄文。马克思说："德国人那种置现实的人于不顾的关于现代国家的思想形象之所以可能产生，也只是因为现代国家本身置现实的人于不顾，或者只凭虚构的方式满足整个的人。"[②] 因此，"德国唯一实际可能的解放是以宣布人是人的最高本质这个理论为立足点的解放"[③]，宣布"人就是人的世界，就是国家，社会的解放"[④]。

---

　　① ［美］米尔顿·弗里德曼：《资本主义与自由》，张瑞玉译，商务印书馆1999年版，第3页。
　　② 《马克思恩格斯文集》第1卷，人民出版社2009年版，第11页。
　　③ 《马克思恩格斯文集》第1卷，人民出版社2009年版，第18页。
　　④ 《马克思恩格斯文集》第1卷，人民出版社2009年版，第3页。

马克思主义也是强调"以人为本"的，但不是《鲁宾逊漂流记》塑造的"抽象的人"，而是需要社会支持的"现实的人"。恩格斯在《英国状况》一文中，通过对比英国、法国和德国，说明民生福利与国家、社会利益的关系。他认为，德国人代表宗教和哲学，从宗教和哲学方面阐明人类的普遍利益；法国人代表政治和国家，把国家当作人类普遍利益的永恒形式；英国人代表个人和社会，他们没有普遍利益，"即使作为整体行动的时候也是从个人利益出发"①。在英国，"政治学已经以人作为基础，而国民经济学则由亚当·斯密进行了改造"②。换句话说，只有英国才有一部社会的历史。只有在英国，个人本身才促进了民族的发展并且使发展接近完成，而没有意识到要代表普遍原则。只有在这里，群众才作为群众为自己的单个利益进行活动；只有在这里，原则要对历史产生影响，必须先转变为利益。法国人和德国人也在逐渐走向社会的历史，可是他们还没有社会的历史。在大陆，也有穷苦、贫困和社会压迫，然而这对民族的发展没有产生影响；相反，现代英国工人阶级的贫困和穷苦却具有全国性意义，甚至具有世界历史意义。在大陆，社会因素还完全隐藏于政治因素之下，还丝毫没有和后者分离；而在英国，政治因素已逐渐被社会因素战胜，并且为后者服务。英国的全部政治基本上是社会性的；只因为英国还没有越出国家的界限，因为政治还是英国必需的适当手段，所以社会问题才表现为政治问题。③

恩格斯还从人类历史的角度说明，尊重个人利益对于人类解放的必要性。他说，古代根本不懂主体权利，它的整个世界观实质上是抽象的、普遍的、实体性的，因此古代没有奴隶制就不可能存在。基督教日耳曼世界观以抽象的主体性，进而以任意、内在性、唯灵论作为基本原则同古代相对抗；但是，正因为这种主体性是抽象的、

---

① 《马克思恩格斯文集》第1卷，人民出版社2009年版，第92页。
② 《马克思恩格斯文集》第1卷，人民出版社2009年版，第88页。
③ 《马克思恩格斯文集》第1卷，人民出版社2009年版，第92—93页。

片面的，所以它必然会立刻变成自己的对立物，它所带来的也就不是主体的自由，而是对主体的奴役。抽象的内在性变成了抽象的外在性，即人的贬低和外在化，这一新原则造成的第一个后果，就是奴隶制以另一种形式即农奴制的形式重新出现；这种形式不像奴隶制那样令人厌恶，却因此而更虚伪和不合乎人性。废除封建制度，实行政治改革，也就是说，表面上承认理性从而使非理性真正达到顶点，从表面上看这是消灭了农奴制，实际上只是使它变得更不合乎人性和更普遍。政治改革第一次宣布：人类今后不应该再通过强制即政治的手段，而应该通过利益即社会的手段联合起来。它以这个新原则为社会的运动奠定了基础。虽然这样一来它就否定了国家，但是，它恰好又重新恢复了国家，因为它把在此以前被教会所篡夺的内容归还给国家，从而给予这个在中世纪时并无内容也无意义的国家以重新发展的力量。在封建主义的废墟上产生了基督教国家，这是基督教世界秩序在政治方面达到的顶点。由于利益被升格为普遍原则，这个基督教世界秩序也在另一方面达到了顶点。因为利益实质上是主体的、利己的、单个的利益，这样的利益就是日耳曼基督教的主体性原则和单一化原则的最高点。利益被升格为人类的纽带——只要利益仍然正好是主体的和纯粹利己的——就必然会造成普遍的分散状态，必然会使人们只管自己，使人类彼此隔绝，变成一堆互相排斥的原子；而这种单一化又是基督教的主体性原则的最终结果，也就是基督教世界秩序达到的顶点。——其次，只要外在化的主要形式即私有制仍然存在，利益就必然是单个利益，利益的统治必然表现为财产的统治。封建奴役制的废除使"现金支付成为人们之间唯一的纽带"。这样一来，财产，这个同人的、精神的要素相对立的自然的、无精神内容的要素，就被捧上宝座，最后，为了完成这种外在化，金钱，这个财产的外在化了的空洞抽象物，就成了世界的统治者。人已经不再是人的奴隶，而变成了物的奴隶；人的关系的颠倒完成了；现代生意经世界的奴役，即一种完善、发达而普遍的出卖，比封建时代的农奴制更不合乎人性、更无所不包；

卖淫比初夜权更不道德、更残暴。——基督教世界秩序再也不能向前发展了；它必然要在自身内部崩溃并让位给合乎人性、合乎理性的制度。基督教国家只是一般国家所能采取的最后一种表现形式；随着基督教国家的衰亡，国家本身也必然要衰亡。人类分解为一大堆孤立的、互相排斥的原子，这种情况本身就是一切同业公会利益、民族利益以及一切特殊利益的消灭，是人类走向自由的自主联合以前必经的最后阶段。人，如果正像他现在接近于要做的那样，要重新回到自身，那么通过金钱的统治而完成外在化，就是必由之路。①

从马克思和恩格斯的反对国家和政治中心主义的言论可知，他们所说的社会主义是和国家集权主义完全相对立的。社会主义的"社会"，指的是"市民社会"，英国通过工业革命凸显的个人和社会权力，而不是法国大革命加强的国家和政治权力，更不是德国通过宗教改革转变的宗教和哲学权力。国家权力至高无上，思想观念的大一统，人民就没有权利了。没有民主，当然也就不是社会主义。归根到底，只有人民实实在在享有的物质权利，也就是人民的生活福利水平的提高才是国家的进步，政治和思想的解放对于人民来说不过是空中楼阁。因此，可以预见，相对于弗里德曼对"人"完全不管的"自由主义"，马克思主义更加肯定国家为人民提供社会福利的"福利主义"。

3. 从人民的自由发展看待社会建设

当然，马克思主义不是"自由主义"，也绝对不是"福利主义"。马克思主义强调的不是抽象的"自由"而是现实的人的"自由发展"，他强调"福利"，是强调创造条件以实现人的自由发展。因此，马克思主义不应该一概而论地要求"自由"，也不应该无条件地对比各国"福利"，重要的是根据本国的现实条件推进现实的人的"自由发展"或"自主发展"。

---

① 《马克思恩格斯文集》第1卷，人民出版社2009年版，第93—95页。

历史唯物主义最根本的就是从现实出发,从本国的现实条件和人民的现实需要出发。在马克思主义流传最广的文献《共产党宣言》的第二部分中,马克思和恩格斯阐述了以消灭私有制和全面计划管理为主要内容的 10 条具体措施。虽然,马克思和恩格斯早在 1872 年德文版序言中强调:"所以第二章末尾提出的那些革命措施根本没有特别的意义。如果是在今天,这一段在许多方面都会有不同的写法了。"① 但是,现实中的社会主义国家几乎无一例外地,都是按着这 10 条措施或以它们作为社会主义建设的目标。直到今天,仍然有很多人以公有制和计划经济来判定社会主义。对此,恩格斯说:"关于这种马克思主义,马克思曾经说过:'我只知道我自己不是马克思主义者。'马克思大概会把海涅对自己的模仿者说的话转送给这些先生们:'我播下的是龙种,而收获的却是跳蚤。'"②

"为了使社会主义变为科学,就必须首先把它置于现实的基础之上。"③ 科学社会主义与空想社会主义的本质区别,就是前者从现实出发,从现实的个人出发;后者从理想出发,从理想的人出发。马克思和恩格斯说:"共产主义对我们来说不是应当确立的状况,不是现实应当与之相适应的理想。我们所称为共产主义的是那种消灭现存状况的现实的运动。这个运动的条件是由现有的前提产生的。"④ 现存状况是人民很贫穷国家很落后,我们就应该根据现有的条件发展经济,改变贫穷落后的面貌。共产党人"他们没有任何同整个无产阶级的利益不同的利益。他们不提出任何特殊的原则,用以塑造无产阶级的运动"⑤。共产主义的理想就是广大人民的理想,共产党不要求人民为别的理想奋斗,它自己倒要为人民的需要和利益而奋斗。应该从现实的人的现实需要来看待社会前途,而不是以社会理

---

① 《马克思恩格斯文集》第 2 卷,人民出版社 2009 年版,第 15 页。
② 《马克思恩格斯文集》第 10 卷,人民出版社 2009 年版,第 590 页。
③ 《马克思恩格斯文集》第 9 卷,人民出版社 2009 年版,第 22 页。
④ 《马克思恩格斯文集》第 1 卷,人民出版社 2009 年版,第 539 页。
⑤ 《马克思恩格斯文集》第 4 卷,人民出版社 2009 年版,第 3 页。

想来要求现实和现实的人。

马克思主义的理想和原则,就是满足现实的人的现实需要和利益的理想,就是发挥现实的人自己现实的能力的原则。因此,马克思主义本质的东西,用马克思和恩格斯在《共产党宣言》中的话说就是"每个人的自由发展是一切人的自由发展的条件"①,用马克思在《哥达纲领批判》中的话说,就是"各尽所能,按需分配"②,用恩格斯在《社会主义从空想到科学的发展》中的话说,就是"人终于成为自己的社会结合的主人,从而也就成为自然界的主人,成为自身的主人——自由的人"③。深入考察人的自由发展这一事业的历史条件以及这一事业的性质本身,从而使负有使命完成这一事业的今天受到压迫的阶级认识到自己的行动的条件和性质,这就是无产阶级运动的理论表现,即科学社会主义的任务。

总之,不论国家建设还是社会前途,都应该从现实的人的现实需要出发来看。国家强大并不在于管理者掌握多少资源,而恰恰在于各行各业的人民各尽其能创造财富的能力。社会前途也不在于社会本身积攒了多少财富,而恰恰在于各行各业的人民各得其所享受福利的程度。社会主义国家是人民当家作主的国家,应该赋予人民更多的自主发展权利,为人民创造更好的自主发展条件。

---

① 《马克思恩格斯文集》第 2 卷,人民出版社 2009 年版,第 53 页。
② 《马克思恩格斯文集》第 3 卷,人民出版社 2009 年版,第 436 页。
③ 《马克思恩格斯文集》第 3 卷,人民出版社 2009 年版,第 566 页。

第九章

新思路、新实践与新模式

  "解放"是一种历史活动，不是思想活动，"解放"是由历史的关系，是由工业状况、商业状况、农业状况、交往状况促成的……

——马克思和恩格斯：《德意志意识形态》

  最根本的因素，还是经济增长速度，而且要体现在人民的生活逐步好起来。

——邓小平

  政治革命和民族解放并不等于人民解放，人民只有在生产方式的变革中才能得到解放，人民解放是一个比政治革命、社会改造更漫长的历史进程。子曰："可与共学，未可与适道；可与适道，未可与立；可与立，未可与权。"（《论语·子罕》）可以和他一同学习的人，未必可以和他走共同的道路；可以和他走共同的道路的人，未必可以和他事事依礼而行；可以和他事事依礼而行的人，未必可以和他一起变通灵活处事。近代中国被帝国主义的坚船利炮轰开大门以后，就面临着"中学"和"西学"的纠结。"西学东渐"概括了多数中国人逐步接受"西学"的过程，但是，相信"西学"的中国人最后又分道扬镳走了"自由主义"和"马克思主义"两条道路。大体来说，信奉"自由主义"的人其实就是相信美国道路的人，信奉"马克思主义"的人就是相信俄国道路的人。信奉"自由主义"和信奉"马克思主义"的中国人固然渐行渐远，信奉"自由主义"的人最后多半去了中国台湾或美国，信奉"马克思主义"的中国人赢得了"道路斗争"的胜利，建立了新中国。但是，信奉"马克思主义"的人也并没有都走到新中国成立，有些人赶不上掉队了，有些想不通叛变了。对于坚定的马克思主义者，还有最后一个考验，那就是"通权达变"。唯有既能"坚定信念"又能"通权达变"，既能"中"又能"和"，才能建设"名"符其"实"的中华人民共和国，才能建设具有优越性的社会主义。

一　社会主义新思路

社会主义是一个"名"，还需要和中国的具体"实"际相结合，建立符合中国实际的社会主义。《中庸》说："中也者，天下之大本也；和也者，天下之达道也。致中和，天地位焉，万物育焉。"马克思主义就是中国共产党人的"大本"，符合中国实际的具体道路就是中国的"达道"。把马克思主义与中国实际相结合就是"致中和"，唯有如此才能实现每个人各尽其能、各得其所而又和谐相处的社会局面，才能实现国家富强、民族振兴和人民幸福。

1. "名"和"实"

经过近30年的社会主义建设，中国取得了巨大的成就。但是，总的来说，人民生活仍然贫困，国家发展仍然落后。环顾周边国家，原来的穷兄弟已经远远走在我们前面了。正如邓小平尖锐指出的："现在在世界上我们算贫困的国家，就是在第三世界，我们也属于比较不发达的那部分。我们是社会主义国家，社会主义制度优越性的根本表现，就是能够允许社会生产力以旧社会所没有的速度迅速发展，使人民不断增长的物质文化生活需要能够逐步得到满足。"① 正是基于中国落后的现实，邓小平早在"文化大革命"结束前，复出后强调最多的就是"整顿"。《邓小平文选》第二卷开头的篇目几乎都是谈"整顿"，"军队要整顿"，"铁路""钢铁工业"要整顿，"整顿党的作风"，"国防工业企业的整顿"；"科研工作"要整顿，"各方面都要整顿"，很显然，邓小平要为社会主义"正名"。

随着实践的发展，原来只是潜流的改革意识逐步发展成为推动改革的主流观点。毛泽东认为，分歧主要是两个速度问题，一是在社会主义改造速度问题上与邓子恢同志的分歧，二是在建设速度问题上同"反冒进派"的分歧。② 后来的事实说明，除了速度以外，还有一个更重要的程度问题，即公有化和计划化管理的程度。分歧在一开始并不大，随着实践发展和认识的改变而逐步扩大。在社会主义改造时期，在"大跃进"之前，全党认识是基本一致的，党的各项政策基本上没有大的问题。

毛泽东并不否定在困难时期对单一的公有制经济和计划经济进行调整，他本人就对市场、企业利益、包工等问题比很多人更早提出了很好的见解。分歧主要是一定时期还是长期、一定范围还是广泛，即调整的程度问题。以毛泽东为代表的一部分党的领导人认为，一旦形势好转，优先发展全民所有制重工业、加强农业集体化、逐步消灭私有制和小生产制度，这些"社会主义革命"措施必须继续，只有这样才符合社会主义道路。另一部分领导人则越来越坚定重新探索社会主义的建设道路的看法。所以分歧最终在两个关键的方面，一是是否允许长期存在"包产到户"以及非公有制经济，二是是否允许长期存在市场经济作为补充。社会主义建设应该坚持全面的公有制还是公有制与非公有制长期并存，在这一点上党内认识的分歧没有解决。

---

① 《邓小平文选》第2卷，人民出版社1994年版，第128页。
② 薄一波：《若干重大决策与事件的回顾》（下卷），中共中央党校出版社1993年版，第661页。

今天看来，当初对社会主义建设的道路的认识无疑是片面的、有错误的。这种片面性和错误，是我们全党、全国人民甚至全人类在对社会主义的认识过程中难免的，决不是毛泽东一个人的错误。正如邓小平说的："讲错误，不应该只讲毛泽东同志，中央许多负责同志都有错误。'大跃进'，毛泽东同志头脑发热，我们不发热？刘少奇同志、周恩来同志和我都没有反对，陈云同志没有说话。"① 但是，我们也应该看到党内一直有比较正确的意见，否则我们的党就不能说是一个伟大的和正确的政党了。正如薄一波指出的："中国共产党毕竟是一个伟大的实事求是的党。既然出现了冒进，就必然会有反冒进。由于冒进主要涉及计划和预算指标（包括农业发展纲要四十条中那些指标）的拟定和执行问题，因此，反冒进的主要责任自然就落到我们国家的总管、国务院总理周恩来同志的肩上。"② 同样，作为农村工作部主任，邓子恢最先看到社会主义改造过快给农业带来的问题，看到"包产到户"的优越性；陈云作为国家财经小组的组长，提出"三个主体、三个补充"的经济体制和运行机制；主持"调整、巩固、充实、提高"方针实施工作的刘少奇，坚定了支持邓子恢、陈云、邓小平观点的决心，这些都是事实。

对于国家和社会管理问题有不同的意见，这是决策和管理者必须预见和面对的现实情况。面对这方面的现实情况，允许在政治和思想上搞"争鸣"和"批判"，看起来是民主，其实不利于国家稳定和各项事业正常发展。但是，如果不允许表达不同的意见，又不利于形成正确的意见。比较好的办法就是，一方面，允许持保留意见，即明确表示不同意但在工作上不反对；另一方面，决策者必须对自己的决策负责，如果出现不良后果就应该承担责任。这样，正确的意见就总是能够而且很快能够与不正确的意见区分开来，人们就比较容易筛选和接受正确的意见。把民主集中制和官员问责制结

---

① 《邓小平文选》第2卷，人民出版社1994年版，第296页。
② 薄一波：《若干重大决策与事件的回顾》（上卷），中共中央党校出版社1993年版，第530页。

合起来，既保证决策和管理的效率又保证决策和管理的谨慎，权责分明、权责对等，就会减少个人主观主义的决策。研究历史的目的是为了更好地走向未来，为了防止重蹈历史覆辙。没有必要对历史人物的是非功过纠缠过多，重要的是吸取历史教训，防止国家政策出现大的错误，更好地造福人民。

由于新中国成立时间短，还没有形成良好的民主制度和法治体系，并且当时大多数人对于社会主义还没有成熟的理论认识，所以即便有比较正确的观点也没有成为主流。最终，比较正确的也只能依靠"实践是检验真理的唯一标准"，才逐步成为主流观点。也就是邓小平说的："在建立社会主义经济基础以后，多年来没有制定出为发展生产力创造良好条件的政策。社会生产力发展缓慢，人民的物质和文化生活条件得不到理想的改善，国家也无法摆脱贫穷落后的状态。这种情况，迫使我们在一九七八年十二月召开的党的十一届三中全会上决定进行改革。"[①] 后来有人把改革称作是"倒逼"的改革，这确实符合历史事实。

2. "道"和"用"

社会主义是"理论"，也是"道路"，还是"制度"，还是"文化"。中国古人会把"道路、理论、制度、文化"都称作"名"，与"名"对应的还有它的"实"。此外，正如老子说的："道可道，非常道；名可名，非常名。"判断"名"和"实"的方法就是"道"，把这方法亦即"道"用来判断"名"和"实"的关系就是"用"。什么是社会主义？不论它的"名"还是"实"，可以说都是公说公有理、婆说婆有理。到底谁说得有理？这就是"道"或方法的问题。很显然，"道"也同样可能公说公有理、婆说婆有理，所以，老子会说"道可道，非常道"。历史唯物主义认为，最终只有"用"，也就是"实践"，才是检验真理的唯一标准。

---

① 《邓小平文选》第3卷，人民出版社1993年版，第134页。

以邓小平为代表的中国共产党人为了给社会主义"正名",为了推进改革开放,首先就是强调"实践是检验真理的唯一标准"。当时首要的问题是如何评价毛泽东关于社会主义建设的理论及其成就,也就是如何评价毛泽东思想和毛泽东本人。邓小平明确提出,"'两个凡是'不符合马克思主义","毛泽东同志说,他自己也犯过错误","毛泽东思想是个思想体系"①;与此同时,他提出,"要承认落后,承认落后就有希望了。现在看来,同发达国家相比,我们的科学技术和教育整整落后了二十年","日本人从明治维新就开始注意科技,注意教育,花了很大力量。明治维新是新兴资产阶级干的现代化,我们是无产阶级,应该也可能干得比他们好"②。邓小平就是已经勾画了从教育和科学技术开始的改革线路图——说他是"改革开放的总设计师"并没有错,但是,这显然不符合毛泽东生前的社会主义建设思路。所以,邓小平必须向人民解释,"凡是毛主席做的决策,我们都坚决维护,凡是毛主席的指示,我们都始终不渝地遵循"并不符合毛泽东思想,毛泽东自己就说过他也会犯错误,而中国科学技术和教育的落后正说明了解散大学是错误的,认为科技人员是"白专"也是错误的,我们应该恢复高考,应该尊重知识,尊重人才。中国的改革是有规划和设计的,"倒逼"的改革也要规划和设计,否则就会被逼到死路上和绝境中。真理标准大讨论、全国科学大会、全国教育大会、全军政治工作会议,都是改革的精心规划,它们共同的目的就是从思想政治上"正名"。正所谓"名不正,言不顺,言不顺,事不成",不把思想政治"端正"了,改革开放就没有理由,甚至会被指责为背叛毛泽东、背叛党、背叛无产阶级。如果头上顶着"反党反社会主义"的帽子,那么改革开放就无论如何也不可能成功。

1978年6月2日,邓小平在全军政治工作会议上的讲话指出:

---

① 《邓小平文选》第2卷,人民出版社1994年版,第38—39页。
② 《邓小平文选》第2卷,人民出版社1994年版,第40页。

"马列主义、毛泽东思想的基本原则,我们任何时候都不能违背,这是毫无疑义的。但是,一定要和实际相结合,要分析研究实际问题,解决实际问题。按照实际情况决定工作方针,这是一切共产党员所必须牢牢记住的最基本的思想方法、工作方法。实事求是,是毛泽东思想的出发点、根本点。这是唯物主义。不然,我们开会就只能讲空话,不能解决任何问题。"① 在这次讲话中,邓小平大量引用毛泽东本来的文章和事例,来论证毛泽东的"实事求是"是毛泽东思想的精髓,共产党员应该按照"实事求是"的原则去运用马列主义、毛泽东思想的基本原则,去分析研究和解决中国面临的具体问题。邓小平总结说:"我们的革命导师马克思、列宁、毛泽东同志历来重视具体的历史条件,重视从研究历史和现状中找出规律性的东西来指导革命。那种否定新的历史条件的观点,就是割断历史,脱离实际,搞形而上学,就是违反辩证法。"② 邓小平在这里其实提出了"破"和"立"的问题,"破,在当前和今后一个时期就是要深入揭批'四人帮',要联系揭批林彪,肃清他们的流毒和影响。立,就是要完整地准确地掌握毛泽东思想体系,在新的历史条件下,恢复和发扬我党我军的优良传统和作风"③,但长远来说,就是要破除对马克思、列宁、毛泽东等领导人个别词句的迷信,根据新形势、新问题、新任务创立新理论,实现新发展。1978年9月16日,邓小平在听取中共吉林省委常委汇报工作时明确指出:"什么叫高举毛泽东思想的旗帜呢? 就是从现在的实际出发,充分利用各种有利条件,实现毛泽东同志提出、周恩来同志宣布的四个现代化的目标";"现在中央提出的方针、政策是真正的高举";"切实加速前进的步伐,是最好的高举。离开这些,是形式主义的高举,是假的高举"④。很明显,邓小平就是要论证中央提出的新的方针、政策是正确的,为改

---

① 《邓小平文选》第2卷,人民出版社1994年版,第114页。
② 《邓小平文选》第2卷,人民出版社1994年版,第121页。
③ 《邓小平文选》第2卷,人民出版社1994年版,第121—122页。
④ 《邓小平文选》第2卷,人民出版社1994年版,第128页。

革"正名"。

1978年12月13日，邓小平在中共中央工作会议闭幕会上发表题为《解放思想，实事求是，团结一切向前看》的重要讲话，这个讲话实际上是三中全会的主题报告。邓小平说："只有思想解放了，我们才能正确地以马列主义、毛泽东思想为指导，解决过去遗留的问题，解决新出现的一系列问题，正确地改革同生产力迅速发展不相适应的生产关系和上层建筑，根据我国的实际情况，确定实现四个现代化的具体道路、方针、方法和措施"[①]；"一个党，一个国家，一个民族，如果一切从本本出发，思想僵化，迷信盛行，那它就不能前进，它的生机就停止了，就要亡党亡国"；"只有解放思想，坚持实事求是，一切从实际出发，理论联系实际，我们的社会主义现代化建设才能顺利进行，我们党的马列主义、毛泽东思想的理论才能顺利发展"；"实事求是，是无产阶级世界观的基础，是马克思主义的思想基础。过去我们搞革命所取得的一切胜利，是靠实事求是；现在我们要实现四个现代化，同样要实事求是。"[②] 这样，"实事求是"就成为马列主义、毛泽东思想这些"名"背后的"道"，坚持马列主义、毛泽东思想这些"名"，最重要的是坚持其背后的"道"，要按照"实事求是"的"道"来运"用"马列主义、毛泽东思想，才是真正实现马列主义、毛泽东思想的"实"。

很显然，如果不强调"实事求是"，不确立"实践是检验真理的唯一标准"，什么是社会主义的问题就永远争不清；如果不赞同"实事求是"，也就是不承认"实践是检验真理的唯一标准"，什么是社会主义的问题也还是争论不清。尽管"道可道，非常道"，但不确立一个"可道"之"道"，"名"就永远"不可名"。"常道"和"常名"是人类永恒追求的目标，或许也是永远追求不到的目标。"实事求是"是共产党人解决现实问题的可行之"道"，是用好马克

---

① 《邓小平文选》第2卷，人民出版社1994年版，第141页。
② 《邓小平文选》第2卷，人民出版社1994年版，第143页。

思主义的基本方法。

3. "和"与"合"

社会主义自从成为科学以来，就要求人们把它当作科学来对待，① 科学的态度就是从现实的情况和现实的人的需要出发。如果我们总是从我国现实的情况和现实的个人的生存与发展需要出发，以更好地满足现实的个人的生存和发展需要为标准，我们的国家就不会陷入长期的政治和意识形态斗争。

早在1962年，为了解决"大跃进"和自然灾害造成的"三年困难"（1959—1961），中央提出"调整、巩固、充实、提高"的方针，邓小平曾就"怎样恢复农业生产"说过："生产关系究竟以什么形式为最好，恐怕要采取这样一种态度，就是哪种形式在哪个地方能够比较容易比较快地恢复和发展农业生产，就采取哪种形式；群众愿意采取哪种形式，就应该采取哪种形式，不合法的使它合法起来。"② 这里说到的"地利"和"人和"，加上前面说的"历史条件"，就构成"天时""地利""人和"三要素，它们共同构成"现实"。"实事求是"就是要把马克思主义"科学原理"与"天时""地利""人和"统一起来，使"理论"和"实际"、"名"和"实"相结"合"或相符"合"，这也即是《中庸》说的"致中和"，追求这样的"和"就是"达道"，可行之道。邓小平还就此引出了著名的"猫论"，他的原话是："刘伯承同志经常讲一句四川话：'黄猫、黑猫，只要捉住老鼠就是好猫。'这是说的打仗。我们之所以能够打败蒋介石，就是不讲老规矩，不按老路子打，一切看情况，打赢算数。现在要恢复农业生产，也要看情况，就是在生产关系上不能完全采取一种固定不变的形式，看用哪种形式能够调动群众的积极性就采用哪种形式。"③ "猫论"后来被庸俗化地解释为"实用主义"，

---

① 《马克思恩格斯文集》第2卷，人民出版社2009年版，第219页。
② 《邓小平文选》第1卷，人民出版社1994年版，第323页。
③ 《邓小平文选》第1卷，人民出版社1994年版，第323页。

其实它是有原则的，那就是"调动群众的积极性"。如果把猫关到笼子里，那结果只能是黄猫、黑猫都抓不到老鼠。

中国改革的出发点，就是通过调整分配制度，调动广大人民群众的积极性。还在党的十一届三中全会召开之前，邓小平就提出了坚持按劳分配的原则，他说："我们一定要坚持按劳分配的社会主义原则。按劳分配就是按劳动的数量和质量进行分配。根据这个原则，评定职工工资级别时，主要是看他的劳动好坏、技术高低、贡献大小。政治态度也要看，但要讲清楚，政治态度好主要应该表现在为社会主义劳动得好，做出的贡献大。处理分配问题如果主要不是看劳动，而是看政治，那就不是按劳分配，而是按政分配了。总之，只能是按劳，不能是按政，也不能是按资格。"① 按劳分配的原则，其实就是在生产力水平还不够发达、社会产品还不够丰富的情况下，以现实的个人的需要和利益为工作的出发点和归宿的分配原则。他说："不讲多劳多得，不重视物质利益，对少数先进分子可以，对广大群众不行，一段时间可以，长期不行。革命精神是非常宝贵的，没有革命精神就没有革命行动。但是，革命是在物质利益的基础上产生的，如果只讲牺牲精神，不讲物质利益，那就是唯心论。"② 在具体的工作中，必须以生产力的发展、个人收入和集体福利的增加为标准来衡量政治领导的好与不好。邓小平说："看一个经济部门的党委善不善于领导，领导得好不好，应该主要看这个经济部门实行了先进的管理方法没有，技术革新进行得怎么样，劳动生产率提高了多少，利润增长了多少，劳动者的个人收入和集体福利增加了多少。各条战线的各级党委的领导，也都要用类似这样的标准来衡量。这就是今后主要的政治。离开这个主要的内容，政治就变成空头政治，就离开了党和人民的最大利益。"③ 这样，从改善民生福利的目标开始，社会主义改革正式启动了。

---

① 《邓小平文选》第2卷，人民出版社1994年版，第101页。
② 《邓小平文选》第2卷，人民出版社1994年版，第146页。
③ 《邓小平文选》第2卷，人民出版社1994年版，第150页。

改革是为了解决中国发展落后的现实问题，正是因为"实"践和"实"际效果不理想，促使人们重新思考社会主义的"名"，进而思考社会主义的"实质"和"本质"，这就是"正名"。理论家毕竟只是少数，绝大多数人都是实践家。实践的意义对普通人来说要比理论的意义大得多，大多数人其实都是通过实践检验真理的朴素唯物主义者。用传播学的话语说，人们往往通过自己的亲身经历和观察到的实践结果，来"筛选"和"接受"社会主义的"名"和"实"。重新强调"实事求是"的思想路线，就使"实践"成为检验社会主义优越性的标准，有了"实事求是"这一"道"体，对于马克思主义的运"用"，也就是"怎么建设社会主义"也必然会有新的思路。

二 社会主义新实践

社会主义是资本主义发展的下一个阶段，社会主义理论其实是研究资本主义发展趋势的理论。由于社会主义在落后国家首先建成，人们一般认为，社会主义的优越性表现在生产关系上。公有制、计划管理体制以及最主要的是由此实现的分配比较平均，被认为是社会主义的本质特征。邓小平并不否定生产关系的重要性，但是，他更加强调这种生产关系的变革必须建立在生产力高度发达和物质条件极大丰富的基础上。重新认识个人的需要和利益的重要地位，突破把生产力发展限制于公有制经济的社会主义建设道路，以生产力水平的提高、人民生活水平的提高和国家综合实力的增强为标准，重新探索社会主义建设道路，这就是社会主义中国改革开放的新时期。

1. 通过发展生产力改善人民生活

社会主义最关注人民生活，但是因为生产力水平低下，人民生活水平始终不高。为了体现社会主义的优越性，只能强调共同富裕，结果又导致共同贫穷。只要生产力发展水平和人民生活水平不能赶上发达资本主义国家，社会主义的优越性就不可能得到充分体现。

早在1957年，社会主义改造才刚刚完成的时候，邓小平就指出："今后的主要任务是搞建设。"① 但是，很多地方搞建设不是面对群众的需要，而是为了"共产主义化"。邓小平说："我们考虑问题常常忽视了群众的需要。现在有各种观点，追求这个化那个化，连共产主义化也有了，就是缺乏群众观点，容易解决的问题不去解决，宁肯把更多的钱用在不适当的地方。对于花很少的钱就可以解决群众需要的问题，甚至有些不花钱也能解决的问题，却注意得不够。我们的建设工作应该面对群众，发现问题，解决问题……"② 他告诫领导干部，"有些青年学生、青年工人闹事，就是因为总觉得国家给他们的太少了，不能满足他们的要求，国家对不起他们"③。可惜这个告诫并没有得到人们的充分重视。后来，我国的社会主义建设不但脱离人民需要，甚至最后还走向脱离生产力发展，而以阶级斗争为中心。

1978年，为了教育人们正确对待毛泽东思想，重新恢复实事求是的思想路线，邓小平指出："按照历史唯物主义的观点来讲，正确的政治领导的成果，归根结底要表现在社会生产力的发展上，人民物质文化生活的改善上。如果在一个很长的历史时期内，社会主义国家生产力发展的速度比资本主义国家慢，还谈什么优越性？我们要想一想，我们给人民究竟做了多少事情呢？我们一定要根据现在的有利条件加速发展生产力，使人民的物质生活好一些，使人民的文化生活、精神面貌好一些。"④ 在此基础上，邓小平逐步制定了"分三步走，基本实现现代化"的战略。"三步走"的发展战略就是：第一步，实现国民生产总值比1980年翻一番，解决人民的温饱

---

① 《邓小平文选》第1卷，人民出版社1994年版，第261页。
② 《邓小平文选》第1卷，人民出版社1994年版，第268页。
③ 《邓小平文选》第1卷，人民出版社1994年版，第268页。
④ 《邓小平文选》第2卷，人民出版社1994年版，第128页。

问题；第二步，到20世纪末，使国民生产总值再增长一倍，人民生活达到小康水平；第三步，到21世纪中叶，人均国民生产总值达到中等发达国家水平，人民生活比较富裕，基本实现现代化。"三步走"的发展战略是发展生产力和提高人民生活水平相统一的战略，它使我国的社会主义现代化建设稳步发展。苏联解体东欧剧变时，邓小平曾指出这些国家发生问题，症结就在于经济上不去，工资增长被通货膨胀抵消，生活下降，长期过紧日子。

1979年，邓小平就强调："我们的生产力发展水平很低，远远不能满足人民和国家的需要，这就是我们目前时期的主要矛盾，解决这个矛盾就是我们的中心任务。"[①] 并不是他不重视政治民主、思想文化和社会公平，而是因为经济发展才具有最终决定意义。只有从解放和发展生产力的需要出发，才能正确认识社会的发展和人的发展。离开了生产力发展这个标准，谈论社会的发展和人的发展很可能又要回到过去那种盲目追求公有化和平均主义，甚至于搞"无产阶级文化大革命"。脱离了生产力的发展这个客观标准，我们如何判定"文化大革命"搞"大民主"不是人的政治解放和发展？社会主义并不否定政治民主和精神解放，事实上，它把人的自由发展当作是全人类最终实现解放的根本标志。但是，历史唯物主义认为，政治民主和精神解放，最终都要有利于生产力的发展和共同致富。物质的东西具有最终决定意义，唯物主义从客观物质出发，还要以物质的东西作为最终判断标准。或者脱离生产力的发展和综合国力的增强从平均主义的角度谈论共同富裕，或者脱离生产力的发展和人民生活水平的提高单从军事角度谈论国力的增强，或者脱离发展生产力和提高人民生活水平空谈民主和解放劳动者，这都是过去社会主义国家的主要问题。

因此改革开放之后，社会主义优越性的体现从分配平等转向生产力发展速度。邓小平说："我们总的原则是四个坚持：坚持社会主

[①] 《邓小平文选》第2卷，人民出版社1994年版，第182页。

义道路,坚持人民民主专政,坚持共产党的领导,坚持马列主义、毛泽东思想。这已经写进中国的宪法。问题是怎么坚持。是坚持那种不能摆脱贫穷落后状态的政策,还是在坚持四项原则的基础上选择好的政策,使社会生产力得到比较快的发展?十一届三中全会决定进行改革,就是要选择好的政策。改革的性质同过去的革命一样,也是为了扫除发展社会生产力的障碍,使中国摆脱贫穷落后的状态。"① 他说:"搞社会主义,一定要使生产力发达,贫穷不是社会主义。我们坚持社会主义,要建设对资本主义具有优越性的社会主义,首先必须摆脱贫穷。现在虽说我们也在搞社会主义,但事实上不够格。只有到了下世纪中叶,达到了中等发达国家的水平,才能说真的搞了社会主义,才能理直气壮地说社会主义优于资本主义。现在我们正在向这个路上走。"② 也就是说,在仍然处于贫穷和生产力不发达的情况下,哪怕已经建立了社会主义制度、在搞社会主义建设,也还没有真正进入社会主义社会,还处于社会主义"初级阶段"。这个观点和毛泽东提出的"建立"和"建成"社会主义的区分是一致的。

脱离了发展社会生产力这个标准,就只能用一些抽象的概念来谈一种社会制度的优越性,诸如资本主义经济富有、社会主义精神富有。1984年,邓小平在谈到花30—50年时间使我国接近经济发达国家的水平时,特别强调说:"不是说制度,是说生产、生活水平……是可以看得见、摸得着的东西。"③ 强调生产力发展,强调人民生活水平的提高,这是唯物主义的基本观点。1992年在南方谈话中,他又告诫我们:"现在,周边一些国家和地区经济发展比我们快,如果我们不发展或发展得太慢,老百姓一比较就有问题了。"④ 所以,社会主义建设不但要使老百姓生活和过去比要有提高,而且

---

① 《邓小平文选》第3卷,人民出版社1993年版,第134—135页。
② 《邓小平文选》第3卷,人民出版社1993年版,第225页。
③ 《邓小平文选》第3卷,人民出版社1993年版,第89页。
④ 《邓小平文选》第3卷,人民出版社1993年版,第375页。

和国际相比也要有所改善。

2. 通过民主促进经济发展

诺贝尔经济学奖获得者阿马蒂亚·森在《以自由看待发展》（*development as freedom*）一书中提出："扩展自由被看成是发展的首要目的，又是发展的主要手段。消除使人们几乎不能有选择、而且几乎没有机会来发挥其理性主体的作用的各种类型的不自由，构成了发展。"① 充分发挥人的聪明才智来促进经济发展，这是发展的最重要的环节，也是以人为本的发展观的必然要求。

邓小平说："把权力下放给基层和人民，在农村就是下放给农民，这就是最大的民主。我们讲社会主义民主，这就是一个重要内容。"② 1978年，在为党的十一届三中全会召开的中央工作会议闭幕会上，邓小平说："当前最迫切的是扩大厂矿企业和生产队自主权，使每一个工厂和生产队能够千方百计地发挥主动创造精神。一个生产队有了经营自主权，一小块地没有种上东西，一小片水面没有利用起来搞养殖业，社员和干部就要睡不着觉，就要开动脑筋想办法。全国几十万个企业，几百万个生产队都开动脑筋，能够增加多少财富啊！"③ "放权"改革在农村的巨大成功，使城市企业改革和政治体制改革也有了明确的方向，那就是向企业"放权让利"。1986年，邓小平在听取经济情况汇报时的谈话中明确提出："改革，应该包括政治体制的改革，而且应该把它作为改革向前推进的一个标志。我们要精兵简政，真正下放权力，扩大社会主义民主，把人民群众和基层组织的积极性调动起来。"④ 这年9—11月，他接连4次谈到经济体制改革，其中也包含了政治体制改革的内容，其中权力下放

---

① ［印］阿马蒂亚·森：《以自由看待发展》，任赜、于真译，中国人民大学出版社2002年版，第24页。
② 《邓小平文选》第3卷，人民出版社1993年版，第252页。
③ 《邓小平文选》第2卷，人民出版社1994年版，第146页。
④ 《邓小平文选》第3卷，人民出版社1993年版，第160页。

是核心内容。他说:"这些年来搞改革的一条经验,就是首先调动农民的积极性,把生产经营的自主权力下放给农民。农村改革是权力下放,城市经济体制改革也要权力下放,下放给企业,下放给基层,同时广泛调动工人和知识分子的积极性,让他们参与管理,实现管理民主化。"① 正是因为搞了以放权让利为主要内容的民主化改革,我国城乡经济效益才显著提高,国家经济走上了快速增长的轨道。

马克思也从企业管理的角度谈到权力下放的优点,在《法兰西内战》中,他说:"大家都很清楚,企业也像个人一样,在实际业务活动中一般都懂得在适当的位置上使用适当的人,万一有错立即纠正。"② 所以,政企分离、企业自治,应该是社会主义的基本原则,未来的共产主义社会是"在生产者自由平等的联合体的基础上按新方式来组织生产的社会"③。如果企业像个人一样,能比中央更有效地管理自己的实际事务的话,地方政府当然也比中央政府更了解当地的情况,能更好地管理当地事务。确实,马克思在《法兰西内战》中指出了政府的发展趋势,他说:"用最简单的概念来说,公社意味着在旧政府机器的中心所在地——巴黎和法国其他大城市——初步破坏这个机器,代之以真正的自治。"让地方政府对地方事务负责,让企业对企业事务负责、让个人对自己的事务负责,这是提高整个国家和社会效率的根本途径。

其实,正如管理学大师彼得·德鲁克指出的:"分权并不是什么新事物,它意味着劳动分工。事实上,它是任何管理,无论是企业管理,还是军队管理的一个先决条件。"④ 政府官员直接管理企业经营,就是没有劳动分工,就是瞎指挥,当然不可能有效率。瞎指挥

---

① 《邓小平文选》第3卷,人民出版社1993年版,第180页。
② 《马克思恩格斯文集》第3卷,人民出版社2009年版,第156页。
③ 《马克思恩格斯文集》第4卷,人民出版社2009年版,第193页。
④ [美]彼得·德鲁克:《公司的概念》,慕凤丽译,机械工业出版社2006年版,第41页。

如果能受到约束和抵制就不能得逞，集权的最大问题是有权力没有责任。因此，德鲁克指出了更关键的问题，那就是责任问题。分权就是"用最多的自主权和责任将最大的公司统一起来"①，达到权力划分、职责分工、统一行动的目的。邓小平也说："权力不下放，企业没有自主权，也就没有责任，搞得好坏都是上面负责。全部由上面包起来，怎么能搞好工作，调动积极性？"② 这是说下级没有权力不负责任，其实集权体制下更多的是上级不负责任只行使权力。综合起来，就是上下级要形成权力划分、职责分工和统一行动。改革以前，由于地方缺乏独立的经济利益，一切以中央的意志为转移，因而，当时的中国社会，一方面是强大的无所不包、无所不在的政府，另一方面是弱小的缺乏独立地位和自由经济的个人。改革开放以后，当地方有了独立的经济利益时，中国就形成了多极化或多元化的社会结构；随着地方力量的逐渐增大，（中央）政府凭借国家权力主宰一切的情况受到了很大的约束和限制，出现了多个主体共同参与决策和进行谈判、沟通和交易的格局。③ 这种多个主体共同参与决策和进行谈判、沟通和交易的格局，一方面为充分发挥地方政府、企业和个人的积极性，为地方政府、企业和个人改善经济状况提供了保证；另一方面也为保证中央政府的宏观调控真正符合绝大多数人民的利益提供了约束。这样，地方和中央两个积极性的发挥就有了合理的规范和约束。

人们总喜欢从政治角度讲民主，其实经济自主权才是最重要的民主权。当人们连自己的生存都不能自主的时候，政治上的权力是没有任何意义的。只有人民拥有了经济上的自主权，政治上的民主权才能够得到保障。所以，把生产经营的自主权力下放给基层和人

---

① ［美］彼得·德鲁克：《公司的概念》，慕凤丽译，机械工业出版社2006年版，第41页。
② 《邓小平文选》第3卷，人民出版社1993年版，第160页。
③ 董辅礽等：《集权与分权——中央与地方关系的建构》，经济科学出版社1996年版，第65页。

民，确实如邓小平所说是最真实的民主、最大的民主。如果要说资本主义民主不真实，只是资产阶级的民主，从根本上说就是因为还有很多人的生存没有得到保障，或者为了生存就必须出卖自身。社会主义民主建设，必须把权力下放给基层和人民，首先是下放给从事经济生产的企业和广大职工，以实现他们自己的需要和利益。而且还要为人民创造自由发展的机会，帮助人民摆脱仅仅因为生存而出卖自身的"异化"劳动。

总之，一方面，"调动积极性是最大的民主"①。另一方面，"调动人民积极性的最中心的环节，还是发展生产力，提高人民的生活水平"②。生产力是社会发展的最终决定力量，不应该为民主而民主，不能把民主当作终极价值。民主就是人民当家作主，首要的就是人民可以依靠自己的力量发展生产力和提高生活水平。

3. 通过共同致富实现共同富裕

社会主义区别于自由主义的本质特征，并不是实行高度集中的计划管理体制，也不是实行单一的公有制，而是依靠所有制和管理体制的变革实现共同富裕。社会主义的本质特征正在于它能更好地发挥人民群众的主动性、积极性和创造性。但是，社会主义追求的不是赢者通吃，而是共同富裕。

邓小平明确指出："社会主义发展生产力，成果是属于人民的。"③ 只有为了广大人民的需要而发展生产力，才真正表现了社会主义相对于资本主义的社会进步和发展。邓小平说："社会主义有两个非常重要的方面，一是以公有制为主体，二是不搞两极分化……如果导致两极分化，改革就算失败了……总之，我们的改革，坚持公有制为主体，又注意不导致两极分化……这就是坚持社会主

---

① 《邓小平文选》第3卷，人民出版社1993年版，第242页。
② 《邓小平文选》第3卷，人民出版社1993年版，第178页。
③ 《邓小平文选》第3卷，人民出版社1993年版，第255页。

义。"① 为了保证我国社会主义改革不偏离社会主义道路，他还提出了如果出现偏离社会主义的解决办法。他说："我还要说，我们社会主义的国家机器是强有力的。一旦发现偏离社会主义方向的情况，国家机器就会出面干预，把它纠正过来。"② 所以，在允许非公有制经济发展的同时、在允许一部分地区一部分人先富裕起来的同时，国家还要引导非公有制的发展、控制贫富差距的过分拉大，保证生产的发展符合最大多数人的利益，而不是成为剥削人民的力量。社会主义要最终实现共同富裕。

但是，马克思主义不是为了公有制而公有制，并不是为共同富裕而共同富裕，那是形式主义的做法，不会建立真正的具有优越性的社会主义。建立公有制不过是为了解放和发展生产力，公有制的主体地位要建立在解放和发展生产力的基础上，始终服从生产力发展的需要。在总结农村集体化经验的时候，邓小平说："可以肯定，只要生产发展了，农村的社会分工和商品经济发展了，低水平的集体化就会发展到高水平的集体化，集体经济不巩固的也会巩固起来。关键是发展生产力，要在这方面为集体化的进一步发展创造条件。"③ 过去反对搞"包产到户"，认为是搞"单干"，是走资本主义道路，原因就在于没有坚持以生产力为标准来看待生产关系的形式。

关于不搞两极分化和实现共同富裕，"解决的办法之一，就是先富起来的地区多交点利税，支持贫困地区的发展"④。然而，不搞两极分化绝不是搞分配上的平均主义，也不是同步发展，它是建立在社会主义国家总生产力发展基础上的人民生活水平的普遍提高，也必须始终以有利于社会生产力的发展为标准。邓小平明确指出："我们坚持走社会主义道路，根本目标是实现共同富裕，然而平均发展是不可能的。过去搞平均主义，吃'大锅饭'，实际上是共同落后，

---

① 《邓小平文选》第 3 卷，人民出版社 1993 年版，第 138—139 页。
② 《邓小平文选》第 3 卷，人民出版社 1993 年版，第 139 页。
③ 《邓小平文选》第 2 卷，人民出版社 1994 年版，第 315 页。
④ 《邓小平文选》第 3 卷，人民出版社 1993 年版，第 374 页。

共同贫穷，我们就是吃了这个亏。"① 因此，控制贫富差距，并不是出于道义的"劫富济贫"，更不能培养不劳而获的懒惰风气，相反，控制贫富差距的目的是帮助落后地区和贫困人口加快发展的速度，实现全国共同发展。因此，在控制贫富差距的同时，必须特别注意保持发达地区的活力。邓小平说："不能削弱发达地区的活力，也不能鼓励吃'大锅饭'"②；"搞平均主义，吃'大锅饭'，人民生活永远改善不了，积极性永远调动不起来。我们现在采取的措施，都是为社会主义发展生产力服务的。"③ 根据这个思路，邓小平总结说："社会主义原则，第一是发展生产，第二是共同致富。"④ 用发展的办法解决前进中的问题，在解放和发展生产力的基础上，不断提高人民的生活水平，只有这样才能最终实现共同富裕。

坚持社会主义就必须坚持公有制为主体和共同富裕的原则、方向。但是，公有制和共同富裕的最终实现却是一个漫长的历史过程，是社会主义基本特征越来越明显的过程。在社会主义的初级阶段这些特征可能不那么明显，为了调动人民的积极性而鼓励一部分人、一部分地区先富起来在一定时期内甚至会使这些特征更加不明显。但是，社会主义生产力越发展，社会主义公有制和共同富裕的基本特征最终会越来越明显。共产主义社会，生产力高度发达，人们思想觉悟也极大提高，最终实现各尽所能、按需分配，到那时也就能完全实现公有制和共同富裕。所以，在社会主义阶段，必须根据解放和发展生产力的要求坚持公有制为主体和共同富裕的社会主义原则。

社会主义强调民生福利，但又不是只关心分配平等。要依靠生产力的发展达到改善民生福利的目的，要依靠人民共同致富实现共同富裕，要以整个国家综合实力的增强来衡量社会发展的成就。因

---

① 《邓小平文选》第3卷，人民出版社1993年版，第155页。
② 《邓小平文选》第3卷，人民出版社1993年版，第374页。
③ 《邓小平文选》第3卷，人民出版社1993年版，第157页。
④ 《邓小平文选》第3卷，人民出版社1993年版，第172页。

此尽管人的自主发展是实现社会全面发展的根本手段，但是最终还要以生产力的发展、综合国力的增强和人民生活水平的提高来判断社会取得的进步。

三　社会主义新模式

马克思和恩格斯认为，社会主义是人类社会继资本主义之后的新发展阶段，所以社会主义是对资本主义积极的扬弃。用中国古人的话说，社会主义是对资本主义的"损益"，用中国人今天习惯的话说，是继承和发展。1980年，邓小平在关于《党和国家领导制度的改革》的讲话中指出，社会主义制度的优越性表现在三个方面，即"要在经济上赶上发达的资本主义国家，在政治上创造比资本主义国家的民主更高更切实的民主，并且造就比这些国家更多更优秀的人才"①。经济上的富裕、政治上的民主、充分发挥人的主观能动性，这是对社会主义基本特征更全面、更准确的表述。但是，由于受社会主义和资本主义两大阵营斗争形成的冷战思维的影响，社会主义和资本主义成了对立的意识形态。中国改革开放改变了这一思维定式，使社会主义真正成为既学习资本主义文明成果又超越资本主义弊病的新模式。

1. 在经济上赶上发达的资本主义国家

任何新的社会形态代替旧的社会形态都是生产力突破生产关系的必然结果，资本主义社会代替封建社会、封建社会代替奴隶社会、奴隶社会代替原始社会都一样。如果生产力发展也比资本主义慢，那社会主义就不能说是人类社会的进步。

邓小平告诫人们，"空讲社会主义不行，人民不相信"②。搞社

---

① 《邓小平文选》第2卷，人民出版社1994年版，第322页。
② 《邓小平文选》第2卷，人民出版社1994年版，第314页。

会主义建设，必须一心一意谋发展，始终扭住生产力的发展不放松。社会主义作为社会进步和发展的下一个阶段，说到底是对制约生产力发展的资本主义生产关系的解放和发展，生产力落后的社会主义还不是真正意义上的、超越资本主义的人类社会的进步和发展。建立了社会主义制度只表明我们踏上了通向社会主义和共产主义的漫长历史过程的第一步，更艰巨的任务是发挥社会主义解放和发展生产力的优越性，不断地解放和发展生产力。生产力是整个人类社会发展的最终决定力量，社会的进步和发展必须建立在生产力发展的物质基础上。我们之所以要建立社会主义制度、人民之所以选择社会主义制度，是因为社会主义制度能够允许生产力以旧社会所没有的速度迅速发展。反过来，如果生产发展长期落后，社会主义建立所带来的社会进步和发展就无从谈起。试图仅仅依赖生产关系以及政治和意识形态等上层建筑方面的东西来体现社会主义的优越性，是靠不住的，是唯心主义的观点。

改革开放前的社会主义主要是"精神的"，因为它还不具备物质基础。改革开放的主要目标就是要为社会主义奠定坚实的物质基础，使社会主义从"精神的"变为"物质的"，也就是现实的、真实的存在。如果社会主义始终是"精神的"，那就是空想社会主义。现实的社会主义将在生产力发展的基础上，实现人们真正的精神解放。邓小平明确提出了判断姓"资"姓"社"的标准，那就是："应该主要看是否有利于发展社会主义社会的生产力，是否有利于增强社会主义国家的综合国力，是否有利于提高人民的生活水平。"[①] 这是最高度的概括，已经只剩下经济方面的内容了，但却是最准确的概括，完全符合历史唯物主义的基本原理。历史唯物主义认为，判断社会主义必须坚持生产力标准，在国家仍然存在的情况下它必须体现为综合国力的增强。当然，社会主义国家生产力的发展、社会主义国家综合实力的增强，必须要使人民受益，最终要表现为人民生

---

① 《邓小平文选》第3卷，人民出版社1993年版，第372页。

活水平的提高。邓小平提出:"社会主义的本质,是解放生产力,发展生产力,消灭剥削,消除两极分化,最终达到共同富裕。"① 显然,解放和发展生产力是最根本的,共同富裕是在此基础上最终要达到的目标,这和简单地强调"共同富裕"的唯心主义是完全不一样的。唯物主义者必须把理想建立在物质基础上,用发展的办法解决共同富裕的问题。共同富裕不是社会主义自始至终都能做到的,它是一个逐步实现的理想状态,而最终达到这种理想状态的基础是解放和发展生产力。所以,最终达到共同富裕其实并不是强调分配问题而是强调发展问题,"共同致富"应该是更好的表达,意思就是要通过发展生产达到共同富裕。直接地、简单地把"共同富裕"和"按需分配"当作是社会主义和共产主义的本质,这是最大的错误,是本末倒置。应该强调的重点是"共同致富"和"自由发展",即通过"各尽其能"实现"各得其所"、通过"各尽所能"实现"按需分配"。还要指出,人们的需要其实各不相同,按需分配并不是要实现物质财富分配上的共同富裕,而是要让人们"爱我所爱,无怨无悔"。让想吃红烧肉的人吃去吧,想减肥的人只需吃一个小苹果就满足了。让想挣钱的人挣富可敌国的钱吧,我只想做学问。"各尽其能,各得其所"是对"各尽所能,按需分配"的最准确理解。

毫无疑问,推动人类社会的进步和发展,建设比资本主义更具优越性的社会主义,绝不只是经济的发展和人民物质生活水平的提高。发展应该是社会的全面发展和人的全面发展。但是,经济的发展是物质前提,在贫穷落后的国家建设社会主义现代化尤其如此。背离"三个有利于"标准,就必然要背离社会主义。历史唯物主义的基本观点认为生产力是社会发展的最终决定力量,物质资料的满足是人们创造历史的前提条件,不论在落后国家还是在发达国家、不论在过去还是在未来都一样。因此,社会的全面发展和人的全面发展并不和生产力的发展矛盾,社会的发展无非是解放和发展生产

---

① 《邓小平文选》第3卷,人民出版社1993年版,第373页。

力，人的解放和发展必然表现为推动生产力的发展。生产力的发展将推动生产方式和交换方式的变革，从而推动整个社会的进步和发展。在生产力发展的推动下，人类社会的发展已经经历了农业生产和工业生产，已经从自给自足和闭关锁国的状态发展到同世界各国相互依赖和相互联系的状态。生产力的快速发展和人民生活水平的不断提高，必定使人类进一步摆脱"物的依赖"，逐步实现主要靠自身的自由发展和知识创造满足自己的生存需要。到那个时候，人类就进入知识经济时代了。

邓小平一再强调，社会主义要立于不败之地，"只靠我们现在已经取得的稳定的政治环境还不够。加强思想政治工作，讲艰苦奋斗，都很必要，但只靠这些也还是不够。最根本的因素，还是经济增长速度，而且要体现在人民的生活逐步地好起来"①。社会主义相对于资本主义的历史进步性集中地体现为发展生产力和人民需要的统一。邓小平总结说："社会主义原则，第一是发展生产，第二是共同致富；"②"共产主义的高级阶段，生产力高度发达，实行各尽所能、按需分配，将更多地承认个人利益、满足个人需要。"③把发展生产力和人民生活水平的提高统一起来，这是邓小平的发展观的集中概括，也是邓小平对社会主义本质以及如何建设社会主义的最简要概括。

当然，正如1985年邓小平在中国共产党全国代表会议上的讲话中指出的："我们为社会主义奋斗，不但是因为社会主义有条件比资本主义更快地发展生产力，而且因为只有社会主义才能消除资本主义和其他剥削制度所必然产生的种种贪婪、腐败和不公正现象。"④现在，"经济建设这一手我们搞得相当有成绩，形势喜人，这是我们国家的成功。但风气如果坏下去，经济搞成功又有什么意义？会在

---

① 《邓小平文选》第3卷，人民出版社1993年版，第355页。
② 《邓小平文选》第3卷，人民出版社1993年版，第172页。
③ 《邓小平文选》第2卷，人民出版社1994年版，第351—352页。
④ 《邓小平文选》第3卷，人民出版社1993年版，第143页。

另一方面变质,反过来影响整个经济变质,发展下去会形成贪污、盗窃、贿赂横行的世界"①。"没有这种精神文明,没有共产主义理想,没有共产主义道德,怎么能建设社会主义?"② 所以,为了实现共产主义理想,除了必须大力发展生产力以外,还必须加强精神文明建设,培养人们的集体主义精神。物质文明和精神文明,两手都要抓,两手都要硬。

然而,共产主义理想并不是现实应当与之相适应的未来社会的具体描述,马克思主义从不对未来社会做具体的描述,从来不空谈理想。对马克思主义者来说,坚持共产主义理想只不过是消除现存的、不断出现的社会弊端的现实运动,而不是像教徒一样去信仰教条。在资本主义社会,共产主义理想就是通过无产阶级运动消灭资本主义矛盾。在社会主义代替资本主义之后,还会有各种各样不理想的社会现象,还需要人类去解决。所以,社会主义和共产主义理想将随着现存社会的发展和矛盾的暴露而不断地发展和变化,社会主义和共产主义作为一种社会发展的理想状态是对现存社会首先是资本主义社会的积极扬弃,它试图在发展生产力的同时消除资本主义的诸如腐败、贪婪、不公正等弊端。现实的总是不理想的,理想的总是不现实的,社会就是在人类超越现实的理想追求中不断前进和永恒发展的。

社会主义事业是人民自己的事业,是绝大多数人的、为绝大多数人谋利益的事业,这是它区别于使整个社会服从于统治阶级发财致富目的的旧社会的基本特征,它必然要求发展社会主义民主政治,发挥人民群众自己的主动性、积极性和创造力。

2. 在政治上创造比资本主义国家的民主更高更切实的民主

社会主义不是抽象地讲民主,社会主义民主就是相信群众,依

---

① 《邓小平文选》第3卷,人民出版社1993年版,第154页。
② 《邓小平文选》第2卷,人民出版社1994年版,第367页。

靠群众，把权力下放给群众，从而调动人民群众的生产和劳动积极性。邓小平说："调动积极性是最大的民主。"① 但是，"调动人民积极性的最中心的环节，还是发展生产力，提高人民的生活水平"②。民主绝对不是投票选举而已，它应该是人的自主性的充分发挥，通过发挥人自身的主动性、积极性和创造性，创造自己渴望的美好生活。

历史上统治阶级为了巩固自身的权力，往往否定权力与经济利益的关系。孟子就曾说过，"劳心者治人，劳力者治于人"，让老百姓安心农业生产，不要关心国家权力。有时候统治阶级甚至完全否定权力带来的经济利益，否定自身追求权力的欲望，仿佛他们独占权力完全是为了老百姓的利益。其实，政治家总是具有追求权力的欲望，大多数人还不排除背后有追求"升官发财"和"荣华富贵"的目的。政治家不追求权力，只想做一个服务社会的"公仆"，是不可信的。果真如此，他肯定只是公仆——公公和仆人，而不是政治家。反对普通大众的权力欲望和追求权力的行为，只会导致当权者权力集中和专制独裁。现代社会，应该积极鼓励和引导人民的权力意识，以防止权力过分集中和权力的滥用。民主之所以是现代国家经济发展的必然要求，就是因为权力是人们改善自身经济状况和推动社会经济发展必不可少的政治保障。在美国，原来象征民主的也是华盛顿纪念碑和林肯纪念堂，它意味着民主的本意就是民族的独立自主和人民的自由解放，脱离宗主国大英帝国获得民族的独立自主发展权，摆脱奴隶主获得个人的独立自主发展权。人民革命的首要目标就是建立民主的国家政权，实现最广泛、最切实的民主，彻底改变旧社会劳动者经济上的"异化"、政治上的不自由和思想上的不解放。一切权力属于人民，人民行使当家作主的权利，一切权力为人民而行使，这是社会主义国家的基本要求。然而，社会主义国

---

① 《邓小平文选》第3卷，人民出版社1993年版，第242页。
② 《邓小平文选》第3卷，人民出版社1993年版，第178页。

家建立以后，普遍实行高度集权的计划管理体制。集权管理体制虽然有利于在当时复杂的政治形势中进行对敌斗争，并对经济发展起过重大的积极作用，但也难免损害人民的民主权利，最终又反过来阻碍了经济的发展。苏联的民主建设一直搞得不好，而20世纪30年代斯大林搞"大清洗"是最恶劣的事件。在我国，新中国成立后，也模仿苏联模式逐步建立了高度集权的经济管理体制。虽然一直试图突破高度集权的管理模式，但一直没有成功。从1957年"反右"斗争扩大化开始，政治生活也越来越偏离民主集中制原则。

民主权利与经济发展的关系，生动地表现在1958年开始的"大跃进"中。这场运动之所以能轻率地发动，而且在出现严重问题的情况下仍然继续下去，主要就是因为没有民主的制度。后来，毛泽东在七千人大会上总结经验说，没有民主，不了解下情，只由上级领导机关凭着片面的或者不真实的材料决定问题，就难免不是主观主义。诺贝尔经济学奖获得者阿马蒂亚·森也把1958—1961年中国的大饥荒，用作考察民主权利与经济发展关系的典型案例，他认为，"大跃进"的失败与我国的新闻传播体系有关，它使政府听到的是它自己的宣传和争着向北京邀功的党的地方官员粉饰太平的报告，当饥荒正达到顶峰时，中央还在错误地相信他们有超过拥有量1亿吨的粮食。不过，他认为，毛泽东仅看到民主制的信息传播功能，更重要的是它约束领导人自觉防止无所顾忌的功能和人民积极自主地想办法解决问题的建构功能。他认为，印度、博茨瓦纳、津巴布韦发生更严重的经济衰退却从未发生严重的饥荒，而中国、苏丹和埃塞俄比亚经济衰退并不那么严重，但却发生大范围的饥荒，这和民主制度缺乏、领导人无所顾忌有关，也与人民没有发展经济的自主权有关。① 正是从民主与社会主义现代化建设的必然联系出发，邓小平领导中国人民探索社会主义改革的道路。

---

① [印] 阿马蒂亚·森：《以自由看待发展》，任赜、于真译，中国人民大学出版社2002年版，第177—178页。

邓小平坦率地承认，"在民主的实践方面，我们过去做得不够，并且犯过错误。林彪、'四人帮'宣传什么'全面专政'，对人民实行封建法西斯专政……"① 总结历史经验，他特别强调："没有民主就没有社会主义，就没有社会主义的现代化。"② 但与此同时，邓小平首先否定了"文化大革命"的做法，他说："'文化大革命'时搞'大民主'，以为把群众哄起来，就是民主，就能解决问题。实际上一哄起来就打内战。"正是通过总结"文化大革命"的教训，邓小平提出了社会主义民主必须制度化、法律化的结论。他说："我们过去发生的各种错误，固然与某些领导人的思想、作风有关，但是组织制度、工作制度方面的问题更重要。这些方面的制度好可以使坏人无法任意横行，制度不好可以使好人无法充分做好事，甚至会走向反面。"③ 所以，"领导制度、组织制度问题更带有根本性、全局性、稳定性和长期性"④。他认为："不是用扎扎实实、稳步前进的办法，去解决现行制度的改革和新制度的建立问题，从来都是不成功的。"⑤ 中国和世界的事实都证明了邓小平的观点，一哄而起的"街头民主""广场民主"通常带来的是暴力和冲突，只有通过实实在在的制度化、法律化，才能走向真实的民主。

为了真正实现人民当家作主，邓小平深入分析了党和国家领导制度中存在的问题。首先，邓小平认为，"它同我们长期认为社会主义制度和计划管理制度必须对经济、政治、文化、社会都实行中央高度集权的管理体制有密切关系"⑥。高度集权的管理体制造成了革命队伍中的家长制特权现象，它是我国官僚主义的主要表现。其次，他认为"官僚主义的另一病根是，我们的党政机构以及各种企业、

---

① 《邓小平文选》第 2 卷，人民出版社 1994 年版，第 168 页。
② 《邓小平文选》第 2 卷，人民出版社 1994 年版，第 168 页。
③ 《邓小平文选》第 2 卷，人民出版社 1994 年版，第 333 页。
④ 《邓小平文选》第 2 卷，人民出版社 1994 年版，第 333 页。
⑤ 《邓小平文选》第 2 卷，人民出版社 1994 年版，第 336 页。
⑥ 《邓小平文选》第 2 卷，人民出版社 1994 年版，第 328 页。

事业领导机构中，长期缺少严格的从上而下的行政法规和个人负责制……"① 也就是说，中央高度集权的管理体制以及缺乏规范权力与职责关系的行政法规，是造成权力过分集中进而造成官僚主义和封建家长制的根本原因。因此，为了实现民主，就必须进行政治体制改革和法制建设。"进行政治体制改革的目的，总的来讲是要消除官僚主义，发展社会主义民主，调动人民和基层单位的积极性。要通过改革，处理好法治和人治的关系，处理好党和政府的关系。"② 显然，邓小平认为，政治体制改革要达到两个目的：一是改革高度集权的管理体制，建立起能够保证人民真正享有当家作主的权利的新制度。二是这些制度将以法律的形式巩固下来，任何个人和组织，包括党和政府，都必须依法行使权力，最终建立社会主义法治国家。

国家政权中的职权范围划分和权力制衡，是改变权力过分集中造成官僚主义现象的重要途径。其中，最重要的是解决好"党同政府、经济组织、群众团体等等之间如何划分职权范围的问题"③。这个问题其实就是如何既保证党在国家政权中的领导地位而又不出现以党代政问题，它是我国民主建设的最重大问题之一。早在民主革命时期邓小平就看出了以党代政的危险倾向。在《党与抗日民主政权》一文中，他指出："假如说西欧共产党带有若干社会民主党的不良传统，则中国党或多或少带有一些国民党的不良传统。某些同志的'以党治国'的观念，就是国民党恶劣传统反映到我们党内的具体表现。"④ 在革命年代，邓小平就曾指出："党对政权的领导问题……更基本的是从民主政治斗争中去取得，即是说，主要从依靠于我党主张的正确，能为广大群众所接受、所拥护、所信赖的政治声望中去取得。"⑤ 也就是说，中国共产党领导地位的获得要靠自己代表人

---

① 《邓小平文选》第2卷，人民出版社1994年版，第328页。
② 《邓小平文选》第3卷，人民出版社1993年版，第177页。
③ 《邓小平文选》第2卷，人民出版社1994年版，第329页。
④ 《邓小平文选》第1卷，人民出版社1994年版，第10页。
⑤ 《邓小平文选》第1卷，人民出版社1994年版，第9页。

民的利益，真心实意地为人民谋利益。同时，党也相信人民自己的力量，"党的领导责任是放在政治原则上，而不是包办，不是遇事干涉，不是党权高于一切。这是与'以党治国'完全相反的政策"①。同样，"党对群众团体，应该加强其政治领导，不应在组织上去包办"②。1980年邓小平在《党和国家领导制度的改革》的讲话中明确地提出："中央认为，从原则上说，各级党组织应该把大量日常行政工作、业务工作，尽可能交给政府、业务部门承担，党的领导机关除了掌握方针政策和决定重要干部的使用以外，要腾出主要的时间和精力来做思想政治工作，做人的工作，做群众工作。"③ 这些论述，今天仍然具有现实的指导意义。随着基层民主自治的发展，人民的民主要求将会提高。中国共产党只有提出反映人民的愿望和利益的政治主张，只有不断完善中国共产党领导的多党合作制度、人民代表大会制度、中国人民政治协商会议制度和民族区域自治制度，保证人民的意志和利益能够充分得到反映和实现，使人民真正享有管理国家各级组织和各项企业事业的权利，人民才会相信中国共产党代表他们的利益，从而更加拥护党、信赖党，只有这样，党才能巩固自己的执政地位。当然，执政党的职能就是执政，党政分离其实是不可能的，执政的中国共产党必须加强在政府、国家权力机关、经济组织和人民团体中的领导作用。问题的关键在于通过改善党的领导能力和执政能力，保证党的领导地位真正建立在满足人民更高的民主要求的基础上。

强调民主并不意味着不要集中，中国共产党一贯强调民主和集中的统一。人民民主的发展与中央政府职能的增强并不存在矛盾，相反，它们是相辅相成、互相促进的。1988年邓小平在关于"中央要有权威"的谈话中提出的观点正是这个意思。他说："宏观管理要体现在中央说话能够算数。这几年我们走的路子是对的，现在是总

---

① 《邓小平文选》第1卷，人民出版社1994年版，第12页。
② 《邓小平文选》第1卷，人民出版社1994年版，第12页。
③ 《邓小平文选》第2卷，人民出版社1994年版，第365页。

结经验的时候。如果不放，经济发展能搞出今天这样一个规模来吗？我们讲中央权威，宏观控制，深化综合改革，都是在这样的新的条件下提出来的。过去我们是穷管，现在不同了，是走向小康社会的宏观管理。不能再搬用过去困难时期那些方法了。现在中央说话，中央行使权力，是在大的问题上，在方向问题上。"① 中央给地方、基层和人民放权就是在中央和地方、基层、人民之间进行分工，中央给地方、基层和人民让利就是让中央给地方、基层和人民承担起实现自身利益的责任。放权让利，就是权力划分、职责分工，它的最终目的是在发挥各方面积极性的基础上更好地统一行动。

"放权"并不是意味着"管得越少的政府是越好的政府"，也不是搞"小政府，大社会"。"放权"是承认政府也不是万能的，在小的问题上，在具体问题上，"管得越少的政府是越好的政府"。但是，"凡属全国性质的问题和需要在全国范围内作统一决定的问题，应当由中央组织处理，以利于党的集中统一；凡属地方性质的问题和需要由地方决定的问题，应当由地方组织处理，以利于因地制宜。上级地方组织和下级地方组织的职权，也应当根据同一原则作适当的划分"②。政府应该转变职能，专门从事公共事务管理，把非公共的事务管理留给基层或个人。"放权"意味着政府不直接干预企业经营管理、教学科研工作、社会交往活动、个人隐私权利；意味着政企分离，企业自主经营、自负盈亏；意味着事业单位和社会团体按照法律规定，独立自主地开展本职事务；意味着个人自谋职业、自主创业，它还意味着社会自治、村民自治、尊重个人隐私。

由此可见，"放权"不会使政府变得越来越小，更不会使中央权力缩小，它不过是要使权力合理地行使。而且，正因为"放权"，权力和利益矛盾的冲突就必然增多，这就要求中央加强协调各方的权力。在历史上，马克思就发现，"在阶级对立还没有发展起来的社会

---

① 《邓小平文选》第 3 卷，人民出版社 1993 年版，第 278 页。
② 《邓小平文选》第 1 卷，人民出版社 1994 年版，第 228 页。

和偏远的地区,这种公共权力可能极其微小,几乎是若有若无的,像有时在美利坚合众国的某些地方所看到的那样。但是,随着国内阶级对立的尖锐化,随着彼此相邻的各国的扩大和它们人口的增加,公共权力就日益加强"①。在今天,社会主义现代化建设必然要求社会民主化、企业和政府分离、地方政府职权增大,但是"现代化的深层趋势既是加剧的个人主义化也是不断增长的安全需要"②。"导致民主国家出现动荡不安的社会情况的特殊条件加强了中央集权的这种一般倾向,并使个人为了社会安定而牺牲越来越多的权利。"③"个人独立和地方自由将永远是艺术作品,而中央集权化则是政府的自然趋势。"④ 这就是为什么我们看到一贯奉行小政府的美国联邦政府的权力也在不断扩大。

　　民主集中制在党内表现为加强集体领导和个人负责相结合的工作制度,正如邓小平强调的:"重大问题一定要由集体讨论和决定。决定时,要严格实行少数服从多数,一人一票,每个书记只有一票的权力,不能由第一书记说了算。集体决定了的事情,就要分头去办,各负其责,决不能互相推诿。失职者要追究责任。"⑤ 同时,他还引用列宁的话说,"借口集体领导而无人负责,是最危险的祸害","这种祸害无论如何要不顾一切地尽量迅速地予以根除"⑥。国家领导人的才能应该充分得到发挥,集体领导不应该成为发挥领导者积极性的障碍;同时,有权力就必然要承担责任,决不允许把集体领导和决策当作推卸给个人分工负责的幌子。当今时代最匮乏的就是

---

　　① 《马克思恩格斯文集》第4卷,人民出版社2009年版,第190页。
　　② [德]沃尔夫冈·查普夫:《现代化与社会转型》第2版,陈黎、陆宏成译,社会科学文献出版社2000年版,第33页。
　　③ [法]托克维尔:《论美国的民主》下卷,董果良译,商务印书馆1988年版,第852页。
　　④ [法]托克维尔:《论美国的民主》下卷,董果良译,商务印书馆1988年版,第847页。
　　⑤ 《邓小平文选》第2卷,人民出版社1994年版,第341页。
　　⑥ 《邓小平文选》第2卷,人民出版社1994年版,第151页。

伟大的政治家，资本主义国家无数碌碌无为的政客就靠着选票赢得"合法性"，即便在新冠肺炎疫情防控中导致大量民众死亡，也不需要为自己的失职承担责任。民主完全丧失了其本来的含义，变成了一个"选主"的程序。

社会主义民主必须强调为人民服务、对人民负责、受人民监督，始终把实现好、维护好、发展好最广大人民的根本利益作为人民当家作主的根本体现。在此基础上，正如邓小平指出的："至于各种民主形式怎么搞法，要看实际情况。"① 民主的形式是为民主的内容服务的，资本主义民主的形式变成"选主"的程序的时候，民主也丧失了真实的内容。社会主义国家理当根据本国实际，探索符合本国实际的民主形式。

对于民主的形式，最重要的是实现制度化和法律化，建立社会主义法治国家。1980年，邓小平在《党和国家领导制度的改革》的讲话中就提出："要使我们的宪法更加完备、周密、准确，能够切实保证人民真正享有管理国家各级组织和各项企业事业的权力，享有充分的公民权利，要使各少数民族聚居的地方真正实行民族区域自治，要改善人民代表大会制度，等等。关于不允许权力过分集中的原则，也将在宪法上表现出来。"② 民主的制度化和法律化，就是要保证人民依法管理好自己的事情，实现好自己的利益，并有序地参与国家和社会事务管理，国家各项工作都依法进行，从而巩固和发展民主团结、生动活泼、安定和谐的政治局面，保证社会的稳定和发展。

3. 造就比资本主义国家更多更优秀的人才

没有民主就没有社会主义，就没有社会主义现代化，民主是社会主义建设的重要内容。发展社会主义民主政治就是要使人民逐步

---

① 《邓小平文选》第3卷，人民出版社1993年版，第242页。
② 《邓小平文选》第2卷，人民出版社1994年版，第339页。

摆脱人身依附和"物的依赖",最终实现一切人的自由发展。

摆脱人身依附关系,是资产阶级革命就应该完成的任务。但是,由于我国有几千年的封建历史,而资本主义没有充分发展起来,所以,彻底消除封建家长制特权思想和人身依附关系就成了社会主义民主建设的任务。邓小平指出:"革命队伍内的家长制作风,除了使个人高度集权以外,还使个人凌驾于组织之上,组织成为个人的工具。"① 这样,"他们的权力不受限制,别人都要唯命是从,甚至形成对他们的人身依附关系"②。消灭家长制要求:"上级对下级不能颐指气使,尤其不能让下级办违反党章国法的事情;下级也不应当对上级阿谀奉承,无原则地服从,'尽忠'。不应当把上下级之间的关系搞成毛泽东同志多次批评过的猫鼠关系,搞成旧社会那种君臣父子关系或帮派关系。"③ 清除社会生活中的君臣父子思想,树立人身独立、自由、平等的意识,是民主的基础。"不彻底消灭这种家长制作风,就根本谈不上什么党内民主,什么社会主义民主。"④ 邓小平认为我们党和国家制度中的种种弊端,"多少都带有封建主义色彩"⑤,"现在应该明确提出继续肃清思想政治方面的封建主义残余影响的任务,并在制度上做一系列切实的改革,否则国家和人民还要遭受损失"⑥。直到今天,不论在政府机关、企事业单位还是在社会团体中,带有封建主义色彩的人身依附关系都还存在,肃清思想政治方面的封建主义残余还是我国社会主义现代化建设的重要目标。

在资本主义社会,人身依附虽然消除了,但是,劳动者还必须从事"异化"劳动,还在处于物的依赖中。"工人阶级的解放斗争不是要争取阶级特权和垄断权,而是要争取平等的权利和义务,并

---

① 《邓小平文选》第2卷,人民出版社1994年版,第329页。
② 《邓小平文选》第2卷,人民出版社1994年版,第331页。
③ 《邓小平文选》第2卷,人民出版社1994年版,第331页。
④ 《邓小平文选》第2卷,人民出版社1994年版,第331页。
⑤ 《邓小平文选》第2卷,人民出版社1994年版,第334页。
⑥ 《邓小平文选》第2卷,人民出版社1994年版,第335页。

消灭一切阶级统治"①；社会主义国家，"它所采取的各项具体措施，只能显示出走向属于人民、由人民掌权的政府的趋势"②。使人民摆脱物的依赖，实现人尽其才的自由发展，是社会主义的本质要求。邓小平说："改革经济体制，最重要的、我最关心的，是人才。改革科技体制，我最关心的，还是人才……要创造一种环境，使拔尖人才能够脱颖而出。"③ 人的主动性、积极性和创造力得到充分发挥，各类人才脱颖而出，就是社会主义追求人的自由发展。

要实现人的自由发展，最重要的就是为自愿的社会分工创造条件。马克思在《资本论》中说："照最浅薄的理解，分配表现为产品的分配，因此它离开生产很远，似乎对生产是独立的。但是，在分配是产品的分配之前，它是（1）生产工具的分配，（2）社会成员在各类生产之间的分配（个人从属于一定的生产关系）——这是同一关系的进一步规定。"④ 也就是说，产品和收入分配早已经为生产和就业分配所决定，社会分层和贫富差距不过是社会生产和社会分工的结果。过去我们国家搞平均主义，可能满足了一部分人社会平等的理想。但是在平均主义分配原则下，"干和不干一个样，甚至干得好的反而受打击，什么事不干的，四平八稳的，却成了'不倒翁'。"⑤ 这显然不公平，最主要的是损害了人才的成长和生产力的发展。马克思批评德国社会党人说："消费资料的任何一种分配，都不过是生产条件本身分配的结果；而生产条件的分配，则表现生产方式本身的性质。例如，资本主义生产方式的基础是：生产的物质条件以资本和地产的形式掌握在非劳动者手中，而人民大众所有的只是生产的人身条件，即劳动力。既然生产的要素是这样分配的，那么自然就产生现在这样的消费资料的分配。如果生产的物质条件

---

① 《马克思恩格斯文集》第3卷，人民出版社2009年版，第226页。
② 《马克思恩格斯文集》第3卷，人民出版社2009年版，第163页。
③ 《邓小平文选》第3卷，人民出版社1993年版，第108页。
④ 《马克思恩格斯文集》第8卷，人民出版社2009年版，第20页。
⑤ 《邓小平文选》第2卷，人民出版社1994年版，第142页。

是劳动者自己的集体财产，那么同样要产生一种和现在不同的消费资料的分配。庸俗的社会主义仿效资产阶级经济学家（一部分民主派又仿效庸俗社会主义）把分配看成并解释成一种不依赖于生产方式的东西，从而把社会主义描写为主要是围绕着分配兜圈子。"① 没有生产就没有分配，有什么样的生产就有什么样的分配。社会的经济发展和劳动就业情况，决定了收入分配和社会分层的情况。

　　人类只能通过自愿的分工，才能获得自由的发展。也只有分工越来越细密，才能促进生产力的发展，才能给人更多分工的选择自由。亚当·斯密是分工与生产力发展理论的最早阐释者，他说："劳动生产力上最大的增进，以及运用劳动时所表现的更大的熟练、技巧和判断力，似乎都是分工的结果。"② 他以扣针制造为例说明分工如何提高了产量。实际上，他认为除了农业生产因为受季节变化太大不能进行细密分工以外，像工业制造业没有分工根本就不能进行生产。亚当·斯密认为正是因为农业不能进行细密的分工，所以农业的生产力的增进总是跟不上工业制造业劳动生产力的增进。社会学的最主要创始人涂尔干在他的开山之作《社会分工论》中认为，"劳动分工对于经济学家来说已经成为一个普遍事实"，但通过生物学家的工作可知，"劳动分工不但适用于社会，而且适用于有机体"；"如果一个有机体所在的动物等级越高，其机能分化也就越细。这一发现扩大了劳动分工的影响范围，而且把分工的起源推进到了无限远古的时代，因为自从地球有了生命，分工就几乎同时出现了。分工不再仅仅是根植于人类理智和意志的社会制度，而是生物学意义上的普遍现象……因此，所谓社会劳动分工只不过是普遍发展的一种特殊形式。社会要符合这一规律，就必须顺应分工的趋势"③。涂

---

① 《马克思恩格斯文集》第3卷，人民出版社2009年版，第436页。
② ［英］亚当·斯密：《国民财富的性质和原因研究》，郭大力、王亚南译，商务印书馆1972年版，第5页。
③ ［法］埃米尔·涂尔干：《社会分工论》，渠东译，生活·读书·新知三联书店2000年版，第3—4页。

尔干认为分工既是自然规律也是社会规律,人类必须顺应分工越来越细的客观规律。人类试图消灭分工实现平等的企图,全部都是遭遇了惨痛的失败。我国过去搞的知识分子下乡种地,工农兵直接上大学,本意是要消灭工农差别和脑体差别,也因为社会结果弊大于利而最终完全取消。

不是分工导致了贫穷和落后,恰恰是没有分工导致了贫穷和落后。正因为农村分工程度低,农业劳动生产力低,所以农民收入低。正因为城市分工程度高,工业生产力高,所以工人收入高。因此,我们看到大量的农民不辞劳苦出门打工,而且越是优秀的农民越是往城里跑,留在农村的农民基本上是中老年人和小孩。有人认为这是不正常的现象,改革开放前农民就不往城里跑。其实,那时不是农民不想往城里跑,农民比今天更想往城里跑,只是政府不允许他们往城里跑。从几百年前的英国"圈地运动"开始,自从人类拥有工业制造业和城市以来,农民就想往城里去,想要弃农从工从商。农民不是被从土地上赶走的,他们是自愿地而且渴望着离开土地。离开土地不是农民的不幸,离不开土地才是农民的不幸。恩格斯在《美国工人运动》中指出:"在中世纪,封建剥削的根源不是由于人民被剥夺而离开了土地,相反地,是由于他们占用土地而离不开它。农民保有自己的土地,但是他们作为农奴或依附农被束缚在土地上,而且必须给地主服劳役或交纳产品。直到近代的黎明时期,即15世纪末,农民大规模被剥夺才给现代雇佣工人阶级奠定了基础。"① 管理学家德鲁克指出,在工厂工作的待遇非常差,但强于务农或在地主家从事家务劳动;产业工人的工作时间都很长,但是比农民和佣人的工作时间短。总之,他们的生活水平要高于在农田里劳作的农民或在雇主家里劳动的佣人,而且他们的待遇也比他们好。这一点,可以从农民和佣人进入工厂从事工业后,婴儿死亡率就降下来得到证明。这是因为城市生活环境比农村更卫生,营养也更好。早期的

---

① 《马克思恩格斯选集》第4卷,人民出版社1995年版,第391页。

工厂与"魔鬼工厂"的确没有什么两样,但是农村也不是"生机勃勃和令人愉快的家园",它是一个风景如画但是更可怕的贫民窟。①如果中国人不相信"资产阶级经济学家和管理学家"的话,就想想"美丽的西双版纳,留不住我的爸爸"那首关于下乡知青返城的歌吧。希望农民在农村"安居乐业"的人,多半是在城里饱食无忧而喜欢游山玩水的人。传统的农业生产根本不可能解决城乡差别和"三农"问题,城镇化、工业化和工人化才是根本出路。促进农业生产机械化、产业化和市场化,推进小城镇发展步伐,把农村富余劳动力转移出来,这是农业发展的基本方向。

分工促进生产力发展,反过来,生产力发展又促进分工发展。亚当·斯密说:"一个国家的产业与劳动生产力的增进程度如果是极高的,则其各种行业的分工一般也都达到极高的程度。"② 就当今世界来看,落后的农业国,往往是全国绝大多数人口都在种地,而且几乎种的东西也完全一样。我国改革开放前生产力水平低下,说到底是绝大多数人口都在种地,而且普遍的规律是北方种小麦、南方种水稻。改革开放以后,最早致富的农民就是种植经济作物或搞大规模养殖,另外一些人则从事工商业和运输业,后来城市也有越来越多的人"下海"经商,因此,整个国家的生产力水平迅速提高。中国人长期生活在农业社会,总觉得开垦更多的土地才是经济发展的根本,因此往往采取"重农抑商"的做法。"重农抑商"如果成功地实施了,只能说明经济没有发展。改革开放以后,中国出现的新兴社会阶层都不是从事农业,甚至也不是从事工业。像信息技术产业从业人员,就是信息技术产业发展的结果。总之,只要经济在发展,分工也必然要发展。社会学家涂尔干认为不仅仅经济上有这样的规律,而且这是社会和自然界的一种普遍现象。政治、行政和

---

① [美]彼得·德鲁克:《巨变时代的管理》,朱雁斌译,机械工业出版社 2006 年版,第 171—172 页。
② [英]亚当·斯密:《国民财富的性质和原因研究》,郭大力、王亚南译,商务印书馆 1972 年版,第 7 页。

司法领域的职能越来越呈现出专业化的趋势;科学上早已不是以哲学为唯一科学的时代,它已经分解为许许多多的专业;生物有机体也一样,动物等级越高,其机能分化也就越细。① 因此,试图消灭社会分工实现人与人之间生活方式的相似性,并把这叫作人与人之间的平等,这是完全违背自然界和社会发展规律的愚昧之举,只会造成共同贫穷和专制奴役。社会平等并不是人人相似,没有财富、权力和知识的差别,而是人人都有选择自己的生活方式的权利。换句话说,平等永远不可能是分配结果的平等,只能是社会提供的成才机会的均等。

社会学家涂尔干把人的相似性基础上的社会团结称作机械团结,社会分工形成的团结是有机团结。他说:"机械团结最为强劲的反抗力是抵不上劳动分工所产生的凝聚力的,机械团结的运作范围也涵盖不了现代社会大多数的社会现象,这个事实告诉我们,社会团结的唯一趋向只能是有机团结。劳动分工逐步代替了共同意识曾经扮演过的角色,高等社会的统一完全要靠劳动分工来维持了。"② 而且,"正因为分工需要一种秩序、和谐以及社会团结,所以它是道德的"③。社会分工越是简单,可供人类选择的机会越少,社会冲突的可能性越大。古代农民起义风起云涌,当今美国西欧却绝对不可能发生农民起义。过去工人起义轰轰烈烈,但今天的美国和西欧最多只能组织较大规模的罢工。不仅是因为福利好了,更重要的是因为分工更细密了。具有相似性的传统意义上的农民和工人都很少了,大量的劳动力分布在众多的社会行业中。社会分工简单的社会已经一去不复返,许多人在不同所有制、不同行业、不同地域之间频繁

---

① [法]埃米尔·涂尔干:《社会分工论》,渠东译,生活·读书·新知三联书店2000年版,第2—3页。
② [法]埃米尔·涂尔干:《社会分工论》,渠东译,生活·读书·新知三联书店2000年版,第133—144页。
③ [法]埃米尔·涂尔干:《社会分工论》,渠东译,生活·读书·新知三联书店2000年版,第26—27页。

流动，人们的职业、身份经常变动，这种变化还会继续下去。要尊重和保护一切有益于人民和社会的劳动。不论是体力劳动还是脑力劳动，不论是简单劳动还是复杂劳动，要形成与社会主义初级阶段基本经济制度相适应的思想观念和创业机制，营造鼓励人们干事业、支持人们干成事业的社会氛围，放手让一切劳动、知识、技术、管理和资本的活力竞相迸发，让一切创造社会财富的源泉充分涌流，以造福人民。

马克思和恩格斯在《共产党宣言》中憧憬的共产主义是这样一个联合体，在那里，"每个人的自由发展是一切人的自由发展的条件"[①]。每个人的自由发展就是人尽其才，它之所以能成为一切人自由发展的条件，就是因为每个人都实现了自愿、细化的分工。如果每个人都从事一样的社会分工，每个人就只能互相竞争和斗争，而不会成为相互促进的条件。社会主义国家要造就比资本主义国家更多更优秀的人才，就应该创造条件促进生产力和社会分工的发展。

---

① 《马克思恩格斯文集》第 2 卷，人民出版社 2009 年版，第 53 页。

第十章

新动能、新形态与新挑战

> 经济发展得快一点,必须依靠科技和教育。
> ——邓小平:在武昌、深圳、珠海、上海等地的谈话

> 科技创新成为国际战略博弈的主要战场,围绕科技制高点的竞争空前激烈。
> ——习近平:在中国科学院第二十次院士大会、
> 中国工程院第十五次院士大会、中国科协
> 第十次全国代表大会上的讲话

《大学》有言:"汤之《盘铭》曰:'苟日新,日日新,又日新。'《康诰》曰:'作新民。'《诗》曰:'周虽旧邦,其命惟新。'是故,君子无所不用其极。"商汤在浴盆上刻铭激励自己:"诚能够一日洗身自新,就当每日洗心革面。"《尚书·康诰》记载西周时周成王任命康叔治理殷商旧地民众的命令说:"一定要使民众振作起来成为周国新民。"《诗经·大雅·文王》说:"周虽然是殷商下属旧国,但却获得上天新颁治天下命令。"所以,君子不断地自我革新以求至善境界。2014年6月9日,习近平总书记在中国科学院第十七次院士大会、中国工程院第十二次院士大会上发表讲话时指出,"我们的先人们早就提出:'周虽旧邦,其命维新。''天行健,君子以自强不息。''苟日新,日日新,又日新。'可以说,创新精神是中

华民族最鲜明的禀赋。"2014年7月14日，习近平总书记在接受拉美四国媒体联合采访时又说："中国人自古就具有强烈的创新意识。'周虽旧邦，其命维新。''天行健，君子以自强不息。'事实证明，没有改革开放，就没有中国的今天；没有改革开放，也不会有中国的未来。"科学发明创新，思想变革创新，社会改革创新，是人类社会文明进步的不竭动力。

一 经济发展新动能

如果说人类社会的发展进步，体现为人类自身的解放。那么，正如马克思和恩格斯在《德意志意识形态》中指出的："只有在现实的世界中并使用现实的手段才能实现真正的解放；没有蒸汽机和珍妮走锭精纺机就不能消灭奴隶制；没有改良的农业就不能消灭农奴制；当人们还不能使自己的吃喝住穿在质和量方面得到充分保证的时候，人们就根本不能获得解放。'解放'是一种历史活动，不是思想活动，'解放'是由历史的关系，是由工业状况、商业状况、农业状况、交往状况促成的……"① 生产方式的变革使人类从完全依靠自身的体力，到依靠蒸汽动力和机器，到电力和自动化装备。这样，人类的体力不断从生产劳动中得到解放，更多地运用到自己喜爱的健康运动中。人工智能或许会让人从繁重的脑力劳动中得到解放，从而能够把脑力更多地运用到自己热爱的创造活动中。或许，人类真将走向一个"大众创业、万众创新"的新阶段，只不过，"创业"将不止是"创办企业"，"创新"也不止是"科技创新"。说到底是让人人能够安心地干自己热爱的事业，而且能够以自己的方式创造性地干成自己喜爱的事业。

---

① 《马克思恩格斯文集》第1卷，人民出版社2009年版，第527页。

1. 技术竞争与垄断

马克思和恩格斯在《共产党宣言》中指出："资产阶级除非对生产工具，从而对生产关系，从而对全部社会关系不断地进行革命，否则就不能生存下去。反之，原封不动地保持旧的生产方式，却是过去的一切工业阶级生存的首要条件。生产的不断变革，一切社会状况不停地动荡，永远的不安定和变动，这就是资产阶级时代不同于过去一切时代的地方。"① 这意味着，资产阶级曾是最具有创造性的阶级，资本主义社会曾具有强大的创新能力。对此他们赞叹有加："资产阶级在它的不到一百年的阶级统治中所创造的生产力，比过去一切世代创造的全部生产力还要多，还要大。自然力的征服，机器的采用，化学在工业和农业中的运用，轮船的行驶，铁路的通行，电报的使用，整个大陆的开垦，河川的通航，仿佛用法术从地下呼唤出来的大量人口——过去哪一个世纪料想到在社会劳动里蕴藏有这样的生产力呢？"② 简单地说，资产阶级开创了一个新时代，科学技术的新时代，正是科学技术使生产力以前所未有的速度发展。当然，科学技术也使人类自身以前所未有的速度发展。

科学技术一直在人类社会发展进程中扮演关键角色，只是到了资本主义社会才以如此引人瞩目的方式凸显出来。正是从石头和木棍到陶器制作和青铜冶炼开启了人类文明，铁器的发明造就了农业经济和农业社会的兴起，使人类从采摘和狩猎进入真正的经济生产时代。蒸汽机的发明造就了工业经济和工业社会的兴起，使人类从手工劳动时代进入机器大工业时代，并使人类开始摆脱繁重的体力劳动。电力的运用加快了这一步伐，人类逐渐步入自动化时代。随着计算机发明和互联网的广泛运用，人类又迎来了新的生产工具革命。计算机的发明和互联网的广泛运用使信息的收集和使用越来越

---

① 《马克思恩格斯文集》第2卷，人民出版社2009年版，第34页。
② 《马克思恩格斯文集》第2卷，人民出版社2009年版，第36页。

便利了,知识创新的速度越来越快了。知识创新的速度不断加快,知识对生产的作用越来越大,知识创新最终将从工业和农业中独立出来成为知识产业,并对社会生产起主导作用。以知识生产为基础的生产方式造成了生产关系的革命性变革,也必然要引起全部社会关系的变革,人类从而将步入知识社会。知识经济和知识社会的来临意味着人类会进一步摆脱体力劳动,逐步步入脑力劳动时代。

资本主义社会生产方式,使科学研究和技术变革成为生存规律。恩格斯在《社会主义从空想到科学的发展》一文中曾指出,"资产阶级为了发展工业生产,需要科学来查明自然物体的物理特性,弄清自然力的作用方式。在此以前,科学只是教会的恭顺的婢女,不得超越宗教信仰所规定的界限,因此根本不是科学",但是,"资产阶级没有科学是不行的"①;与此同时,"社会的生产无政府状态的推动力,使大工业中的机器无止境地改进的可能性变成一种迫使每个工业资本家在遭受毁灭的威胁下不断改进自己的机器的强制性命令"②。究其原因,机器的改进和生产工具的革命化为资产阶级带来高额垄断利润,而利润是市场经济条件下工业生产存在和发展的前提和目的。为此,法国著名历史学家布罗代尔甚至只把技术进步带来的垄断定性为"资本主义",他说:"对我来说,在经济领域内,高层次运营的特点就是从一种垄断转向另一种垄断的本领。……你失去了一种垄断?没关系,再掌握另一种垄断便是了!……资本主义的方便之处和它的优越性便是选择的可能性。"③ 因此,对于布罗代尔来说,自由竞争只是中小企业的生产方式,或者说是早期资本主义的生产方式。资本主义的目的不是"公平竞争",恰恰是"消灭竞争",获得"垄断地位"。经济学家熊彼特则把资本主义描述成一个由技术革新驱动的"创造性的破坏过程"。他认为,新产品的发

---

① 《马克思恩格斯文集》第3卷,人民出版社2009年版,第510页。
② 《马克思恩格斯文集》第3卷,人民出版社2009年版,第554页。
③ [法]布罗代尔:《资本主义的动力》,杨起译,生活·读书·新知三联书店1997年版,第94—95页。

明、现有产品生产技术的改进，必然意味着现有产品和现存工艺技术的贬值；但是那些因此而遭受的财产损失其实变成配置到更有效地利用它们的人手中的资源。① 总之，正是由于工业生产追逐高额利润的需要，人们以前所未有的热情追求科学技术的发展，千方百计争夺生产工具的技术优势；而那些技术落后的企业将在市场竞争中破产、被吞并，成为"更有效地利用它们的人手中的资源"。但是，"创造性破坏"的结果就是"垄断"，竞争中的失败者被扫除出市场，成功者成为"大而不倒"的市场垄断者。

时至今日，关于资本主义竞争与垄断的奥秘已经不再是秘密了。竞争有利于技术创新是毫无疑义的事实，但是，竞争的结果却是导致技术垄断和超额利润。最终，有利于技术创新的竞争，走向了它的反面，导致技术垄断和技术停滞。现在的大企业通常不是技术创新的主要力量，而是收购和垄断技术的主要力量。很显然，为了促进技术创新，必须对大企业进行限制，必须鼓励中小企业发展，因此各国政府都有反垄断法律措施。但是，在国家层面上，资本主义各国为了本国利益，想方设法地帮助本国企业获取技术垄断和超额利润。

2. 国家规划与国际竞争

美国对华为公司的打压，其实也给世界各国的企业当头棒喝。所有企业都会意识到，当自己足够强大的时候，威胁到美国竞争优势的时候，就是到了美国打压的时候了。华为、中兴、字节跳动在美国的遭遇，教训了所有中国公司。类似的遭遇其实日本公司更早经历，曾经风光无限的东芝、松下、索尼都已经奄奄一息。阿尔斯通这家曾经横跨全球的法国巨头，其电力业务最终被主要竞争对手美国通用电气公司收购，而皮耶鲁齐从2013年被联邦调查局逮捕直

---

① ［美］詹姆斯·L. 多蒂等：《市场经济——大师们的思考》，林季红等译，江苏人民出版社2000年版，第22页。

到 2018 年 9 月才走出监狱。皮耶鲁齐的《美国陷阱》一书，披露了美国利用《反海外腐败法》打击美国企业竞争对手的内幕，揭露了美国政府为美国企业全球扩张与竞争开路的真相。

当今国际市场上的国家、企业、个人竞争实际上是"无政府主义"，这是国际关系的"现实主义"理论流派的基本观点。尽管有联合国、世界贸易组织、巴黎气候协定等众多国际组织和协调机制，但是，它们也都是受制于国家实力的影响。尤其是作为世界上最强大的国家——美国，如果国际组织不能让它称心如意，它就绕开或者退出这些国际组织。美国可以纠结所谓的"联合国军"在朝鲜战场开战，美国和苏联曾在联合国安理会一再使用否决权导致其不能发挥作用，这是冷战时代的国际治理体系的失灵。今天的情况并没有根本转变，美国特朗普政府在 2020 年新冠肺炎疫情防控中因为不满意世界卫生组织，不仅威胁停交会费而且直接退出世界卫生组织。此前，他也退出了觉得对自己不利的巴黎气候协定、联合国教科文组织。所以，像华为、中兴、字节跳动在美国遭遇的打压，如果美国的法律程序走不通，基本上国际法也没有救济的希望。各国政府都认识到，美国奉行的现实主义就是"弱肉强食"的丛林法则，除了加强自己的技术独立自主能力，根本没有其他出路。

2021 年 5 月 28 日，习近平在中国科学院第二十次院士大会、中国工程院第十五次院士大会、中国科协第十次全国代表大会上的讲话中指出："当今世界百年未有之大变局加速演进，国际环境错综复杂，世界经济陷入低迷期，全球产业链供应链面临重塑，不稳定性不确定性明显增加。新冠肺炎疫情影响广泛深远，逆全球化、单边主义、保护主义思潮暗流涌动。科技创新成为国际战略博弈的主要战场，围绕科技制高点的竞争空前激烈。我们必须保持强烈的忧患意识，做好充分的思想准备和工作准备。当前，新一轮科技革命和产业变革突飞猛进，科学研究范式正在发生深刻变革，学科交叉融合不断发展，科学技术和经济社会发展加速渗透融合。科技创新广度显著加大，宏观世界大至天体运行、星系演化、宇宙起源，微观世界小至基因编辑、粒子结构、量子调控，都是当今世界科技发展的最前沿。科技创新深度显著加深，深空探测成为科技竞争的制高点，深海、深地探测为人类认识自然不断拓展新的视野。科技创新速度显著加快，以信息技术、人工智能为代表的新兴科技快速发展，大大拓展了时间、空间和人们的认知范围，人类正在进入一个'人机物'三元融合的万物智能互联时代。生物科学基础研究和应用研究快速发展。科技创新精度显著加强，对生物大分子和基因的研究进入精准调控阶段，从认识生命、改造生命走向合成生命、设计生命，在给人类带来福祉的同时，也带来生命伦理的挑战。""两院院士大会"和"科协全国代表大会"，是我国科学技术领域的最高级别会议，国家最高领导人在会上的讲话代表了党和政府对科学技术发展与国际竞争的研判。2021年的会议是在新冠肺炎疫情的背景下召开的，它首先判断"世界百年未有之大变局加速演进"。这是一个战略性研判，核心内涵是西方的绝对优势正在丧失，西方进入保守封闭的"守势"。"世界经济陷入低迷期"，其结果是"科技创新成为国际战略博弈的主要战场"，西方尤其是美国希望通过科技创新保持战略优势，中国如果不能在科技创新方面追赶西方，就不可能取得和西方的"均势"。"不是东风压倒西风，就是西风压倒东风"，现在真的到了"世界百年未有之大变局"的转折点。"围绕科技制高点的竞争空前激烈"，这是因为科技已经成为决定东西方战略均衡的主要砝码；"科学技术和经济社会发展加速渗透融合"，所以谁能成为新的科技革命的引领者，谁也将成为世界的领导者；"以信息技术、人工智能为代表的新兴科技快速发展"，"人类正在进入一个'人机物'三元融合的万物智能互联时代"，这是指明了"信息技术、人工智能"是科技竞争的焦点，而人工智能将创造一个"人机物"融合的万物智能互联社会。

当前我国及其他各国政府都把人工智能当作未来的战略主导，出台战略发展规划，从国家层面进行整体推进，迎接即将到来的人工智能社会；但作为一个专业术语，"人工智能"其实可以追溯到

20世纪50年代，当时美国计算机科学家约翰·麦卡锡及其同事在1956年的达特茅斯会议上提出："让机器达到这样的行为，即与人类做同样的行为"可以被称为人工智能。① 约翰·麦卡锡创立了斯坦福大学人工智能实验室，该实验室人工智能专家杰瑞·卡普兰在经历了从科研到商业再回到科研后，更深入地认识到人工智能领域的研究在两个方向上有所突破：第一类新系统已经进入应用阶段，它们从经验中学习；第二类新系统来自传感器和执行器的结合。第一类即是人们常说的机器学习、神经网络、大数据、认知系统或遗传算法等，卡普兰根据这种产品的一般性目标，将其称为"合成智能"。这种合成智能有多强大，卡普兰让人们想象一下，如果你能有上千只眼睛看，能听到遥远之处的声音，还能阅读所有已出版的内容，那你将会变得多么聪明！第二类系统可以看、听、感觉，还能和其所在的环境进行互动。传感器可以散落在某种环境中，比如路灯上或智能手机里，而传感器的观察端则会被收集和存储在某个遥远的服务器集群上，这个集群会利用这些信息制订计划。这个计划可能会被直接执行（比如通过控制远程设备）或者被间接执行（比如哄骗你作出某些其期望的举动）。它和常见的集中于工厂车间的所谓自动化不同，新系统会在外执行任务，它们会和人类一起活动，或单独完成人类无法完成的工作，卡普兰把这第二类系统称作"人造劳动"②。简单地说，"人工智能"其实包括人工和智能，所谓"人工"就是人类制造的类似人类器官的各种传感器及其组合而成的具有类似人体机能的机器，这是人工智能的"物理硬件"或"生理要素"；所谓"智能"就是"机器学习"，也就是这些机器具有"深度学习"能力，可以积累根本经验不断优化知识结构，这是人工智能的"程序软件"或"智能要素"。因为它既是超越人类的智能，

---

① 腾讯研究院、中国通信院互联网法律研究中心、腾讯AI Lab腾讯开放平台：《人工智能：国家人工智能战略行动抓手》，中国人民大学出版社2017年版，第3—4页。
② [美]杰瑞·卡普兰：《人工智能时代：人机共生下财富、工作与思维的大未来》，李盼译，浙江人民出版社2016年版，第2—4页。

又是人制造的机器，所以通常称它为"机器人"。

很显然，人工智能是一个高度集成的系统，就像人是一个生命有机体。不过，人工智能的"五官"可以分散到"至大无外，至小无内"的不同领域，比如放置到太空、深海、深地，放置到人的大脑、心脏、血管中；而且，它可以无时无刻地通过视、听、嗅、味、触觉收集信息，并且远程发送到遥远的"大脑"中。它的"大脑"能比人的大脑更快速地处理收集到的海量信息，而且这些信息还能让它变得越来越聪明；它的"中枢神经"也比人的更发达，它可以把执行指令无线传输到遥远的"躯体"，并快速地执行指令和获得反馈。人工智能，可以说是"千里眼""顺风耳""土行孙""孙悟空""二郎神""千手观音""海龙王"等的集合体，或许它就是神通最广大的"如来佛祖"。它是那么令人神往又不免让人担心。很显然，哪个国家赢得了先机，几乎就注定要统治"三界"，第一、第二、第三世界。

到目前为止，人工智能技术领域的竞争，主要在中、美之间展开。大体上说，在大数据、云计算和深度学习方面，美国在全球市场上占据绝对优势地位，但阿里巴巴、腾讯、华为也取得了很不错的进展，尤其在国内可以不受美国的控制。华为在5G传输方面甚至取得了优势，字节跳动在算法上面也有一些优势，海康威视、科大讯飞在视频、音频收集处理方面表现突出。但是，在支持终端传感器和执行器智能化的芯片、操作系统方面，尤其是在芯片设计和制造、操作系统的设计和推广方面，美国仍占据世界主导地位。美国目前正是依靠这些技术优势来维持垄断利润，而中国正是因为没有掌握这些核心技术而被"卡脖子"。

中国不会放弃自己的发展权，中国人相信《国际歌》唱的"从来就没有什么救世主，也不靠神仙皇帝！要创造人类的幸福，全靠我们自己！"中国必须实现科学技术的独立自主，必须摆脱被大膝盖"卡脖子"的命运。

3. 能源资源与生态环境

人工智能并不是"不食人间烟火"的"神仙",它需要支撑自身运转的能源。我们目前已经知道,大数据、云计算、5G 通信都是耗电量极大的基础设置,而且它们都需要全天候地运转和耗费电。随着城市化的进一步推进,以及火车、汽车等交通工具的电气化,电力的需求还会进一步扩大。如果人类继续依靠煤炭、石油、天然气等化石燃料来发电,那么不仅这些资源将不断枯竭,环境污染也会越来越严重。人类真正了不起的"智能",是知道与自然和谐相处。

远川研究所科技组陈帅和张假假曾发表一篇题为《"碳中和"背后的中国能源大三角》的文章,从生产—传输—利用三个环节分析了驱动国民经济的能源的历史变迁。该文认为一个国家的命运,往往和"能源体系的创新革命"紧密相关。比如美国在 19 世纪下半叶的崛起,就离不开其打造的最具时代性的"原油体系":在生产端,洛克菲勒创办了标准石油公司,通过改良设备以及高效的冶炼技术,提高了炼化效益,继而控制了美国 95% 的市场,又通过价格战、雇文痞、收买黑帮等方式,一度控制了全球 85% 的市场;在运输端,洛克菲勒放弃了当时广泛流行的铁路运输,开创性地建立了庞大的输油管道,大幅降低了石油成本;在消费端,亨利·福特开创了流水线的生产方式,搞出了廉价的 T 型车,把洛克菲勒的石油消化得干干净净。"高效炼化技术—全新输油管道—创新汽车生产线",最终形成了"生产—传输—利用"的循环体系,成功取代了由英国主导的"煤炭体系",大大加速了美国工业的发展。1929 年,美国拥有全球 78% 的汽车,汽油和燃油料占石油总消费量的 85%,工业文明遥遥领先。所以等到第二次世界大战时,在希特勒小心翼翼呵护着罗马尼亚的油田、日本绞尽脑汁在印度尼西亚搜刮原油时,美国可以毫无顾忌地挥霍燃油资源,驱动着同盟国的坦克洪流和庞大舰队淹没法西斯。到 1945 年,其石油产量(2.35 亿吨)是轴心国产量总和的 89 倍。"生产—传输—利用"的循环体系也成为第二次世界大战后美国石油霸权的基石。即使到了 21 世纪，美国在传统能源界的实力依旧在不断膨胀。在生产端，美国通过页岩油在 2019 年重新登上了世界第一大石油生产国的宝座。中东即使打成焦土，对美国的影响也有限。与之形成鲜明对比的是，虽然并非贫油国，但作为世界工厂的中国每年进口石油花费超过 2000 亿美元，而如果算上与俄罗斯、伊朗签下石油管道输送合同，以及为了越过马六甲海峡，在巴基斯坦和缅甸修建的港口等，我国在能源安全上的投资则是天文数字。而要真正打破这个局面，中国需要的也是一次在能源领域的创新革命。这便是如今最热的赛道："硅能源"革命，即由光伏—特高压—新能源车组成，对应一个新的"生产—传输—利用"循环体系。过去 20 年里，中国在多条战线上同时规划了空前规模的产业政策，在发电、传电、用电各个环节的支出总计几乎不下万亿。这些政策，在一些经济学家眼里，叫作"扭曲资源配置"，舆论也在"骗补、过热"和"寒冬、遇冷"中摇摆。但不可否认的是，"光伏、特高压、新能源"这个循环体系，在 2020 年都相继迎来了突破和发展，中国能源大三角正逐渐完备，也给了决策层 2060 年实现"碳中和"的信心。在"清洁能源"政治正确的外衣之下，"碳中和"的本质，是一场硅能源取代碳能源的能源革命。这篇文章视角极其宏大，但逻辑极其简单。如果我们承认"虚拟世界"离不开"物质世界"，那么就不能不承认这篇文章的重要价值。

中国因为能源资源产业政策非常成功，中国人几乎没有体验过"德州断电"，也没有体验过由断电而导致的断网。在断电的情况下，5G 通信、高速互联网、大数据、人工智能，全部都成为摆设，人类立即回到前工业文明。由于生活在城市高楼之中，甚至连农业社会的生活都不可能。人们将会因为没有燃气和水不能做饭，也将没有暖气或冷气来保温降温，没有电梯让出门也成问题。没有了电，居住在城市里的现代人几乎没有办法生存。英国人归根到底靠煤提供能源，所以必须承受严重的环境污染；美国人更多地依赖石油和天然气，环境有所改善。中国人如果能依旧靠煤作为主要能源，就必须忍受严重的环境污染。如果依赖石油和天然气，就必须付出巨大的经济代价，而且还不能保证能源安全。能源对国民经济的重要性，就像血液对人体的重要性；能源安全没有保障，就像一个人缺血贫血。中国如果能通过太阳能、水能、风能等新能源实现能源安全，并且建立完善的能源输送网络和能源利用新模式，就能打破"能源血液"不够旺盛导致的中国经济"苍白无力"。

总之，"科学技术是第一生产力，而且是先进生产力的集中体现和标志。科学技术的突飞猛进，给世界生产力和人类经济社会的发展带来了极大的推动。未来的科学技术发展还将产生新的重大飞跃"①。可以肯定，机器的改进和生产工具的革命不仅是资产阶级的强制性法令，而且是世界各国人民的强制性法令。

二 生产关系新形态

马克思说："机械方面的每一次重大发展都使分工加剧，而每一次分工的加剧也同样引起机械方面的新发明。"② 工业化造成了社会分裂为资产阶级和无产阶级，卡普兰大概认为人工智能将使社会分裂为资产和人。资产的力量将比过去更加所向披靡，无产阶级也将比过去更加扩大，可能所有人都将成为无产阶级，而且是"资产"所不需要的"无生产能力阶级"。如果卡普兰说的是对的，那么"无生产能力阶级"也必定要起来反抗"资产"的统治。

1. 知识创新与人类智慧

反思人类创造物对自身生活的利弊，并且能够按照有利于自身需要来改造人类自身的创造物，这是人类独有的"智能"。从这个意

---

① 江泽民：《在庆祝中国共产党成立八十周年大会上的讲话》，人民出版社2001年版，第16页。

② 《马克思恩格斯文集》第1卷，人民出版社2009年版，第627页。

义上来说,"人工智能"其实不具有人的"智能",它只是收集数据、信息以形成知识,并且还能通过"深度学习"进行"知识创新"。"人工智能"可以"掌握人类大脑无法企及的模式和见解","你可能会认为它们展示出了超人的智力,但是这绝对是误解——至少在可以预见的未来,因为这些机器没有意识、无法反思,不会展示出丝毫的独立意愿或个人诉求。换句话说,它们没有思想"①。人类绝对不会任由工业污染自己生活的环境,直到把自己毒害致死而无所作为。人类既开创了现代工业文明,又懂得改善生态环境,这就是人类的智慧。

人类历史表明,由于蒸汽机的发明,人们开始使用机械力进行工业大生产,大量的原料和资源被开采、加工、制造,比农业经济时代丰富得多的产品被大量和快速地生产出来,工业生产逐步代替农业生产成了满足人们生活需要的主要方式。这样,蒸汽机的发明就完全改变了社会分工,从而改变了生产关系。一旦自给自足的、地域性的农业生产为市场交换的、世界性的生产所代替,人与人之间由于血缘产生的天然尊长关系就被市场经济中的平等和自愿交换关系所代替。由于计算机及互联网的使用,人们得以广泛收集和快速地处理信息,知识的发展和创新越来越快,知识正在成为比物质生产资料、资本和劳动力更重要的生产要素,成为最重要的生产要素。这样,计算机的发明和国际互联网的使用也就加剧了社会分工,使知识生产逐步代替工业生产——就像工业生产曾经代替农业生产一样,成为社会分工中的主导力量,使知识生产成为主导产业,从而将改变整个生产关系和社会关系。这种改变应该不需要等到"无产阶级革命"才能开始的,相反,"知识资本"将像"工业资本"曾经逐步积蓄力量推翻"土地资本"一样,它目前正在积蓄推翻"工业资本"的物质力量,直到有一天它将完成革命性的转变。可以

---

① [美]杰瑞·卡普兰:《人工智能时代:人机共生下财富、工作与思维的大未来》,李盼译,浙江人民出版社2016年版,第3页。

肯定，人类也绝对不会让"人工智能"危害自身，如果出现"人工智能"危害自身的情况，人类就会改造它，让它创造的知识更好地为人类服务。

首先，不是知识创新服务于物质生产、知识创新能力依附于物质财富，而是物质生产依赖于知识创新、物质财富依附于知识创新能力。生产关系中的这种变化将使人与人之间的关系从人身依附、物的依赖逐步走向人身的自由和解放。最典型的例子是微软公司，它拥有的有形资产并不多，也没有强大的物质产品的生产能力，与通用汽车公司相比真是相形见绌。但是，它拥有巨大的无形资产、知识资产，它有强大的知识生产、技术革新能力，所以，它的股票市值一度远远超过通用汽车，公司总裁比尔·盖茨本人更是连续多年成为世界首富。比尔·盖茨和微软的财富就是人本身，人的知识创造力。在工业经济条件下，农业生产往往为工业生产服务；在知识经济条件下，知识创新将决定工业生产的进步。Windows 操作系统不断地更新，才要求有容量更大的硬盘、内存和计算速度更高的CPU，反之则没有太大的意义。"软件"产品的更新给"硬件"产品的制造提出需要和标准，而不是"硬件"生产的需要提出"软件"设计的方案，这是知识经济和工业经济的本质区别。

现在，农产品的价格在不断降低，工业产品的价格也在不断降低，人类的生产能力已经完全可以使世界所有人获得足够的生活产品——尽管由于分配不平等，并不是全人类都享受到了温饱。事实上，物质生产能力本身在某种意义上说已经过剩了，单纯地增加产量在很多情况下已经没有任何使用价值和交换价值了。关键是知识的创新和技术的革新，以及人本身的发展。可以预见，知识的进步和技术的更新将代替资本的增加、生产规模的扩大，成为经济和社会进步的主要力量。毫无疑问，知识还必须运用于生产，科学技术还必须转化为生产力，知识经济不是人们只要过精神生活不要物质生活的"虚幻"经济。但是，就像今天只有工业生产的进步才能推动农业生产的进步一样，未来将只有知识生产的进步才能推动工业生产的进步。今天，企事业单位和政府都在致力于信息化和知识化，都在致力于人才的培养，就像当初致力于农业机械化和产业化一样。

其次，人们的生活改善也将主要不是对更多产品的占有，而是产品的"技术的升级"，这为人摆脱资本主义条件下"物的依赖"走向自由发展提供了条件。人的生理需求总是有限度的，当生产力的发展已经使温饱得到解决以后，我们需要的并不是更多的食品，而是需要更多的关于饮食的知识，了解如何才会使食物更加科学地满足人体机能的需要，如何让人们更健康、更长寿。也许还是计算机软件最能说明问题。我们知道，我们并不需要两个或更多经典的 Windows 98 操作系统，我们只需一个最新的 Windows 11 就够了。复制一个 Windows 98 的价格很低廉，甚至不要钱就能办到，但是，它对我们几乎没有使用价值。因为现在 Windows 11 上能运行的很多程序，Windows 98 已经根本不能运行了。华为的鸿蒙操作系统如果能够做到"万物互联"，当然就会更有价值了。人类生产不了足够的书籍、收音机、电视机、电脑这些物质产品，但是，操作系统事实上可以满足所有人的需要。现在的问题是，要像改进操作系统一样，让我们的书籍内容更好，让我们的机器人使用起来更方便、更安全。显然，所有这些目标的实现，首要的是人的自主发展，人的知识利用和创新能力的发展。

最后，人们精神上的幸福感受、社会地位感受也将主要不是获得更多的钱财和权势，而是"知识充电"。联合国教科文组织顾问、系统哲学家 E. 拉兹洛在他的《决定命运的选择》一书中提出，在 20 世纪末和 21 世纪初，规定世界上权力与财富性质的游戏规则已经改变。权力不再以诸如某个办公室或某个组织的权威之类的传统标准为基础，财富的含义正在从诸如黄金、货币和土地等有形的东西转移开去。一个比黄金、货币和土地更灵活的无形的财富和权力基础正在形成。这个新基础以思想、技术和通信占优势为标志，一句话，就是以信息为标志。著名未来学家托夫勒将他的新著取名为《力量的转移》。到那时候，"知识就是力量"，而且是比金钱和权力更强大的力量。因为，更多、更先进的知识意味着掌握了更多人们在生产、生活中必需的资源和手段。人们要实现自己的需要和愿望，要生活得更好，需要的是更多的知识——掌握了知识也就掌握了财富。奴隶主和封建主可以强制奴隶和农民劳动，资本家可以靠延长工人的劳动时间和加强劳动强度赚取更多的钱财。但是，知识利用和创新能力却紧紧依附于人本身，依赖于发挥人的主动性、积极性和创造力，强力和金钱本身并不足以攫取它。没有独裁者能强迫人民发明最先进的武器，没有资本家能迫使员工发明最先进的新技术。可以想象，资本和权力不再成为奴役人们的力量是可能的。人们自身的知识运用能力和知识创造能力将是决定人的生活状况的根本因素。

总之，生产力的发展将使人类摆脱有形产品的匮乏，甚至普遍出现"生产过剩"，"无形产品"——知识创新，将成为人类生产的主要内容，这就是知识经济与农业经济和工业经济的本质区别。同时，因为知识生产的本质是发挥人的创造力，所以，与农业经济以土地为本、工业经济以资本为本不同，知识经济以人为本，以人的知识运用和知识创新能力为本。以人为本是知识经济的本质特点，它标志着人类社会发展的一个新阶段。当然，知识也是一把双刃剑，它也可以危害社会，所以知识创新必然要求有正确运用知识的智慧。

2. 数据处理与信息管理

上文我们说了，"人工智能"其实没有"人的智能"，它只有人脑的"知识创新"能力，而没有人类反思的"知识创新"的"智能"。说"人工智能"通过"深度学习"实现"知识创新"其实是拟人的说法，确切地说，它是通过"数据处理"实现"知识创新"。通过处理的"数据"就成了人类思考决策的"信息"，比如新冠肺炎感染人数增长的"数据"提供了疫情恶化的"信息"。

美国波士顿大学的托马斯·H. 达文波特教授在《重新确立信息在信息技术中的地位》一文中明确区分了信息和信息技术的这种差

别，并指出，现在"是到了我们将重点放在信息上，而不是放在技术上的时候了"①；"毕竟，在将数据转化为信息时，是人赋予了其内容、意义和价值，也正是这些人能够获得好处"②。在《知识管理只是好的信息管理吗》一文中他又区分了信息和知识，他认为："当人类对数据进行解释并将它融入特定背景之中后，数据就变成信息；""知识是存在于人们心中的信息，没有自我意识的人，就没有知识。"③ 也就是说，知识与人的智力活动紧密相关，没有人的智力创作也就没有知识。在此基础上，他进一步指出，知识管理的目的是知识创造和知识运用，否则，知识同信息一样是没有价值的。④ 所以，说到底，知识经济是以人们对信息和知识的利用为内容的"无形"经济，而不是为信息和知识利用提供技术支持的有形物质生产。一旦"历史上第一次，人类思想成为直接的生产力量，而不仅是生产系统中的决定因素"，⑤ 知识经济时代就真正来临了。所以，知识经济与农业经济、工业经济的本质区别是其产品的"无形"。

也正是在知识经济是"无形"的知识产品、智力成果的生产这个意义上，1998年2月初欧盟委员会就断言，以物质生产品的生产为基础的文明已一去不复返，欧盟将日益成为一个"知识社会"。显然，知识社会是以知识生产为基础的社会，它并不会消灭农业生产、工业生产。只不过，农业、工业和服务业的发展将依赖于知识生产。就像今天农业生产的进步依赖于工业生产的进步一样，随着知识社

---

① ［美］唐纳德·A. 马灿德：《信息管理》，吕传俊译，中国社会科学出版社2002年版，第2页。

② ［美］唐纳德·A. 马灿德：《信息管理》，吕传俊译，中国社会科学出版社2002年版，第7页。

③ ［美］唐纳德·A. 马灿德：《信息管理》，吕传俊译，中国社会科学出版社2002年版，第161页。

④ ［美］唐纳德·A. 马灿德：《信息管理》，吕传俊译，中国社会科学出版社2002年版，第163页。

⑤ ［美］唐纳德·A. 马灿德：《信息管理》，吕传俊译，中国社会科学出版社2002年版，第31页。

会的来临，工业生产、农业生产和服务业的发展都依赖于知识生产的进步。知识生产将不再依附于任何别的产业，它将成为独立的产业而且起主导作用。这样，土地、资本将不再成为制约社会生产发展以及人本身的生存和发展的首要因素，相反，人本身的发展，人们利用信息进行知识创新的能力才是制约社会生产发展的首要因素。由于计算机和互联网使信息传播和获得极其便利，因此，人们自身的知识创新能力将成为决定人本身生存和发展状况的首要因素。这样，知识社会将是一个以人为本的社会，是人的创造能力的发展对社会发展起决定作用的社会，因此也必将是更加自由和平等的社会。在《共产党宣言》中马克思和恩格斯指出，共产主义社会"将是这样一个联合体，在那里，每个人的自由发展是一切人的自由发展的条件"①。显然，知识社会与共产主义社会并不矛盾，它将促进人类走向共产主义社会。

生产力和生产关系的变革，是历史唯物主义划分社会发展阶段的依据，因为它将导致全部社会关系的变革。知识经济的来临预示着人类社会的发展将进入知识社会。1996 年 OECD（经济合作与发展组织）在题为《以知识为基础的经济》（1996）报告中，把"知识经济"定义为建立在知识和信息的生产、分配和使用之上的经济。看来，知识和信息是知识经济的生产资料、劳动产品和消费对象。那么，可否说信息产业就是代替工业经济、改变生产关系的知识经济呢？显然不能。马克思指出："机器正像拖犁的牛一样，并不是一个经济范畴。机器只是一种生产力。以应用机器为基础的现代工厂才是社会生产关系，才是经济范畴。"② 同样，计算机和互联网也像机器和牛一样，也只是一种生产力，并不是一个经济范畴。只有以应用计算机和互联网为基础的知识运用和创新才是生产上的社会关系，才是经济范畴。认为"信息产业的迅速发展和崛起使世界经济

---

① 《马克思恩格斯文集》第 2 卷，人民出版社 2009 年版，第 53 页。
② 《马克思恩格斯文集》第 1 卷，人民出版社 2009 年版，第 622 页。

开始进入一个不同于工业社会的新时代",这种观点是不准确的。计算机和互联网本身不会成为改变社会性质的新的社会生产方式,信息技术（IT）产业仍然是物质生产,仍然是工业经济。

知识经济比信息产业宽泛得多,它包括了一切利用信息所进行的智力创造活动。它不是物质生产,而是科学发现、技术革新、精神生产、观念更新、理论创新和制度变革等活动。所以,知识经济是与物质生产相对的"新经济"。总之,知识经济是生产力发展的必然结果,它将导致生产关系以及一切社会关系的根本性变革,从而使人类进入以利用信息进行知识创新为基础的知识社会。知识经济将使人们摆脱土地和资本的奴役,摆脱人身依赖于物质的"异化"。知识社会将是人类自身得到更高的自由和解放的社会。人类进入知识经济和知识社会还有很长的路,中国进入知识经济和知识社会的路更长。我们目前的主要任务仍然是从农业经济向工业经济、从农业社会向工业社会的转变。但是,问题不在于这里,问题在于知识经济和知识社会来临的必然性可以让我们树立更科学的发展观。它提醒我们必须通过信息化和知识化促进工业化,走新型工业化道路,提醒了我们科学技术是第一生产力,提醒我们树立以人为本的科学发展观。

对于机器人或人工智能来说,数据也好、信息也好、知识也好,都是死的,供人使用的;是人的智慧把它们变成活的有价值的东西。因此,可以说人工智能负责数据处理,人类负责信息管理。现在平台公司掌握了大数据并有超强的数据处理和运用能力,但是这些数据对于我们人类来说就是需要管理的信息。数字经济也好,知识经济也罢,涉及的绝不只是数据处理和知识创新,就像是工业生产不只是机器加工原材料一样,劳动者的人身权利、人类自身的信息都需要保护和管理。

3. 知性生活与幸福生活

当知识创新和运用成为经济发展的基础时,各国政府、企业、个人都比过去更加注重技术能力提升,人才竞争也越来越聚焦到技术人才的竞争。由此导致的结果是，人们的生活越来越"知性"，但是，人们对幸福的渴望也越来越迫切。

2012年，美国南加州大学著名"幸福经济学"教授伊斯特林发表《中国人生活满意度：1990—2010》调研报告，通过长期跟踪调查和问卷调查发现，虽然在1990—2010年这二十年时间里，中国经济总量翻了两番，也就是增长了四倍，但是中国人的幸福感非但没有上升反而略有下降。处于收入底层1/3群体的满意度下降得尤其明显，即便收入最高的1/3群体的满意度也只有略微上升。大体来说，中国人的满意度出现了一个U形转变，即从1990开始逐步下降，到第一个十年结束时又开始上升，到2010年恢复到略低于1990年的水平。究其原因，伊斯特林认为是20世纪90年代的改革打破了工人的"铁饭碗"，使工人失去了稳定的工作和广泛的安全保障，包括食物补贴、住房、医疗、孩子的教育、养老金以及孩子的工作机会。尤其是在城市国家工厂，不仅大批下岗工人失去了生活的保障，即便在岗工人也受到农民工的极大冲击，这些破产或效益不好的国企下岗职工是生活满意度最低的人群。尽管2000年之后，下岗人数减少、失业率下降，但是中国人对工作和生活稳定的担忧一直在持续。从经济增长的角度讲，中国的快速增长和苏联与东欧转型国家完全不同，但是，从工作和生活稳定的担忧这方面来讲，中国和苏联与东欧国家的情况其实并没有明显差别。这意味着只有经济增长是不够的，工作安全和社会保障体系对人民的幸福至关重要。

虽然机器大工业使生产力得到前所未有的提高，但是人类生活水平并不必然随之提高。马克思在《1844年经济学哲学手稿》中就已经指出："劳动对工人来说是外在的东西"，"他在自己的劳动中不是肯定自己，而是否定自己，不是感到幸福，而是感到不幸，不是自由地发挥自己的体力和智力，而是使自己的肉体受折磨、精神遭摧残。"[①] 恩格斯在《社会主义从空想到科学的发展》中明确指

[①] 《马克思恩格斯文集》第1卷，人民出版社2009年版，第159页。

出："机器的改进就造成人的劳动的过剩。如果说机器的采用和增加意味着成百万的手工劳动者为少数机器劳动者所排挤，那么，机器的改进就意味着越来越多的机器劳动者本身受到排挤，而归根到底就意味着造成一批超过资本雇工的平均需要的、可供支配的雇佣劳动者，一支真正的产业后备军（我早在 1845 年就这样称呼他们），这支后备军在工业开足马力工作的时期可供随意支配，而由于随后必然到来的崩溃又被抛到街头，这支后备军任何时候都是工人阶级在自己同资本进行生存斗争中的绊脚石，是把工资抑制在合乎资本家需要的低水平上的调节器。这样一来，机器，用马克思的话来说，就成了资本用来对付工人阶级的最强有力的武器，劳动资料不断地夺走工人手中的生活资料，工人自己的产品变成了奴役工人的工具。于是，劳动资料的节约，一开始就同时成为对劳动力的最无情的浪费和对劳动发挥作用的正常条件的剥夺；机器这一缩短劳动时间的最有力的手段，变成了使工人及其家属一生的时间转化为可以随意用来增殖资本的劳动时间的最可靠的手段；于是，一部分人的过度劳动成了另一部分人失业的前提，而在全世界追逐新消费者的大工业，却在国内把群众的消费限制到忍饥挨饿这样一个最低水平，从而破坏了自己的国内市场。'使相对过剩人口或产业后备军同资本积累的规模和能力始终保持平衡的规律把工人钉在资本上，比赫斐斯塔司的楔子把普罗米修斯钉在岩石上钉得还要牢。这一规律制约着同资本积累相适应的贫困积累。因此，在一极是财富的积累，同时在另一极，即在把自己的产品作为资本来生产的阶级方面，是贫困、劳动折磨、受奴役、无知、粗野和道德堕落的积累。'（马克思《资本论》第 671 页。）而期待资本主义生产方式有另一种产品分配，那就等于要求电池的电极和电池相联时不使水分解，不在阳极放出氧和在阴极放出氢。"① 显然，马克思和恩格斯都认为，科学技术对于资本增值大有裨益，但是，它对工人的就业、收入、幸福很可能都

---

① 《马克思恩格斯文集》第 3 卷，人民出版社 2009 年版，第 554—555 页。

是副作用。

卡普兰对于人工智能或智能化对人类社会冲击的影响，比马克思对于机器大工业或工业化对人类社会冲击的影响，做了更加悲观的预测。他说："今天大部分蓝领工作和白领工作很快就要分别受到人造劳动和合成智能的威胁。包罗万象的体力或脑力劳动很容易会被新型设备和程序所取代。为什么雇主要雇佣你，而不去买个机器？我们马上就会发现，马克思是对的：资本（其利益由管理者操纵）和劳动力之间的矛盾不可避免，而最终失败的则是工人。但他并不认同'我们所有人都是工人'的观点，比如经理、医生以及大学教授。作为一位经济学家，马克思在还没有想到人造劳动者的时候，就理解了工业自动化会用资本取代劳动。但是他无法预见的是，合成智能也能用资本来取代人的头脑"；"未来的矛盾来自资产和人"；"可能只有所谓1%的人会成为今天这些趋势的受益者，但是如果不对这些拥有资产的人或物设置预警的话，很可能这仅有的1%也将会缩水到0"；"这样的经济极有可能会在没有人类的情况下自我推动前进，于是更多人被推下了船。最后一个被驱逐下船的人会关灯吗？没关系——灯自己会关的。"① 卡普兰要强调的大概是"如果不对这些拥有资产的人或物设置预警"，人工智能会让人类未来暗淡无光。

对于马克思和恩格斯以及卡普兰的担忧，有些人会觉得过于悲观。但我们今天可以考察一下美国、西欧、日本等发达国家的失业情况，也可以了解一下中国出租车司机对滴滴打车的抱怨，就会理解他们的担忧完全不是空穴来风。如果无人驾驶出租车真的普及了，现在的出租车司机自然要下岗，网约车、专车司机难道就不要下岗了？人工智能难道不会如卡普兰所言让工程师也下岗？今天中国人为什么活得不幸福，不是因为担心基本的衣食住行没有保障，而是因为担心失去工作机会！今天中国为什么对子女教育如此焦虑？不

---

① ［美］杰瑞·卡普兰：《人工智能时代：人机共生下财富、工作与思维的大未来》，李盼译，浙江人民出版社2016年版，第8—9页。

是因为担心没有学上，而是因为担心没有发展前途。如果人工智能真的是人类未来发展的必然趋势，那么现在的蓝领工人不是必然失业吗？那么上职业高中的孩子不是完全没有前途吗？现在每个人都有预感，有些工作必将为人工智能所取代，比如司机职业可能被自动驾驶取代，比如快递可能被无人机取代，比如收银员可能被自助结账取代，比如汽车生产流水线工人可能被机器人取代，比如精密电子产品生产已经无人化，比如上海全自动化港口已经投入运营……今天到底有哪个职业技能让人相信前途光明呢？有哪个父母愿意自己的子女上职业高中职业大学呢？职业技术学校和人工智能趋势是时代的错误："职业技术教育"能成就"世界工厂"，但只有"人的智能开发"才能适应"人工智能"的需要。

科学技术可以提高生产力，但它不见得会提升人的幸福。一个社会不管能节省多少物质资源，如果它浪费了最宝贵的人力资源，它就不是适合人类生存的社会；一个社会不管能让机器创造多少财富，如果它不能让人创造多少价值，它就不是适合人类发展的社会。

三 社会发展新挑战

我国经历了长期的革命斗争和众多的政治运动之后，终于从20世纪70年代末走上了一条以民生福利和经济发展为中心的发展道路。改革开放以来，中国的经济总量和人民生活水平迅速向发达国家靠拢。然而，与此同时，中国社会也出现了贫富差距拉大、官员贪污腐败、生态环境恶化、道德风气败坏等不良后果。因此，人们开始反思以追求经济快速增长和民生福利改善为目标的发展观，政府提出了以人为本的人与社会和自然和谐发展的观点，这是我国经济社会发展的新阶段。然而，如果我们认为"以人为本"与"以经济建设为中心"是相对立的，而不是对它的发展和完善；认为以经济建设为中心是追求人的物质需要和肉体享受，以人为本是追求人的文化需要和精神享受，那么我们就会陷入唯心主义的泥潭里，就会使关于发展的社会科学变成关于精神的思辨哲学。离开了"以经济建设为中心",我们甚至有可能回到政治斗争和文化革命的老路上去。

1. 突破增长的极限

第二次世界大战之后,世界经济和人口同时出现快速增长,很多学者开始担忧其对自然资源的压力。其中有代表性的是,1968年4月,在意大利著名实业家和经济学家奥莱里欧·佩切依博士的召集下,来自西方10个国家的科学家、教育家、经济学家、人类学家和实业家约30多人聚集在罗马山猫科学院,对西方工业国家战后经济发展模式和"消费主义"文化进行反思,探讨人类面临发展、人口、资源、粮食和生态环境等问题。1972年罗马俱乐部发表题为《增长的极限》的报告,该报告由麻省理工学院教授丹尼斯·米都斯为首的研究小组完成,通过世界人口增长、粮食生产、工业发展、资源消耗和环境污染这五大基本因素构成的世界系统仿真模型,阐述了高速度的经济增长模式给地球和人类自身带来的毁灭性灾难,提出生态和经济平衡的可持续发展模式,甚至提出"经济零增长"的口号。但是,1972年"石油危机"迅速使经济发展陷入困境,它既体现了"增长的极限"有先见之明,又使刺激"增长"成为各国紧迫的问题。

在生产力水平低下的时代和经济增长缓慢的地区,人们从不思考经济增长会有什么危害。古代的农民总是想播种更多的土地,收获更多的粮食,但是土地和粮食却总是不够。同样地,手工业者也很少有生产过剩的危机之忧,知识分子也无须担忧知识因爆炸而失真,官府老爷整天提心吊胆的就是饥民暴动。直到今天,在非洲的大多数地区和亚洲的很多地区,绝大多数人都不能不担心的事情,是今年又会有多少人将因饥饿或营养不良而死。但是,在经济快速增长和高度发达的地区,很少有人担心饥饿和营养不良,年轻人甚至根本不知道饥荒和营养不良意味着什么。人们普遍关注的是营养过剩导致的肥胖以及其他疾病、环境污染给人们生活造成的影响以及社会平等、自由和人类幸福之类的精神问题。用最简单但是很不准确的话语说，在这些地区人们已经超越了"唯物主义"，进入了"绿色环保主义""生态主义""社会主义""人本主义"等。总之，人们已经厌烦了为经济发展和民生福利而奋斗的发展目标。他们要求抛弃用 GDP 衡量经济发展，要求用全面幸福指数来代替。这种"发展"的发展，旨在防止经济增长却不能带来人类发展即"有增长没发展"的情况。

由于是资本主义工业化和现代科技使人类第一次摆脱了匮乏，而面临了生产能力过剩带来的危害。人们把追求经济增长和物质享受的发展称作资本主义掠夺式的发展观。自从资本主义建立以来，就一直有人试图超越资本主义发展过程中存在的"唯利是图"、贫富分化、自然资源过度消耗等弊病，空想社会主义者是其中第一批人。然而，空想社会主义之所以成为空想，最根本的原因就是太过专注于社会平等而忽视经济发展的现实条件，凭空设计一个人人富足、个个平等、人与自然和谐的理想社会。西欧社会民主主义通过建立良好的福利制度和环保制度，仿佛一度解决了经济发展带来的社会问题和人类发展问题。然而，今天西欧福利制度不论经济上、政治上还是道德上，都面临着严重的困境。原因很简单，就是因为它阻碍了经济增长和人的积极性的发挥。西欧社会民主主义代言人安东尼·吉登斯提出，必须承认政府自上而下的福利分配制度，从根本上说很不民主，是官僚化、脱离群众的、没有效率的，而且导致了与初衷相违背的道德公害，应该重建积极的福利社会。[①] 在人与自然问题上，自从 1987 年《布伦特兰委员会报告》发表以来，"可持续发展"逐渐成为环境保护组织的压倒一切的关注点。可持续发展最重要的思想家之一 M. 哈杰（Maarten Hajer）认为环境规划与经济增长互有裨益，他提出的生态现代化意味着，政府、工商业企业、温

---

① ［英］安东尼·吉登斯：《第三条道路：社会民主主义的复兴》，郑戈译，北京大学出版社、三联书店 2000 年版，第 117 页。

和的环保主义者以及科学家们,沿着更具有环境保护说服力的思路,对资本主义政治经济进行重建的相互协作。① 马克思和恩格斯的科学社会主义思想也是要超越资本主义发展模式的弊病,然而,科学社会主义理论的科学性恰恰在于它是建立在资本主义经济增长的基础上,其目标正是打破资本主义制度束缚下的经济停滞和社会危机,为实现经济持续增长打开广阔的空间。事实证明,苏联崩溃的根本原因恰恰是经济停滞不前,人民生活水平得不到提高。因此,改革开放的总设计师邓小平指出:"最根本的因素,还是经济增长速度,而且要体现在人民的生活逐步地好起来。"② 邓小平制定的"分三步走,基本实现现代化"战略,就是经济增长和提高人民生活水平相统一的科学的发展战略。

以为不要开发自然资源和改造自然环境,只要维持着大自然的原貌,就能实现人与自然的和谐,由此甚至怀疑或否定工业化和科学技术,"这种态度归根到底是一种感情用事的反映,是一种渴望过比较简朴的生活而不理解那种生活的艰难困苦的幻想,也是看到比较幸运的阶级的境况而产生的一种错觉"③。正所谓"画家不解渔家苦,好做寒江钓雪图"。环境很脆弱,经济也很脆弱,放弃经济增长的环境保护不会让人民过上乡间别墅生活,而只会回到野蛮愚昧的原始社会。同样,对于目前我国社会贫富差距扩大、社会不和谐等问题,也不宜归咎为是以经济建设为中心的发展策略造成的。改革开放前风起云涌的阶级斗争和群众运动,是严重的社会不和谐的表现。平均主义不仅不是社会和谐的保证,它恰恰是社会不和谐的根源,而平均主义背后的原因是经济落后。"从根本上说,手头东西多了,我们在处理各种矛盾和问题时就立于主动地位。对于我们这样

---

① [英]安东尼·吉登斯:《第三条道路:社会民主主义的复兴》,郑戈译,北京大学出版社、三联书店2000年版,第61页。
② 《邓小平文选》第3卷,人民出版社1993年版,第355页。
③ [英]J. D. 贝尔纳:《科学的社会功能》,陈体芳译,商务印书馆1982年版,第509页。

发展中的大国来说，经济要发展得快一点。"① 西方发达国家也正是依赖着经济快速增长和巨大的经济总量，才建立起了完善的社会保障体制。反过来，完善的社会保障体制能否维持下去，则完全依赖于经济增长的情况。西欧福利制度已经出现的负面效应该引起我们的重视，社会保障体制的目标功能不应该仅仅是分配平等，更重要的是社会投资和经济效率，即通过个人自我发展能力的投资促进经济和社会可持续发展。

作为后发展的社会主义国家，中国固然不应该重走资本主义"先发展后治理"的老路，理当探索更加科学的发展模式，实现比资本主义更好的发展。但是，邓小平谈到更好的发展时特别强调，"不是说制度，是说生产、生活水平……是可以看得见、摸得着的东西"②。没有更快，就谈不上更好，偏离了经济增长的好制度又会回到"资本主义物质文明、社会主义精神文明"的论调。"社会主义制度优越性的根本表现，就是能够允许社会生产力以旧社会所没有的速度迅速发展，使人民不断增长的物质文化生活需要能够逐步得到满足。"③ 或许今天西欧的社会福利和环境保护制度都要比美国完善，但是，社会福利和环境保护制度如果阻碍了西欧经济增长，西欧就会面临比美国更困难的社会问题。"没有什么能比生产力的降低更危险了——它必定会导致经济的萎缩，会造成通胀压力、社会冲突以及相互猜疑。没有任何体制能够经受住资本或其他关键资源的生产力的萎缩。"④ 西欧社会已经面临着高失业率、高通货膨胀、人与人之间的猜疑和冲突等众多问题，这是我们在参考西欧福利制度时不能不吸取的教训。更重要的是，中国的经济现实和人口规模使西欧福利制度在中国很不现实。

---

① 《邓小平文选》第 3 卷，人民出版社 1993 年版，第 377 页。
② 《邓小平文选》第 3 卷，人民出版社 1993 年版，第 89 页。
③ 《邓小平文选》第 2 卷，人民出版社 1994 年版，第 128 页。
④ ［美］彼得·德鲁克：《动荡时代的管理》，姜文波译，机械工业出版社 2006 年版，第 9 页。

马克思说，人以其需要的无限性和广泛性区别于其他一切动物。为了满足人民日益增长的物质和文化需要，经济必须持续增长，社会财富总量必须不断扩大。长期以来经济增长和发展并没有严格的区别。与今天中国有些人把"经济增长"看作仿佛是不那么科学的发展观相反，很多著名经济学家的著作直接以"经济增长"命名，比如阿瑟·刘易斯的《经济增长理论》、罗伯特·索罗的《经济增长因素分析》。经济学的鼻祖亚当·斯密的大作《国民财富的性质和原因的研究》被中国人简称为"国富论"，恰到好处地点明了经济学无非是要探讨国民财富增长的途径。倒是发展经济学，因为考虑了太多的主观的或不确定的因素，其科学性受到了质疑。《发展经济学——从贫困到发展》的作者速水佑次郎教授特别指出："为有效起见，发展经济学必须最大限度地反映经济增长分析的最新成果。"[①] 应该说，国民财富增长是经济学永恒的主题，没有必要把发展扩展为一个包罗万象的概念，这只能制造概念混乱。如果需要，尽管用"人类发展指数""环境指数""基尼系数"等概念来衡量人、环境、社会等发展状况。经济发展不管增加多少衡量指标，它总必须表现为社会财富总量的增长和人民生活水平的提高，有了这两条就无论如何不会偏离科学发展观。

进入21世纪，世界经济接连受到2008年金融危机和2019年新冠肺炎疫情的强力冲击，当今世界各国面临的共同问题是经济发展停滞。人类不仅面临着"增长的极限"，更面临着"突破增长的极限"的紧迫任务。[②]

2. 转变发展的方式

经济增长是硬道理，人民生活水平提高是硬指标。但是，这绝

[①] ［日］速水佑次郎：《发展经济学——从贫困到发展》，李周译，社会科学文献出版社2003年版，导言第4页。

[②] 李效东、陈占安：《突破增长的极限》，《北京交通大学学报》（社会科学版）2006年第2期，第40—44页。

不意味着发展就是通过耗费更多的资源和更多的资本，实现经济增长和资本的积累。科学技术是第一生产力，人是生产力中最具决定性的因素，依靠发展教育、科学技术和发挥人的创造力，人类就能转变经济增长方式，实现自然、经济和社会可持续发展。

改革开放以来，中国的发展就特别注意通过提高科学技术和教育水平推动经济增长。1985年3月7日，邓小平在全国科技工作会议上的讲话提出科技界面向经济建设，要解决科技和经济结合的问题，希望大家放开手脚，把经济搞上去，把生产力搞上去。[①] 另外，教育也要与生产劳动相结合，要通过培养大批具有良好的科学素质和劳动技能的劳动者，更好地推动经济增长。1978年4月22日，在全国教育工作会议上，邓小平提出了教育事业必须同国民经济发展的要求相适应的问题。他引用列宁的话说："无论是脱离生产劳动的教学和教育，或是没有同时进行教学和教育的生产劳动，都不能达到现代技术水平和科学知识现状所要求的高度。"[②] 思想道德和科学文化，都应该适应经济建设和造福人民，而不是脱离生产和生活"玩高雅"，唯有这样才能说知识分子是劳动者。

今天提出科教兴国战略，基本思路就是认识到了科学技术是第一生产力，教育是发展科学技术和培养科学技术人才的基础，所以要通过发展科学技术和教育事业提高人民科学文化素质，加快经济增长，最终实现国家的富强。问题的关键在于如何实现科学技术转化为生产力，实现教育提高劳动者素质，真正达到科教"兴"国。科学技术水平要表现为研究和发展的能力，教育要表现为劳动者素质的提高，最终都要表现为经济增长和人民生活水平的提高。事实说明，眼下我们国家的严重问题恰恰是科学技术不能及时转化为生产力，教育和生产劳动脱节。讲科教兴国战略，还是要强调经济增长，更快更好地增长。还必须指出的是，教育和科学技术都是需要

---

① 《邓小平文选》第3卷，人民出版社1993年版，第108—109页。
② 《邓小平文选》第2卷，人民出版社1994年版，第107页。

国家投资的，没有国家经济的增长，根本谈不上科教兴国。

除了人们的生产能力本身以外，另一个影响经济增长的因素就是人的主动性、积极性和创造力的发挥程度，这就要求不断变革生产关系以形成足以激励人的良好的制度环境，而这种变革是经济增长本身的要求并且应该以促进经济增长的需要为标准。

不断满足经济增长需要的制度变革无非有两种形式：一种是在革命的推动下，经历痛苦的分娩，实现突变。另一种是通过改革，经历从局部到全面的渐变。通常，由于整个社会生产的发展必须服从于统治阶级发财致富的要求，所以，随着更能促进经济增长的先进生产力的发展，旧制度下的生产关系必然阻碍经济增长。统治阶级为了维护既得利益不愿意改变旧制度下的生产关系，代表先进生产力的阶级随着经济增长逐步强大起来，联合其他被统治阶级通过革命的形式推翻旧的统治阶级和旧制度，从而解放了生产力，为经济增长打开广阔的空间。但是，如果统治阶级主动对经济体制、政治体制、科技文化教育体制进行改革，就能不断地解放生产力，从而实现经济持续增长和社会稳定繁荣。

社会主义制度的优越性就在于能够根据生产力发展的需要，不断地改革生产关系和上层建筑，从而促进经济和社会的可持续发展。反过来，改革就是为了扫除社会生产力发展的障碍，就是为了搞活经济，促进经济的持续、快速、稳定增长。因此，"必须大胆吸收和借鉴人类社会创造的一切文明成果，吸收和借鉴当今世界各国包括资本主义发达国家的一切反映现代社会化生产规律的先进经营方式、管理方法"[①]。只要有利于我国生产力水平的提高、综合国力的增强和人民生活水平的提高的做法，我们都可以学习。特别是在经济全球化和世界多极化趋势越来越明显的今天，世界各国在科学技术和经济方面的竞争加剧，同时相互依存也加大了。我国必须更加重视经济增长，同时努力吸收资本主义发达国家的先进科学技术和管理

---

① 《邓小平文选》第3卷，人民出版社1993年版，第373页。

方法，而不是从意识形态出发排斥"资本主义发展模式"，那样将使我国的发展远离人类文明的大道。

当然，改革和学习发达国家成功经验，绝不是要照搬别国的经验和制度。改革的目的是扫除生产力发展的障碍，是通过改变旧制度下阻碍经济增长的生产关系，充分调动人的主动性、积极性和创造力，让各方面的人才不断涌现出来。邓小平说："体制改革，除了反对官僚主义，克服机构臃肿、人浮于事、工作效率低这些毛病外，重要的是选拔人才。"① 人才不断涌现出来，就能促进生产力更快发展。因此，"经济体制，科技体制，这两方面的改革都是为了解放生产力。新的经济体制，应该是有利于技术进步的体制。新的科技体制，应该是有利于经济发展的体制。双管齐下，长期存在的科技与经济脱节的问题，有可能得到比较好的解决"②。同样，政治体制改革，也是为了调动人民的生产劳动积极性，让人才涌现出来，而不是要把西方的制度照搬到中国来。邓小平指出："改革，应该包括政治体制的改革，而且应该把它作为改革向前推进的一个标志。我们要精兵简政，真正下放权力，扩大社会主义民主，把人民群众和基层组织的积极性调动起来。"③ 调动人的积极性，这就是各项制度改革的直接目标。

当然，调动人民积极性的最中心的环节，还是发展生产力，提高人民的生活水平。④ 所以，改革的最终目标还是促进生产力的发展，更好地满足人民的物质和文化需要。今天我们谈论科学的发展观，强调人的全面发展，强调人才强国战略，是完全正确的。但是，人的发展，判断人才的标准，还应该看能否推动社会生产力的发展和人民生活水平的提高。并不是受到了更好教育的就是人才，也不是会玩新花样的就是人才，关键要看知识和创新能力是否有利于经

---

① 《邓小平文选》第 2 卷，人民出版社 1994 年版，第 412 页。
② 《邓小平文选》第 3 卷，人民出版社 1993 年版，第 108 页。
③ 《邓小平文选》第 3 卷，人民出版社 1993 年版，第 160 页。
④ 《邓小平文选》第 3 卷，人民出版社 1993 年版，第 178 页。

济增长和人民生活水平的提高。

3. 实现人的自由发展

联合国开发计划署在 1997 年发表的《中国：人类发展报告——人类发展与扶贫》中指出："经济增长究竟在多大程度上以及能否转化为人类发展，在很大程度上要依赖于发展的方式、发展的总体战略以及政府的政策，特别是政府在收入分配、医疗保健与健康、男女平等、少数民族和环保等方面的政策。"① 该报告认为："人类发展是指人们可以依靠自己的意志自由发挥聪明才智。这种目标就不仅仅要求人们能够过上健康长寿的生活，能够充分接受教育，同时，还要求社会能够向他们提供足够的空间，使其能充分参与社会、经济和政治生活。"② 报告用以衡量人类发展状况的人类发展指数（HDI）包括收入、寿命和教育三项最基本的内容。诺贝尔经济学奖获得者阿马蒂亚·森写了《以自由看待发展》(development as freedom) 一书，在这本有世界影响的书中他提出："消除使人们几乎不能有选择而且几乎没有机会来发挥其理性主体的作用的各种类型的不自由，构成了发展。"③ 这些关于发展的新观点，在拓宽发展的内涵的同时转变了发展的战略目标，对于确立和落实科学发展观具有重要的理论和现实意义。

发展绝不能仅仅追求经济总量的增长，它还必须充分关注社会公平。邓小平在强调经济增长的同时，始终不忘强调共同富裕的目标。他说："鼓励一部分地区、一部分人先富裕起来，也正是为了带动越来越多的人富裕起来，达到共同富裕的目的。"④ 除了经济上要

---

① 联合国开发计划署：《中国：人类发展报告——人类发展与扶贫》1997 年版，第 1 页。
② 联合国开发计划署：《中国：人类发展报告——人类发展与扶贫》1997 年版，第 11 页。
③ ［印］阿马蒂亚·森：《以自由看待发展》，任赜、于真译，中国人民大学出版社 2002 年版，第 24 页。
④ 《邓小平文选》第 3 卷，人民出版社 1993 年版，第 142 页。

最终实现共同富裕以外，邓小平认为社会主义讲发展还必须包括政治民主和精神文明。早在20世纪80年代，邓小平就高瞻远瞩地警告："经济建设这一手我们搞得相当有成绩，形势喜人，这是我们国家的成功。但风气如果坏下去，经济搞成功又有什么意义？会在另一方面变质，反过来影响整个经济变质，发展下去会形成贪污、盗窃、贿赂横行的世界。"① 民主是社会主义的必然要求，"没有民主就没有社会主义，就没有社会主义的现代化"②。讲发展不仅要调动人民劳动致富的积极性，还要发展社会主义民主、建设社会主义法治国家，还要发展社会主义先进文化、建设社会主义精神文明。必须始终一手抓经济建设，一手抓民主法制建设；一手抓物质文明，一手抓精神文明。发展必须是经济、政治和文化全面协调的发展。

邓小平始终强调共同富裕，强调两手抓、两手都要硬，为的就是在调动人民劳动致富积极性的同时，还要保证社会公平和社会稳定。人民群众的劳动致富积极性是财富的源泉和需要满足的根本，是社会主义生产快速发展的不竭动力。但是，如果鼓励人民致富最终导致一些人靠另一些人来满足自己的需要，因而一些人（少数）得到了发展的垄断权；而另一些人（多数）经常地为满足最迫切的需要而进行斗争，因而失去了任何发展的可能性，那么，社会阶级矛盾就会激化，社会和谐就会遭到破坏。因此，科学发展观不仅要强调发展必须依靠人民，人民是推动历史前进的动力，还要强调全体人民的发展机会。也就是说，每个人都应该有通过自己的勤奋劳动获得需要满足的机会，国家应该在这个方面为人民创造条件。

人的需要往往各不相同，因此工人和农民、企业家和科学家、医生和教师、工程师和艺术家对发展机会有不同的定义，每个人都要有发展的机会意味着人们各尽其能、各得其所。邓小平在改革开始之初就设想："随着经济的发展，路子会越走越宽，人们会各得其

---

① 《邓小平文选》第3卷，人民出版社1993年版，第154页。
② 《邓小平文选》第3卷，人民出版社1993年版，第168页。

所。"① 党的十六大报告指出，要努力形成全体人民各尽其能、各得其所而又和谐相处的局面。马克思和恩格斯在《共产党宣言》中对社会主义高级阶段的预测是："代替那存在着阶级和阶级对立的资产阶级旧社会的，将是这样一个联合体，在那里，每个人的自由发展是一切人的自由发展的条件。"② 这就是说，通过调动个人勤劳致富的积极性推动经济发展不是社会主义的最终目标，这个目标在资本主义社会可能已经得到了很好的实现。社会主义的发展目标是要逐步使人从对物的依赖这种"异化"现象中解放出来成为自由发展的主体，使社会成为自由人的联合体。科学发展观应该是人的发展和经济社会发展的统一，通过人的全面发展促进社会的协调发展。

尽管如此，人的自由发展并不意味着偏离经济增长和人民生活水平提高的唯物主义原则。彻底的唯物主义要求把人的自由发展建立在经济增长的物质基础上，并以经济增长这个物质标准来衡量人的发展。只有这样，发展才不会成为充满神秘色彩的"玄学"，才能成为可以实证研究的科学。在讲人的自由发展的时候，唯物主义者一定要正确认识到人的需要是广泛的和无限的这个事实。人的"基本生存需要"或许总会有极限，对不断出现的新产品的需要即社会需要却是无限的。社会的无限发展决定了人的需要的无限性，需要的无限性又决定了经济增长的无限需要。因此，就是在经济最发达的美国、日本和西欧，人民最迫切关注的也是经济增长和工资增长。人是客观的存在物，人的精神需要永远不可能完全代替物质需要，因此，必须把现实的生活看作是客观的实在，"虚拟生活"永远不能完全代替物质生活。物质财富增长的社会需要是无限的，经济增长的需要必然是无限的。

当然，一切生产都是个人在一定社会形式中并借这种社会形式而进行的对自然的占有。③ 而自然资源是有限的，罗马俱乐部的报告

---

① 《邓小平文选》第2卷，人民出版社1994年版，第152页。
② 《马克思恩格斯文集》第2卷，人民出版社2009年版，第53页。
③ 《马克思恩格斯文集》第8卷，人民出版社2009年版，第11页。

《增长的极限》，主要就是说自然资源对经济增长的限制。但是，为了保护自然资源和生态平衡并不一定就必须舍弃经济增长，它只意味着转变经济增长的方式和领域。德鲁克指出，没有什么能永远增长，但是增长也从未终止，不过增长总会转向新的领域。"最低限度的增长是生存所必需的"，在此基础上，能够"在短期内促使企业资源的总体生产力得到提高的任何增长都是健康的"，"只能导致规模扩大却不能在相对短的时间内促进总体生产力提高的增长就是脂肪"，"任何导致生产力下降的规模增长，就算不是致癌的也是会引起病变的肿瘤"①。只有把人仅仅当作机器并运用于开发现存自然资源的社会，把人力资源等同于自然资源的发展观，增长才是而且必然是有极限的。

一旦人实现了各尽其能的自由发展，人力资源就会得到源源不断的开发，自然也就不再是有限的自然了。人类历史真正革命性的飞跃，其实正是对资源匮乏的突破。正是靠着开疆拓土和发现新大陆，人类才生存下来了，也正是在开拓创新的过程中人类造就了辉煌的文明。地球本身也是有寿命的，"人类社会或由之产生的任何社会，如果想要逃离不可避免的地质灾变带来的彻底毁灭，就必须找到逃离地球的方法。不论在目前看来宇宙航行是多么具有空想性质，它的发展却是人类生存所必需的"②。不是说不要爱护人类现在共有的地球家园，我们毕竟还不能迁离地球——即便我们能够，地球也还是人类文明的"旧大陆"。只是从长远来说，环境保护这种保守的态度是不够的，人类总需要开拓创新。人类必须上天、下地、入海，必须探索分子、原子、纳米，一句话，人类必须探索更加广阔的自然界和更加微小的自然界。人类只有扩宽"自然"的界限，发现和发明新能源、新材料，才能根本解决资源问题和发展问题。所幸，

---

① [美] 彼得·德鲁克：《动荡时代的管理》，姜文波译，机械工业出版社2006年版，第31—33页。

② [英] J. D. 贝尔纳：《科学的社会功能》，陈体芳译，商务印书馆1982年版，第507页。

人类的智慧是无限的,"自然"也是无限的,增长必然也是无限的。

　　总之,人的自由发展的观点并不是要否定经济增长,它只是强调依靠人自身能力的发展实现经济发展的目标。然而,没有手段的目标就是空想,所以联合国人类发展指数的第一个指标还是收入。因此,"以人为本"并不是对"以经济建设为中心"的否定。我们必须坚持以经济建设为中心,促进人与社会的全面发展。尤其像我们国家这样的发展中大国,很多人并没有实现比较满足的物质生活,更别说达到了"后匮乏时代"。经济发展和民生福利,在整个社会主义初级阶段都将是我们国家的基本目标。为国家谋富强、为民族谋复兴、为人民谋幸福的统一,既是社会发展的不竭动力也是社会发展的长期目标。

参考文献

《马克思恩格斯文集》（1—8卷），人民出版社2009年版。
《列宁选集》（1—4卷），人民出版社2012年版。
《毛泽东选集》（1—4卷），人民出版社1991年版。
《毛泽东文集》（1—8卷），人民出版社1993—1999年版。
《毛泽东年谱》（1949—1976），中央文献出版社2013年版。
《毛泽东书信选集》，人民出版社1983年版。
《毛泽东早期文稿》，湖南人民出版社2008年版。
《邓小平文选》（1—3卷），人民出版社1993、1994年版。
《江泽民文选》（1—3卷），人民出版社2006年版。
《胡锦涛文选》（1—3卷），人民出版社2016年版。
《习近平谈治国理政》第1卷，外文出版社2014年版。
《习近平谈治国理政》第2卷，外文出版社2017年版。
《习近平谈治国理政》第3卷，外文出版社2020年版。
《中国共产党历史》，中共党史出版社2002年版。
（清）爱新觉罗·玄烨题诗，焦秉贞绘图：《御制耕织图》，华东师范大学出版社2011年版。
薄一波：《若干重大决策与事件的回顾》，中共中央党校出版社1993年版。
蔡尚思主编：《中国现代思想史资料简编》，浙江人民出版社1982年版。
（元）陈澔注，金晓东校点：《礼记》，上海古籍出版社2016年版。

（清）陈立撰：《白虎通义疏证》（上），中华书局1994年标点本。
陈晓芬、徐儒宗译注：《论语·大学·中庸》，中华书局2011年版。
董辅礽等：《集权与分权——中央与地方关系的建构》，经济科学出版社1996年版。
方勇译注：《孟子》，中华书局2010年版。
费正清、邓嗣禹：《冲击与回应：从历史文献看近代中国》，民主与建设出版社2019年版。
冯天瑜、姜海龙译注：《劝学篇》，中华书局2016年版标点本。
冯友兰：《中国现代哲学史》，广东人民出版社1999年版。
胡平生、张萌译注：《礼记》（上、下），中华书局2017年版。
胡适：《中国的文艺复兴》，外语教学与研究出版社2001年版。
荆门市博物馆编：《郭店楚墓竹简·唐虞之道》，文物出版社2002年版。
荆门市博物馆编：《郭店楚墓竹简·性自命出》，文物出版社2002年版。
荆门市博物馆编：《郭店楚墓竹简·尊德义》，文物出版社2002年版。
（明）来知德集注，胡真校点：《周易》，上海古籍出版社2013年版。
李效东编著：《学以成人：〈学记〉的教育智慧》，吉林大学出版社2020年版。
李效东编著：《中国向何处去：当代中国治理基本问题研究》，北京交通大学出版社2016年版。
梁彗星：《民法总论》，法律出版社2001年版。
梁启超：《孔子与儒家哲学》，中华书局2016年版。
梁启超：《李鸿章传》，商务印书馆2017年版。
梁启超：《新民论》，商务印书馆2016年版。
林建成：《知识社会性研究：知识经济浪潮下的知识观》，北京出版社2000年版。

林毅夫、蔡昉、李周：《中国的奇迹：发展战略与经济改革》（增订版），格致出版社、上海三联书店、上海人民出版社 2002 年版。

刘小枫选编：《〈王制〉要义》，华夏出版社 2006 年版。

钱满素：《美国文明读本》，中央编译出版社 2014 年版。

钱穆：《国史大纲》，商务印书馆 1996 年版。

徐正英、常佩雨译注：《周礼》（上、下），中华书局 2014 年版。

杨奎松：《"中间地带"的革命：国际大背景下看中共成功之道》，山西人民出版社、山西出版集团 2014 年版。

张玉堂：《利益论：关于利益冲突与协调问题的研究》，武汉大学出版社 2001 年版。

（宋）张载：《张载集》，中华书局 1978 年版。

赵家祥等：《历史唯物主义教程》，北京大学出版社 1997 年版。

郑观应：《盛世危言》，朝华出版社 2017 年版。

（宋）朱熹集注：《论语大学中庸》，上海古籍出版社 2013 年版。

（宋）朱熹集注：《孟子》，上海古籍出版社 2013 年版。

（宋）朱熹撰：《四书章句集注》，中华书局 2016 年版。

[印] 阿马蒂亚·森：《以自由看待发展》，任赜、于真译，中国人民大学出版社 2002 年版。

[美] 艾尔特·赫希曼：《欲望与利益：资本主义走向胜利前的政治争论》，李新华、朱进东译，上海文艺出版社 2003 年版。

[英] 安东尼·吉登斯：《第三条道路：社会民主主义的复兴》，郑戈译，北京大学出版社、三联书店 2000 年版。

[英] 安格斯·麦迪森：《中国经济的长期表现》，任晓鹰、马德斌译，上海人民出版社 2008 年版。

[美] 巴伯：《科学与社会秩序》，顾昕等译，生活·读书·新知三联书店 1991 年版。

[古希腊] 柏拉图：《理想国》，郭斌和、张竹明译，商务印书馆 1986 年版。

[美] 保罗·肯尼迪：《大国的兴衰》，陈景彪等译，国际文化出版

公司 2006 年版。

[美] 彼得·德鲁克:《动荡时代的管理》,姜文波译,机械工业出版社 2006 年版。

[美] 彼得·德鲁克:《公司的概念》,慕凤丽译,机械工业出版社 2006 年版。

[美] 彼得·德鲁克:《管理的实践》,齐若兰译,机械工业出版社 2006 年版。

[美] 彼得·德鲁克:《管理:使命、责任、实务》(使命篇),王永贵译,机械工业出版社 2006 年版。

[美] 彼得·德鲁克:《后资本主义社会》,张星岩译,上海译文出版社 1998 年版。

[美] 彼得·德鲁克:《巨变时代的管理》,朱雁斌译,机械工业出版社 2006 年版。

[美] 彼得·德鲁克:《卓有成效的管理者》,许是祥译,机械工业出版社 2006 年版。

[英] 边沁:《道德与立法原理导论》,时殷弘译,商务印书馆 2000 年版。

[法] 布罗代尔:《资本主义的动力》,杨起译,生活·读书·新知三联书店 1997 年版。

[美] 戴维·伊斯顿:《政治生活的系统分析》,王浦劬译,华夏出版社 1999 年版。

[美] 丹尼尔·C. 缪勒:《公共选择理论》,韩旭、杨春学等译,中国社会科学出版社 1999 年版。

[美] 丹尼尔·贝尔:《后工业社会的来临》,高銛译,商务印书馆 1984 年版。

[美] 丹尼尔·贝尔:《资本主义文化矛盾》,赵一凡、蒲隆、任晓晋译,生活·读书·新知三联书店 1989 年版。

[德] 鲁道夫·冯·耶林:《为权利而斗争》,郑永流译,见梁慧星主编之同名文集,中国法制出版社 2000 年版。

［法］笛卡尔：《谈谈方法》，王太庆译，商务印书馆 2000 年版。

［美］F. J. 古德诺：《政治与行政》，王元译，华夏出版社 1987 年版。

［美］弗雷德里克·泰勒：《科学管理原理》，马风才译，机械工业出版社 2007 年版。

［美］哈罗德·D. 拉斯韦尔：《政治学》，杨昌裕译，商务印书馆 1992 年版。

［英］赫伯特·斯宾塞：《国家权力与个人自由》，谭小勤译，华夏出版社 2000 年版。

［美］胡素珊：《中国的内战：1945—1949 年的政治斗争》，启蒙编译所译，当代中国出版社 2014 年版。

［英］霍布斯：《利维坦》，黎思复、黎廷弼译，商务印书馆 1985 年版。

［英］J. D. 贝尔纳：《科学的社会功能》，陈体芳译，商务印书馆 1982 年版。

［美］杰瑞·卡普兰：《人工智能时代：人机共生下财富、工作与思维的大未来》，李盼译，浙江人民出版社 2016 年版。

［捷克］奥塔·锡克：《经济—利益—政治》，王福民、王成稼、沙吉才译，中国社会科学出版社 1984 年版。

［英］卡·波普尔：《历史主义贫困论》，何林、赵平等译，中国社会科学出版社 1998 年版。

［英］卡尔·波普尔：《开放社会及其敌人》第 2 卷，陆衡等译，中国社会科学出版社 1999 年版。

［德］康德：《纯粹理性批判》，蓝公武译，商务印书馆 1960 年版。

［英］拉纳·米特：《中国，被遗忘的盟友：西方人严重的抗日战争全史》，蒋永强、陈逾前、陈心心译，新世界出版社 2015 年版。

［法］雷蒙·阿隆：《社会学主要思潮》，葛智强译，华夏出版社 2000 年版。

［美］加里·S. 贝克尔：《家庭经济分析》，彭松建译，华夏出版社

1987年版。

[美] 理查德·伯恩斯坦：《中国1945：中国革命与美国的选择》，季大方译，社会科学文献出版社2017年版。

[法] 卢梭：《社会契约论》，何兆武译，商务印书馆1980年版。

[英] 洛克：《政府论》（下），瞿菊农、叶启芳译，商务印书馆1997年版。

[德] 马克斯·韦伯：《新教伦理与资本主义精神》，马奇炎、陈婧译，北京大学出版社2012年版。

[德] 马克斯·韦伯：《新教伦理与资本主义精神》，于晓、陈维纲等译，陕西师范大学出版社2005年版。

[德] 马克斯·韦伯：《新教伦理与资本主义精神》，康乐、简惠美译，广西师范大学出版社2007年版。

[德] 马克斯·韦伯：《学术与政治》，冯克利译，生活·读书·新知三联书店1998年版。

[美] 迈克尔·波特：《国家竞争优势》，李明轩、邱如美译，华夏出版社2002年版。

[美] 曼瑟尔·奥尔森：《国家兴衰探源：经济增长、滞胀与社会僵化》，吕应中、陈槐庆、吴栋、孙礼照译，商务印书馆1993年版。

[美] 曼瑟尔·奥尔森：《集体行动的逻辑》，陈郁译，上海三联书店、上海人民出版社1995年版。

[英] 梅因：《古代法》，沈景一译，商务印书馆1959年版。

[美] 米尔顿·弗里德曼：《资本主义与自由》，张瑞玉译，商务印书馆1999年版。

[德] 尼采：《朝霞》，田立年译，华东师范大学出版社2007年版。

[美] 塞缪尔·P.亨廷顿：《变化社会中的政治秩序》，王冠华等译，生活·读书·新知三联书店1989年版。

[美] 塞缪尔·亨廷顿：《文明的冲突与世界秩序的重建》，周琪、刘绯、张立平、王圆译，新华出版社2002年版。

[美] 桑德拉·罗森塔尔：《从现代背景看美国古典实用主义》，陈

维刚译，开明出版社 1992 年版。

［英］斯宾塞：《社会静力学》，张雄武译，商务印书馆 1996 年版。

［日］速水佑次郎：《发展经济学——从贫困到发展》，李周译，社会科学文献出版社 2003 年版。

［美］唐纳德·A. 马灿德：《信息管理》，吕传俊译，中国社会科学出版社 2002 年版。

［法］涂尔干：《社会分工论》，渠东译，生活·读书·新知三联书店 2000 年版。

［法］托克维尔：《论美国的民主》，董果良译，商务印书馆 1988 年版。

［德］沃尔夫冈·查普夫：《现代化与社会转型》第 2 版，陈黎、陆宏成译，社会科学文献出版社 2000 年版。

［英］休谟：《人类理解研究》，关文运译，商务印书馆 1957 年版。

［英］休谟：《人性论》，关文运译，商务印书馆 2016 年版。

［英］亚当·斯密：《国民财富的性质和原因的研究》（上、下），郭大力、王亚南译，商务印书馆 1974 年版。

［古希腊］亚里士多德：《尼各马可伦理学》，廖申白译注，商务印书馆 2017 年版。

［以色列］尤瓦尔·赫拉利：《人类简史：从动物到上帝》，林俊宏译，中信出版社 2017 年版。

［美］约瑟夫·奈：《美国霸权的困惑》，郑志国等译，世界知识出版社 2002 年版。

［美］约瑟夫·奈：《硬权力与软权力》，门洪华译，北京大学出版社 2005 年版。

［美］詹姆斯·L. 多蒂等：《市场经济——大师们的思考》，林李红等译，江苏人民出版社 2000 年版。

［美］詹姆斯·M. 布坎南、戈登·塔洛克：《同意的计算：立宪民主的逻辑基础》，陈光金译，中国社会科学出版社 2000 年版。

［美］詹姆斯·R. 汤森、布兰特利·沃马克：《中国政治》，顾速、

董方译，江苏人民出版社 1996 年版。

［美］詹姆斯·S. 科尔曼：《社会理论的基础》（上），邓方译，社会科学文献出版社 1999 年版。

2007年初版后记

平生第一本独撰的书要出版了，也许在别人看来简直是杜撰，作者本人却难免敝帚自珍。所有关心、支持和帮助我的师友亲人，其本意都是希望我的书对社会有益。如果不是这样，一切文责由本人自负，他们只是被我感谢而已。西方人鸣谢多半是放在前言中，"大鸣大放"，有时长达好几页。中国人比较含蓄，鸣谢的话放在后记里，表示"铭记心底"——最起码我是这个意思，而且挂一漏万。

这本书是在我的博士学位论文的基础上修改而成的，首先当然要感谢我的博士研究生导师，北京大学陈占安教授。感谢陈老师3年时间的言传身教，您的为人处事使我终生受益。您警告我说"博士学位论文是一个高的起点而不是封顶"，所以在3年的工作时间中我一直在整理和修改，希望现在出版的书能让老师您看到学生的进步而不是踏步，感到一丝欣慰而不是一阵凉意。还要感谢北京大学沙健孙教授、薛汉伟教授、易杰雄教授、智效和教授、李青宜教授、钟哲明教授、梁柱教授、仝华教授、孙蚌珠教授、尹保云教授以及其他众多的年轻教师，不论有没有聆听你们授课，你们的文章著述、你们的学术掌故，已经是我最好的教科书。也要感谢3年轮换了3位的同室，现供职中山大学的王海港、中国社会科学院的陈凌和中央党校的贾可卿，从你们那儿我学到了很多，那些日子终生难忘。

感谢我的硕士研究生导师，首都师范大学李松林教授，是您把我领入学术之门，是您的严厉和鼓励使我不停地往前走。还要特别感谢和蔼慈祥的师母，您对我生活的关心让我永难忘怀，您让所有学生都感觉到了家庭的温暖。感谢闻立树教授、王树荫教授、秦英君教授、聂月岩教授的辛勤教诲。

  感谢我中学时代的班主任和英语老师王永金，由于受您的影响我上了英语系。虽然我最终"背叛"了您，但是您让我占尽了便宜，只要是考英语我还没有考不过的，教学研究工作中英语好一点也有一点优势。

  感谢北京交通大学人文社会科学学院对本书出版的襄助，否则这本书的出版还将遥遥无期。感谢社会科学部各位同人好友，虽然我们的经济比较紧张，但是我们的日子非常舒坦，和谐真是最大的幸福。感谢中国社会科学出版社孔继萍编辑，没有您紧张而细致地为这本书"接生"，就没有这本书的"顺产"。

  感谢我的爷爷李明光先生，您讲的"姜太公钓鱼愿者上钩""关云长过五关斩六将"等故事太美了，在我幼小的心灵中启迪了智慧和勇气。您没有读过书，这些故事是爷爷的爷爷讲的吧？感谢我的父亲李会荣先生、母亲郑冬哩女士，父亲一直农忙在家务农、农闲外出做工，母亲在家耕种土地和抚育我们兄弟姐妹6人，我们的童年应该很苦但我只记得幸福。感谢我的岳父张文德先生、岳母张丽杰女士，感谢你们为我养育了这么贤惠的妻子，感谢你们为我们成家立业付出的一切。

  最后，要感谢我的妻子张蒙女士和几个月后就要诞生的小宝宝，并向你们道歉。因为你们，我在写作的过程中充满了幸福和兴奋，而你们却要为我的幸福和兴奋而付出幸福和兴奋。这本书竟然要和宝宝一块诞生，我乘机把它作为几十年苦读成就的大礼献给你们。可是如此一来，实际上本该丈夫伺候怀孕的妻子，却变成了妻子伺候"怀孕"的丈夫。而且，因为劳累、紧张和焦虑，有时候还有不良"反应"。每当我要给腹中的孩子进行胎教的时候，往往已经过了晚上十二点了。十月怀胎，一朝分娩，很辛苦，很幸福，很感激，全都铭记心底——不是为了说对不起，而是为了以后不要再说对不起。

2021年修订版后记

借着《社会动力论》这本书的修订再版，我想"解剖一个麻雀"，谈谈自己生活的动力。

我从小病恹恹的，完全没有活力，父母最担心的是我能否活命。肺结核是一种会传染的贫穷病，我们兄弟姐妹犯起病来就像二胡合奏。除了肺结核还有贫血，母亲和孩子都贫血，在地上蹲久了起来就眩晕，有时候走在路上也晕。有谁愿意过这样的生活呢？大概谁都想逃离这样的生活吧。1941年，美国总统罗斯福宣布了四项"人类的基本自由"：言论自由、信仰自由、免于匮乏的自由、免于恐惧的自由。对于言论自由我完全不需要，我从小沉默寡言，我什么都不想说，说有什么用呢？倒是鲁迅说的"沉默呵，沉默呵，不在沉默中爆发，就在沉默中灭亡"，对我特别有感觉。对于信仰自由我也完全不需要，根本没有人在乎我信仰什么，我也不知道信仰是什么。按照我们当地习俗，逢年过节都要烧香拜佛，我也对鬼神半信半疑。免于匮乏和免于恐惧，对我来说就太美好了！我的生活中物质太匮乏了，我一直对死亡充满恐惧，我想要摆脱匮乏和恐惧，这就是我人生最主要的动力，或许也是很多中国人的生活动力。

今天的我完全摆脱了物质的匮乏，已经没有梦寐以求而求之不得的东西了；今天的我生活在全世界最安全的国家，比任何一个国家都更可能免于新冠的恐惧。这证明中国发生了翻天覆地的变化，从一个世界物质最匮乏、生命安全最不受尊重的国家，变成了一个全面小康、全民健康的国家。当然，今天的中国也还有匮乏和恐惧，我也有新的匮乏和恐惧。

　　我的物质生活在这么短的时间里变得这么宽裕，这让我甚至感到恐惧。作为一个从福建长汀革命老区走出来的农家子弟，我真的做梦都不敢想自己会成为"千万富翁"——在北京有一套超过100平方米的房子。我原来的梦想是成为长汀县城的"城里人"，结果却成了北京城的人，而且还在二环边上有住房。这是不是得到太多了？我的工作贡献配得上这么多吗？我经常恐惧会失去这一切，好几次做噩梦回到苦难的农村老家。更让我想不到的是，作为"千万富翁"竟然过得这么累！我住在村里的时候，可以神清气爽地起来迎接朝阳，可以在夕阳西下时倦鸟归巢，可以躺在凉席上观望满天星斗。那时候，没有太多的焦虑，确切地说，没有值得焦虑的东西。今天物质上的获得很不少了，房子、车子，吃的、穿的，都不缺。但是，要说自由、幸福和美好生活，它们到底是什么？它们到底在哪里？我国社会主要矛盾已经转化为人民日益增长的美好生活需要和不平衡不充分的发展之间的矛盾，但是哪一天才能达到平衡充分的发展呢？马克思主义学院的老师收入也能让生活无忧，但听说理工科老师科研奖励比我们工资还多，经管、法律、艺术的老师也能挣很多钱。人的心理通常总是不平衡不满足，所以这个矛盾的解决还需要每个人自己去心里"找平衡找充分"。我的另一本书《共享复兴：中国共产党人的共产主义理想》（国家社科基金后期资助项目），就是想要探讨"社会静力"。今天我们对自己、对他人都要求太多了！我们根本不知道自己已经得到了多少？所以，我们感到匮乏，我们应该为此感到恐惧。

　　过去我觉得恐惧是因为无知，匮乏是因为没钱。但今天我知道人们也可能为了知识展开令人恐惧的竞争，人们也可能为了更多钱而一直受穷。培根认为知识就是力量，所以今天的中国人为知识而拼杀。几乎没有一个中国家庭不掏钱为孩子上课外辅导班，几乎没有一个中国家庭不为孩子学习争吵打骂。教育不仅是中国家庭最大的支出，而且是中国人幸福指数最大的减分项，教育是中国面临的最大社会问题——就业、收入差距、心理问题都因它而生。有些中国男人受了点西方影响，想让孩子自由成长，对孩子的学习不管不顾。我对两个孩子的学习，就从来不管。如果说曾经管过，那就是管过"吼娃"，管的办法是"吼妈"。我也不是只动动嘴而已，当妻子动手的时候我也会动手。结果是妈妈追着孩子打，爸爸追着妈妈打。中国教育能把一对大学教师夫妇逼到这个份上，在其他家庭当中的情况也可想而知。作为从事教育工作的人，别人家的教育问题我也很关心，但我首先得担心自己家的事情：对于我不管不顾孩子的学习，妻子到底会怎么想？据说现在一些女性正在鼓动其他女人反对男女人不平等：凭什么家里的事就得女人来管？确实，妻子也是大学教师，她也要评职称，也想要晋升。但是，因为家庭的拖累，她的博士学位拖了很长时间，她现在也还是副教授。对于家庭和社会来说，这是分工的需要，但为什么不把家里的事分给男人呢？我也实在找不出理由，而且感觉如果没有家庭负担，妻子会比我做得更好。所以，我常怀疑那些在书中感谢妻子支持的人，他们真的得到妻子的支持吗？我只是对妻子耍赖，和她生孩子但不和她一起教育孩子。我的生活中学术气氛是很不好的，在学校里没完没了地上课、开会、填表，忙得焦头烂额疲惫不堪。回到家里还得一脸愧疚：孩子们都在惴惴不安地写作业，妈妈正气呼呼地坐在旁边，姥姥姥爷在做家务或者在屋里看电视。不论在学校还是在家里，读书做学问几乎就等同于偷懒。我真担心自己在妻子心目中是又懒惰又无能的人！我真恐惧有一天女人变得和男人一样！我知道我的女儿肯定不会和她妈妈一样做牺牲奉献，她甚至已经宣布自己不想要孩子，因为有孩子太麻烦。如果未来的中国女人都这么想，那就不是中国的社会问题而是人类的大问题。14亿多人口的中国，它的女人不愿意生孩子了，不愿意管孩子了，人类不就要出大问题了吗？

　　教育是决胜中华民族伟大复兴的关键，中华儿女现在都在路上"负重前行"，尤其是中国女人承担着中华儿女未来的数量和质量！老师根本没有时间做研究，却又人人都要求老师有水平；学生也根本没时间锻炼能力，却又被要求有最好的竞争能力，这就是中国教育的主要矛盾。我参观和考察了美国几乎所有最好的大学，深深地感觉中美之间最大的差距就在高等教育。美国高等教育的成功绝不仅在于有世界一流的研究型私立大学，最主要的是有众多水平不错的州立大学，让美国中学生有很多不错的选择。就像社会阶层结构以橄榄型为最理想，各类大学的结构也一样，而且还要分布相对均衡。中国现在太多资源集中在极少数地区极少数最好的大学，落后地区的落后大学非但没有进步，反而日渐丧失经济、教师、学生资源。杭州师范大学再也培养不出阿里巴巴创始人了——很多人觉得阿里巴巴没有更好，深圳大学也培养不出腾讯创始人了——很多人觉得腾讯没有更好。不管干哪个行业，要想成功就得上清华、北大这样的学校。正是我们的高等教育结构向着金字塔型快速发展，导致了中小学生"内卷化"的"刷题"应试竞争。"虎妈"们今天做的主要工作是培养孩子"猎食"分数的能力，而且是干净全部彻底地"猎食"各门课程的所有分数。过去 100 分的试卷考 60 分就敢说"万岁"，现在总分 70 分的生物和地理"小中考"得 67 分就得流泪。培训机构的存在就是因为学生需要满分！母亲或者将不再是孩子心灵的港湾，而是找孩子算账的总管。中国教育不仅需要"减负"，它更需要"解套"。解开套在父母和孩子脖子上的"分数"绳索，就是为国家谋富强、为民族谋复兴、为人民谋幸福。我这些年把精力都转向教育问题研究，已经出版《学以成人：〈学记〉的教育智慧》，正在撰写《止于至善：〈大学〉的教育理想》。我希望能拯救自己，也能帮助他人。

　　这本书最早是我在北京大学申请博士学位的论文，经过 3 年的修改正式出版。如今竟然已经又过去了十余年！本书初版时，我的孩子还没有出生，现在她已经长到 1.70 米了，差不多和爸爸一样高了，她的弟弟也上小学二年级了。这本书修订的过程中，我的博士生和硕士生都参与了校对稿件，我希望他（她）们在博士学位论文初版、修订版的变化中获得一些写论文的感悟。在孩子和学生成长的同时，我的老师有些已经过世了，我自己也即将50岁了。子在川上曰："逝者如斯夫！不舍昼夜。"但时间流逝这么快让我感到恐惧。时间过得太快本来并不可怕，美好的时光总是过得很快。可怕的是回过头来一看，这50年好像都还没好好过就过去了。我们这些学文科的人，讲了很多的课，发表了一些论文，出版了一些书，带了一些学生，但这究竟有什么呢？不是有人说中国被文科学生拖累了吗？但那些学理工科的人就不累吗？他们的累都是因为我们这些学文科的人需要他们拖着走吗？恰恰相反，他们比我们更累，而且并不是因为我们拖累了他们，反而可能只有我们才能帮他们解脱劳累。这是一个科学昌明的年代，但这也是一个最需要人文精神的时代。人生舞台不能没有人，不能没有感人的故事。我们不仅是理性的动物，我们也是感性的动物。没有了人的情感，包括脆弱的情感，我们就不是人了，我们就成了人工智能了。科学技术让世界的节奏变快了，现在我们都害怕一辈子一闪而过。一闪而过，了无踪迹，这不就是让人匮乏的人生吗？科学技术让世人的生活变得很理性，现在我们都害怕一辈子从没爱过。没有关爱，只有算计，这不就是让人恐惧的人世吗？

　　写完这篇后记，我自己都觉得心累，这是一个中年男人的焦虑彷徨，也是一个中国学者的真诚思考。我向读者表达我的真实感情，我也真心实意地想要关心读者。读的人也一定觉得累了吧？那就合上这本书吧。